Ann Katrin Querbach

Pferde GYMNASTIZIEREN

100 Übungen für das tägliche Training

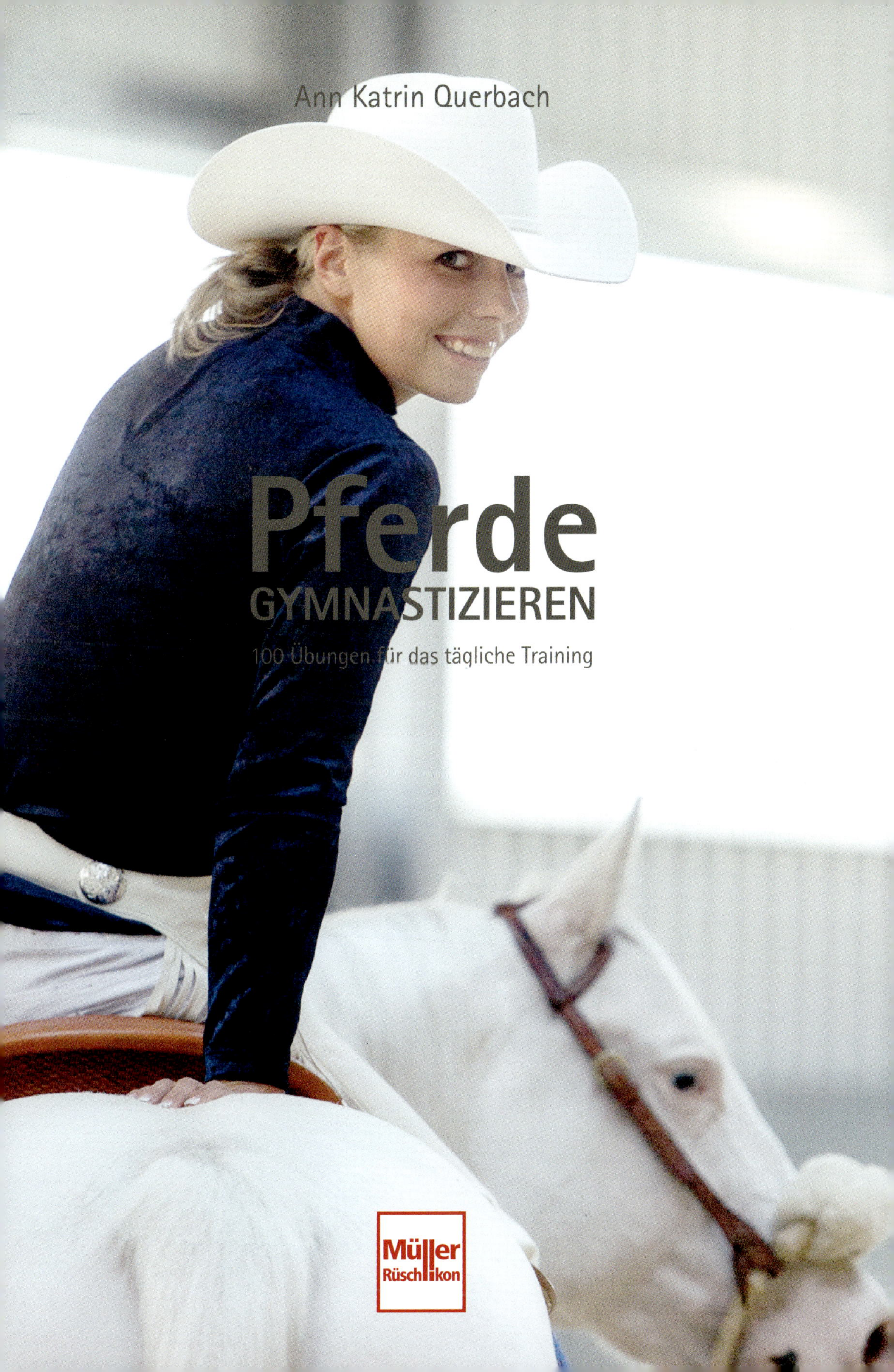

Müller Rüschlikon

Impressum

Einbandgestaltung: R2 I Ravenstein, Verden

Titelfoto: Jasmin Ziegler

Eine frühere Ausgabe dieses Buches ist unter der ISBN 978-3-275-02032-4 erschienen.

ISBN 978-3-275-02224-3

Postfach 103743, 70032 Stuttgart
Ein Unternehmen der Paul Pietsch Verlage GmbH & Co. KG

1. Auflage 2021

Sie finden uns im Internet unter
www.mueller-rueschlikon-verlag.de

Lektorat: Claudia König
Innengestaltung: R2 I Ravenstein
Druck und Bindung: Graspo CZ, 76302 Zlin
Printed in Czech Republic

Pferde
GYMNASTIZIEREN

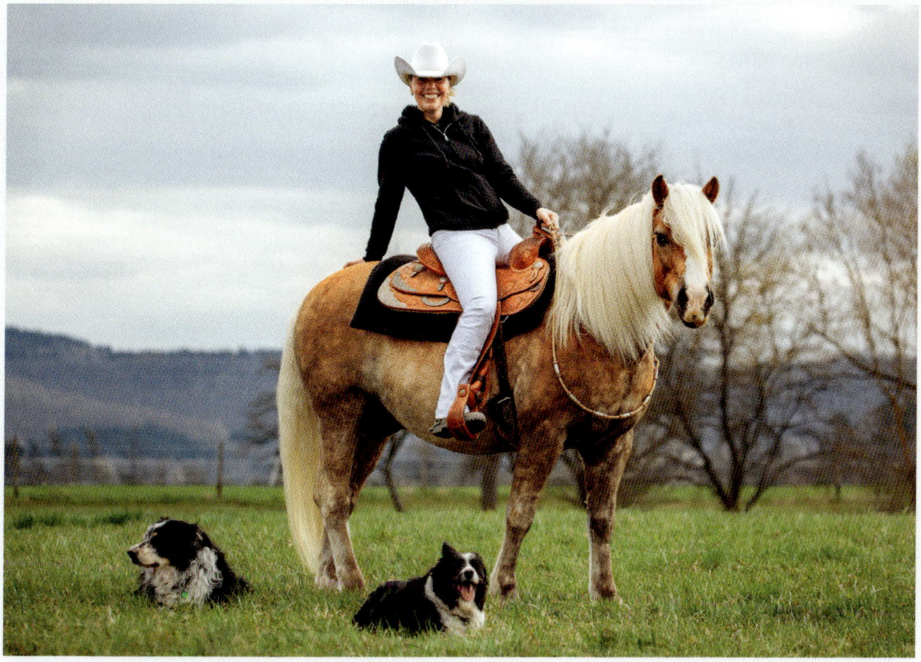

Liebe Leserinnen und Leser,

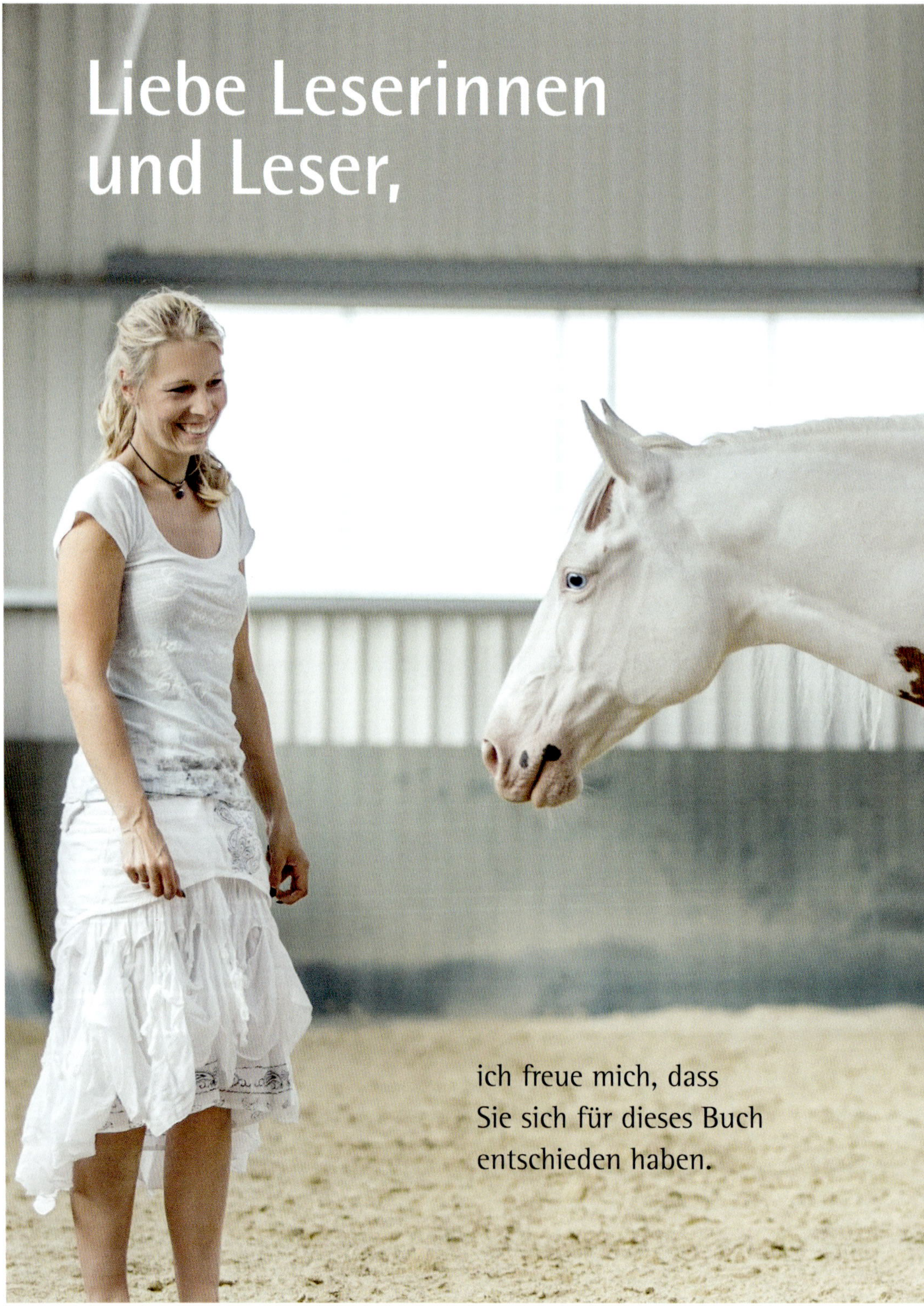

ich freue mich, dass Sie sich für dieses Buch entschieden haben.

Vorwort

Das höchste Ziel in der Reiterei ist die größtmögliche Harmonie zwischen Mensch und Pferd. Schaue ich unseren Pferden beim täglichen Koppelgang zu, dann zeigen sich die Tiere in der Regel beweglich, schwungvoll und harmonisch in der Balance. Sobald aber ein Reiter auf demselben Pferd sitzt, versteifen sich oftmals sowohl Reiter als auch Pferd, beide sind angespannt und es fehlt die Balance.

Diese Beobachtungen haben mich dazu ermuntert, meine Erfahrungen im Umgang mit Pferd und Reiter mit dem Ziel, eine Pferd-Reiter-Einheit herzustellen, in einem Übungsbuch zusammenzufassen.

Basierend auf den Erkenntnissen der klassischen Reitlehre, den Erfahrungen mit Westernpferden und der Biomechanik dienen die Übungen dazu, das Pferd leistungsbereit und über einen langen Zeitraum gesund zu erhalten. Dabei ist es eher nebensächlich, welche Reitweise oder welchen Reitsport der Reiter bevorzugt – die Grundlagen sind doch immer dieselben. Mit den vorliegenden Übungen erreichen Sie im Idealfall bei Ihrem Pferd rhythmischen Takt, Geschmeidigkeit in der Anlehnung mit weichem Maul, einen schwingenden Rücken sowie eine positive Spannung in der Oberlinie. Ich möchte allen Lesern Lust machen auf ein »bewegtes« und psychisch und physisch gesundes Pferd, das sich auf jede Trainingseinheit freut und sich, je nach Leistungsvermögen, für die verschiedenen Disziplinen im Reitsport entwickeln lässt. Um dies zu erreichen, sollten wir die Hilfengebung sensibilisieren, die Mobilität fördern, die Losgelassenheit des Pferdes und den Takt verbessern und den korrekten Muskelaufbau entwickeln.

In diesem Übungsbuch finden Sie eine wertvolle Sammlung von 100 Übungseinheiten, die ich selbst mit Reitschülern unterschiedlicher Reitstile und in unterschiedlichen Disziplinen erfolgreich ausprobiert habe.

Dieses Übungsbuch ist für Reiter der klassischen und Western-Reitweise geschrieben, wobei es von den Kenntnissen und Fertigkeiten des Reiters und seinem Reitstil abhängt, ob er nur Teile oder alle Übungen trainiert.

Alle Gymnastiklektionen bauen aufeinander auf, können aber auch einzeln durchgeführt werden. Die ersten 3 Kapitel umfassen Übungen eher grundsätzlicher Natur: Wie finde ich meinen korrekten Sitz? Wie koordiniere und fühle ich die Vor- und Hinterhand des Pferdes? Welche Möglichkeiten zur Gymnastizierung meines Pferdes gibt es? In den folgenden 6 Kapiteln werden anhand der Ausbildungsskalen von FN (Deutsche Reiterliche Vereinigung) und EWU (Erste Westernreiter Union Deutschland e.V.) die wichtigsten Punkte der Ausbildung eines Pferdes angesprochen und anhand von Übungen trainiert.

Die Ausbildungsskala ist ein Leitfaden, mit dem wir unsere Pferde täglich richtig gymnastizieren und trainieren können, damit diese gesund und beweglich bleiben oder werden. Die klassische Ausbildungsskala der FN lautet: Takt, Losgelassenheit, Anlehnung, Schwung, Geraderichten und Versammlung. Die Western-Ausbildungsskala der EWU umfasst: Takt, Losgelassenheit, Nachgiebigkeit, Aktivierung der Hinterhand, Geraderichten und die absolute Durchlässigkeit. Basis der Skalen ist die Zwanglosigkeit, also die physische und psychische Entspannung, die in jedem Stand der Ausbildung erhalten bleiben muss, um die volle Leistungsbereitschaft und Leistungsfähigkeit des Pferdes zu erhalten. Ein Verlust der Zwanglosigkeit hat meist auch einen Verlust des Taktes, immer aber den Verlust der Losgelassenheit zur Folge. Die übergeordneten Ziele der jeweiligen Ausbildungsskalen und damit der Ausbildung in der klassischen bzw. Western-Reitweise sind ein durchlässiges Pferd bzw. ein Pferd mit natürlicher Selbsthaltung, also ein Pferd, das in körperlicher und psychischer Hinsicht zu einem angenehmen und gehorsamen Reitpferd ausgebildet wurde. Ausbilden ist kein Abrichten oder Dressieren, sondern eine systematische Gymnastizierung. Ein Pferd ist durchlässig bzw. hat eine natürliche Selbsthaltung, wenn es die Hilfen des Reiters zwanglos und gehorsam annimmt. Das letzte Kapitel fasst spezielle Übungen (nicht nur) für Westernreiter bzw. Springreiter zusammen.

Alle Übungen sind grundsätzlich wie folgt aufgebaut:

Zunächst wird unter dem Punkt »Info« beschrieben, was diese Übung bewirkt. Der nächste Punkt, »Was brauche ich?«, listet die Hilfsmittel (Pylone, Stangen etc.) auf, die Sie benötigen. Danach folgt der Punkt »Aufbau« mit einer Beschreibung zur Anordnung der Hilfsmittel sowie eine oder mehrere Skizze(n) zur Visualisierung. Unter der Überschrift »Wie reite ich diese Übung?« kommen wir dann zum Kern der Übung, in dem Schritt für Schritt der Ablauf der Übung beschrieben wird. Im Sinne einer Reflexion des Geübten wird dann unter den Überschriften »Was lernt das Pferd?« und »Was lernt der Reiter?« das Gelernte zusammengefasst und auf den Punkt gebracht. Vielleicht funktionieren nicht alle Übungen sofort und ohne Fehler. Deshalb gibt es einen Abschnitt »Mein Pferd macht aber ...«, in dem die häufigsten Fehler des Pferdes (eigentlich sind es ja die Auswirkungen der Fehler des Reiters!) angesprochen und mögliche Lösungen vorgeschlagen werden.

Das höchste Ziel in der Reiterei ist die größtmögliche Harmonie zwischen Mensch und Pferd.

Wir möchten mit feinen Hilfen kommunizieren und einen durchlässigen, gesunden Partner (Pferd) an unserer Seite haben. Genau dies habe ich mir mit diesem Buch zum Ziel gesetzt, und ich hoffe, jedem Reiter mit den Übungen eine feine Kommunikation vermitteln und Hilfestellungen geben zu können, um die Durchlässigkeit seines Pferdes zu verbessern.

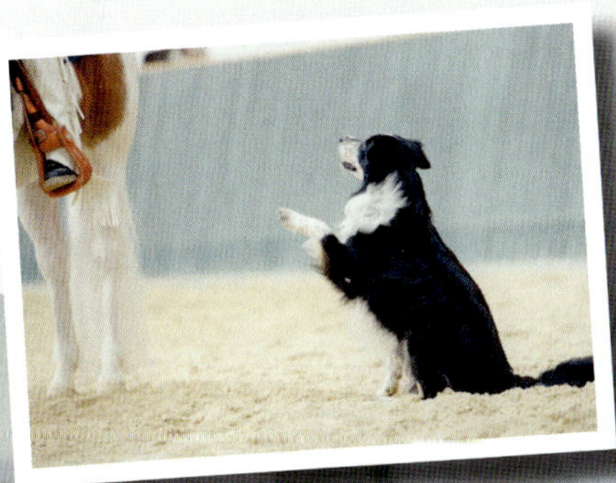

Los geht's!

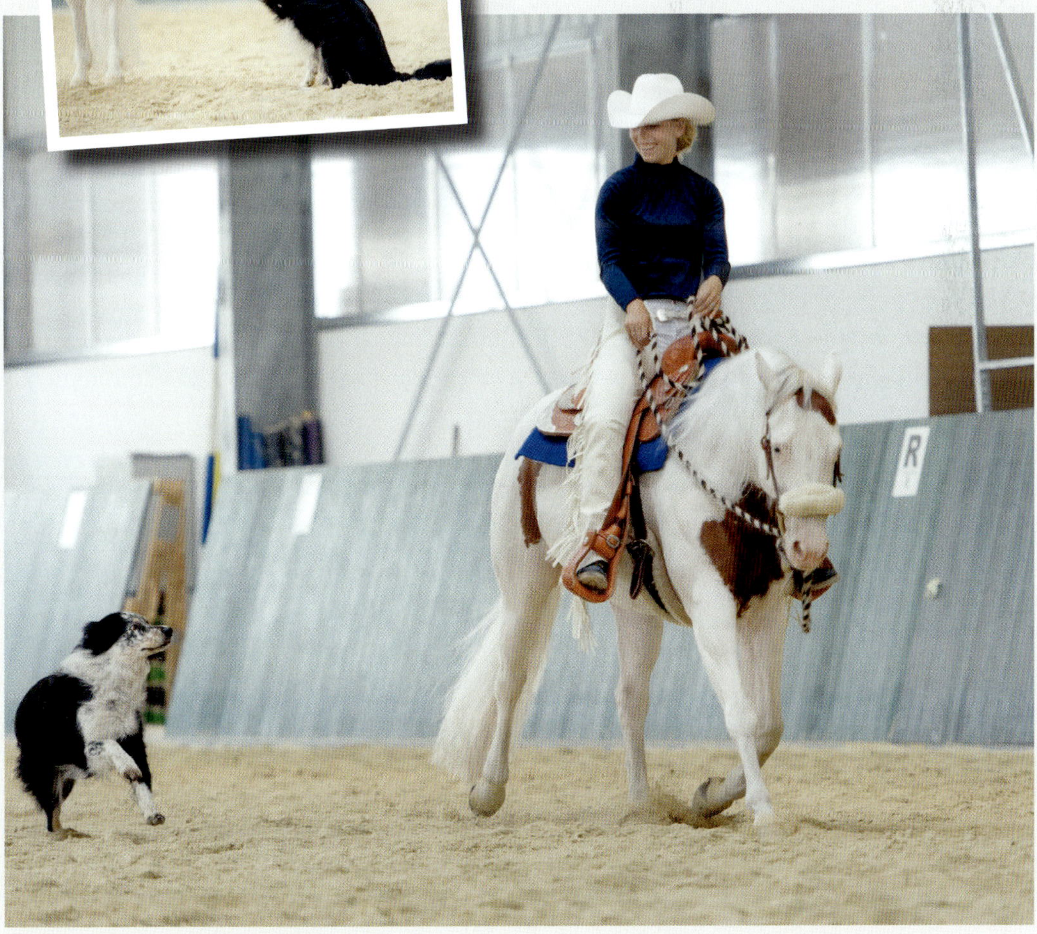

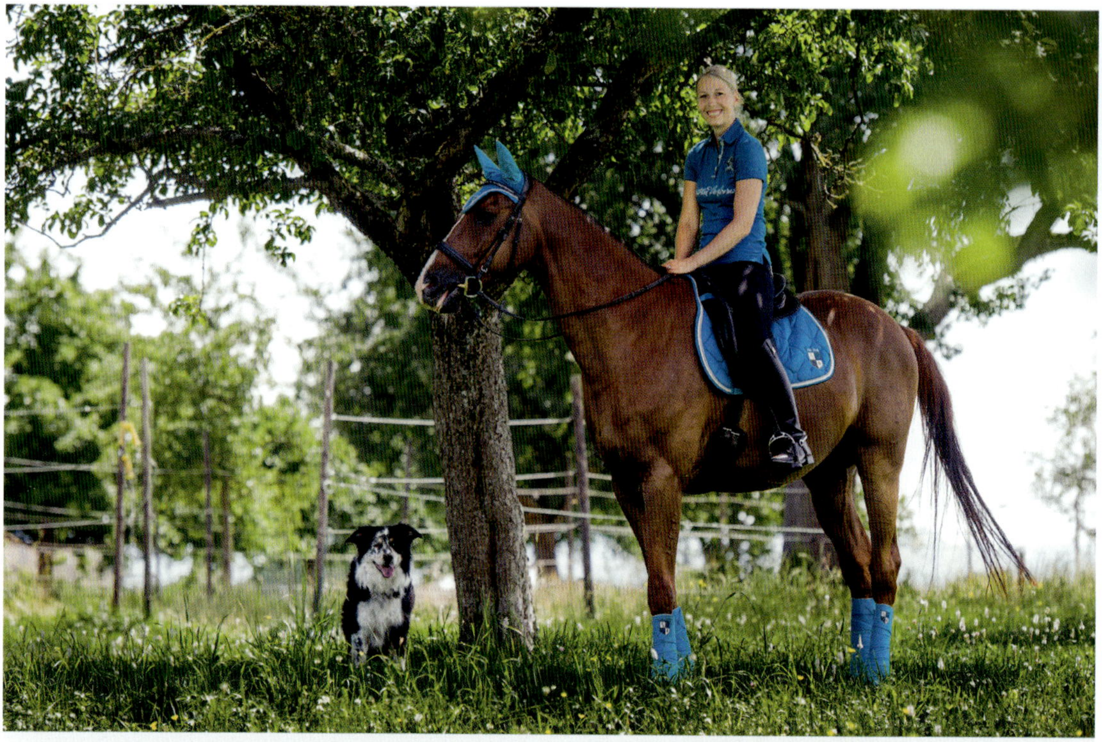

1. Der korrekte Sitz

Damit wir unsere Hilfen richtig geben können und das Pferd in seiner Bewegung nicht stören, sollten wir richtig sitzen. Dies fällt jedoch nicht jedem leicht und es bedarf viel Übung. Je nach Körperbau oder körperlichen Beschwerden kann es schwerfallen, dem korrekten Sitz nahezukommen. Wichtig ist auf jeden Fall, locker zu sitzen und nicht zu verkrampfen, um das Pferd in seiner Bewegung zu unterstützen.

In der Dressur spricht man von 3 Linien:

1. Linie: Ohr-Schulter-Hüfte-Absatz (diese 4 Punkte sollten beim Reiter in einer Linie sein),
2. Linie: Ellbogen-Hand-Pferdemaul (auch hier sollte die Linie keinen Knick haben, die Höhe der Hand kann je nach Aufrichtung des Pferdes variieren),
3. Linie: Schaut man den Reiter von hinten an, sollte auch hier vom Scheitel des Reiters über die Hüftmitte bis hin zum Pferdeschweif ein Lot gezogen werden können. Beide »Reiterhälften« sollten sowohl von vorne als auch von hinten betrachtet symmetrisch sein.

Im **Westernreiten** gelten die gleichen 3 Linien, jedoch trägt das Pferd hier seinen Kopf tiefer und somit gilt als zweite Linie: Schulter-Hand-Pferdemaul. Der Reiter sitzt in beiden Reitweisen gerade und aufrecht und das Gewicht ist auf der Geraden gleichmäßig verteilt.
Der Sitz des Reiters ist die Grundlage für jede Form der Einwirkung auf das Pferd. Alle er-

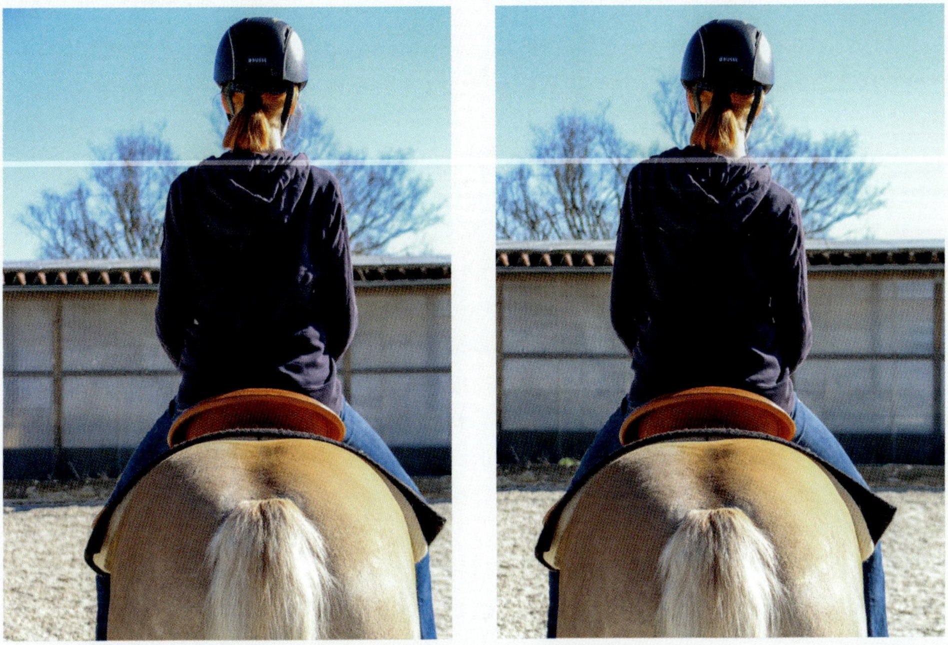

Knickt der Reiter in der Hüfte ein und trägt er die Schultern ungleich hoch, gibt er statt einer beidseitig belastenden Gewichtshilfe nur eine einseitige.

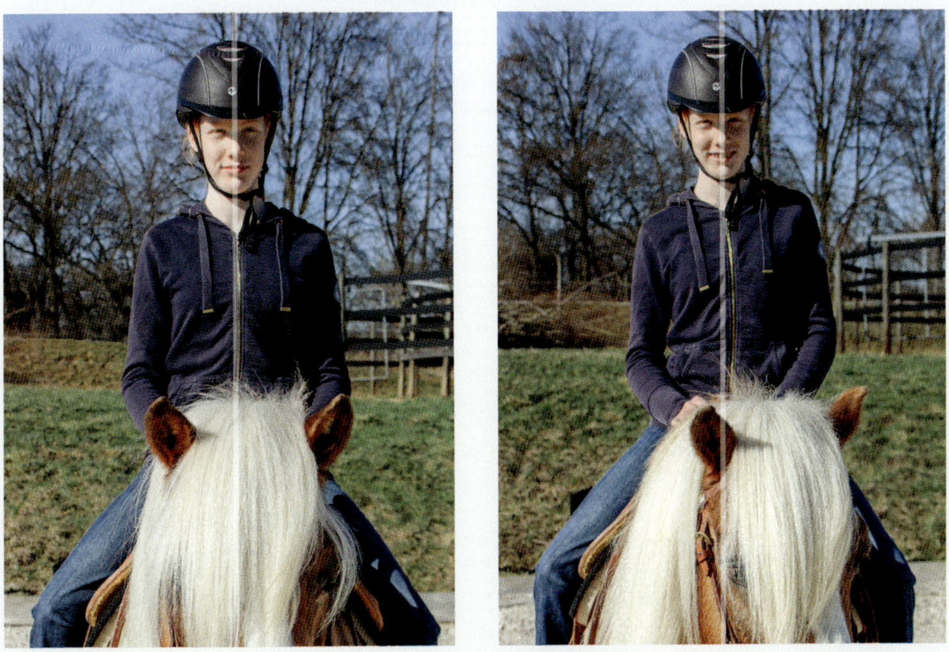

Die Asymmetrie der linken und rechten Körperhälfte ist in der Frontansicht des Reiters deutlich zu sehen.

lernten Hilfen können nur mit einem guten Sitz korrekt ausgeführt werden. Dafür ist eine elastische Mittelpositur wichtig, da alle Bewegungen der Gliedmaßen davon abhängen.

Doch was ist die Mittelpositur eigentlich?

Die Mittelpositur wird durch die Rumpfmuskulatur (Bauch- und Rückenmuskulatur) bestimmt. Durch ein An- und Abspannen der Muskelgruppen bewegt sich die Hüfte des Reiters. Er sollte geschmeidig mit den Bewegungen des Pferdes mitgehen können, damit Beine und Arme unabhängig von deren Bewegung eingesetzt werden können. Liegen Verspannungen oder Blockaden vor, versucht der Reiter z.B. durch Hochziehen der Beine oder Verspannungen im Oberschenkel das Gleichgewicht zu halten. Auch nach außen stehende Ellbogen zeigen auf, dass die Hüfte nicht elastisch mit den Bewegungen des Pferdes mitgehen kann. Weitere Indizien können ein zu starkes Wippen im Oberkörper sein oder viel Bewegung in diesem Bereich, jedoch fast keine erkennbare Bewegung in der Hüfte.

In der heutigen Zeit spielen Bewegungsmangel und Blockaden durch sitzende Tätigkeiten eine große Rolle. Deshalb kann ich nur jedem Reiter empfehlen, sich ausreichend zu bewegen oder bei sitzenden Tätigkeiten einen Stuhl zu wählen, der einen daran hindert, still zu sitzen.

In jedem Fall ist es wichtig, vor dem Reiten Verspannungen und Blockaden zu lösen und die Muskulatur mit Dehnübungen zu lockern. Wir wollen, dass unser Pferd locker, ohne Blockaden in positiver Spannung geritten werden kann, dies setzt voraus, dass auch wir locker und ohne Verspannungen eine positive Körperspannung aufbauen können. Wird im Körper eine Spannung erzeugt, ohne dass zuvor die Blockaden gelöst wurden, führt das unweigerlich zu einer Verspannung, die sich natürlich auf das Pferd überträgt.

In diesem Zusammenhang spielt auch der Besuch bei einem Physiotherapeuten eine wichtige Rolle, um eventuelle Blockaden, die sich schon nach einiger Zeit durch fehlende Bewegung einstellen können, zu lösen. Auch Yoga, Schwimmen und Fahrradfahren können die Haltung deutlich verbessern.

Auf dem Markt gibt es viele verschiedene Bälle und Stühle, die die Mittelpositur elastisch halten. Probieren Sie es mal aus! Auch hilft das Filmen der eigenen Reiterei, um Blockaden oder Probleme aufzudecken. Auch das Lösen der Faszien im Körper des Reiters helfen dabei, Stabilität aufzubauen und zum Beispiel das Einknicken in der Hüfte zu verhindern.

In diesem Kapitel beschäftigen wir uns mit dem korrekten Sitz des Reiters und 10 Übungen, die Ihnen helfen werden, einen korrekten und elastischen Sitz zu bekommen. Doch zunächst wenden wir uns den häufigsten Sitzfehlern und der korrekten Hilfengebung zu.

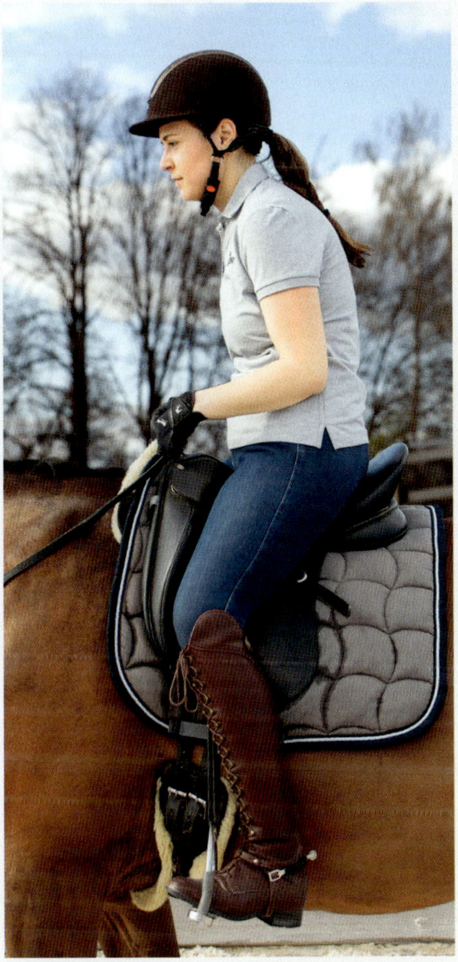

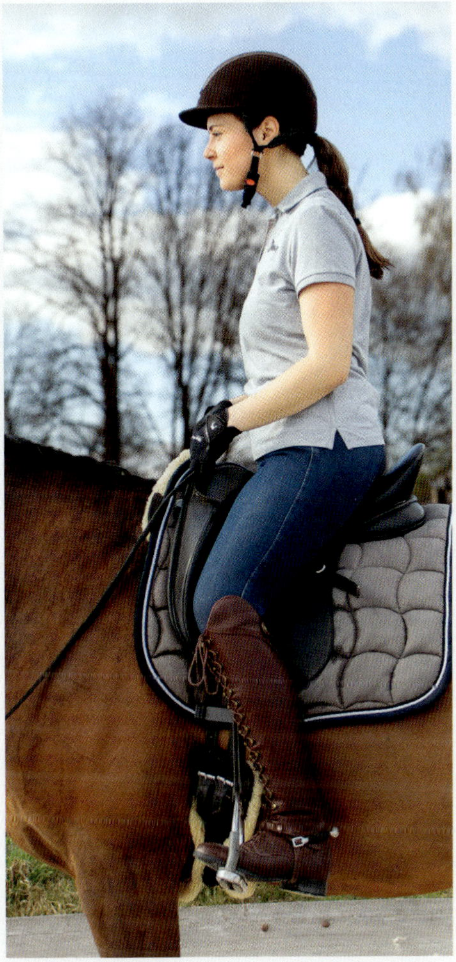

»Der Buckel«:
Am Computer oder am Handy sitzen wir leider viel zu häufig mit hängenden Schultern. Auf dem Pferd zeigen sich die hängenden Schultern auch oft als Buckel. Stärken Sie Ihre Brustmuskulatur und üben Sie aufrecht zu sitzen und zu laufen. Beginnen Sie mit Übung 1.5 zur Lockerung Ihrer Schultern.

»Die Schildkröte«:
Aufgrund von Verspannungen versuchen viele sich aufzurichten, vergessen aber, das Kinn mit nach hinten zu nehmen. Somit entsteht ein kleiner Schildkrötenhals. Lassen Sie sich von einem Physiotherapeuten beraten, bevor Sie beginnen, Ihre Rumpfmuskulatur zu stärken. Denken Sie beim Reiten immer wieder daran, Ihre Ohren nach hinten zu schieben. Bei dem Gedanken, das Kinn nach hinten zu schieben, verkrampft sich oft die Halsmuskulatur.

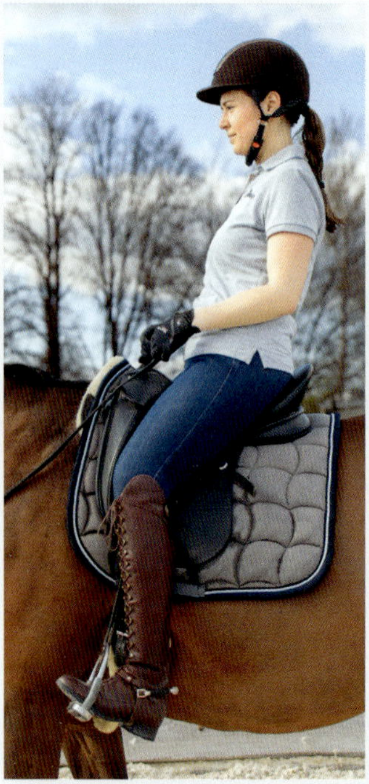

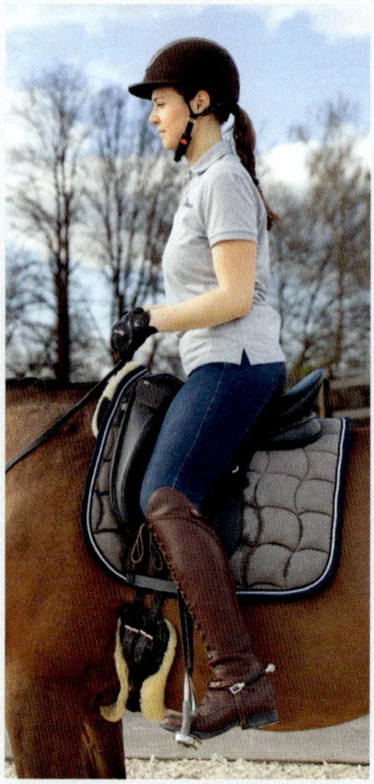

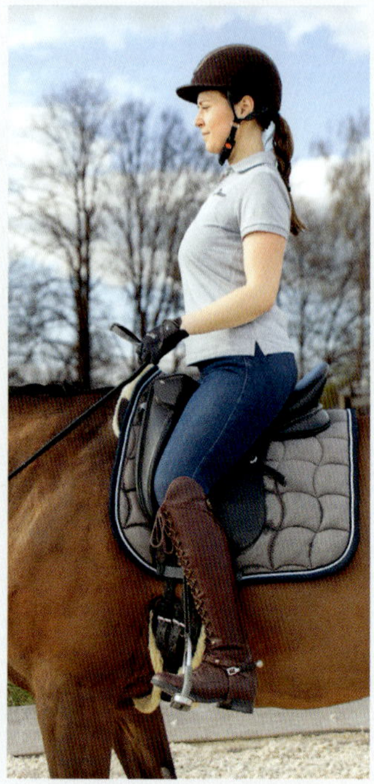

»Der Stuhlsitz«:
Nehmen Sie Platz im Sattel – aber bitte nicht wie auf einem Stuhl. Meist wird durch ein fehlerhaftes Körpergefühl der Oberkörper zu weit nach hinten gelehnt und durch verkürzte oder verspannte Hüftbeuger das Bein zu weit vorne getragen. Auch können am Stuhlsitz zu kurze Steigbügel schuld sein. Hier helfen die Übungen 1.1, 1.2 und 1.4.

»Der Spaltsitz«:
Zu lange Steigbügel, Angst oder ein falsches Körpergefühl sind oft Ursachen für den Spaltsitz. Hier wird der Oberkörper nach vorne genommen und ängstlich die Zügel zum Festhalten genutzt. Ein Platznehmen im Sattel ist so leider nicht mehr möglich. Die Oberschenkel und Knie klemmen am Sattel, um den Halt nicht zu verlieren, und die Fersen kommen nach oben, um eine Möglichkeit zu bekommen, noch treiben zu können, da der Unterschenkel keine Verbindung zum Pferdebauch hat. Beginnen Sie mit der Übung 1.1 und arbeiten Sie sich langsam Schritt für Schritt durch das erste Kapitel. Suchen Sie sich einen Helfer, dem Sie vertrauen. Ihre Zielübung aus diesem Kapitel sollte die Übung 1.8 in allen Gangarten sein. Beginnen Sie erst mit den nächsten Übungen, wenn Sie dieses Ziel erreicht haben.

»Das Hohlkreuz«:
Ein sehr häufiger Sitzfehler ist das Hohlkreuz, weil fehlende Bauchmuskulatur die Hüfte nach hinten-oben kippen lässt. Leider kann so die Hüfte nicht mehr korrekt nach vorne-oben schwingen. Die Bewegungen des Pferdes werden gestört. Dies führt oft dazu, dass auch das Pferd seine Hüfte nicht mehr abkippt und bei Pferd und Reiter Schmerzen in der Lende vorprogrammiert sind. Stärken Sie Ihre Bauchmuskulatur und üben Sie sich in mentaler Entspannung. Oft sind zu viel Stress oder mentale Verspannungen die Ursache für das Problem. Hier kann ich Ihnen folgende Übungen empfehlen: 1.1, 1.3, 1.4, 1.7 und 1.8.

Die Hilfengebung

Eine korrekte Hilfengebung ist immer ein Zusammenspiel aller Hilfen.

Die Gewichtshilfe:

- Beidseitig belastende Gewichtshilfe: Sie wird bei allen geraden Linien benötigt. Es werden dabei beide Sitzbeinhöcker belastet.
- Einseitig belastende Gewichtshilfe: Diese setzen wir bei allen gebogenen Linien und Seitengängen ein. Bei ihr wird nur ein Sitzbeinhöcker belastet.
- Entlastende Gewichtshilfe: Sie wird im leichten Sitz angewendet.

Die Schenkelhilfe:

Mit Schenkelhilfe beschreibt man den Unterschenkel, der sich locker am Pferdebauch befindet und unterstützend mit treibt. Nur zur Korrektur können wir die Sporen oder die Gerte als treibende Hilfe hinzuziehen. Dabei unterscheidet man den

- vorwärtstreibenden Schenkel, der »am« Gurt (eine Handbreit hinter dem Sattelgurt) eingesetzt wird, um die Hinterhand zum verstärkten Abfußen anzuregen,
- seitwärtstreibenden Schenkel, der das Pferd zum Übertreten animiert,
- verwahrenden Schenkel, der als Begrenzung bei gebogenen Linien und Seitengängen sowie auch beim »Schenkelweichen« eingesetzt wird.

Der vorwärtstreibende Schenkel sollte immer das jeweilige Hinterbein unterstützen. Dies setzt voraus, dass wir fühlen, wann welches Hinterbein abfußt. Der seitwärtstreibende Schenkel kann zu Korrekturzwecken seine Lage verändern. Wenn wir z. B. mit dem Schenkel mindestens zwei Handbreit hinter dem Gurt treiben, verschieben wir die Hinterhand des Pferdes. Kurz hinter dem Gurt eingesetzt verschieben wir die Schulter des Pferdes (siehe 2.1).

Unser Ziel ist es, ein Pferd zu reiten, das allein über das Gewicht und den Schenkel geritten wird und bei dem wir die Zügelhilfen nur dann benötigen, um ihm die verlangte Übung zu verdeutlichen. Demzufolge sollte immer zuerst das Gewicht, dann der Schenkel und erst danach der Zügel eingesetzt werden.
Dies findet wenige Millisekunden nacheinander statt, sodass alle vorhergehenden Hilfen stets die letzte Hilfe unterstützen. Je nach Ausbildungsstand und Reitweise ist dies variabel.

Zuletzt kommt die Zügelhilfe:
Hier unterscheiden wir zwischen dem annehmenden Zügel, der nachgebenden Zügelhilfe, der verwahrenden Zügelhilfe und dem seitwärtsweisenden Zügel. Letzterer zeigt jungen Pferden (oder am Anfang der Ausbildung stehenden Pferden) den Weg. Auf jede annehmende folgt immer eine nachgebende Zügelhilfe! Der verwahrende Zügel dient als Begrenzung und gibt Stabilität außen. Unsere Handhaltung spielt dabei eine große Rolle. Tragen wir unsere Hände breit und tief, unterstützen wir das Pferd in der Vorwärts-Abwärts-Haltung. Tragen wir sie hoch und eng, wird das Pferd seinen Kopf höher tragen. Sobald unser Pferd die unterstützende Handhaltung nicht mehr benötigt, sollte die Linie Ellbogen-Hand-Pferdemaul (Dressur) bzw. Schulter-Hand-Pferdemaul (Western) eingehalten werden, um das Pferd nicht zu stören. Auch ist ein weiches Handgelenk wichtig. Dazu sollten die Hände aufrecht und geschlossen getragen werden. Der Daumen bildet locker ein kleines Dach auf der Faust. Bei jungen Pferden oder Pferden, die am Anfang ihrer Ausbildung stehen, kann die Stimmhilfe gezielt eingesetzt werden. Damit unsere Pferde nicht auf die Hilfen abstumpfen, sollten wir die 4-Punkte-Regel (dies gilt für alle Hilfen!) beachten:

1. Wir bitten unser Pferd vorsichtig mit der für später gewollten Stärke.
2. Wir fordern mit der gleichen Hilfe, aber mit stärkerem Druck.
3. Wir bauen den Druck auf, sodass unser Pferd sofort die geforderte Übung ausführt.
4. Sobald unser Pferd die geforderte Übung ausführt, loben wir es mit der Stimme und einer nachgebenden Hilfe.

Ihr Pferd wird schnell verstehen, dass es sich lohnt, auf das erste Bitten zu reagieren und somit sensibel auf die Hilfen zu werden. Werden Sie niemals unfair oder emotional im negativen Sinne. Bestärken Sie Ihr Pferd durch ausgiebiges Lob, und motivieren Sie es, Ihnen ein kleines Geschenk zu machen. Sie werden merken, dass das Pferd mitdenkt, Ihnen gefallen will und die Übung am liebsten nochmal ausführen möchte, um von Ihnen gelobt zu werden.

Pferde »veräppeln« den Reiter nicht oder planen ein »Gegen-die-Hilfen-Gehen«. Sie folgen den Hilfen des Reiters, führen genau diese Hilfengebung präzise aus oder reagieren auf Schmerz oder Angst. Es kann auch sein, dass sie nicht wissen, was sie machen sollen, und eine andere Idee wählen. Passt die Hilfengebung zum Ausbildungsstand des Pferdes und wird diese logisch aufgebaut und biomechanisch angewandt, kann das Pferd ihr leicht folgen.
Bitte beachten Sie dies und analysieren Sie zunächst sich selbst, bevor Sie Ihre Hilfe verstärken. Auch sollten Sie mithilfe eines Fachmanns Schmerz oder Angst ausschließen. Lesen Sie dazu den Exkurs *Strategien umkehren* auf Seite 35ff.

1.1 Den Körper spüren

Tipp ▶

Nehmen Sie die Bahnpunkte als Hilfe. Achten Sie zum Beispiel bei A immer auf Ihren Oberkörper, bei E immer auf Ihre Handgelenke, bei C immer auf Ihre Beine, bei B immer auf Ihren Absatz usw. So können Sie sich immer wieder selbst korrigieren.

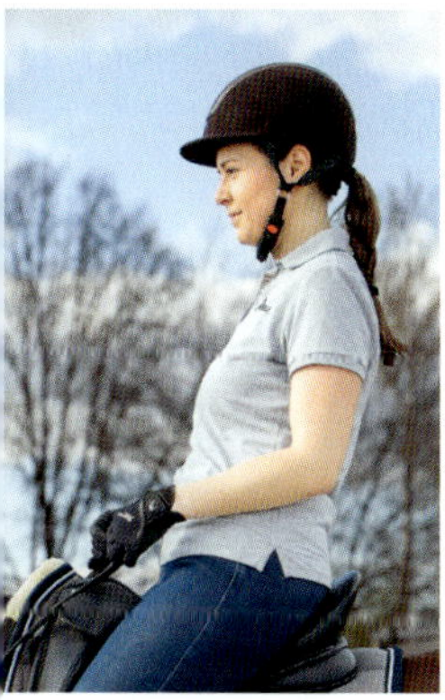

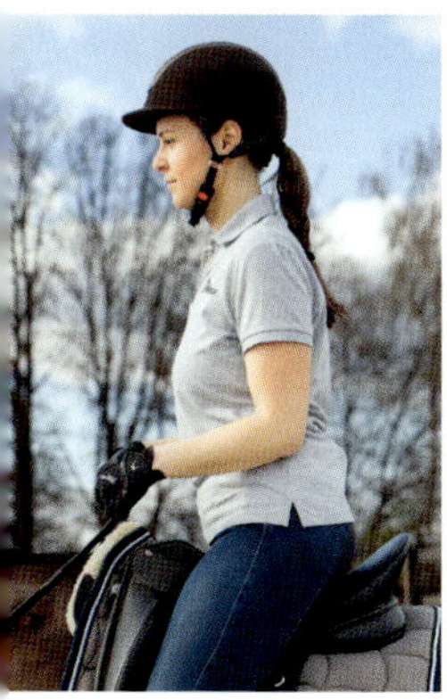

Wichtig!

Lockern Sie vor dem Reiten Ihre Hände und Handgelenke, indem Sie diese eine Minute ausschütteln.

Um den eigenen Sitz zu verbessern ist es wichtig, seinen Körper gut zu kennen. Nur dann ist man in der Lage, Übungen umzusetzen. Mit einem Helfer an der Seite fallen Übungen dieser Art leichter, daher wäre es gut, wenn Sie Unterstützung bekämen. Diese Übung dient dazu, an Ihrem Körpergefühl zu arbeiten. Oft ist beispielsweise ein falsches Gefühl für einen geraden Oberkörper beim Reiter abgespeichert. Sitzt dieser gerade, kann es sich plötzlich für ihn anfühlen, als würde er in einem Liegestuhl Platz nehmen oder nach hinten runterfallen. Durch Verspannungen kann es passieren, dass die Balance im Körper fehlt und mit ausgleichenden Bewegungen eine vermeintliche Balance hergestellt werden muss. Doch nur mit einem ausbalancierten Sitz kann die Hüfte des Reiters die Bewegungen des Pferdes ausgleichen und elastisch mitgehen.

Wie funktioniert diese Übung?

Um das Gefühl für die Mitte und den geraden Sitz zu bekommen, können Sie Ihren Oberkörper nach vorne und hinten pendeln lassen. Nach mehrmaligem Wiederholen werden Sie merken, dass Sie instinktiv Ihre Mitte gefunden haben. Auch können Sie zwischen einem Buckel und einem Hohlkreuz wechseln, um ein Gefühl für einen korrekten aufrechten Oberkörper zu bekommen. Dies ist wichtig, da unsere Wirbelsäule nur dann die Bewegung des Pferdes ausgleichen kann.

Die Schultern und die Hüfte sind waagerecht und parallel zueinander (Grundstellung). Ziehen Sie Ihre Schultern beim Einatmen nach oben, bewegen Sie sie nach hinten und lassen Sie sie beim Ausatmen nach unten hängen. Die Oberarme liegen mit dem Ellbogen am Körper an und die Hände werden vor dem Körper getragen. Die Oberschenkel und das Knie liegen am Sattel an, wobei wichtig ist, dass an diesen Stellen kein Druck ausgeübt wird. Die Wade liegt am Pferdebauch an und der Absatz bildet den tiefsten Punkt, wobei dieser weder nach unten gedrückt, noch hochgezogen wird, da sonst keine federnde Bewegung im Fußgelenk mehr möglich ist.

Der Blick des Reiters ist vorausschauend, denn bei gut ausgebildeten Pferden und einer feinen Kommunikation zwischen Menschen und Pferd reicht oft schon der Blick des Reiters, um das Pferd abzuwenden. Die Hände werden unverkrampft und aufrecht getragen. Der Daumen sollte dabei wie immer ein kleines Dach auf der geschlossenen Faust bilden.

1.2 Die Sitzbeinhöcker belasten

Was brauche ich?
Lassen Sie sich von einer Person führen.

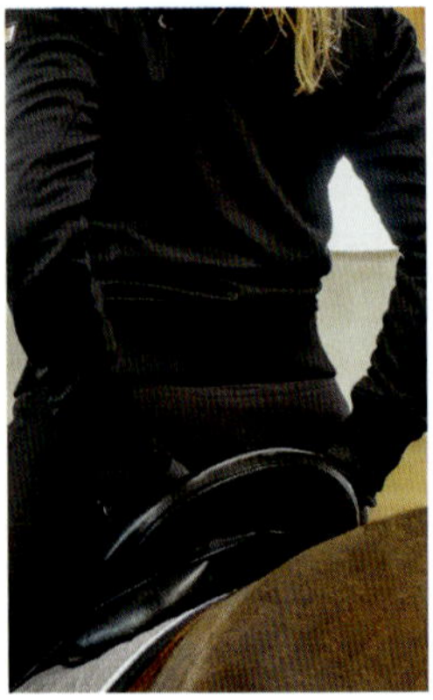

Setzen Sie sich auf Ihre Hände, sodass die Handflächen zum Sattel zeigen.

Die Gewichtshilfen sind für den korrekten Reitersitz essenziell. Diese werden über die Sitzbeinhöcker des Reiters auf das Pferd übertragen. Auf der geraden Linie sollten beide Sitzbeinhöcker gleichmäßig belastet werden, in der Wendung nur der innere. Damit der Reiter lernt, die Gewichtshilfen richtig zu geben, ist ein gutes Gespür für die Sitzbeinhöcker nötig. Mit dieser Übung lernen Sie, die Sitzbeinhöcker zu spüren.

Wie funktioniert diese Übung?

Sie werden im Schritt auf geraden und gebogenen Linien geführt. Schließen Sie die Augen und spüren Sie in Ihren Körper hinein. Spüren Sie Ihre Sitzbeinhöcker? Auf der Geraden beide und auf der gebogenen Linie nur den inneren? Nein? Setzen Sie sich so auf Ihre Hände, dass die Handflächen zum Sattel zeigen und die Handoberflächen unter den Sitzbeinhöckern sind. Das verstärkt den Druck der Sitzbeinhöcker.

Was tun, wenn ...?

Ich schaffe es nicht, beide Sitzbeinhöcker gleichmäßig zu belasten ...
Hier muss zuerst überprüft werden, ob Blockaden in der Hüfte oder den Beinen bestehen. Bitte konsultieren Sie hierzu einen Physiotherapeuten.

Ich spüre in der Wendung nur den äußeren Sitzbeinhöcker ...
Stellen Sie sicher, dass Sie nicht in der Hüfte einknicken. Lesen Sie sich die Übung 1.10 auf Seite 31 durch. Diese Übung kann Ihnen dabei helfen, den Sitz in der Biegung zu verbessern.

Ich habe nicht das Gefühl, dass sich etwas verbessert. Es fühlt sich alles komisch an ...
Lassen Sie sich immer wieder beim Reiten filmen und analysieren Sie dann Ihren Sitz abends auf dem Sofa. Vergleichen Sie das Gefühlte beim Reiten mit dem, was Sie auf dem Video sehen.

1.3 Die liegende Acht im Schritt

Bedingt durch die Fußfolge des Pferdes im Schritt ergibt die Bewegung der Hüfte des Reiters die Figur einer liegenden Acht. Liegen Blockaden vor, kann diese Bewegung nicht mehr störungsfrei ausgeführt werden. Mit dieser Übung verbessert sich Ihr Gefühl, Ihr Mitschwingen in der Mittelpositur und der Schritt des Pferdes.

Wie reite ich diese Übung?

Lassen Sie sich von einem Freund oder Ihrem Reitlehrer longieren. Schließen Sie dabei die Augen. Lassen Sie sich tragen und spüren Sie nur »in die liegende Acht« hinein. Nach ein paar Schritten wird Ihre Hüfte mit der Bewegung des Pferdes mitgehen. Das Becken geht immer einseitig leicht aufwärts nach vorne und leicht abwärts nach hinten. Wenn die linke Seite nach vorne-oben schwingt, schwingt die rechte Seite nach hinten-unten.
Reiten Sie solange im Schritt, bis Sie diese Bewegung nachvollziehen können.
Ist dies der Fall, konzentrieren Sie sich nun auf einen Teil der Bewegung, z. B. die Hüfte schwingt nach links vorne. Immer wenn dies passiert, geht das Pferd mit dem linken Vorderbein nach vorne. Lassen Sie sich von einem weiteren Helfer am Boden

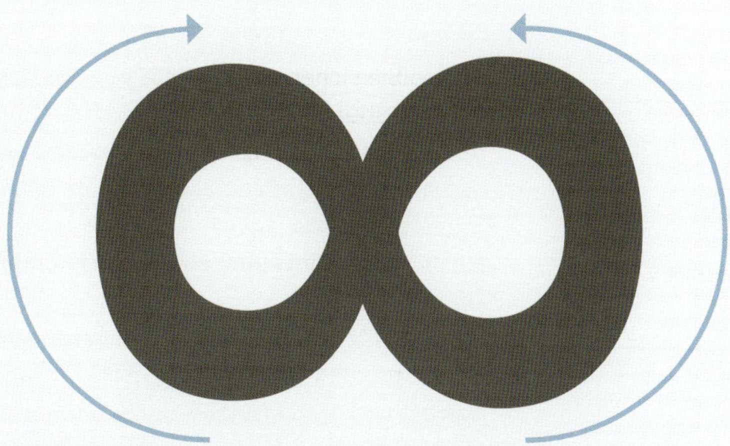

bestätigen, ob Sie mit Ihrer Aussage richtig liegen. Wenn das funktioniert, beginnen Sie mit dem rechten Vorderbein. Wenn Sie sich bei den Vorderbeinen sicher sind, beginnen Sie mit den Hinterbeinen. Hier müssen Sie das Gefühl haben, dass Ihre Hüfte nach hinten-unten abknickt, d.h. immer, wenn Ihre Hüfte nach links hinten-unten abknickt, bewegt sich das linke Hinterbein Ihres Pferdes. Klappt die linke Seite, beginnen Sie mit rechts. Wenn Sie nun sicher sind, jedes Pferdebein in der Bewegung zu spüren, machen Sie ein kleines Spiel gemeinsam mit Ihrem Helfer. Er nennt ein Pferdebein (z. B. hinten rechts) und Sie sagen immer »jetzt«, sobald sich dieses Bein nach vorne bewegt. Die Hilfsperson wechselt nun beliebig die Beine durch und Sie antworten.

Was tun, wenn ...?

Meine Hüfte bewegt sich nur nach vorne und hinten ...

Dies kann darauf hindeuten, dass Ihre Hüfte blockiert oder verspannt ist. Lassen Sie dies von einem Physiotherapeuten untersuchen.

Meine innere Hüfte bewegt sich weiter vor als die äußere ...

Sind Sie auf einer gebogenen Linie? Dann ist das normal.
Befinden Sie sich auf einer geraden Linie, sollten Sie dies durch Ihren Helfer überprüfen lassen. Stimmt das Gefühl, kann es sich um eine Blockade handeln. Befragen Sie dazu Ihren Physiotherapeuten.

Meine linke oder rechte Hüfte bewegt sich weiter nach vorne als die rechte (auf gerader Linie!) ...

Auch dies kann eine physische Blockade im Pferd oder Reiter sein. Lassen Sie es durch einen Fachmann abklären.

Ich spüre die einzelnen Beine nicht richtig oder zu spät ...

Übung macht den Meister! Geben Sie nicht auf und lassen Sie sich von einer Person helfen. Konzentrieren Sie sich auf ein bestimmtes Bein. Lassen Sie sich von Ihrem Helfer sagen, wann sich dieses Bein bewegt und probieren Sie zu fühlen, was Ihr Becken in diesem Moment macht. Irgendwann können Sie das Bewegungsgefühl mit dem Bein verknüpfen.

1.4 Das Fundament

Was brauche ich?
Eine Person, die das Pferd am Strick führt oder longiert.

Zu kurze Steigbügel, zu häufiges Leichttraben oder eine verspannte Oberschenkelmuskulatur führen dazu, dass man nicht mehr tief im Sattel Platz nimmt und die Mittelpositur nicht mehr elastisch ist. Daraus resultieren verschiedene Sitzfehler, die am Fundament (dem Unterschenkel und Fuß) des Reiters sichtbar werden. Mit dieser Übung lockern Sie den Oberschenkel und können danach wieder elastisch mit Ihrer Hüfte den Bewegungen des Pferdes folgen.

Wie funktioniert diese Übung?

Lassen Sie sich von einem Helfer am Strick oder an der Longe führen. Behalten Sie die Zügel in der Hand. Sie können sich während der Übung auch am Sattel abstützen. Gehen Sie nun mit beiden Beinen

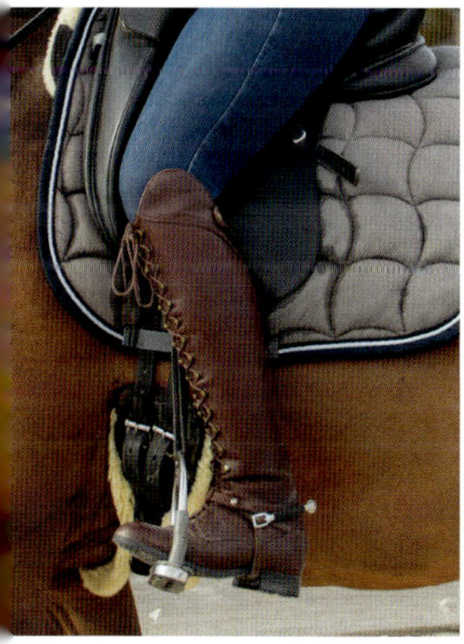

Das Fundament sollte auch bei Bewegungen im Oberkörper stabil bleiben. So kann der Absatz federn, der Unterschenkel treiben und der Oberschenkel bleibt dabei locker.

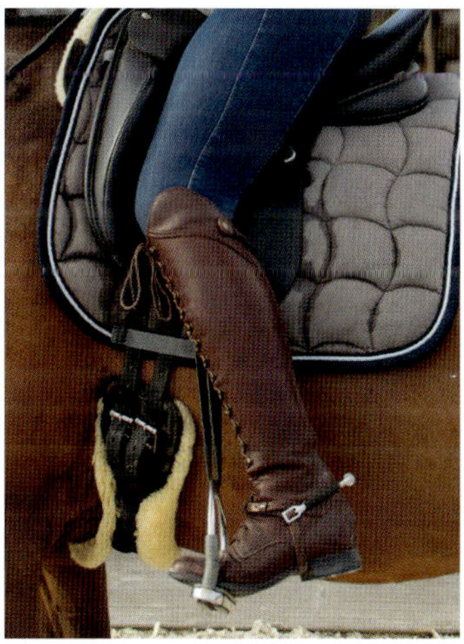

Hier erkennt man deutlich, dass der Oberschenkel und das Knie fest am Sattel sitzen. Der Unterschenkel hat keine Verbindung mehr zum Pferdebauch und kann somit keine treibenden Hilfen geben. Um trotzdem das Pferd zu treiben, wird die Ferse nach oben gezogen und mit dem Absatz getrieben. Die Hilfen werden nun zu weit hinten eingesetzt. Wird wie hier auf dem Foto der Oberkörper noch nach vorne geneigt, geht auch die Gewichtshilfe verloren, da sich zudem die Muskulatur in der Hüfte verspannt. Überprüfen Sie nach der Übung, ob die Bügellänge noch korrekt gewählt ist.

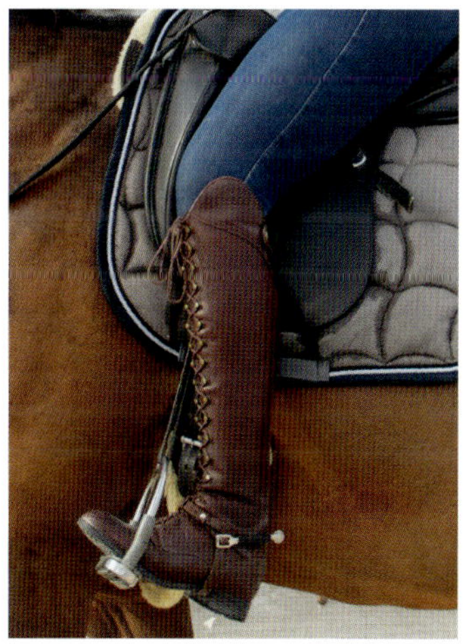

Blockaden und Verspannungen im Hüftbeuger können dazu führen, dass das Reiterbein zu weit vorne platziert wird. Das Knie drückt gegen die Pauschen des Sattels und die Hüfte wird beim Vorschwingen blockiert. Auch hier können keine korrekten Hilfen mehr gegeben werden. Oft wird bei triebigen Pferden zusätzlich die Ferse hochgezogen, um mit dem Absatz treiben zu können.

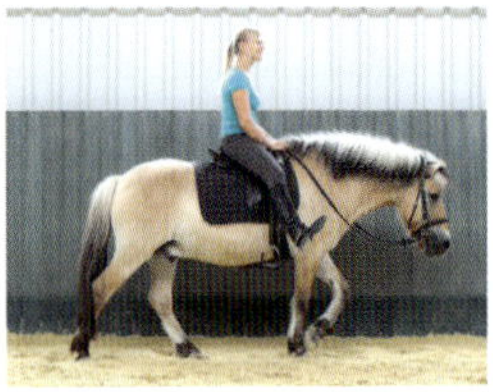

a) Hier zeigt uns Evi das Nach-vorne-Schwingen des Beines aus der Hüfte heraus.

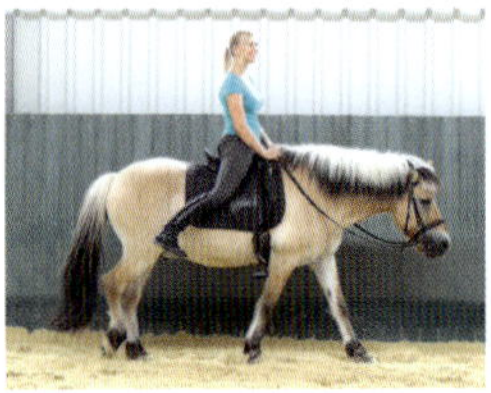

b) Bleiben Sie im Sattel sitzen – Ihr Bein muss nicht ganz so weit nach hinten schwingen.

aus dem Steigbügel und lassen sich im Schritt führen. Spüren Sie in Ihren Körper hinein. Nach zwei bis drei Runden beginnen Sie »rückwärts Fahrrad zu fahren«. Treten Sie wie beim Fahrradfahren Ihren Absatz nach hinten-unten, lassen Sie Ihr Bein wieder nach vorne schwingen und treten wieder nach hinten-unten in die »Pedale«.
Im nächsten Schritt spüren Sie wieder in Ihren Körper hinein. Ist es schon leichter, das Bein lang zu lassen und locker mit der Bewegung in der Hüfte mitzuschwingen? Reicht das nicht aus, beginnen Sie mit dem »Laufen auf dem Pferd«: »Laufen« Sie zuerst mit einem Bein mit und lassen das andere noch hängen. Führen Sie Ihr Bein aus der Hüfte heraus nach vorne und hinten.
Machen Sie dies langsam und achten Sie dabei auf die Dehnung. Meist ist hierbei das Problem, dass das Knie zu stark abgewinkelt wird und somit der Oberschenkel und die Hüfte nicht richtig mobilisiert werden. Achten Sie darauf, dass der Oberkörper gerade bleibt und nicht nach vorne oder hinten schwingt. Wechseln Sie die Seiten. Spüren Sie einen Zug in der Muskulatur? Was funktioniert besser? Nach vorne oder nach hinten? Rechtes oder linkes Bein?
Wenn Sie diese Übung korrekt ausgeführt haben, haben Sie danach das Gefühl, tiefer im Sattel zu sitzen. Meist kommen einem auch die Steigbügel nun ein Loch zu kurz vor, da Sie nicht mehr »auf dem Sattel«, sondern »im Sattel« Platz genommen haben.

Mein Pferd macht aber ...

Ich kann mein Bein zwar nach vorne, aber nicht nach hinten führen ...

Bitte lassen Sie zuerst überprüfen, ob Sie Blockaden im Körper haben, die dies verhindern. Ist dieser Punkt sichergestellt, können Sie mit Dehnungsarbeit am Boden beginnen. Stellen Sie sich breitbeinig hin, winkeln Sie abwechselnd je ein Knie an, so dass das andere Bein gestreckt wird. Nun sollten Sie eine leichte Dehnung der Adduktoren (innerer Oberschenkelmuskel) spüren. Steigen Sie danach wieder auf und versuchen Sie es erneut.

Ich kann meinen Oberkörper nicht gerade halten...

Dies ist meist ein muskuläres Problem. Sie benötigen hierfür die Bauch- und Rückenmuskulatur. Verringern Sie die »Schrittgröße« beim »Laufen«, so dass Sie nicht mehr allzu viel Dehnung im Oberschenkel haben und steigern Sie diese nach und nach.

1.5 Mobil auf dem Pferd

Sitzende Tätigkeiten und zu wenig Sport führen dazu, dass die Mobilität des Reiters stark eingeschränkt ist. Erinnern Sie sich noch an die Reitstunden in Ihrer Kindheit? Um einen elastischen Sitz zu bekommen ist es wichtig, alle Muskeln zu lockern. Erst dann kann eine positive Spannung im Körper des Reiters aufgebaut werden. Viele Reiter steigen nach der Arbeit auf das Pferd und als Außenstehender hat man oft das Gefühl, dass es keinen Unterschied macht, ob der Reiter auf seinem Schreibtischstuhl oder auf dem Pferd Platz nimmt. Die Haltung bleibt beides Mal dieselbe. Rücken- und Nackenprobleme sind oft die Folge. Neben Yoga helfen auch verschiedene Dehnungsübungen am Boden. Im Sattel kann jedoch die eine oder andere Übung deutlich schwieriger sein.

Wie funktioniert diese Übung?

Lassen Sie sich von einem Helfer führen oder longieren. Beginnen Sie zunächst damit, die Arme auszustrecken. Nun drehen Sie sich mit ausgestreckten Armen, sodass ein Arm nach vorne und einer nach hinten zeigt. Drehen Sie sich langsam und so weit wie möglich, ohne dass Sie sich aus dem Sattel heben. Sind Ihre Arme gleich hoch? Geht es nach links und rechts genauso gut? Blockiert es während der Drehung? Merken Sie sich die Schwierigkeiten. Nehmen Sie nun die Arme über den Kopf und bewegen Sie sie in großen Kreisen nach hinten. Fällt Ihnen das leicht? Drückt es irgendwo?

Nehmen Sie die Arme erneut nach oben. Nun darf der rechte Arm nach vorne und der linke nach hinten geführt werden. Bewegen Sie nun beide Arme nach unten. Jetzt darf der rechte Arm nach hinten und der linke nach vorne. Über Ihrem Kopf treffen sich beide Arme wieder. Führen Sie diese Bewegung langsam, aber fließend aus, bis diese Übung gut funktioniert.

Gönnen Sie sich eine kleine Pause. Nehmen Sie nun den rechten Arm nach oben. Beugen Sie sich so weit nach unten, bis der rechte Arm Ihre linke Fußspitze berührt. Wiederholen Sie diese Übung, bis sie gut funktioniert, und wechseln Sie dann zum linken Arm.

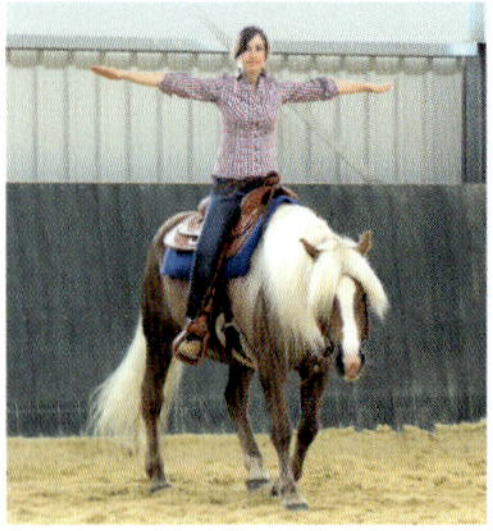

Mona beginnt mit der ersten Übung. Ein Helfer unterstützt sie dabei, dass beide Arme gleich hoch getragen werden.

Nach einer Pause geht es nochmal zur ersten Übung. Drehen Sie sich mit ausgestreckten Armen und erinnern Sie sich, wie weit Sie beim ersten Mal kamen. Können Sie sich nun weiter drehen? Ziept es immer noch? Die Übung war erfolgreich, wenn Sie sich mobiler fühlen. Versuchen Sie die Übungen auch im Trab oder Galopp an der Longe, wenn Sie sich sicher fühlen.

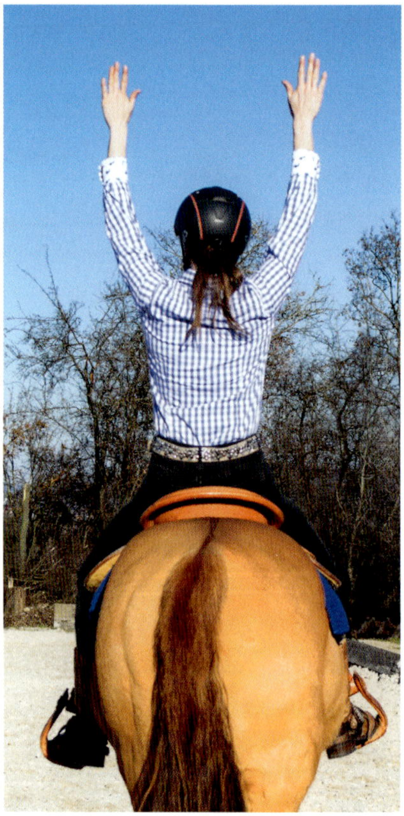

Beim Armekreisen treffen sich beide Arme immer wieder oben und unten.

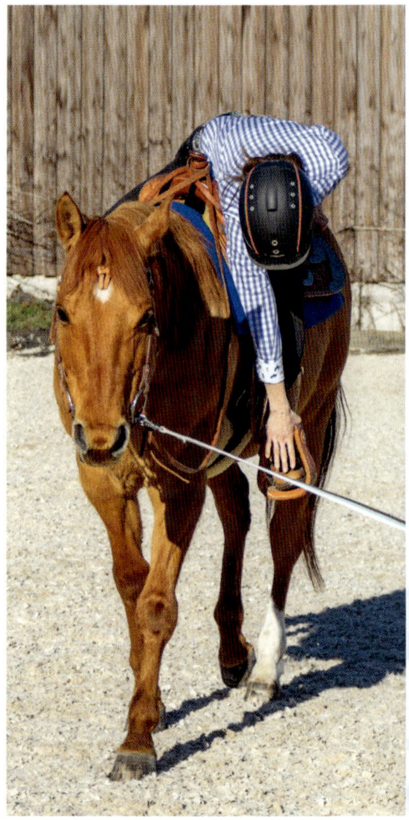

An der Longe zeigt uns Helen, dass sie die diagonale Streckung gut hinbekommt. Das Horn des Westernsattels kann unter Umständen stören. Weichen Sie in diesem Fall auf einen Longiergurt aus.

1.6 Fühlen und schätzen

Was brauche ich?
4 Stangen

Aufbau
Legen Sie sich 2 bis 4 Stangen auf die Zirkellinie.

Für eine gute Gymnastizierung des Pferdes ist es sehr wichtig, spüren zu können, wo und wann die Pferdebeine auftreten. Dies können Sie an Ihrer Hüftbewegung fühlen. Wichtig hierbei ist, dass Sie die Übung 1.3 schon beherrschen.

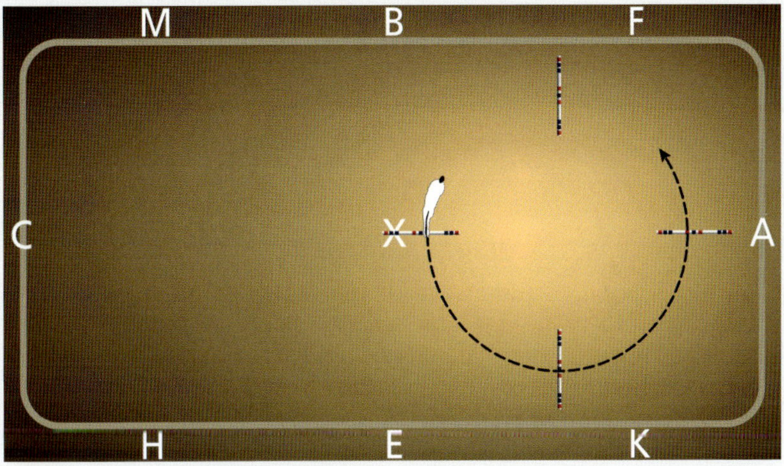

Wie funktioniert diese Übung?

1. Reiten Sie zunächst im Schritt um die Stangen herum. Konzentrieren Sie sich darauf, wie sich Ihr Becken im Sattel bewegt. Reiten Sie so lange im Schritt, bis Sie die Bewegung »der liegenden Acht« nachvollziehen können. Ist dies der Fall, konzentrieren Sie sich nun auf einen Teil der Bewegung, z. B. die Hüfte schwingt nach links vorne. Immer wenn dies passiert, geht das Pferd mit dem linken Vorderbein nach vorne. Lassen Sie sich von einer Person am Boden bestätigen, ob Sie richtig liegen, wann dieses Bein in Bewegung ist.

2. Klappt dies einwandfrei, können Sie einen Schritt weitergehen und anfangen, über die Stangen auf dem Zirkel im Schritt zu reiten. Versuchen Sie nun, Ihrem Helfer zu sagen, welches Vorderbein die Stange zuerst überquert. Klappt auch dies, sagen Sie an, mit welchem Hinterbein Ihr Pferd zuerst über die Stange tritt. Das Ziel ist zu fühlen, wann das Pferd mit einem bestimmten Bein ein Hindernis überwindet.

3. Wenn Sie diese Übung nun auch beherrschen, können Sie wieder einen Schritt weitergehen.

Erfühlen Sie, in welchem Abstand zur Stange Ihr Pferd seinen Schritt macht, um darüber zu kommen. Ist es zu weit weg und muss einen großen Schritt machen? Ist es zu nah dran und kann nur einen kleinen Schritt machen? In beiden Fällen sollten Sie spüren, dass der Takt kurzzeitig unterbrochen wird. Oder ist der Abstand richtig und Sie haben immer die passende Distanz zur Stange? Klappen die vorgenannten Übungen im Schritt, können Sie die Gangart erhöhen.

Was tun, wenn ...?

Mein Pferd hat vor den Stangen immer den falschen Abstand.
Hier sollten Sie Ihr Pferd gut mit den Schenkelhilfen einrahmen und Ihren Weg vorausplanen. Zählen Sie, wie viele Schritte Ihr Pferd auf dem korrekten Weg und für den richtigen Abstand zur Stange benötigt, und behalten Sie diese Schrittzahl zwischen den Stangen bei. Sie müssen evtl. vermehrt dazu treiben oder Ihr Pferd zurücknehmen. Voraussetzung hierfür ist, dass der Abstand zwischen den Stangen gleich groß ist.

Mithilfe von Jessy kann Mona den Abstand gut einschätzen.

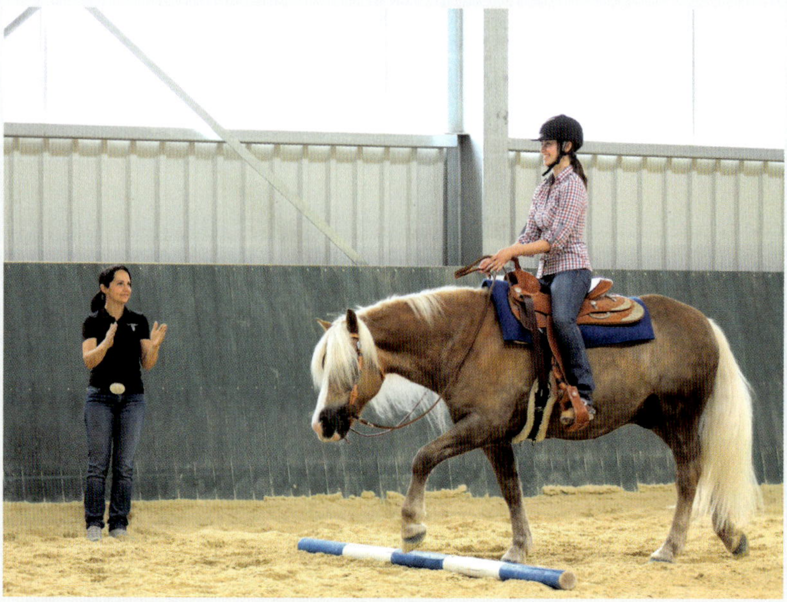

1.7 Durchatmen

Tipp ▸

Legen Sie zusätzlich eine Hand auf Ihren Bauchnabel und die andere auf Ihre Brust, dabei sollen sich Daumen und Zeigefinger in der Kuhle des Schlüsselbeins befinden.

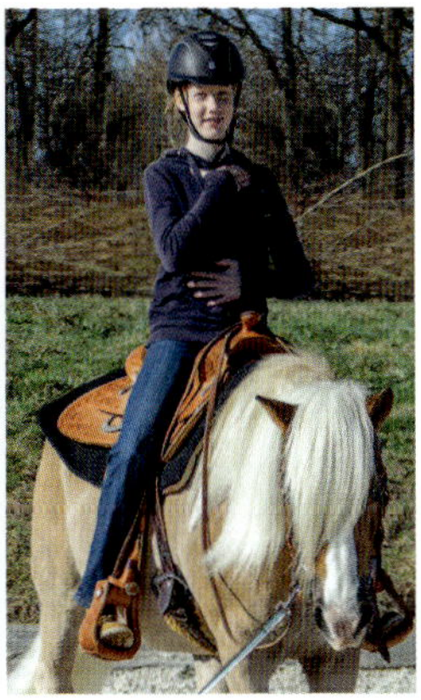

Das Ziel eines jeden Reiters ist, die größtmögliche Harmonie zwischen Menschen und Pferd mithilfe feinster Kommunikation zu erreichen. Da Pferde den Menschen spiegeln, können wir uns dies bei unserer Hilfengebung und unserem Sitz zunutze machen. Bei dieser Übung geht es darum, positive Spannung aufzubauen. Zunächst für den Reiter: Sobald der Reiter die positive Spannung aufbauen kann, wird das Pferd diese spiegeln und auch mit einer solch positiven Spannung die geforderten Übungen absolvieren. Damit Sie sich nicht verspannen und vergessen zu atmen, hier eine kleine Übung für jeden Tag. Nach und nach werden Sie diese positive Spannung gut halten können, ohne sich zu verspannen.

Wie funktioniert diese Übung?

Reiten Sie eine Volte um die Pylone (wie in 2.6). Verschieben Sie die Hüfte mit Hilfe Ihres äußeren Schenkels nach innen, ähnlich wie beim Traver. Reiten Sie nun weiter auf der Volte. Die Hinterhand befindet sich immer etwas weiter Innen wie die Vorhand. Das Pferd sollte weiterhin nach innen gestellt sein.

Was tun, wenn ...?

Ich kann die Arme nicht über dem Kopf halten ...

Fällt es Ihnen schwer, Ihre Arme über dem Kopf zu halten, sollten Sie zunächst mit dem Armekreisen nach hinten beginnen. Meist müssen erst einmal die Muskeln gelockert werden. Lesen Sie sich dazu die Übung 1.5 durch.

Ich begebe mich ins Hohlkreuz oder strecke meinen Kopf nach vorne ...

Dies zeugt von fehlender Rückenmuskulatur. Versuchen Sie diese Übung erst einmal am Boden. Stellen Sie sich dazu hüftbreit hin und beginnen Sie wie oben beschrieben.

1.8 Locker mitschwingen in der Mittelpositur

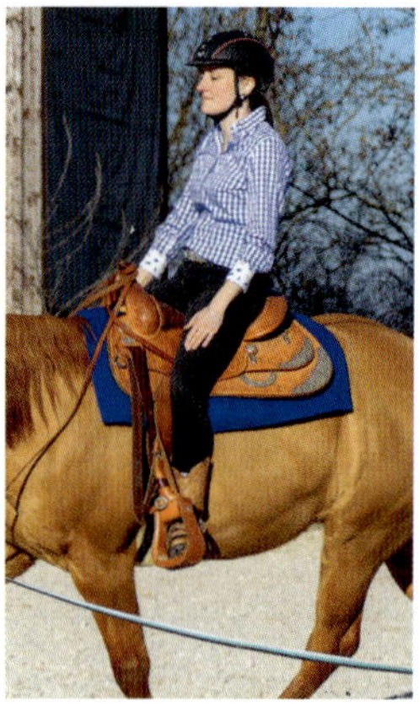

Helen kann durch die Hilfe des Longenführers die Augen schließen und sich auf ihre Bewegungen konzentrieren.

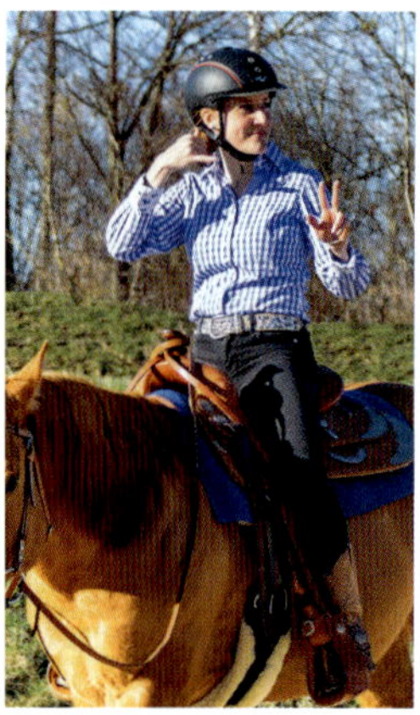

Mithilfe der Koordinationsübung fällt es Helen deutlich leichter, in der Mittelpositur mitzuschwingen, da ihre Konzentration auf der neuen Übung liegt.

Das Mitschwingen in der Mittelpositur ist einer der wichtigsten Grundpfeiler des Reitens. Die Hüfte ist die Verbindung zwischen Pferd und Mensch. Der Reiter sollte nicht willentlich schwingen, sondern sich von seinem Pferd in die Bewegung tragen lassen.

Wie funktioniert diese Übung?

Die schwierigste Gangart ist der Trab. Deshalb wird diese Übung für diese Gangart beschrieben, kann jedoch in jeder beliebigen Gangart geritten werden. Befestigen Sie die Zügel am Horn, Gurt oder »Maria-Hilf-Riemen«. Ihr Longenführer sollte vertraut mit dem Pferd und den Longen- und Peitschenhilfen sein. Traben Sie nun an der Longe und lassen Sie sich von Ihrem Pferd tragen. Schließen Sie die Augen und lassen Sie die Bewegungen des Pferdes durch Ihren Körper fließen. Haben Sie das Gefühl, dass es an einer Stelle nicht fließt, sondern eher ruckelt? Oder werden Sie immer wieder aus dem Sattel katapultiert? Nehmen Sie zunächst einen Arm nach oben. Beginnen Sie, mit diesem große Kreise nach hinten zu machen. Wird es besser? Verspannungen im oberen Rücken oder in der Nackenpartie können so gelockert werden. Die Hüfte kann sich wieder besser bewegen.

Verlieren Sie die Balance? Oder verspannen Sie sich und können nicht mehr mitschwingen? Parieren Sie das Pferd durch und starten nun noch einmal von vorne. Jetzt heben Sie Ihre Arme auf Kopfhöhe und deuten mit Ihrer linken Hand ein Handy an, indem Sie eine Faust bilden und den kleinen Finger sowie den Daumen wegstrecken.

Mit Zeige- und Mittelfinger der rechten Hand bilden Sie ein »V« (= Victory, s. Foto). Die übrigen Finger bilden eine Faust. Nun wechseln Sie auf Anweisung Ihres Helfers immer wieder die Seiten Ihrer Handzeichen. Sie werden merken, dass es gar nicht so leicht ist, wie es sich anhört. Diese Übung sorgt immer wieder für Lacher. Sie werden locker, konzentrieren sich auf Ihre Hände und das Mitschwingen fällt Ihnen deutlich leichter. Auch das Spielen von imaginären Musikinstrumenten kann dem Reiter helfen, seine Konzentration umzulenken, sodass die Bewegungen des Pferdes ohne Anspannungen im Beckenbereich aufgenommen werden können. Lassen Sie Ihren Helfer bestimmen, welches Instrument Sie spielen sollen, dann wird Ihre Konzentration vermehrt auf die Umsetzung gelenkt und Ihre Hüfte kann den Bewegungen Ihres Pferdes besser folgen.

1.9 Leichttraben, aber korrekt

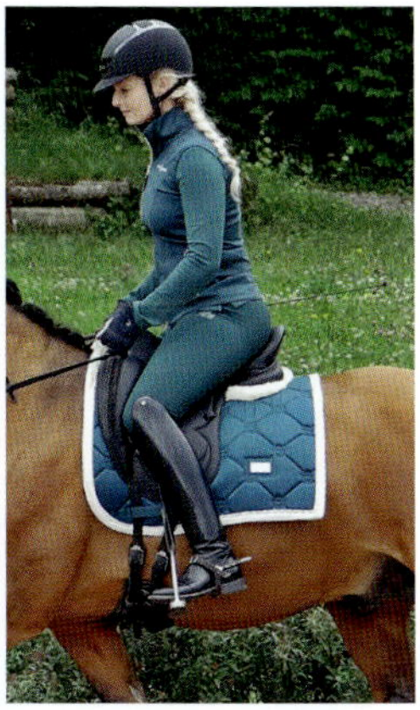

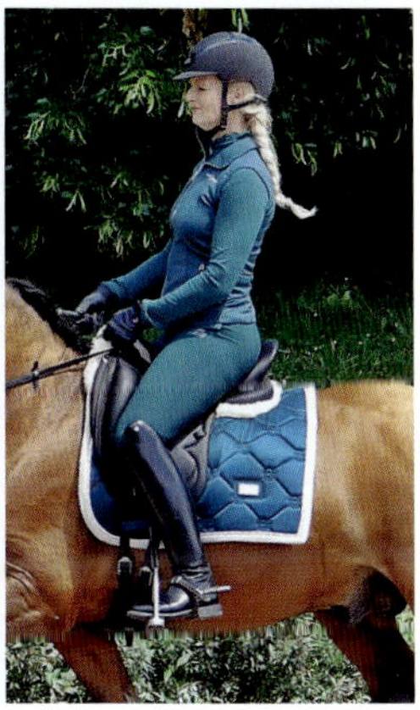

Auf diesen Bildern sieht man den Unterschied zwischen dem Leichttraben (oben) und dem Aussitzen (unten). Der Oberkörper wird beim Leichttraben etwas nach vorne genommen, um die Vorwärtsbewegung zu unterstützen. Denken Sie auch während des Leichttrabens daran, den Absatz tief zu lassen, indem Sie das Knie etwas öffnen. Der Unterschied zwischen einem festen und einem lockeren Knieschluss ist auf den beiden Bildern zu erkennen.

Rauf und runter, das kann ja nicht so schwierig sein, denkt sich der ein oder andere. Aber korrektes Leichttraben hat es in sich. Immer wieder sieht man in der Reitbahn verzweifelte Reiter, die mit aller Macht versuchen, den »Hampelmann« korrekt auszuführen: Mithilfe der Steigbügel wird aufgestanden, die Beine werden weit vom Pferdebauch abgespreizt. Danach wird wieder eingesessen (natürlich geschmeidig). Gleichzeitig werden die Fersen in den Pferdekörper gebohrt, damit das Pferd nicht ganz zum Stillstand kommt.

Doch wie trabt man richtig leicht und woher kommt das Leichttraben?

Ziel war es im 18. Jahrhundert, reitunerfahrene Soldaten in kürzester Zeit soweit zu schulen, dass sie in den Krieg ziehen konnten. Gleichzeitig wurde in England den Adeligen das Leichttraben beigebracht, da viele nicht in der Lage waren, sich auf den Jagden im flotten Tempo auf den Pferden zu halten. Deshalb wurde das Leichttraben auch »englisches Traben« genannt.
Das Leichttraben wird heutzutage vor allem für die Lösungsphase genutzt. Dabei soll das innere Hinterbein aktiviert und zum Vorgriff angeregt werden, um eine vermehrte Lastaufnahme zu erreichen. Damit das innere Hinterbein aktiviert wird, muss der innere Schenkel in dem Moment des Abfußens treiben. Gleichzeitig ermöglicht das Entlasten der Pferdewirbelsäule durch das Aufstehen des Reiters ein vermehrtes Vorschwingen des inneren Hinterbeins.

Kurz gesagt: Der Reiter sollte, während er aufsteht, das innere Hinterbein zum Vorwärtstreten animieren.

Doch wird das auch so in den Reitschulen kommuniziert? Meistens leider nicht, da diese Art des Leichttrabens deutlich schwerer als der »Hampelmann« ist. Um korrekt leicht zu traben und dabei korrekt zu treiben ist es wichtig, zunächst nur so weit wie nötig aus dem Sattel aufzustehen. Ist der Oberkörper des Reiters leicht nach vorne geneigt, ist dies deutlich einfacher. Während des Aufstehens sollten die Knie angewinkelt bleiben; nur so kann der Unterschenkel am Pferdebauch auch treibend einwirken. Während des Aufstehens darf der Reiter nur die Hüfte nach vorne schieben. Das Aufstehen wird durch den Schwung des Pferdes ausgelöst.

Tipp ▶

Schnallen Sie die Bügel etwas kürzer.

Korrektes Leichttraben kann Pferde lockern und lösen und Ihnen helfen, den Takt zu verbessern. Jedoch wirkt sich falsches Leichttraben negativ auf den Takt, die Losgelassenheit und die Rückenmuskulatur des Pferdes aus. Zudem kann es passieren, dass durch zu häufiges Leichttraben die Hüfte des Reiters blockiert und ein gefühlvolles Mitschwingen im Aussitzen nicht mehr möglich ist.
Ich kann Ihnen nur empfehlen, vielleicht auch mithilfe einer Sitzschulung an der Longe, das korrekte Leichttraben zu erlernen.
Falls Sie jedoch Probleme haben, nach so langer Zeit das Leichttraben umzulernen, können Sie auch versuchen, auf dem »falschen Fuß« leicht zu traben. Dies ermöglicht zwar ein Treiben zum richtigen Zeitpunkt, jedoch entlastet es nicht den Pferderücken, während das innere Hinterbein vorschwingt. Und doch hat es eine große Auswirkung auf Ihr Pferd.
Das Wichtigste in der Reiterei ist zu fühlen, wann und wie das Pferd tritt, damit es genau zum richtigen Zeitpunkt, auch durch einen treibenden Schenkel aktiviert oder korrigiert wird.

1. Teilschritt:
Nehmen Sie sich einen Helfer mit in die Bahn. Mit offenen oder auch geschlossenen Augen erspüren Sie, welches Vorderbein und welches Hinterbein sich gerade nach vorne bewegt. Ihr Helfer überprüft ihre Aussage und korrigiert Sie falls nötig.

2. Teilschritt:
Üben Sie an der Longe oder auf der ganzen Bahn das Leichttraben. Achten Sie darauf, dass Sie sich nicht mit den Füßen in den Steigbügeln abstützen, sondern allein durch den Schwung des Pferdes und nur mit Ihrer Hüfte aufstehen. Vermeiden Sie unbedingt einen Knieschluss.

3. Teilschritt:
Betonen Sie nun das Aufstehen. Sie werden merken, dass das Pferd mehr in die Vorwärtsbewegung geht und Sie eine Millisekunde länger in der Aufstehphase verweilen. Nun betonen Sie das Einsitzen. Verweilen Sie eine Millisekunde länger im Sattel. Merken Sie, wie das Pferd langsamer wird? Sind Ihre Hilfen im Einklang miteinander werden Sie erkennen, dass das Pferd nicht einfach nur langsamer wird, sondern sich besser setzen lässt.

1.10 Der korrekte Sitz in der Biegung

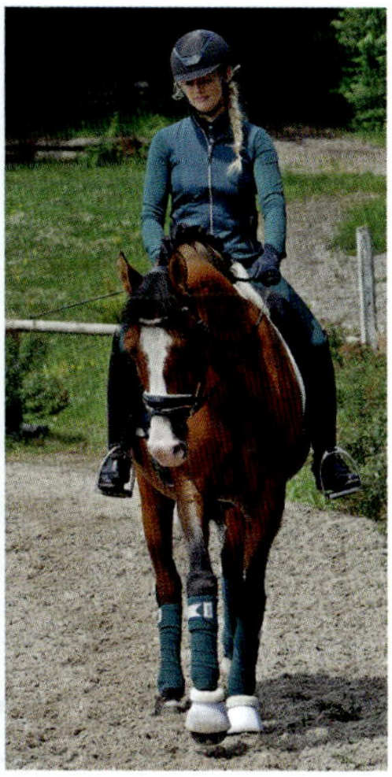

Aline zeigt uns den Sitzfehler »Der Fahrradfahrer« mit ihrem Ponyhengst. Man erkennt deutlich, dass sich hier die äußere Zügelhand nach vorne schiebt und das Pferd über den inneren Zügel gestellt wird. Somit wird leider auch die innere Schulter des Pferdes so stark begrenzt, dass das Vorderbein nicht korrekt nach vorne geführt werden kann. Die Stellung wird dabei zu stark. Dies erkennt man an dem über die Schulter geführten Pferdekopf. Das Pferd bekommt außen keine Stabilität durch den begrenzenden Zügel, was zu einer Verschiebung der Beinachse führt, da der äußere Schultergürtel nicht stabilisiert, sondern der Fliehkraft nach außen nachgibt.

Die Formulierung, »das Pferd soll sich um den inneren Schenkel biegen«, wird oft falsch verstanden, indem der innere Schenkel starken Druck ausübt, der innere Zügel das Pferd nach innen stellt und der äußere Schenkel versucht, die Hinterhand nach innen zu schieben. Die äußere Zügelhand wird – wie beim Fahrradfahren – nach vorne geführt.

Ganz so extrem wird es bei den meisten nicht sein, doch das Thema »Die korrekte Biegung« ist nicht nur interessant, sondern man vertieft damit auch sein biomechanisches Wissen rund ums Pferd und den korrekten Sitz in der Biegung. So wird das Auge geschult und die eigene Analyse verbessert sich. Die Biegung des Pferdes bedeutet eine sinnvolle muskuläre Stabilisation der Vorhand und Hinterhand auf der gebogenen Linie. Deshalb beginnt die korrekte Biegung in der Kontrolle und Stabilisierung des äußeren Schulter- und Beckengürtels in der Standbeinphase. Ein »Verbiegen« über den inneren Zügel sollte unbedingt vermieden werden. Die Reaktionen des Pferdes auf einen festen Zügel sind sehr gesundheitsschädlich. Ein korrekt gebogenes Pferd tritt mit den Hinterbeinen in die Spur der Vorderbeine, kann die Traglast auf dem aktiv untertretenden inneren Hinterbein halten und hat genügend Schulterfreiheit, um das innere Vorderbein vorzuführen. Die drei Achsen (Bein-, Brust- und Kopfachse) sind symmetrisch. Dies kann nur durch die stabile äußere Muskulatur hervorgerufen werden.

Diesem Ziel geht ein gutes und durchdachtes Training voraus; dies erfordert Verantwortung, Selbstdisziplin und Selbstreflexion. Das Pferd als Spiegelbild zum Reiter kann auf psychischer, aber auch auf physischer Ebene gesehen werden. Die Achsen zwischen Brustkorb des Pferdes und dem Oberkörper des Reiters sollten immer symmetrisch und identisch sein. Genauso verhält es sich mit den Achsen zwischen den Reiter- und den Pferdebeinen. Nur wenn ein Pferd korrekt gebogen ist und seine Stabilität der äußeren Muskulatur für die gebogene Linie ausreicht, kann es gesund geritten und dadurch gesund erhalten werden.

Doch wie kann dieses theoretische Wissen in die Praxis übertragen werden? Beginnen wir zunächst beim Reitersitz. Vereinfacht ausgedrückt: Da der Weg zwischen Schulter und Hüfte des Pferdes innen

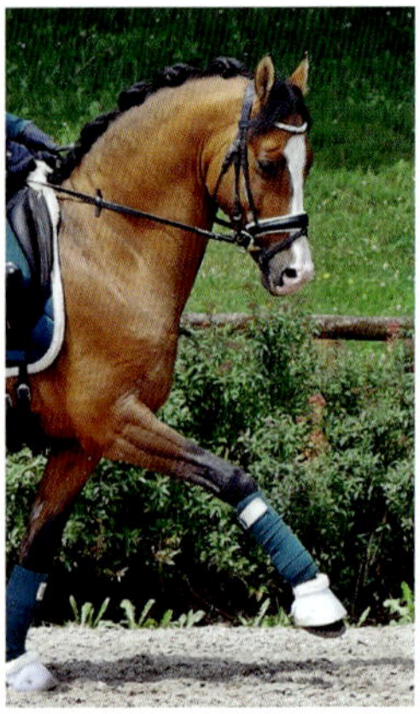

Der Pferdekopf überschreitet bei einer korrekten Stellung die Linie zum inneren Vorderbein nicht. Dies ermöglicht dem Pferd das innere Vorderbein frei nach vorne-oben zu bewegen.

kürzer als außen ist und damit sich der innere Rückenmuskel des Pferdes zusammenziehen kann, sollte der Reiter seinen inneren Sitzbeinhöcker belasten. Dies geschieht, indem der Reiter seine innere Seite (Hüfte bis Schulter) stabil hält und die innere Schulter ein Stück nach vorne schiebt. Hierbei geht es nur um wenige Millimeter und ist bei jedem Reiter und jedem Pferd individuell verschieden. Sie finden die korrekte Schulterhaltung für sich mithilfe der nachfolgenden Übung heraus.

Übung 1:
Stellen Sie sich vor, Sie hätten einen schweren Mehlsack auf der inneren Schulter liegen, der nicht runterfallen darf. Knickt man in der Hüfte innen ein und die innere Schulter hängt nach unten, fällt der Mehlsack runter. Eine Hilfe kann ein minimales Hochziehen der äußeren Hüfte sein, wodurch die innere Seite mehr Stabilität bekommt.

Hier kann eine weitere kleine Übung helfen:

Übung 2:
1. Setzen Sie sich auf die Knie eines Freundes, der bequem auf einem Stuhl oder einer Bank sitzt.
2. Sie belasten z.B. den linken Sitzbeinhöcker mithilfe der oben genannten Stabilität in der linken Seite.
3. Nun zieht der Freund sein rechtes Bein unter Ihrer Hüfte weg.

Bleiben Sie stabil sitzen, haben Sie alles richtig gemacht. Kommen Sie durch das Wegziehen des Beines Ihres Freundes ins Schwanken, hatten Sie noch keine korrekte Sitzposition für eine gebogene Linie.

Wiederholen Sie diese Übung mehrmals, um das korrekte Gefühl abzuspeichern.

Wichtig ▸
Eine Biegung entsteht nicht durch die Stellung mit dem Zügel, sondern sie entsteht im Pferdekörper!

Pferde, die ihren inneren Rückenmuskel in der Biegung nicht zusammenziehen wollen, lassen den Reiter außen sitzen. Oft rutscht auch dann der Sattel nach außen.
Bleiben wir zunächst bei den inneren Hilfen des Reiters. Da sich die innere Reiterschulter leicht nach vorne bewegt, kann auch die innere Hand der inneren Schulter des Pferdes den Raum geben, nach vorne zu treten. So wird eine leichte Verbindung zum Pferdemaul hergestellt, ohne das Pferd zu weit nach innen zu stellen.

Merke ▶

Der Reiter bleibt auf der Seite stabil, auf der das Pferd sich biegen soll.

Wichtig ▶

Je mehr theoretisches Wissen wir uns aneignen und kritisch unseren Sitz analysieren und verbessern, desto gesünder wird unsere Reitweise.

Der innere Schenkel des Reiters hat die Aufgabe, das innere Hinterbein des Pferdes zum Vorfußen zu animieren und hilft, die Vorhand auf die Hinterhand einzustellen, wodurch sich die stabile innere Seite des Reiters verlängert.

Wichtig bei der Biegung des Pferdes sind die äußeren Hilfen des Reiters. Da wir auf einer gebogenen Linie immer diagonal denken sollten, wäre der Gegenpart zu einer inneren stabilen Hüfte (nicht fest, sondern stabil) der stabile äußere Zügel. Dieser unterstützt die äußere Schulter des Pferdes gegen die Fliehkraft, Stabilität in den Schultergürtel zu bekommen und so ein Verdrehen des Brustbeins zu verhindern. Auch hier sprechen wir nicht von einem festen Zügel, sondern von einem stabilen und begrenzenden Zügel, der eine weiche Verbindung zum Pferdemaul gewährleistet.
Durch diese diagonale Stabilität des Reiters bekommt das Pferd die Hilfe, die es benötigt, um die seitlichen Muskelgruppen zu trainieren und die Vor- und Hinterhand miteinander zu synchronisieren. Somit übernimmt das innere Hinterbein des Pferdes Energie vom äußeren Schultergürtel. Der äußere Schenkel des Reiters begrenzt das Pferd und hilft so, die Achsensymmetrie bzw. die Einstellung der Vorhand auf die Hinterhand zu verbessern.
Wir Reiter sollten immer darauf achten, dass wir dem Pferd helfen, seinen Bewegungsablauf zu verbessern, um Schäden an diesem zu verhindern.

Doch bitte »verkopfen« Sie sich nicht. Reiten ist keine technische Angelegenheit, sondern vielmehr eine Mischung aus Gefühl, Timing, Wissen, Technik und feiner Kommunikation. Wir Reiter haben als Trainer unseres Pferdes die verantwortungsvolle Aufgabe, unseren Partner zu trainieren, zu unterstützen, ihm zu helfen und ihn an die richtige Technik heranzuführen, um gesund und motiviert zu bleiben.

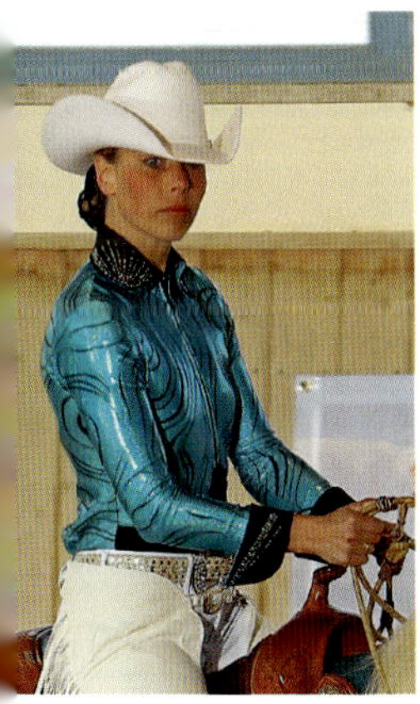

Korrekt in der Biegung: Auf diesem Bild sieht man deutlich, dass die innere Seite der Reiterin stabil bleibt, die innere Hand etwas weiter oben als die äußere getragen wird, was dabei hilft, die innere Schulter stabil zu halten, um den inneren Sitzbeinhöcker zu belasten. Auch der vorausschauende und fokussierte Blick hilft, die geplante gebogene Linie zu erreichen.

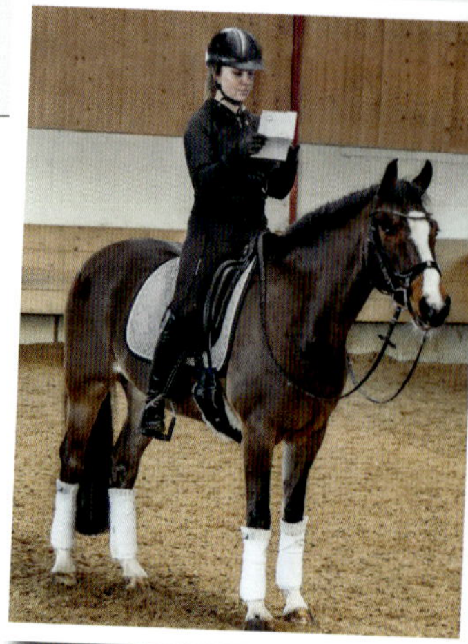

Wie lernen Pferde?

In der Aus- und Weiterbildung ist diese Frage elementar. Wir machen die Übung »Nix g'sagt isch gnuag g'lobt«.

Wir benötigen: 1 Helfer

Schritt 1:
Sie verlassen den Raum. Ihr Helfer sucht sich eine Handlung aus. Zum Beispiel: Wenn Sie hereinkommen, sollen Sie sich auf den linken Stuhl setzen. Sie kommen herein und wissen natürlich nicht, was Sie machen sollen. Also beginnen Sie, langsam den Raum abzuschreiten. Sobald Sie die falsche Richtung (weg vom Stuhl) einschlagen, sagt der Helfer »Nein«. Er sagt jedes Mal »Nein«, wenn Sie sich vom Stuhl entfernen. Wenn Sie sich auf den Stuhl gesetzt haben, sagt er nichts. Wie fühlen Sie sich? Wie lange dauert es, bis Sie das Geforderte erreichen?

Schritt 2:
Nun beginnen wir mit der gleichen Übung wie in Schritt 1. Der Unterschied ist, dass Ihr Helfer nicht mehr »Nein« sagt, sondern Sie durch ein »Ja« belohnt, wenn Sie sich diesmal richtigerweise auf den rechten Stuhl setzen. Der Helfer darf nur das Wort »Ja« zur Belohnung verwenden, bis Sie sich auf den Stuhl setzen. Wie fühlen Sie sich? Wie lange hat die Übung gedauert? Was bemerken Sie?

Schritt 3:
Im dritten Schritt möchte ich Sie zur gleichen Übung bitten, nun darf der Helfer die Wörter »Ja« und »Nein« benutzen und Sie wie beim Spiel »Heiß-Kalt« bis (z. B.) zum Abnehmen des Bilderrahmens lotsen. Wie fühlen Sie sich? Wie lange hat die Übung gedauert? Was bemerken Sie? Ging die Übung nicht deutlich schneller? Fühlen Sie sich fröhlicher und motivierter? War das Spiel leichter?

Was bedeutet dies nun beim Reiten?

Wir möchten z. B. dem Pferd beibringen, dass es sich in der Wendung um den inneren Schenkel biegt.

1. Schritt:
Wir treiben mit dem inneren Schenkel/Gewicht innen.

2. Schritt:
Wir unterstützen das Pferd mit dem inneren, stellenden und begrenzenden Zügel und Schenkel außen.
3. Schritt:
Das Pferd biegt sich für einen Moment, wir loben es sofort und geben mit den in Schritt 2 verwendeten Hilfen nach. Dabei kommen wir zu dem Ergebnis, dass Menschen wie auch Pferde durch deutliche Ansagen und Lob am schnellsten und motiviertesten lernen.

Die Übung wiederholt sich, bis das Pferd auf die erste Hilfe sofort reagiert. Das führt zu einer feinen und harmonischen Kommunikation zwischen Mensch und Pferd.
Überlegen Sie sich im Vorfeld, welches Signal Sie im Idealfall verwenden möchten und nehmen Sie immer dieses Signal im ersten Schritt. Zum Beispiel kann ein Schnalzen oder das Einatmen als Signal zum Antraben oder auch ein Summen zum Durchparieren genommen werden.

Strategien umkehren

Auf jede Aktion oder ein Ereignis folgt eine Reaktion. Diese wird, sobald sie erfolgreich war bzw. mit Sicherheit belohnt wird, als sinnvolle Strategie für dieses Ereignis abgespeichert. Fohlen, aber auch ältere Pferde, lernen spielerisch und mit Nachahmung, welche Strategien für das Überleben sinnvoll sind. Wird der Mensch von der Herde als positiv definiert, lernt auch das Fohlen, dass Menschen großartig sind und keine Flucht erforderlich ist.

Bitte verwechseln Sie dies nicht mit strategischem Denken! Das können Pferde nämlich nicht. Dem Pferd fehlt die Fähigkeit zum strategischen Denken, da das Mittelhirn automatisch Reflexe auslöst. Das Pferd ist im Gegensatz zu uns Menschen »fest verdrahtet«. Auch die beiden Gehirnhälften sind beim Pferd nicht so verbunden wie bei uns Menschen. Weiß die rechte Gehirnhälfte von dem Regenschirm auf der Tribüne, hat die linke davon noch nichts mitbekommen und ist völlig entsetzt, diesen bei der nächsten Runde auf der anderen Hand zu entdecken.

Exkurs

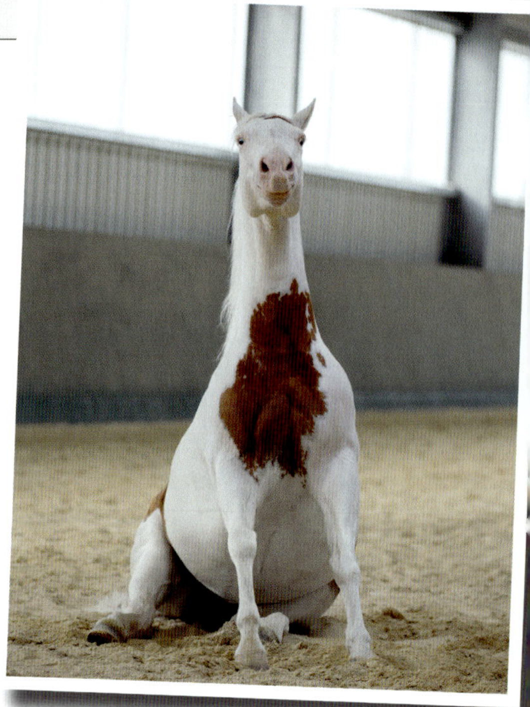

Jeder Mensch, aber auch jedes Pferd hat im Laufe des Lebens Strategien entwickelt, um mit bestimmten Situationen umgehen zu können. Strategien, die wir als gut bezeichnen, wären zum Beispiel: Das Pferd sieht eine Decke an der Hallenbande hängen und weiß, dass diese Decke eine Decke ist und es nicht angegriffen wird. Es geht dementsprechend ruhig an der Decke vorbei. Genauso können wir es als gute Strategie sehen, wenn das Pferd auf einen treibenden Schenkel korrekt reagiert. Doch was passiert, wenn die Strategie des Pferdes besagt: Werde langsamer oder reagiere aggressiv auf den treibenden Schenkel oder sogar renne um dein Leben, dann erst hast du wieder Ruhe vor dem unangenehmen Druck?
Strategien umzukehren ist die häufigste Arbeit eines Pferdetrainers. Doch muss es immer zu einem monatelangen Beritt kommen? Kann nicht jeder Reiter die Strategien des Pferdes und seine eigenen erkennen und negative Strategien umkehren? Das sollte das Ziel sein, doch oft hilft nur der Blick von außen.

Zunächst gilt es herauszufinden, wie es zu dieser Strategie kam. Meist sind Stress, Angst oder Schmerz eine Ursache. Wir reagieren auch je nach Typ mit Gegenwehr oder »Verkriechen« auf diese Ursachen. Die einen Pferde fressen es in sich hinein, bis das Fass überläuft, die anderen reagieren sofort.

Für mich ist jede Strategie erst einmal gut, da sie dem Pferd hilft, mit Situationen umzugehen. Nur ob es eine klug gewählte Strategie ist, ist fraglich. Wird eine Strategie aus der Ruhe heraus getroffen, ist es meist eine kluge.

Der Schlüssel zum Erfolg ist der Anfang. Wird das Pferd zum ersten Mal einer Situation ausgesetzt und assoziiert es diese mit Sicherheit, Vertrautheit und Ruhe, wird diese Situation, wenn sie das zweite Mal auftritt, sehr schnell als »nicht schlimm« definiert und die Strategie geformt. Ein Pferd, das so an alle Situationen herangeführt wird, lernt sehr schnell und wird mutiger, mit neuen Situationen umzugehen.

Exkurs

Sind Schmerz, Angst und Stress die Emotionen, die bei einer neuen Situation auftreten, kann dies jedoch schnell in ein negatives Verhalten umschwenken. Meist liegt es am Pferdeführer, der die feinen Signale des Pferdes nicht deuten kann, im falschen Moment abbricht oder in seiner eigenen Strategie gefangen ist und mit Unwohlsein, Angst oder Stress reagiert. Sofort werden die Emotionen des Pferdeführers vom Pferd aufgenommen und es erkennt, dass es sich nicht auf den »Leader« verlassen kann, sondern eigene Strategien entwickeln muss, um mit der »Gefahrensituation« umzugehen.
Die Antennen werden feiner und checken in jeder Situation, ob es sich auf den Pferdeführer verlassen kann oder lieber selbst zum »Leader« wird. Je nach Typ wird nun die Flucht, die Resignation oder die Aggression als Strategie gewählt. Bei einem frühzeitigen Abbruch speichert das Pferd oft die falsche Reaktion ab und formt dadurch seine Strategie.

Ein positiver Abschluss ist bei der Ausbildung des Pferdes immer wichtig, sodass es eine kluge Strategie entwickeln kann. Überforderung oder Zeitmangel führen oft zu nicht so sinnvollen Reaktionen und somit zu negativen Strategien. Das sollte unbedingt vermieden werden.

Bei Korrekturen von »verhaltensauffälligen Pferden« – also Pferden mit negativen Strategien – ist die Ursachenforschung wichtig. Wann begann die negative Strategie? Wie reagiert das Pferd? Gibt es vor der Reaktion feine, oft kleine, Signale des Pferdes oder reagiert das Pferd sofort mit seiner gelernten Strategie?
Je länger die Strategie schon existiert, desto schneller reagiert das Pferd mit seiner als sinnvoll erlernten Reaktion und desto schwieriger ist es, die Strategie umzukehren. Hat ein Pferd zum Beispiel gelernt, sich loszureißen, damit es schneller zum leckeren Gras kommt, wird es sich nicht noch länger mit dem Menschen auseinandersetzen, sondern gleich den Weg zum Gras nehmen. Vor allem Haflinger sind sehr gut darin, diese Strategie zu perfektionieren.

Existiert die negative Strategie noch nicht so lange, fragt das Pferd vor der Ausführung seiner Strategie zunächst an und wartet auf die Reaktion des Menschen. Hierbei ist das Pferd noch in der Lernphase seiner Strategie und kann relativ schnell andere Strategien lernen. Bezugnehmend auf das vorangegangene Beispiel fragt das Pferd mit einem »Runterziehen zum Gras« oder einem »Ziehen am Strick« an. Empfindet es die Reaktion des Menschen als sinnvoll und die Priorität »Gras« verschiebt sich zu »Ich will gefallen und ein Lob von meinem Menschen bekommen«, wird keine negative Folgestrategie gelernt. Ist die Reaktion des Menschen in den Augen des Pferdes unsinnig, zu heftig oder fehlt ganz und gar, bleibt die Priorität »Gras fressen« bestehen und die Folgestrategie wird erprobt.

Exkurs

Um Strategien umzukehren, sind eine Analyse und die schnelle Beseitigung der Ursache erforderlich. Hier hilft oft ein Fachmann, der von außen die Situation gut beobachten kann und Pferd und Reiter systematisch coacht. Je früher man beginnt, umso schneller können Strategien umgekehrt werden.

Ist die Ursache Schmerz, hier ein Beispiel. Hatte das Pferd beim Anreiten Magenschmerzen und assoziiert es nun den treibenden Schenkel mit diesen Schmerzen, hilft es nur, durch mehrmalige Wiederholungen ohne Schmerz, dem Pferd zu zeigen, dass der treibende Schenkel nichts mit dem früheren Gefühl zu tun hatte. Wichtig dabei ist natürlich, dass die Ursache für die Magenschmerzen gefunden und behoben wurde. Aus der Schmerzstrategie entwickelt sich häufig eine Gegenwehr-Strategie. Das Pferd möchte auf keinen Fall mehr diese Schmerzen erleiden und kämpft gegen die von ihm definierte Ursache an. In diesem Beispiel gegen den treibenden Schenkel. Hier gilt es nun, dem Pferd mit viel Zeit zu zeigen, welche Reaktion eigentlich gewünscht ist. Das gewünschte Verhalten wird gelobt und wiederholt. Um das Pferd ausreichend zu motivieren, das gewünschte Verhalten zu zeigen, können gezielte Übungen helfen, um den Fokus nicht auf den Schenkel des Reiters zu legen, sondern auf die großartige Übung. Reagiert nun das Pferd – fokussiert auf die vorher ausgesuchte Übung – auf den treibenden Schenkel korrekt, wird es sofort gelobt. Noch etwas verwirrt nimmt es die Belohnung an. Nun probiert es meist eine andere Strategie und bekommt kein Lob. Es probiert sich aus – immer in der Hoffnung, wieder so ein großartiges Lob zu erhalten. Meistens haben die Pferde nach dreimaliger Wiederholung der gewünschten Strategie verstanden, was von ihnen gefordert wird. Leider gilt dies auch umgekehrt. Dreimalige negative Wiederholung festigt wieder eine neue Strategie.

Ist die Ursache Angst, kann nur mit viel Einfühlungsvermögen und Sicherheit die Strategie geändert werden. Hat sich aus der Angst schon eine Flucht-Strategie geformt, kann es gefährlich werden. Hier sollten Ruhe, Sicherheit und Disziplin die drei Grundpfeiler sein.

Ursachen für Angst können zum Beispiel schlechtes Sehen sein, zu stark ausgeübter Druck auf das Pferd, Verlassens-Ängste, fehlendes Vertrauen, Überforderung, falsche Haltung, wenig Schlaf, Mineralmangel und Stress. Stress in jeglicher Form kann zu eigenen Strategien des Pferdes führen. Hier sollten die Ursache behoben, der Stress reduziert und das Vertrauen in sich selbst und in den Menschen gefestigt werden.

Sehr häufig ist die Ursache für negative Strategien eine fehlerhafte nonverbale Sprache des Reiters oder Pferdeführers. Pferde sprechen in sehr feinen Signalen. Die meisten Tiere haben auch ein sehr großes Verständnis für den Menschen, der oft in ihren Augen Kauderwelsch spricht. Wenn es ihrer Meinung nach zu konfus wird, was der Mensch so von sich gibt, um in einer »Gefahrensituation« adäquat zu reagieren, übernimmt das Pferd die Führung und zeigt dem Menschen, welche Strategie in seinen Augen sinnvoll ist. Ein »Pferdemensch« sollte perfektes »Pferdisch« sprechen bzw. sehr gut geschult in der nonverbalen Sprache sein. Die meisten Reiter zählen jedoch zu »Menschen mit Pferden« und erwarten vom Pferd, die menschliche Sprache zu lernen, oder sie interpretieren das Verhalten des Pferdes aus menschlicher Sicht und »vermenschlichen« das Pferd.

Mit dem Wissen über die Strategien und der Erfahrung, Strategien umkehren zu können, kann sehr vielen Pferd-Reiter Paaren geholfen werden.
Strategien, die das Bewegungsmuster betreffen, z.B. ein Nach-außen-Stellen in der Biegung, helfen meist dem Pferd, die Balance in der geforderten Übung zu behalten und benötigen keine Umkehrung (ein Nach-innen-Stellen). Hier sind eine korrekte Ausbildung der Muskulatur, eine positive Spannung, eine korrekte Verwendung der Bewegungszentren und des Geraderichtens gefordert. Dazu helfen die Übungen, die Sie in diesem Buch finden.

Halbe und ganze Paraden

Wie Sie bestimmt schon wissen, stellt die halbe Parade ein Zusammenspiel aller Hilfen dar. Eine ganze Parade führt immer zum Halten. So weit, so gut. Doch warum? Und was genau möchten wir damit bezwecken?

Versuchen wir mal die 1–2 Sekunden der halben Parade in Slow Motion durchzugehen. Daraus ergeben sich 6 Phasen. In der ersten Phase erhöht sich die positive Spannung des Reiters. In der zweiten Phase wird die Vorhand mit Hilfe der Schenkel- und Gewichtshilfen nach vorne gedreht. In Phase 3 wird die Vorhand angehoben, indem die Gewichts- und Zügelhilfen verhalten angewandt werden. In Phase 4 wird die Hinterhand durch treibende Gewichts- und Schenkelhilfen geschlossen und in Phase 5 die positive Körperspannung des Pferdes erhöht. In der 6. Phase wird die korrekte Selbsthaltung des Pferdes durch einen nachgebenden Zügel überprüft.

Exkurs

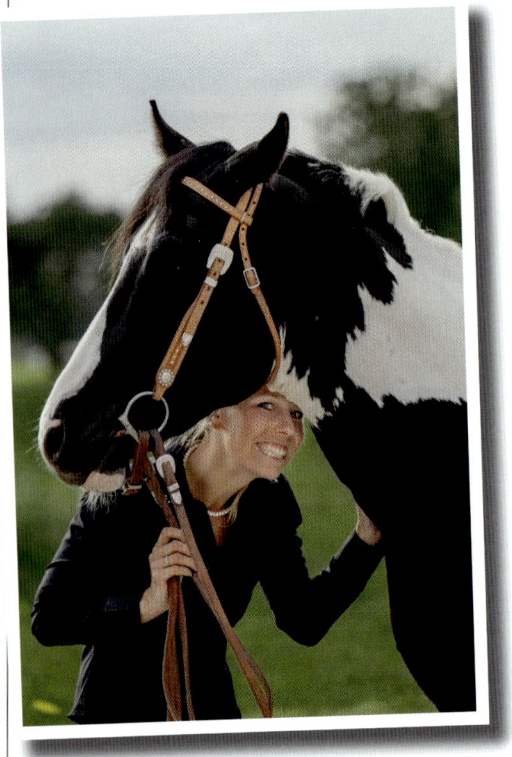

Daraus wird ersichtlich, dass eine halbe Parade nicht nur bei Übergängen oder zur Vorbereitung auf etwas Neues wichtig ist, sondern dass ein Pferd seine Bewegungszentren korrekt benutzt und somit eine Bergauf-Bewegung stattfindet.

Bei einer ganzen Parade werden die 6 Phasen genauso durchlaufen, nur dass in Phase 4 nicht nur ein Schließen der Hinterhand bewirkt wird, sondern zeitgleich auch ein Schließen der Vorhand mit Hilfe der Gewichts- und Zügelhilfe, was zum Stillstand führt. Wurde diese Phase korrekt durchgeführt, steht das Pferd geschlossen und die positive Spannung wirkt entgegengesetzt zur Schwerkraft. Daraus resultiert ein korrekt an den Hilfen stehendes Pferd, das auf kleinste Hilfen wieder in die gewünschte Gangart wechseln kann.

In der Reitbahn hört man öfters das Wort »Abspielen«. Doch was ist damit gemeint? Gehört das Abspielen auch zur halben Parade?

Mit dem Wort »Abspielen« bezeichnen Reitlehrer den feinen Impuls im Maul des Pferdes, der durch ein weiches Annehmen und Nachgeben der Zügelhand entsteht. Dies bewirkt, dass sich die Faszien vom Maul über den Hals lockern, da das Pferd durch den Impuls zum Kauen animiert wird. (Wie bei Kindern, denen ein Kaugummi angeboten wird, damit ihre Kaumuskulatur und die Kiefergelenke gelockert werden.) Durch die Kaubewegung werden die Muskeln und Faszien gelockert. Lockerung wirkt negativer Spannung entgegen und beeinflusst die Konzentration und Leistungsfähigkeit positiv.

Tipp ▸

Lassen Sie Ihr Pferd vor dem Reiten abkauen, indem Sie mit zwei Fingern in seine Laden fassen, bis es zu gähnen beginnt. Dies lockert das Kiefergelenk und das Genick des Pferdes. Bei manchen reicht der Effekt sogar bis hin zur Schulterpartie.

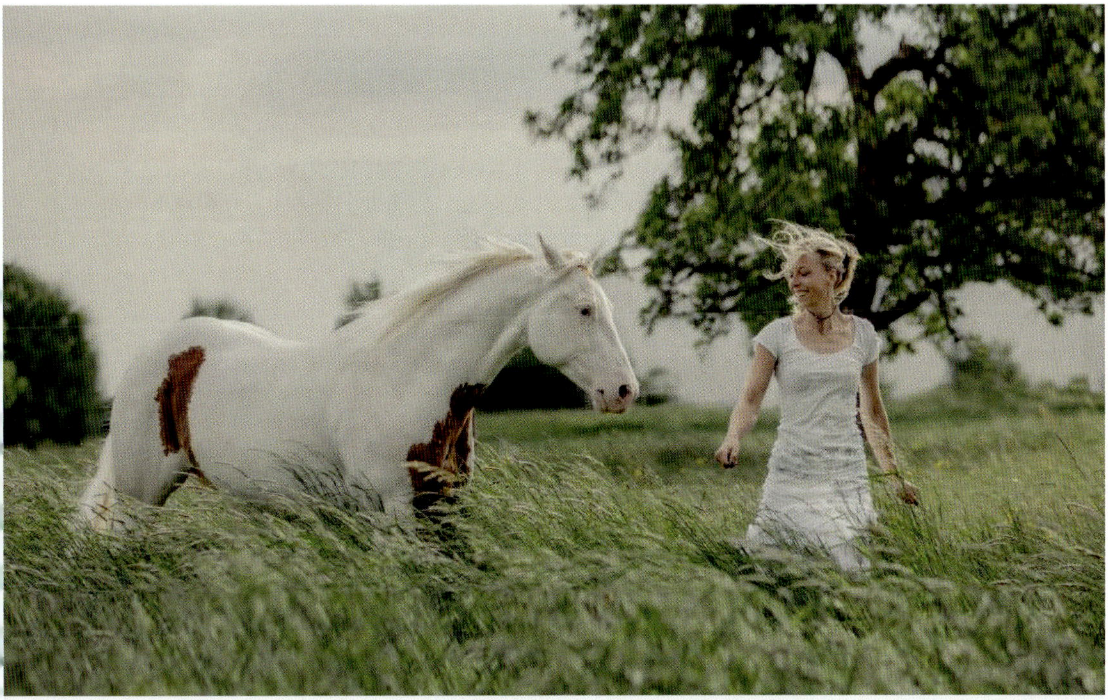

2. Tanzen lernen

Die Grundpfeiler einer gesunden Gymnastizierung und Mobilisierung von Pferden ist neben dem korrekten Sitz und einer korrekten Hilfengebung auch die Akzeptanz der Hilfen und die feine Kommunikation. Im letzten Kapitel wurde der Reiter mobilisiert. Nun ist das Pferd dran. In diesem Kapitel geht es um die Mobilisierung der Bewegungszentren des Pferdes. Vor- und Hinterhand werden bewegt und die Mobilität der Muskelgruppen überprüft. Systematisch lernen Reiter und Pferd zunächst die Vor- und Hinterhand zu verschieben, um die Hilfengebung zu verfeinern und eventuelle Verspannungen oder Blockaden aufzudecken. Das Tanzen auf der Stelle ist ein Zwischenschritt und beinhaltet die zuvor geübte Vor- und Hinterhandwendung.

Weiter geht es mit der Analyse in der Bewegung: Sind bei Reiter und Pferd beide Hände gleich? Gibt es Unterscheide und wenn ja, welche?

Mit dem Tanzen um die Pylone werden die korrekte Biegung auf der Volte, die Kontervolte sowie Seitengänge wie Traver und Schulterherein geübt und gleichzeitig eine fehlende Mobilität im Pferdekörper aufgedeckt. Ziel ist es, dass der Reiter nicht nur Trainer des Pferdes, sondern auch sein Physiotherapeut wird. Täglich können mit der Übung 2.10 »Tanzen um die Pylone« Blockaden, Veränderungen und Verspannungen entdeckt und aufgelöst werden, da der Reiter sehr schnell bemerkt, wenn das Pferd schummelt bzw. wenn es ihm schwerfällt, die gestern noch gut funktionierende Übung auszuführen. Legen wir los und lernen das Tanzen mit unserem vierbeinigen Partner!

2.1 Vorhand verschieben

Was brauche ich?
4 Pylonen

Was lernt das Pferd?
Flexibilität und schnelles Reagieren auf die Hilfen des Reiters. Konterstellung. Heben der Schulter.

Was lernt der Reiter?
Koordination von Hand und Schenkel. Fühlen, dass und wie das Pferd seitwärtstritt.

In dieser Übung lernt Ihr Pferd, die Vorhand seitlich zu verschieben, ohne dass die Hinterhand kreuzt. Sie trainieren die Flexibilität der Vorhand und die Konterstellung (siehe Übung 3.4). Mit dieser gymnastizierenden Übung können Sie die Durchlässigkeit steigern.

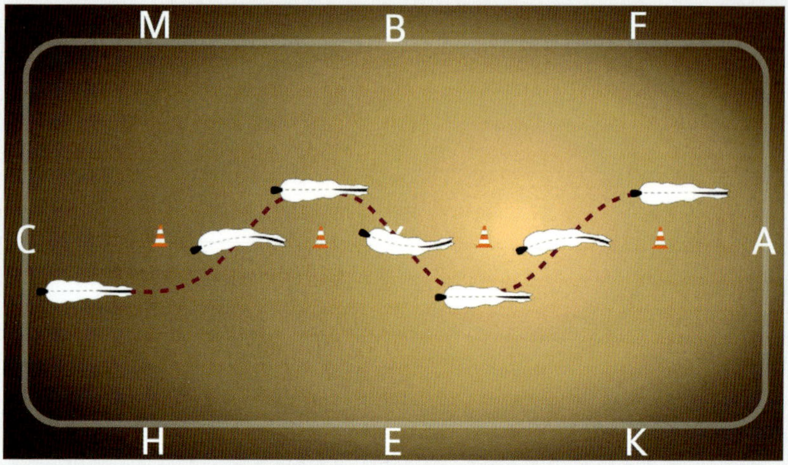

Wie reite ich diese Übung?

Reiten Sie im Schritt auf der Mittellinie in Schlangenlinien um die Pylonen herum. Ihr Pferd soll dabei nicht wenden, sondern nur die Vorhand verschieben.

Hilfengebung

Reiten Sie im Schritt auf der linken Hand auf der Mittellinie. Reiten Sie gerade an der ersten Pylone vorbei. Wenn die Kruppe Ihres Pferdes auf der Höhe der ersten Pylone ist, beginnen Sie das Pferd mit dem rechten Zügel nach rechts zu stellen. Das Pferd ist nun in Konterstellung. Der linke Zügel gibt den Weg zur Seite frei. Der rechte Schenkel treibt am Gurt, der linke Schenkel liegt verwahrend am Pferdebauch an. Ihr Reitergewicht verlagert sich nach rechts. Schauen Sie in die Richtung, in die Sie reiten wollen (hier nach links). Verschieben Sie so die Vorhand um ein paar Schritte nach links. Die Hinterhand läuft mit, kreuzt aber nicht. Wenn Sie die nächste Pylone erreicht haben, geben Sie alle Hilfen wieder beidseitig und reiten gerade nach vorne. Ist die Kruppe des Pferdes wieder auf Höhe der zweiten Pylone,

Achtung!

Achten Sie darauf, neben der Seitwärtsbewegung auch Vorwärtsbewegung zu haben.

Evi verschiebt die Vorhand von Nena nach außen – dabei ist Nena leicht nach innen gestellt.

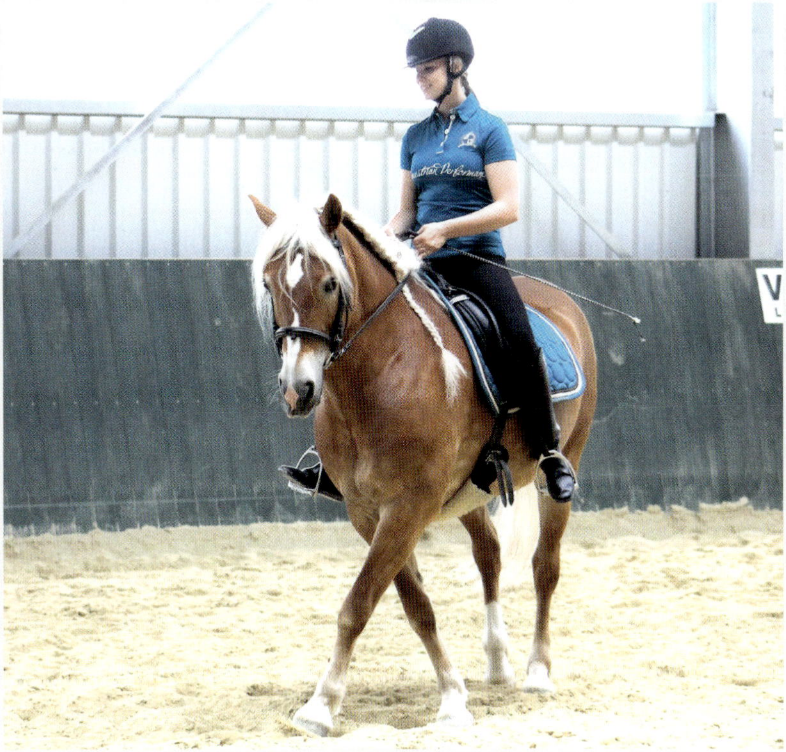

Tipp ▶

Von Fortgeschrittenen kann diese Übung auch als Traversalverschiebung geritten werden. Die Hilfengebung für die Traversale finden Sie auf Seite 180.

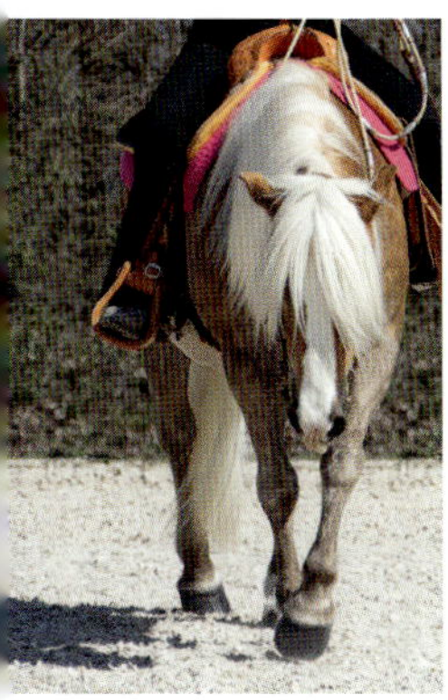

stellen Sie das Pferd in die andere Richtung. Gelingt diese Übung im Schritt, können Sie diese auch im Trab versuchen.

Mein Pferd macht aber ...

Mein Pferd läuft geradeaus weiter ...

Verstärken Sie den Schenkeldruck. Geben Sie mit dem äußeren Zügel deutlich die geforderte Richtung vor, indem Sie mit diesem Zügel seitwärts weisen.

Mein Pferd kreuzt auch mit der Hinterhand ...

Achten Sie darauf, dass Ihr Schenkel nicht zu weit hinten liegt. Er sollte etwa 2–3 cm hinter dem Gurt liegen.

2.2 Hinterhand verschieben

Was lernt das Pferd?
Vermehrt unter den Schwerpunkt zu treten. Die Last von der Vorhand auf die Hinterhand zu verlagern. Anheben der Schulter. Koordination von Vor- und Hinterhand. Sensibles Reagieren auf die reiterlichen Hilfen. Trainieren einer gleichmäßigen Muskulatur in Bezug auf die natürliche Schiefe. Trainieren der Lendenmuskulatur.

Was lernt der Reiter?
Koordination und Fühlen der Vor- und Hinterhand des Pferdes. Spüren, dass und wie das innere Hinterbein untertritt. Verfeinerung der Hilfengebung.

Achtung!

Knicken Sie nicht in der Hüfte ein. Ihre innere Schulter bleibt oben und Ihr inneres Bein bleibt lang. Das Pferd hat eine leichte Innenstellung. Schauen Sie auf die Zirkellinie. Drehen Sie Ihre Hüfte parallel zur Hinterhand Ihres Pferdes. Entsprechend reiten Sie auf der rechten Hand. Überprüfen Sie Ihre Trainingserfolge, indem Sie ganze Bahn reiten. Der Schritt Ihres Pferdes müsste nun deutlich raumgreifender sein.

Pferd und Reiter lernen mit dieser Übung die Koordination von Vor- und Hinterhand. Das Pferd wird mehr unter den Schwerpunkt treten und die Schulter anheben. Die Last wird von der Vorhand auf die Hinterhand verlagert. Diese Übung steigert die Durchlässigkeit des Pferdes. Ihre reiterliche Hilfengebung wird verbessert.

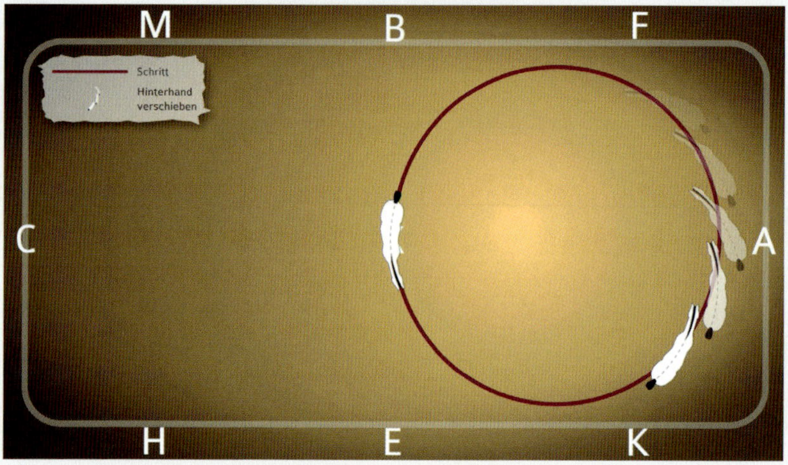

Wie reite ich diese Übung?

Reiten Sie im Schritt einen Zirkel auf dem zweiten oder dritten Hufschlag. Verschieben Sie die Hinterhand Ihres Pferdes so nach außen, dass das innere Hinterbein in die Spur des äußeren Vorderbeins tritt.

Hilfengebung

Reiten Sie einen Zirkel auf der linken Hand. Stellen Sie das Pferd mit dem linken Zügel nach innen und begrenzen Sie es außen mit dem rechten. Verlagern Sie Ihr Gewicht nach links. Treiben Sie mit dem linken Schenkel. Schauen Sie in die Richtung, in die Sie reiten wollen. Ihre Schultern sind parallel zu den Schultern des Pferdes. Für das Verschieben der Hinterhand nehmen Sie den linken Schenkel deutlich nach hinten. Der rechte Schenkel liegt verwahrend am Pferdebauch an. Verlagern Sie Ihr Gewicht nach links und drehen Sie den Oberkörper mit.

2.3 Vorhandwendung

Was lernt das Pferd?
Sensibilisierung auf die reiterlichen Hilfen. Bewegung der Hinterhand, ohne die Vorhand zu bewegen. Kreuzen der Hinterbeine. Losgelassenheit.

Was lernt der Reiter?
Verfeinerung der Hilfengebung.

Tipp ▶

Schauen Sie in die Richtung, in die Sie sich mit dem Pferd drehen wollen. Richten Sie Ihren Blick nicht auf den Pferdehals. Drehen Sie sich mit Ihrem Oberkörper um 90 Grad in die entsprechende Richtung. So verlagern Sie Ihr Reitergewicht automatisch richtig. Entsprechend reiten Sie die Vorhandwendung auf der linken Hand.

Wichtig ▶

Möchten Sie diese Lektion einem unerfahrenen Pferd beibringen, so ist es wichtig, dass Sie nach jedem gelungenen Schritt eine Pause machen und das Pferd loben. So lernt es schneller und bleibt motiviert.

Die Vorhandwendung ist eine gymnastizierende Übung, die Ihrem Pferd hilft, sich zu lösen. Durch diese Übung wölbt das Pferd die Lende auf und erweitert somit seinen Raumgriff. Die Vorhandwendung ist Bestandteil der Grundausbildung des Dressurreiters. Bei der Vorhandwendung wird das Pferd um das innere Vorderbein gedreht. Die Vorhand tritt auf der Stelle, die Hinterhand tritt in einem Halbkreis um die Vorhand. Die Hinterhand kreuzt dabei.

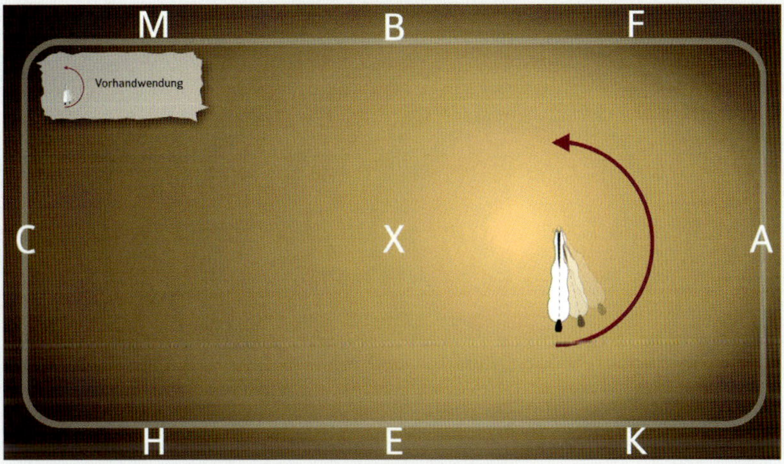

Wie reite ich diese Übung?

Reiten Sie im Schritt auf dem zweiten oder dritten Hufschlag auf der rechten Hand. Halten Sie an einem beliebigen Punkt. Die Hinterhand soll sich um 180 Grad um die Vorhand drehen. Verlagern Sie Ihr Gewicht auf den linken Gesäßknochen. Der linke Schenkel treibt dabei weit hinter dem Gurt. Der rechte Schenkel liegt verwahrend am Gurt. Der linke Zügel stellt das Pferd nach links, der rechte Zügel wird angenommen, um das Pferd zu begrenzen. Die Hinterhand muss sich nun um 180 Grad gegen den Uhrzeigersinn drehen.

Mein Pferd macht aber …

Mein Pferd läuft mit der Vorhand weg …

Hier fehlt die äußere Begrenzung. Nehmen Sie den entsprechenden äußeren Zügel mehr an. Oder der innere Zügel war zu stark angenommen. Überprüfen Sie Ihre Hilfengebung.

2.4 Hinterhandwendung

Was brauche ich?
Eventuell 2 Stangen

Aufbau
Legen Sie falls nötig zwei Stangen in einem Winkel von 90 Grad auf den Boden.

Was lernt das Pferd?
Schenkelakzeptanz und Sensibilisierung auf reiterliche Hilfen. Vermehrte Lastaufnahmen auf die Hinterhand. Korrekte Biegung auf der Stelle.

Was lernt der Reiter?
Verfeinerung der reiterlichen Hilfen. Der Reiter lernt zu erspüren, mit welchem Hinterbein das Pferd mit tritt und welches stehen bleibt. Auch spürt der Reiter deutlich, ob das Pferd gebogen ist oder nur über die Schulter wegläuft.

Die Hinterhandwendung ist eine Lektion, die für Dressur- und Westernreiter gleichermaßen interessant ist. Der Dressurreiter trainiert die vermehrte Lastaufnahme auf der Hinterhand (geforderte Lektion bei Dressurprüfungen). Der Westernreiter kann die Hinterhandwendung als Vorbereitung für den Spin nutzen.
Bei der Hinterhandwendung dreht sich das Pferd 180 oder 360 Grad um sein inneres Hinterbein. Die Vorderbeine wenden kreuzend um die Hinterhand. Die Hinterbeine sollen dabei auf einem kleinen Kreis treten und nicht kreuzen. Lediglich beim letzten Schritt auf den Hufschlag zurück findet eine Vorwärts-Seitwärts-Bewegung statt, bei der auch die Hinterbeine kreuzen dürfen.

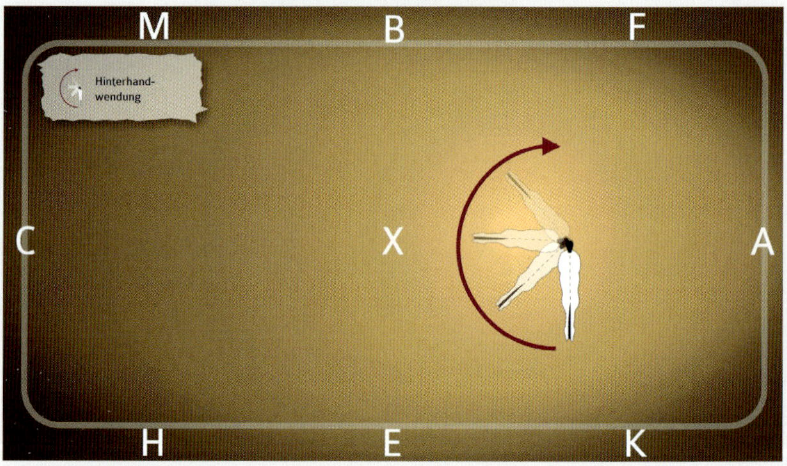

Wie reite ich diese Übung?

1. Reiten Sie auf der Mittellinie. Suchen Sie sich einen beliebigen Punkt aus und beginnen Sie, aus dem Schritt heraus zu wenden. Am Anfang wird Ihre Wendung einer Volte gleichen. Versuchen Sie, diese Volte im Laufe der Übung zu verkleinern.
2. Reiten Sie im Schritt in die Ecke des Stangenwinkels hinein und orientieren Sie sich bei der Hinterhandwendung an den Stangen.
3. Versuchen Sie nun eine Hinterhandwendung bei D (siehe Skizze). Wundern Sie sich nicht, wenn Sie sich dabei etwas weiter von der Bande (Richtung X) entfernen. Das ist korrekt, da sich das Pferd um das innere Hinterbein dreht.

Tipp ▶

Nehmen Sie für die Wendung die rechte Schulter etwas vor und schauen Sie nach links. Entsprechend sind die Hilfen für die Hinterhandwendung auf der rechten Hand.

Hilfengebung

Stellen Sie das Pferd (auf der linken Hand) mit dem linken Zügel nach links. Der rechte Zügel ist angenommen und liegt am Pferdehals an, um das Pferd zu begrenzen. Verlagern Sie das Gewicht auf den linken Gesäßknochen. Treiben Sie mit beiden Schenkeln und verhindern Sie ein Rückwärtstreten des Pferdes. Der linke Schenkel übt dabei weniger Druck aus, er muss dem Pferd genug Raum für die Wendung lassen. Der rechte Schenkel treibt am Gurt und leitet damit die Seitwärtsbewegung ein.

Mein Pferd macht aber ...

Mein Pferd läuft mit der Hinterhand mit ...

Tricksen Sie Ihr Pferd aus, indem Sie die Hinterhandwendung aus dem Rückwärtsgehen reiten. Durch das Rückwärts bekommt das Pferd mehr Last auf die Hinterbeine, was dazu führt, dass es beim Einleiten der Wendung kurz stehen bleibt. Sie können nun ein Lob aussprechen, um das Gelernte – auch wenn es nur ein oder zwei Schritte waren – zu festigen.

Daleo weicht willig dem vorne treibenden Schenkel.

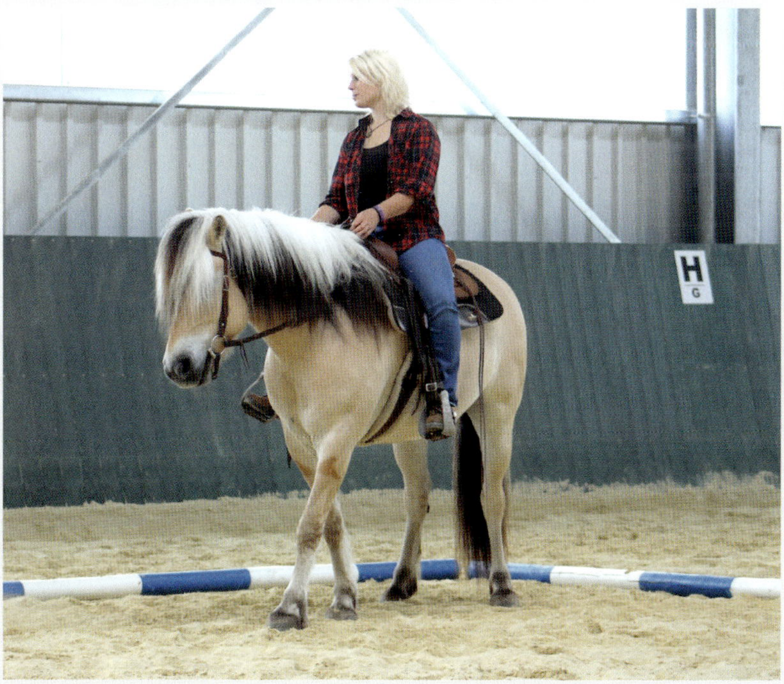

Die korrekte Biegung im Pferd können Sie deutlich an der Position der Ohren erkennen. Sind diese auf einer waagerechten Linie, stimmen die Achsen im Pferdekörper.

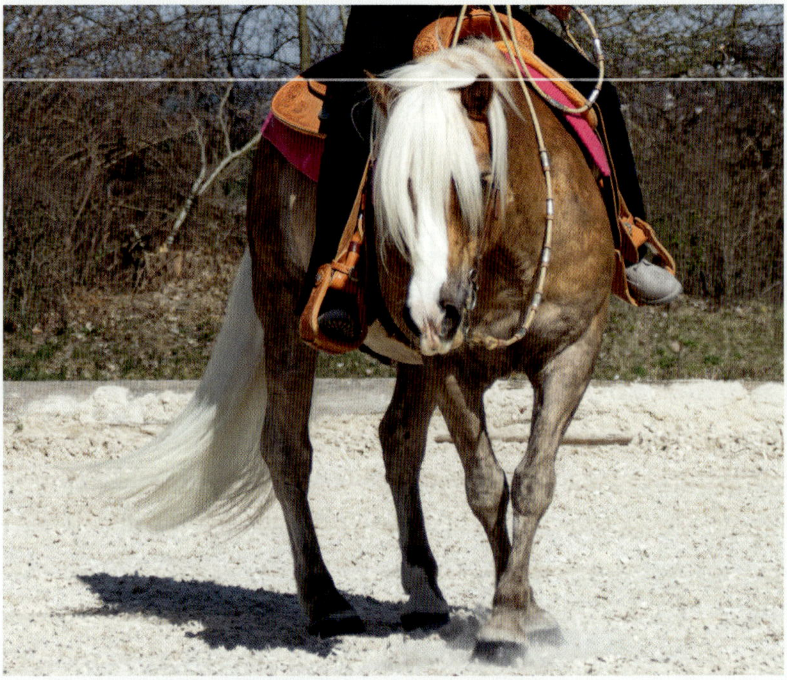

Mein Pferd fällt auf die Vorhand ...

Reiten Sie die Wendung aus dem Rückwärtsgehen heraus und treiben Sie vermehrt mit dem äußeren Schenkel.

Mein Pferd fällt auf die innere Schulter ...

Reiten Sie eine Traversalverschiebung (siehe Kapitel 8 Seitengänge erklärt) in die entsprechende Richtung. So hebt das Pferd die Schulter. Reiten Sie direkt danach die Hinterhandwendung.

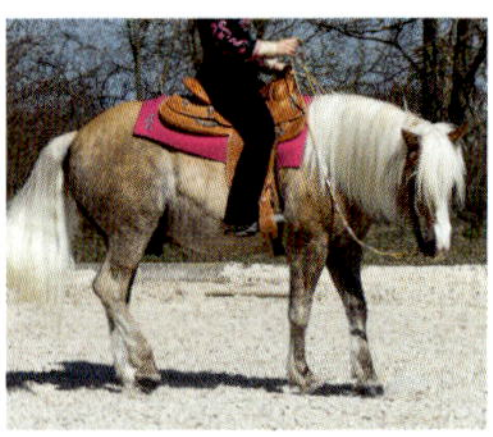

Mein Pferd dreht auf dem falschen Hinterbein ...

Hier biegt sich das Pferd nicht korrekt, der Bauch wird nach innen, statt nach außen gedrückt und der innere Rückenmuskel drückt nach oben, statt sich zusammenzuziehen. Somit steht das Pferd nicht mehr korrekt und belastet statt dem inneren Hinterbein, das äußere. Dadurch kippt das Pferd auf das innere Vorderbein und die Linie der Ohren und somit die Achse des Brustbeins verschiebt sich. Reiten Sie zunächst vorwärts und biegen Ihr Pferd korrekt in der Volte. Verkleinern Sie die Volte, bis Sie auf der Stelle drehen. Somit kann das Pferd die korrekte Biegung mit in die Hinterhandwendung nehmen.

2.5 Tanzen auf der Stelle

Achtung!

Ziehen Sie das Pferd nicht mit dem Zügel in die gewünschte Richtung. Lenken Sie mit dem Schenkel.

Was lernt das Pferd?
Sensibilisierung auf die reiterlichen Hilfen (v.a. Schenkel). Kreuzen der Beine. Flexibilität der Stellung.

Was lernt der Reiter?
Verfeinerung der reiterlichen Hilfen. Gefühl für die verschiedenen Wendungen.

In dieser Übung werden Vorhand- und Hinterhandwendung kombiniert. Diese Kombination macht das Pferd beweglicher und aufmerksamer und es kann so besser auf die verschiedenen Schenkelpositionen reagieren. Dies fördert die Durchlässigkeit Ihres Pferdes. Ihr Pferd wird im Bereich der Wirbelsäule (v. a. Lendenbereich) flexibel.

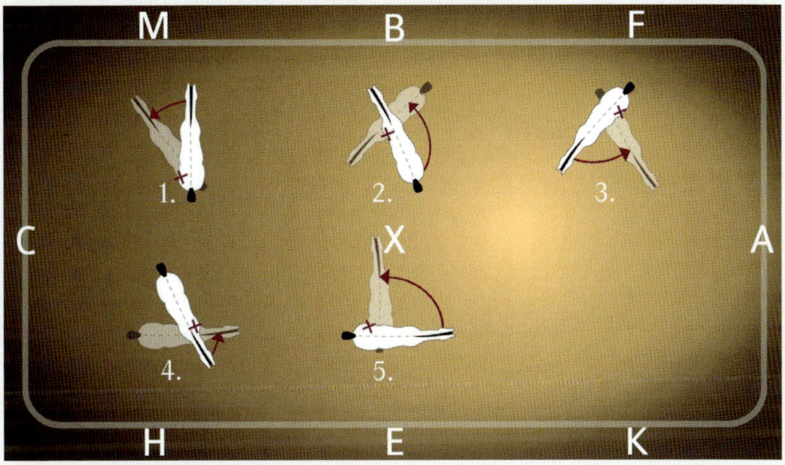

Tipp ▸

Schauen Sie in die entsprechende Richtung voraus. Drehen Sie dabei Ihren Kopf um 90 Grad.

Wie reite ich diese Übung?

Reiten Sie auf der linken Hand auf dem zweiten oder dritten Hufschlag. Suchen Sie sich einen beliebigen Punkt aus. Beginnen Sie z. B. mit zwei Tritten einer Hinterhandwendung (1) nach links. Stellen Sie dabei das Pferd leicht nach links. Verlagern Sie Ihr Gewicht auf den linken Gesäßknochen. Treiben Sie mit dem rechten Schenkel die Vorhand nach links. Legen Sie eine Pause ein. Machen Sie nun einige Tritte einer Vorhandwendung (2) nach rechts. Stellen Sie Ihr Pferd nach links mit dem linken Zügel. Verlagern Sie das Gewicht auf den linken Gesäßknochen. Treiben Sie mit dem linken Schenkel die Hinterhand nach rechts. Legen Sie wieder eine Pause ein. Reiten Sie nun erneut einige Schritte der Hinterhandwendung (3) und einige Schritte der Vorhandwendung (4). Schließen Sie mit ein paar Schritten Hinterhandwendung (5) die Übung ab. Machen Sie zwischen den verschiedenen Wendungen eine Pause. Halten Sie die Pausen ein, damit das Pferd motiviert bleibt und nicht überfordert wird. Verkürzen Sie die Pausen im Laufe der Übung.

2.6 Korrekt gebogen

Was brauche ich?
1 Pylone

Aufbau
Stellen Sie die Pylone in die Mitte des Zirkels.

Was lernt das Pferd?
Das Pferd lernt eine korrekte Biegung auf beiden Händen. Beide Körperhälften werden gleichmäßig gymnastiziert.

Was lernt der Reiter?
Der Reiter lernt – sofern er die Hilfen korrekt beherrscht – zu erspüren, ob eventuelle Blockaden im Pferd sind. Er lernt, welche Auswirkung die natürliche Schiefe auf sein Pferd hat.

Diese Übung dient zur Vorbereitung für die Übung 2.10 »Tanzen um die Pylone«. Bei dieser Übung überprüfen Sie, ob sich Ihr Pferd korrekt biegen kann.

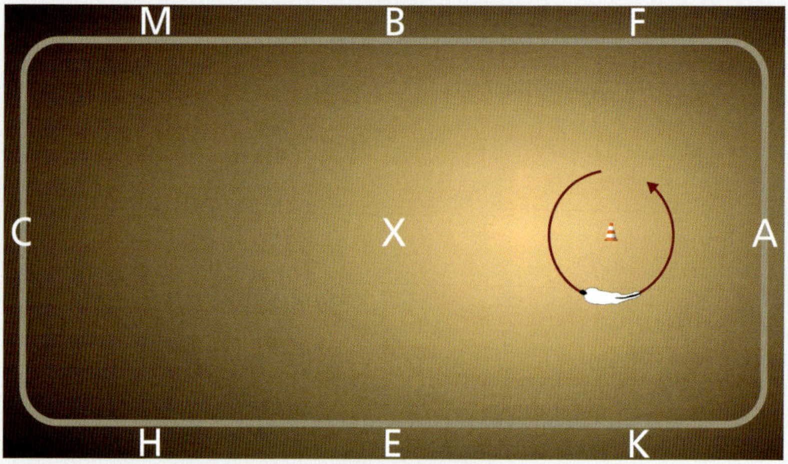

Wie reite ich diese Übung?

Reiten Sie im Schritt eine Volte um die aufgestellte Pylone. Wählen Sie einen geeigneten Abstand. Je ungeübter Reiter oder Pferd sind, umso größer sollte der Abstand sein. Achten Sie auf die korrekte Hilfengebung und den korrekten Sitz in der Biegung. Überprüfen Sie die Biegung Ihres Pferdes auf beiden Händen. Reiten Sie immer mehrmals (mind. 4-mal) um die Pylone. Oft funktioniert die Übung, einmal ausgeführt, sehr gut, doch bei mehrmaligen Wiederholungen treten die Schwierigkeiten zu Tage. Erst wenn beide Hände gut funktionieren, können Sie zur nächsten Übung wechseln.

Tipp ▸

Lesen Sie sich unbedingt den Abschnitt zur Hilfengebung und zum korrekten Sitz in der Biegung nochmals durch, bevor Sie mit dieser Übung beginnen. Sie können diese Übung auch im Trab oder später im Galopp reiten. Achten Sie jedoch auf den korrekten Radius, der für das Pferd und dessen Ausbildungsstand angepasst ist.

Mein Pferd macht aber …

Mein Pferd drängt immer nach innen oder nach außen …

Lesen Sie dazu den Exkurs auf der nächsten Seite. Sofern Sie ausschließen können, dass ein Reiterproblem vorliegt, z.B. ein Fehlen der äußeren Hilfen oder ein zu starrer innerer Zügel, kann die Ursache an der natürlichen Schiefe des Pferdes liegen. Werden auf beiden Händen die Reiterhilfen korrekt angewendet und bei eventuellen Korrekturen verstärkt, können die Schwierigkeiten und Unterschiede

Wichtig ▸

Üben Sie immer auf der Hand verstärkt, auf der es dem Pferd schwerer fällt. Wichtig ist hier auch der geeignete Radius. Dieser ist abhängig vom Ausbildungsstand.

auf beiden Händen gelöst werden. Auch helfen verschiedene gymnastizierende Übungen, die in diesem Buch enthalten sind. Weitere Übungen mit Stangen zu diesem Thema finden Sie im Buch: Stangen-Workout für Dressurreiter.

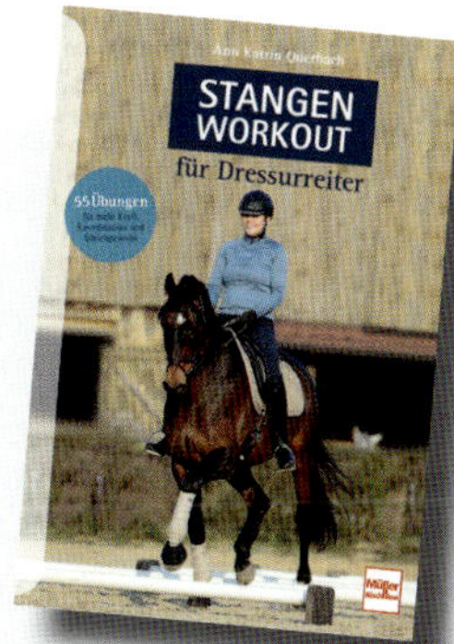

Meine Volte wirkt eher wie ein Ei oder ein Kürbis ...

Sie üben schon mal für Ostern oder Halloween? Stellen Sie sich weitere 3 Pylonen wie in der Skizze von 2.7 auf. Auf diese Weise haben Sie eine bessere optische Begrenzung.

Wird die Volte kleiner geritten, sieht man auch eine deutlichere Längsbiegung im Pferd. Wichtig ist, dass der gestellte Pferdekopf nicht über die innere Schulter geführt wird.

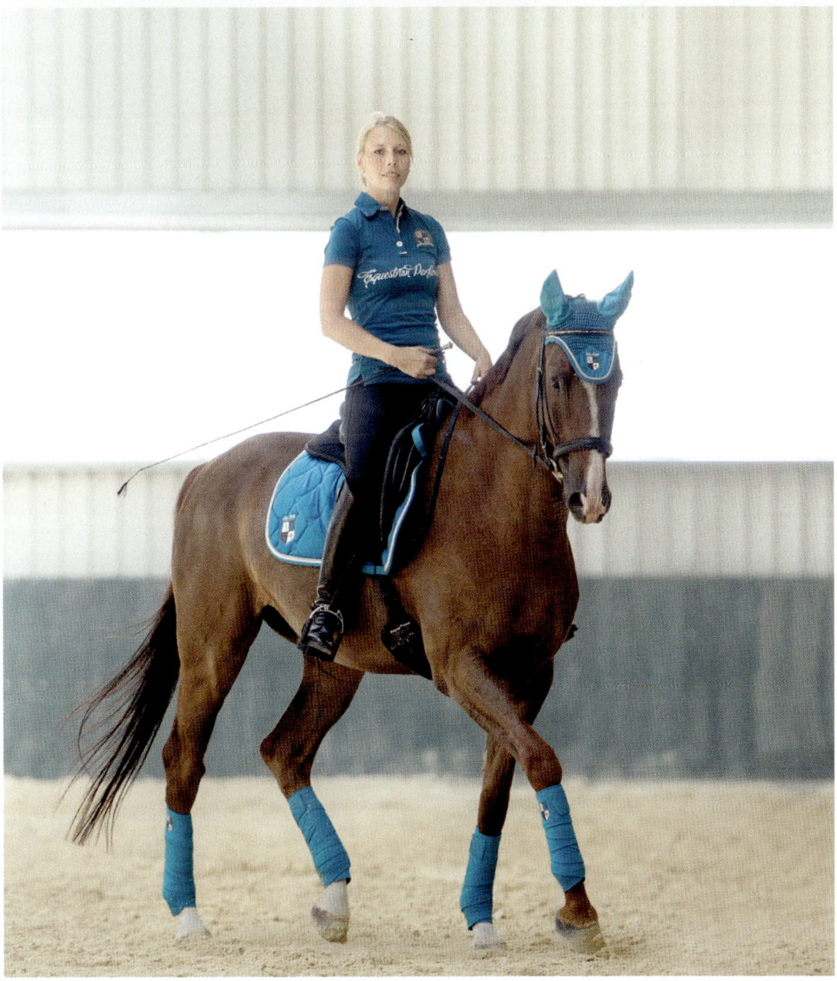

2.7 Konterstellung

Was brauche ich?
1 oder 4 Pylonen

Aufbau
Stellen Sie die Pylone in die Mitte des Zirkels (s. Skizze).

Was lernt das Pferd?
Das Pferd lernt trotz Außenstellung, die Balance auf der Wendung zu halten. Korrekt ausgeführt lernt das Pferd, seine alte innere Schulter (die zur Pylone zeigt) zu heben und mit dem gleichseitigen Hinterbein aktiver mitzutreten.

Was lernt der Reiter?
Der Reiter lernt, dem Pferd mithilfe der Gewichts- und Schenkelhilfen den Weg zu zeigen, unabhängig von der Zügelhilfe. Er lernt zu spüren, wann sich die Schulter des Pferdes hebt und wann sich das Pferd auf die Schulter legt.

Tipp ▸

Werden die Kontervolten immer kleiner, ist das ein Indiz für ein auf die Schulter fallendes Pferd.

Diese Übung dient zur Vorbereitung auf die Übung 2.10 »Tanzen um die Pylone« und verbessert die Balance und Schiefe des Pferdes. Sie überprüft die Mobilität der Vorhand.

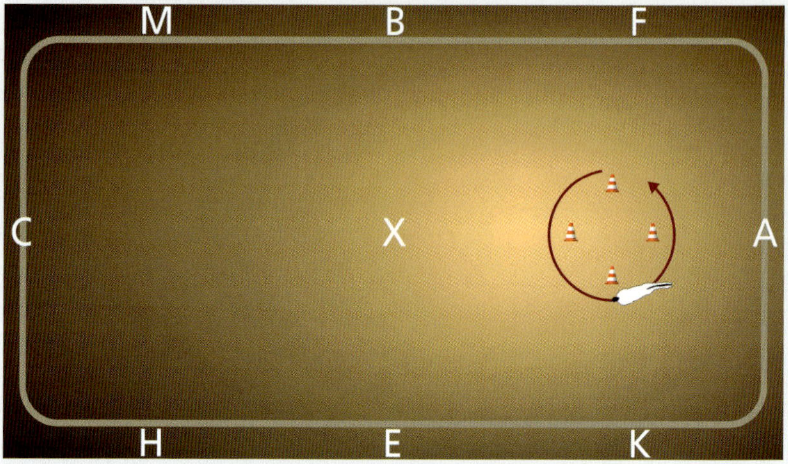

Wie reite ich diese Übung?

Reiten Sie wie in 2.6 um die Pylone. Der Abstand darf der gleiche sein. Geübtere Reiter können eine Pylone verwenden, ungeübteren Reitern empfehle ich die Variante mit 4 Pylonen, wie in der Skizze zu sehen. Stellen Sie Ihr Pferd nach außen. Trotz der Außenstellung sollte Ihr Pferd gleichmäßig auf der Volten-Linie bleiben. Wiederholen Sie die Übung mehrmals, bevor Sie auf die andere Hand wechseln.

Variante 2

Wie reite ich diese Übung?

Stellen Sie zwei Pylonen (s. Skizze 2) auf. Reiten Sie eine Volte um eine Pylone. Das Pferd ist nach links (innen) gestellt. Wechseln Sie nun zur anderen Pylone in Form einer Acht. Stellen Sie das Pferd dabei nicht um. Diese Volte wird nun in Außen- oder Konterstellung geritten. Mit dem rechten (äußeren) Zügel geben Sie die Richtung vor. Mit dem linken (inneren) Zügel stellen Sie das Pferd. Sie

Achtung!

Wichtig ist, dass während der gesamten Übung der Vorwärtsimpuls nicht verloren geht. Das Pferd sollte keinesfalls stehen bleiben.

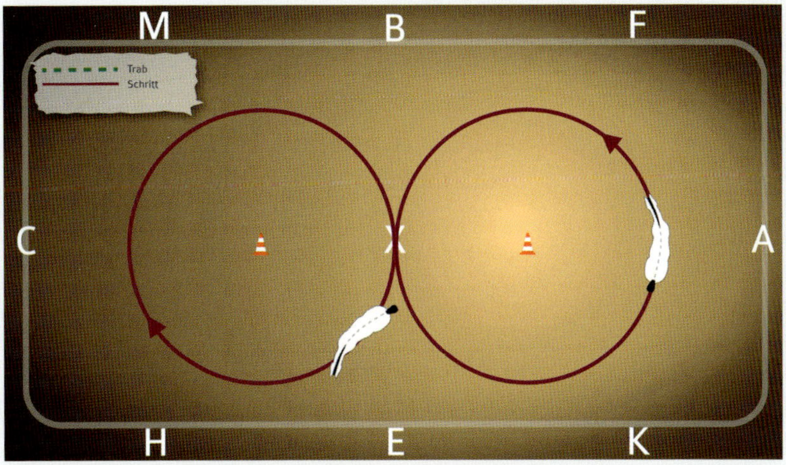

Tipp ▶

Wechseln Sie erst die Hand, wenn das Pferd in der Volte sicher nach innen gestellt ist.

können auch bei Bedarf mit der inneren Hand eine Handbreit nach oben gehen. Ihre Schulter sollte dabei ebenfalls nach oben gehen. In der Kontervolte dreht sich der Körper des Reiters leicht nach außen. Die Hüfte kann dann vermehrt mitschwingen. Das Gewicht bleibt anfangs auf dem rechten Sitzbeinhöcker, damit das Pferd dem Reitergewicht folgen kann. Treiben Sie mit dem linken (inneren) Schenkel am Gurt. Der rechte (äußere) Schenkel liegt verwahrend am Pferdebauch. Diese Übung hat nur den gewünschten Effekt, wenn sie korrekt geritten wird. Fällt das Pferd auf die Vorhand und verlagert nur das Gewicht vom linken Vorderbein auf das rechte, hat diese Übung keinerlei positiven Effekt. Wenn Sie dies bemerken, sollten Sie die Außenstellung zunächst an der Bande auf der ganzen Bahn trainieren. Nehmen Sie sich einen Fachmann mit in die Bahn. Dieser kann Ihnen dabei helfen, die Übung korrekt zu reiten.

Mein Pferd macht aber ...

Mein Pferd läuft einfach der Nase nach und biegt nach außen ab ...

Blockaden, Verspannungen oder zu wenig Mobilität können die Ursache sein. Ein Pferd, das mit dieser Übung noch überfordert ist, kann nicht wissen, was von ihm erwartet wird. Stellen Sie die Pylone in eine Ecke der Halle. Reiten Sie dort die Übung, wobei Sie Ihr Pferd nur kurzzeitig an der Bande nach außen stellen. Treiben Sie Ihr Pferd durch die Ecke hindurch. Sobald Ihr Pferd deutlich auf den äußeren

Tipp ▶

Je lockerer Sie sind, desto leichter fällt es auch dem Pferd, diese Übung auszuführen.

Schenkel reagiert, loben Sie es ausgiebig. Beginnen Sie erst mit der nächsten Übung, wenn Ihr Pferd diese gut beherrscht.

Mein Pferd schafft es auf der einen Seite, aber auf der anderen Seite funktioniert es nicht …
Das liegt wahrscheinlich an der Schiefe des Pferdes, aber es kann auch an Ihrer eigenen Schiefe liegen. Lassen Sie sich von einem Fachmann beraten. Sofern Sie als Reiter nicht das Problem sind, sollten Sie das Pferd in kleinen Teilschritten an diese Übung auf der schwierigeren Hand heranführen. Überprüfen Sie, ob die Außenstellung das Problem ist oder ob das Pferd Probleme hat, die Schultern zu heben. Kann es sich im Stand zu beiden Seiten stellen? Liegt es nicht an der Stellung, sollten Sie vermehrt das äußere Hinterbein (das zur Pylone zeigt) mit Ihrem Schenkel animieren, aktiv zu werden und somit die Schultern zu heben.

Mein Pferd driftet immer weiter nach innen …
Achten Sie auf Ihren äußeren (zur Pylone zeigenden) Schenkel. Treiben Sie vermehrt das Hinterbein aktiv vorwärts.

Wir kommen nicht um die Kurve …
Verspannungen und zu wenig Mobilität können die Ursache sein. Es kann auch sein, dass die Bewegungszentren des Pferdes nicht korrekt arbeiten. Meist ist die Vorhand abgesenkt und die Hinterhand nicht aktiv genug. Nun versucht der Reiter dem Pferd mit den Zügeln zu helfen, um die Kurve zu kommen. Bitte machen Sie das nicht! Das Pferd kommt hinter die Senkrechte und verspannt nicht nur Genick und Hals, sondern auch seine Schulterpartie. Arbeiten Sie zunächst mit Ihrem Trainer gemeinsam an der Aktivierung der Hinterhand und dem Anheben des Brustbeines. Nicht dass das Pferd durch die Konterstellung zusätzlich noch auf die Schulter fällt und das Brustbein verdreht ist. Hier kann Ihnen die Übung 4.9 auf Seite 94 nützlich sein.

Mein Pferd verkantet sich im Genick und läuft geradeaus weiter …
Achten Sie darauf, dass Sie nicht nur mit dem inneren Zügel stellen, sondern auch mit dem inneren Schenkel nachtreiben. Auch Ihre Handhaltung ist dafür entscheidend! Tragen Sie Ihre Hand zu nah am Widerrist, verkantet sich das Pferd schnell. Tragen Sie Ihre Hand deshalb ein Stück vom Pferdehals entfernt.

2.8 Travers auf der Volte

Was brauche ich?
1 Pylone

Aufbau
Stellen Sie die Pylone in die Mitte des Zirkels (s. Skizze).

Was lernt das Pferd?
Das Pferd lernt, mobiler in der Hinterhand zu werden, mehr Last auf dem äußeren Hinterbein aufzunehmen und die äußere Seite vermehrt zu dehnen. Zudem lernt es, korrekt auf die Schenkelhilfen zu reagieren.

Was lernt der Reiter?
Der Reiter lernt wie in den anderen Übungen, Blockaden und Verspannungen im Pferd zu erspüren.

Tipp ▶
Je lockerer Sie sind, desto leichter fällt es dem Pferd, diese Übung auszuführen.

Diese Übung dient zur Vorbereitung für die Übung 2.10 »Tanzen um die Pylone« und überprüft die Biegung und Mobilität in der Hinterhand.

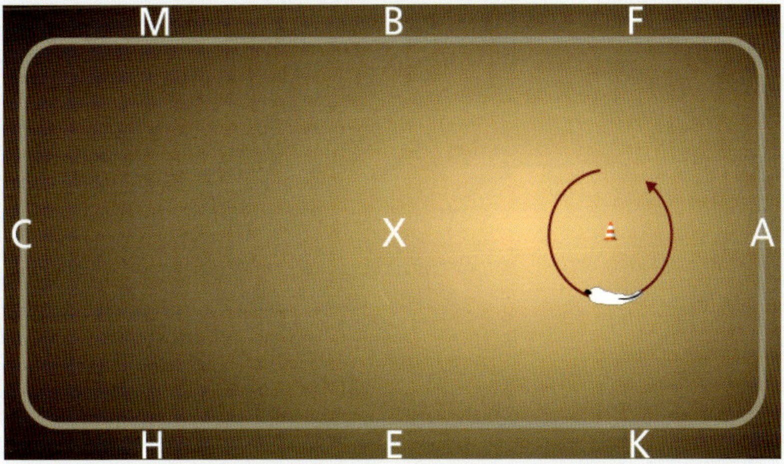

Wie reite ich diese Übung?

Reiten Sie eine Volte um die Pylone (wie in 2.6). Bleiben Sie auf Ihrem inneren Sitzbeinhöcker sitzen und halten Sie Ihre innere Seite stabil. Richten Sie nun Ihre Schultern so aus, dass diese Parallel zu den Schultern des Pferdes werden. Im Traver befinden sich die Beine des Pferdes nicht mehr auf 2, sondern auf 3 Linien. Die Vorhand ist leicht versetzt nach außen, sodass das äußere Hinterbein und das innere Vorderbein sich auf einer Linie befinden. Daraus ergibt sich, dass die innere Schulter des Pferdes – und somit auch Ihre eigene – etwas weiter vorne getragen wird. Da sich auch die Hüfte des Reiters an der Hüfte des Pferdes orientiert, ergibt sich eine etwas nach vorne platzierte innere Hüftstellung. Legen Sie den äußeren Schenkel etwas weiter nach hinten und belassen Sie den inneren Schenkel am Gurt. So wird Ihre Hüfte automatisch korrekt ausgerichtet.
Verschieben Sie nun die Hüfte mit Hilfe Ihres äußeren Schenkels nach innen, ähnlich wie beim Traver. Reiten Sie weiter auf der Volte. Die Hinterhand befindet sich immer etwas weiter innen als die Vorhand. Die Stellung des Pferdes sollte weiterhin innen sein. Daraus ergibt sich, dass sich das innere Vorderbein und das äußere Hinterbein des Pferdes auf der perfekten Voltenlinie befinden.

2.9 Schulterherein auf der Volte

Was brauche ich?
1 Pylone

Aufbau
Stellen Sie die Pylone in die Mitte des Zirkels (s. Skizze).

Was lernt das Pferd?
Das Pferd lernt, mobiler in der Hinterhand zu werden und die Lende aufzuwölben sowie aktiver unterzutreten und die Vorhand zu heben. Zudem lernt es, korrekt auf die Schenkelhilfen zu reagieren.

Was lernt der Reiter?
Der Reiter lernt wie in den anderen Übungen, Blockaden und Verspannungen im Pferd zu erspüren.

Tipp ▶

Achten Sie darauf, die Volte zunächst nicht zu klein zu wählen. Treiben Sie dann Ihr Pferd mit dem inneren Schenkel nicht zu weit hinten, damit die Abstellung nicht zu steil ist. Schauen Sie nicht zur Pylone, sondern auf die Linie Ihrer Volte.

Diese Übung dient zur Vorbereitung für die Übung 2.10 »Tanzen um die Pylone«.

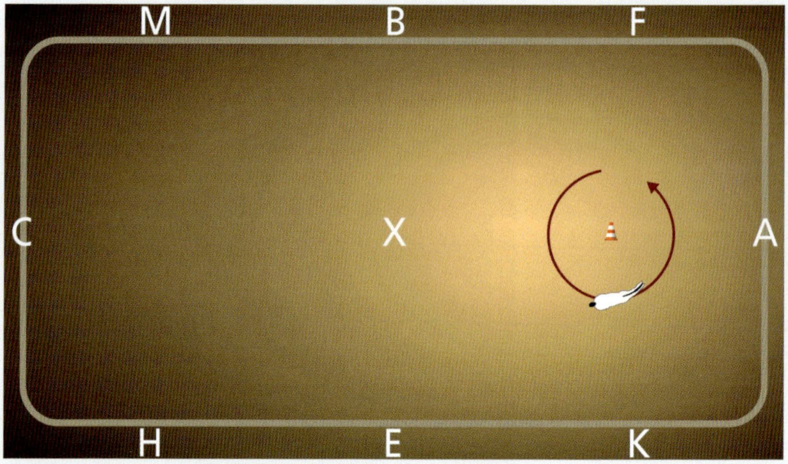

Wie reite ich diese Übung?

Reiten Sie eine Volte um die Pylone (wie in 2.6). Wie auch bei der letzten Übung sollten beim Schulterherein die Reiterschultern parallel zu den Pferdeschultern sein. Richten Sie diese danach aus. Auch hier sollte Ihre innere Seite stabil bleiben. Drehen Sie sich leicht nach innen, sodass Ihre äußere Schulter etwas weiter nach vorne kommt. Bleiben Sie unbedingt auf Ihrem inneren Sitzbeinhöcker sitzen, damit Ihr Pferd sich biegen kann. Der äußere Zügel übernimmt jetzt eine wichtige stabilisierende Rolle. Der innere Zügel hilft durch nachgebende und eventuell leicht annehmende Hilfen, die Achsen im Pferd gerade zu halten. Auch die Schenkel des Reiters dürfen sich wieder an der Stellung der Pferdehüfte orientieren. Dabei darf sich die äußere Hüfte auch etwas nach vorn bewegen. Der innere Schenkel treibt vorwärts und der äußere Schenkel stabilisiert und rahmt das Pferd ein. Die Stellung des Pferdes bleibt weiterhin innen, da es sich in einer Biegung befindet. Auch hier überprüfen Sie dies über mehrere Runden, bevor Sie die Hand wechseln.

2.10 Tanzen um die Pylone

Was brauche ich?
1 Pylone

Aufbau
Stellen Sie die Pylone in die Mitte des Zirkels (in der Skizze sind alle 4 Teilschritte eingezeichnet).

Was lernt das Pferd?
Das Pferd lernt, willig auf die verschiedenen Hilfen zu reagieren und flexibel im Körper zu werden. Muskuläre Verspannungen können sich lockern.

Was lernt der Reiter?
Der Reiter lernt zu erspüren, welche Übungen dem Pferd schwer- und welche ihm leichtfallen. Er kann somit Rückschlüsse auf eventuelle Verspannungen ziehen. Er lernt bei jeder Trainingseinheit das Pferd besser kennen und einzuschätzen, welche Übungen für den jetzigen Zeitpunkt sinnvoll sind.

Tipp ▶

Bauen Sie die Übung immer wieder in Ihren Trainingsalltag ein. Auf diese Weise überprüfen Sie, ob Blockaden oder Verspannungen vorliegen und mobilisieren das Pferd täglich.

Jetzt werden alle 4 vorangegangenen Übungen kombiniert. Mit dieser Übung können Sie täglich überprüfen, ob Blockaden und Verspannungen im Pferdekörper vorliegen und diese, wenn nötig, lockern.

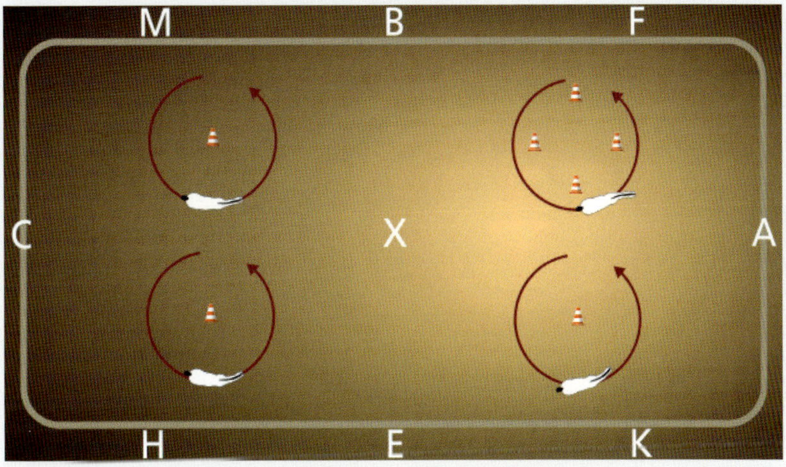

Wie reite ich diese Übung?

Kombinieren Sie die 4 Übungen miteinander. Reiten Sie zunächst mehrere Runden um die Pylone in Biegung und Stellung. Fällt Ihnen etwas auf? Funktioniert es oder gibt es Schwierigkeiten? Geht es gut, beginnen Sie mit der 2. Übung, der Konterstellung. Überprüfen Sie in mehreren Runden, ob das Pferd die Übung problemlos durchführen kann. Wenn ja, wechseln Sie für eine Runde wieder zu Übung 1. Dann beginnen Sie mit der 3. Übung, die Hüfte herein. Auch hier machen Sie mehrere Durchgänge. Funktioniert es gut, wechseln Sie zu Übung 4 und überprüfen auch hier, ob das Pferd wie gewünscht auf die Hilfen reagiert oder Schwierigkeiten hat. Erst wenn es auf der einen Hand gut funktioniert hat, wechseln Sie zur anderen und beginnen von vorne.

Die Übungen auf der Volte decken oft kleine »Schummeleien« auf. Denken Sie vermehrt an das Begrenzen der jeweils äußeren Schulter des Pferdes. Wir wollen mit dieser Übung auch die Bewegungszentren korrekt drehen und ein Pferd, was sich über die äußere Schulter schummelt, hat seine Vorhand abgesenkt.

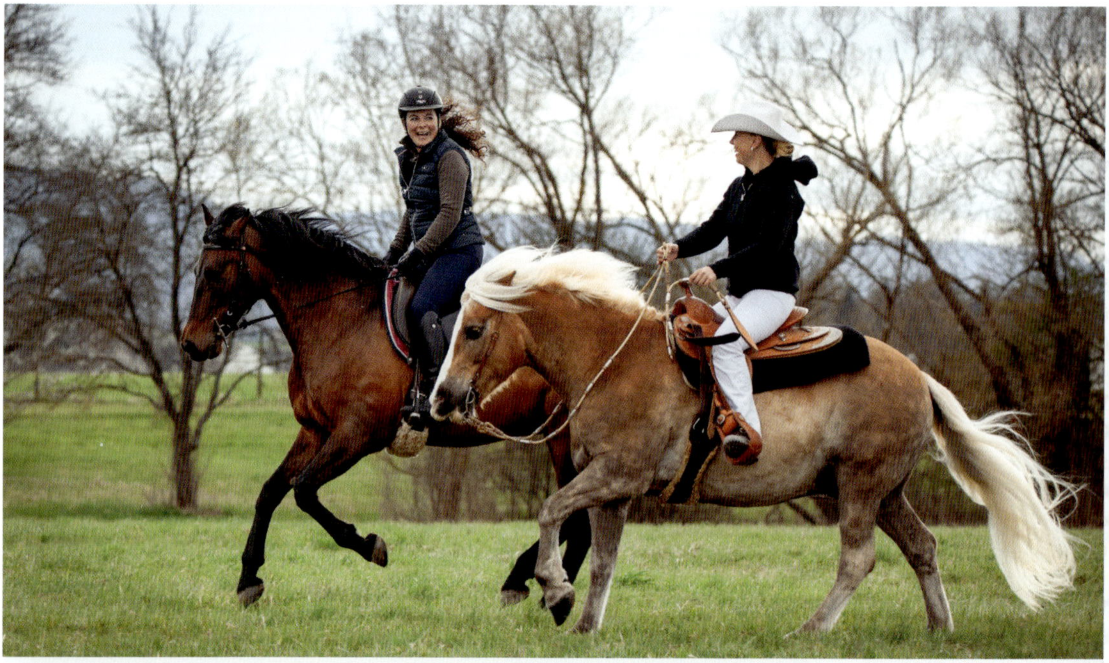

3. Gymnastik und Mobilität

Nun haben wir uns gelockert, mobilisiert und mit unserem Pferd schon einige Runden getanzt sowie die Kommunikation mit ihm verfeinert. Jetzt geht es darum, unser Pferd durch zunächst einfache Übungen zu lockern und zu gymnastizieren und es am Schluss mit etwas schwierigeren Übungen (für Fortgeschrittene) zusätzlich zu mobilisieren.
Dieses Kapitel beginnt mit fünf Übungen im Schritt und Trab, die auch als Basis-Übungen gelten. Dazu gehören »Durch die ganze Bahn wechseln« oder die »Einfache Schlangenlinie«, die gerne in der Aufwärmphase genutzt werden. Mit dem »Stern« und der »Kontervolte« nimmt die Mobilisierung schon etwas mehr Fahrt auf, die Muskulatur des Pferdes wird dabei gelockert und gymnastiziert. Mit der fünften Übung »Raus aus der Komfortzone« wird der Reiter mehr gefordert und lernt dabei, nicht nur taktisch zu reiten, sondern bei Schwierigkeiten Lösungen zu entwickeln.
Auch das Rückwärtsrichten hat eine gymnastizierende Wirkung. Die letzten fünf Übungen in diesem Kapitel widmen sich dem Rückwärtsrichten. Begonnen wird zunächst mit dem geraden Rückwärtsrichten, darauf folgen die Rückwärtsvolten und der Rückwärtsslalom, um auch die Längsbiegung im Pferd zu verbessern und kleine Schummeleien, die im normalen Reiten oft nicht auffallen, aufzudecken und durch einfache Lösungen zu beheben.
Lesen Sie sich dieses Kapitel in Ruhe durch und picken sich dann zunächst eine Übung raus, um diese mit Ihrem Pferd zu trainieren. Ich bin gespannt, mit welcher Übung Sie beginnen!

3.1 Der Stern

Was brauche ich?
8 Pylone

Aufbau
Stellen Sie die Pylonen in Form einer Raute auf (s. Skizze).

Was lernt das Pferd?
Durch die Handwechsel, die Volten und kleinen Geraden wird das Pferd mobilisiert und gymnastiziert.

Was lernt der Reiter?
Der Reiter muss sich sehr konzentrieren, um die korrekte Volte um die richtige Pylone zu reiten.
Durch die schnellen Handwechsel muss der Reiter zügig umdenken und auf die Aktion des Pferdes sofort reagieren.

Wichtig ▶

Wichtig bei dieser Übung ist Ihr vorausschauender Blick. Bitte schauen Sie nicht auf die Pylone oder direkt vor sich auf den Boden, sondern orientieren Sie sich schon an der nächsten Pylone und den geplanten Weg. Ihr Körper reitet im Hier und Jetzt. Ihr Blick plant bereits den nächsten Schritt.

Bei dieser Übung wechseln sich Geraden, gebogene Linien und Handwechsel ab. Sie mobilisiert das Pferd und bringt Abwechslung in den Trainingsalltag.

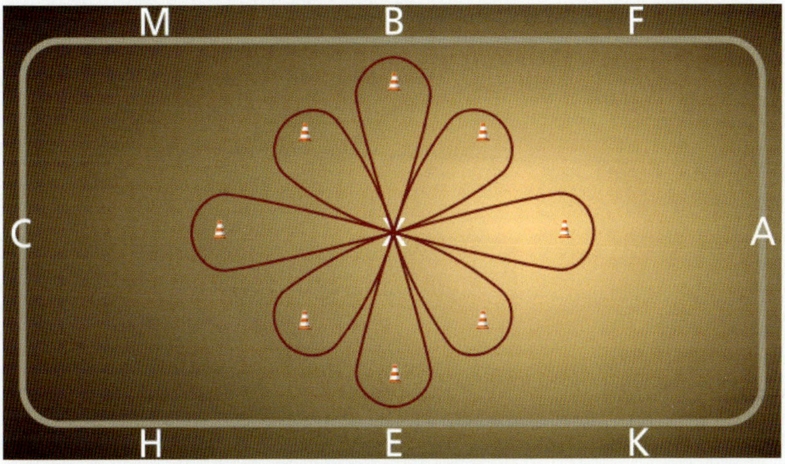

Wie reite ich diese Übung?

Beginnen Sie im Mittelpunkt des Sterns im Schritt oder Trab. Wählen Sie sich eine Pylone aus. Um diese reiten Sie zum Beispiel eine halbe Volte nach rechts. Kehren Sie wieder zurück zum Mittelpunkt. Nehmen Sie sich die gegenüberliegende Pylone vor und reiten sie eine halbe Links-Volte darum. Kehren Sie erneut zum Mittelpunkt zurück. Als nächstes wählen Sie die Pylone rechts von der ersten und reiten wieder eine halbe Volte nach rechts um diese Pylone herum. So geht es weiter, bis alle Pylonen umrundet wurden.

Mein Pferd macht aber ...

Mein Pferd dreht an der Pylone so schnell, dass wir fast die Pylone mitnehmen ...

Reiten Sie die Bögen größer. Achten Sie darauf, dass Sie immer den gleichen Radius zur Pylone einhalten. Dieser sollte mindestens 1–2 m betragen. Nimmt Ihr Pferd die Volte schon vorweg, können Sie auch in die entgegengesetzte Richtung reiten. Auch hilft es, einfach gerade weiterzureiten und erst weit nach der Pylone die Wendung einzuleiten. Das Pferd sollte auf Ihre Hilfe reagieren.

3.2 Durch die ganze Bahn wechseln

Was brauche ich?
2 Pylonen, 2 Stangen

Aufbau
Die Pylonen stehen in den Ecken bei F und H auf dem 3. Hufschlag (oder 2. Hufschlag); die Stangen bilden einen Durchgang bei X.

Was lernt das Pferd?
Auf die reiterlichen Hilfen zu achten. Sich zu biegen. Beidseitig korrekte Biegung in der Ecke und gerades Reiten ohne Bandenbegrenzung.

Was lernt der Reiter?
Präzises Reiten. Vorausschauendes Reiten. Einsatz und Wirkungsweise von Körperspannung: Was bewirkt meine Körperspannung? Wie setze ich sie gezielt ein? Ecke ausreiten. Geradeaus reiten. Richtiges Umstellen.

Die Übung »Durch die ganze Bahn wechseln« kann schon beim Aufwärmen im Schritt und Trab geritten werden. Dieser Handwechsel wird in vielen Dressurprüfungen verlangt. Schon in einfachen Reiterwettbewerben soll diese Hufschlagfigur sauber geritten werden. In den höheren Dressurprüfungen kann man diesen Handwechsel für die Trabverstärkung oder das »Tritte verlängern« nutzen, um das Bewegungspotenzial des Pferdes zu bewerten. Vor allem für Reitanfänger und junge Pferde können Stangen und Pylonen eine gute Orientierungshilfe sein.

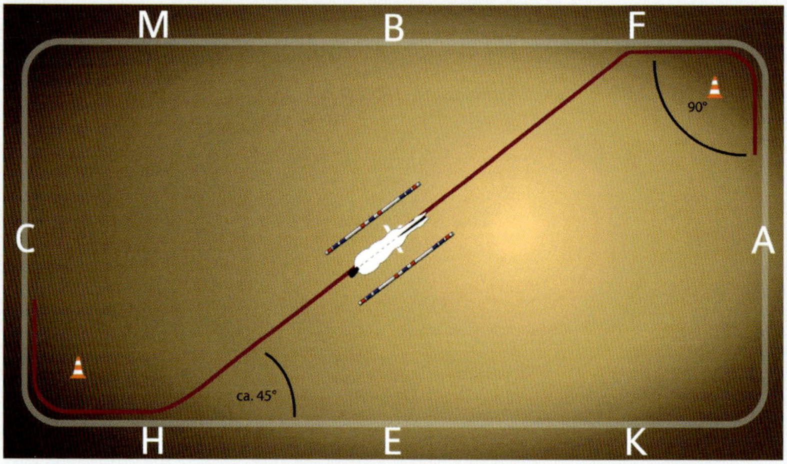

Wie reite ich diese Übung?

Reiten Sie »ganze Bahn« auf der »linken Hand«. An der kurzen Seite bei C reiten Sie die Ecke aus und beginnen bei H abzuwenden. Reiten Sie durch die beiden Stangen hindurch. X ist hierbei der Mittelpunkt der Diagonalen H-X-F. Bei F kommen Sie auf dem ersten Hufschlag an. Bei F wird wieder die Ecke ausgeritten. Nun sind Sie auf der »rechten Hand«.

Variante: Diese Übung können Sie auch im Galopp reiten. Bei X können Sie einen einfachen oder fliegenden Galoppwechsel machen. Sie können auch kurz vor Erreichen des Hufschlags einen einfachen oder fliegenden Galoppwechsel reiten oder auch im Außengalopp weiterreiten.

Achtung!

Vergessen Sie beim Leichttraben nicht das Umsitzen, etwa eine Pferdelänge vor dem Hufschlag. Reiten Sie die Ecke richtig aus und machen Sie keine »halbe Volte« in der Ecke.

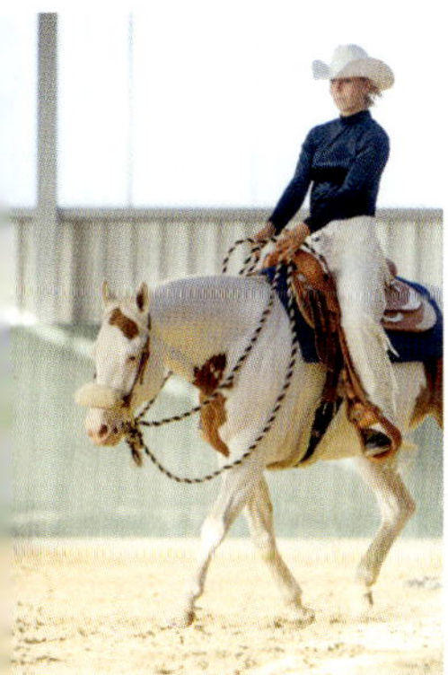

Der Blick durch die Pferdeohren erleichtert das genaue Ankommen am Hufschlag.

Hilfengebung

Reiten Sie gerade in die Ecke hinein und verkürzen Sie das Tempo. (Bauen Sie Körperspannung auf und denken Sie an die bevorstehende Wendung.) Ziehen Sie nicht am Zügel! Biegen Sie das Pferd um den inneren Schenkel, das Pferd ist leicht nach innen gestellt und gebogen, da Sie das Gewicht auf den inneren Gesäßknochen verlagern. Ihr Blick geht über die leicht nach vorn getragene innere Schulter. Reiten Sie so die Ecke aus. Bewegen Sie sich ein kurzes Stück geradeaus, bevor Sie bei H abwenden und auf der Diagonalen geradeaus weiterreiten. Die Wendung bei H beträgt etwa 45 Grad. Achten Sie auf die Aktivität der Hinterhand bei dieser Wendung. Rahmen Sie nun das Pferd mit Ihren Hilfen beidseitig ein. Die Zügel sind gleichmäßig angenommen. Das Gewicht verlagern Sie auf beide Gesäßknochen. Treiben Sie Ihr Pferd auf der Diagonalen gut vorwärts. Bei F kommen Sie wieder auf den Hufschlag und reiten (wie oben) die Ecke aus.

Mein Pferd macht aber ...

Das Pferd kommt nicht beim anvisierten Punkt an ...

Prüfen Sie, ob Sie die reiterlichen Hilfen so einsetzen wie oben beschrieben. Visieren Sie den Punkt an, an dem Sie ankommen wollen. Drehen Sie den Oberkörper mit. Treiben Sie mit dem Schenkel. Achten Sie auf die Hilfen, die Ihr Pferd außen begrenzen und einrahmen.

Das Abwenden funktioniert nicht ...

Reiten Sie die Ecke sauber aus – sollte Ihr Pferd nicht in die Ecke hineingehen, treiben Sie vermehrt mit dem inneren Schenkel. Wenn es Ihnen schwerfällt, auf die Diagonale abzubiegen, stellen Sie sich vor, Sie würden am Abwendepunkt eine Volte reiten. Kennt das Pferd die Übung schon und möchte sie vorwegnehmen, dann wenden Sie wie gewohnt ab und bauen eine Volte ein, bevor Sie auf der Diagonalen weiterreiten.

Das Geradeausgehen auf der Diagonalen ist schwierig ...

Prüfen Sie, ob Sie die reiterlichen Hilfen so einsetzen, wie oben beschrieben. Belasten Sie beide Gesäßknochen gleichmäßig. Treiben Sie mit dem Schenkel.

3.3 Einfache Schlangenlinie

Was brauche ich?
2 Pylonen, 2 Stangen

Aufbau
Die Pylonen stehen in den Ecken vor M bzw. nach F. Die Stangen liegen etwa in einem Abstand von 4 bis 6 m zur Bande.

Was lernt das Pferd?
Das Pferd lernt, mobiler in der Hinterhand zu werden, mehr Last auf dem äußeren Hinterbein aufzunehmen und die äußere Seite vermehrt zu dehnen. Zudem lernt es, korrekt auf die Schenkelhilfen zu reagieren.

Was lernt der Reiter?
Der Reiter lernt wie in den anderen Übungen, Blockaden und Verspannungen im Pferd zu erspüren.

Die »einfache Schlangenlinie« ist eine Basisübung mit einer guten gymnastizierenden Wirkung. In richtiger Stellung und Biegung geritten, können Sie die Halsmuskulatur des Pferdes lockern. Die Konzentration des Pferdes wird gefördert und seine Hinterhand aktiviert. In verschiedenen Dressurprüfungen wird die »einfache Schlangenlinie« meist im Trab geritten. Dabei sind das korrekte Umstellen und die korrekte Biegung sehr wichtig.

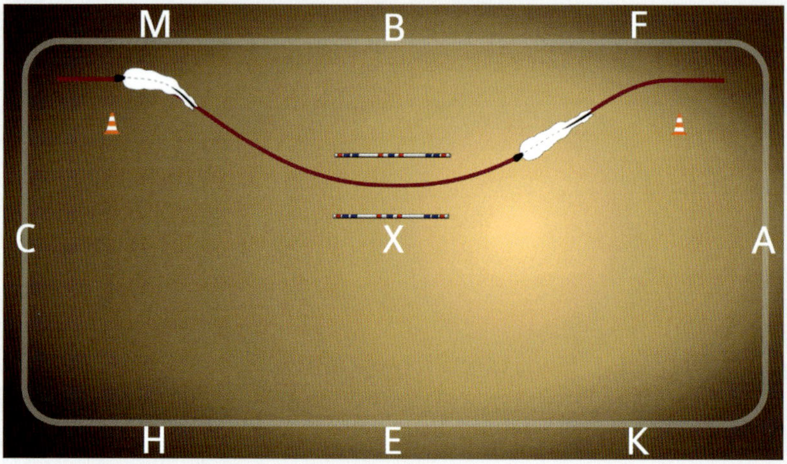

Wie reite ich diese Übung?

Reiten Sie im Schritt oder Trab (beim Leichttraben müssen Sie zweimal umsitzen). Reiten Sie gerade in die Ecke hinein und verkürzen Sie das Tempo. (Bauen Sie Körperspannung auf und denken Sie an die bevorstehende Wendung.) Ziehen Sie nicht am Zügel! Biegen Sie das Pferd um den inneren Schenkel, indem Sie Ihre innere Seite stabil halten, das Pferd ist leicht nach innen gestellt, da Sie das Gewicht auf den inneren Gesäßknochen verlagert haben. Aktivieren Sie mit dem inneren Schenkel die Vorwärtsbewegung. Reiten Sie so die Ecke aus, bevor Sie bei M abwenden. Nach dem Abwenden – eine Pferdelänge von der Bande entfernt – stellen Sie das Pferd um, sodass es nach außen in Richtung Bande gebogen wird. Achten Sie dabei darauf, dass sich nun all Ihre Hilfen umdrehen. Aus innen wird außen und aus außen innen.

3.4 Konterstellung

Was lernt das Pferd?
Das Pferd stärkt den schwächeren Schultergürtel und lernt trotz Konterstellung, die Balance zu halten.

Was lernt der Reiter?
Der Reiter lernt zu analysieren, welcher Schultergürtel schwächer ist und wie dieser dann gestärkt werden kann. Er lernt noch im Leichten, das Pferd spielerisch zu gymnastizieren.

Die Kontervolte hatten wir im 2. Kapitel bereits besprochen. Nur geht es hier nicht um eine Kontervolte, sondern um eine Konterstellung. Diese dient zunächst einmal zur Vorbereitung von Übungen aus dem 4. oder 5. Kapitel, kann aber auch rein zur Gymnastizierung genutzt werden. Jedes Pferd besitzt eine steifere und eine hohlere Seite. Auf der hohleren Seite stellt sich das Pferd gerne nach innen, um den inneren und auch schwächeren Schultergürtel zu entlasten. Auf der festen Seite, auch Zwangsseite genannt, stellt sich das Pferd lieber nach außen – wieder hin zum schwächeren Schultergürtel. Und genau um diesen Schultergürtel geht es nun. Spielerisch und zu Gymnastikzwecken sollte diese Übung vor allem auf der hohlen Seite des Pferdes geritten werden. Durch die Konterstellung wird der schwächere Schultergürtel gestärkt und die Schulter auf dieser Seite weiter nach oben-vorne geführt. Um nun in Balance zu bleiben, tritt das Pferd mit den Hinterbeinen breiter und nimmt somit mehr Last auf.

Wie reite ich diese Übung?

Reiten Sie ganze Bahn, gerne auf dem 2. Hufschlag. Ist Ihr Pferd rechts hohler, kann es sich also rechtsherum besser biegen und stellt sich fast schon von alleine nach innen, sollten Sie die Übung auf der rechten Hand reiten. Ist das Pferd links hohler, sollten Sie die linke Hand wählen. Beginnen Sie Ihr Pferd auf der langen Seite nach außen zu stellen. Führen Sie dazu Ihre linke Zügelhand etwas seitwärts vom Pferdehals weg. Beenden Sie die Übung noch auf der langen Seite, sobald das Pferd sich weich stellen lässt. Sobald es sich gut auf der Geraden nach außen stellen lässt, dürfen Sie die Übung an der kurzen Seite weiterreiten. Achten Sie wie in der Übung 2.7 darauf, dass Ihr Pferd nun nicht die Balance verliert und sich in die Kurve legt. Rahmen Sie es mit beiden Schenkel- und Zügelhilfen ein. Auf der Geraden sollten Sie eine beidseitige Gewichtshilfe verwenden. In den abgerundeten Ecken dürfen Sie Ihr Gewicht einseitig innen lassen – wie auf einer normalen gebogenen Linie.

Mein Pferd macht aber …

Mein Pferd läuft mit dem Kopf gegen die Bande oder bleibt dann in der Ecke stehen …

Denken Sie daran, Ihren Schenkel, der zur Bande zeigt, deutlich einzusetzen. Halten Sie stets eine weiche Verbindung zum Pferdemaul, ohne zu ziehen. Ein leicht seitwärts geführter äußerer Zügel – der zur Hallenmitte zeigt – hilft oft, die Balance wieder herzustellen. Beginnen Sie mit einer leichten Stellung. Steigern Sie den Schwierigkeitsgrad erst, wenn Ihr Pferd genügend Kraft entwickelt hat.

Mein Pferd verwirft sich im Genick ...

Ist dies einem zu stark nach hinten ziehenden Zügel geschuldet, sollten Sie unbedingt nachgeben und die Zügelhand seitwärts führen. Ist dies nicht der Fall, kann es sein, dass Ihr Pferd so schwach bemuskelt ist und Sie zunächst den Schulter- und Beckengürtel auf einem Zirkel mit normaler Innenstellung trainieren sollten. Stellen Sie sicher, dass Sie Ihr Pferd mit dem inneren Schenkel an den äußeren Zügel reiten. Lassen Sie dies von einem Reitlehrer überprüfen.

Mein Pferd pullt gegen den Zügel oder fällt auf die Vorhand und beginnt zu rennen ...

Hier fehlt sicherlich die Balance des Pferdes. Ist das Brustbein abgesenkt und die Hinterhand nicht aktiv bzw. falschherum gedreht, kann es dazu führen, dass sich das Pferd am Zügel die Hilfe sucht oder durch Schneller-Werden die Balance wieder erhalten möchte. Beenden Sie diese Übung und holen Sie sich Rat bei einem Fachmann. Hier sollten zunächst die Blockaden gelöst und die Bewegungszentren wieder korrekt gedreht werden!

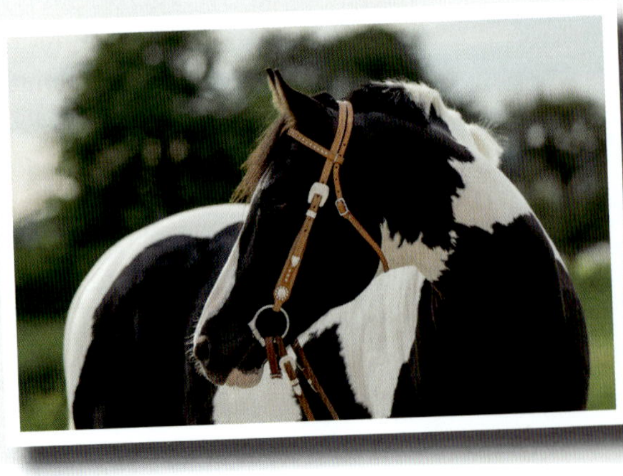

3.5 Raus aus der Komfortzone

Aufbau
Stellen Sie – verteilt auf der ganzen Reitbahn – so viele Pylonen-Tore auf, wie Sie haben. Die Tore sollten beliebig platziert sein.

Was lernt das Pferd?
Das Pferd lernt, schnell auf die Hilfen des Reiters zu reagieren, hat Spaß an neuen Wegen und Herausforderungen und wird durch die Wendungen und Handwechsel gymnastiziert. Es findet neue Strategien, um die unbekannte Aufgabe zu meistern.

Was lernt der Reiter?
Der Reiter lernt, taktisch zu reiten, sich und sein Pferd zu analysieren, Wege zu planen und Lösungen bei Schwierigkeiten zu entwickeln.

Trotz vorgegebener Hufschlagfiguren wählt man als Reiter immer den einfacheren Weg. Sei es das Abkürzen in der Ecke, der Zirkel, der etwas ovaler wurde als geplant, oder die Volte, die eher einem Kürbis oder Osterei ähnelt, als einem perfekt gezeichneten Kreis. Oft reitet man lieber noch mal eine Runde, weil der erste Versuch abzuwenden gescheitert ist. Oder man probiert es zunächst auf der anderen Hand. All diese »Ausreden« sind jedoch im Training mit dem Pferd nicht sinnvoll. Der Reiter wählt den einfacheren Weg, da ihm das Pferd diesen Weg vorschlägt. Sei es durch die Schiefe von Reiter oder Pferd, ein fehlendes Einrahmen oder Planen oder einfach fehlende Disziplin. Kreative Pferd-/Reiterkombinationen sind großartig und Kürbisse oder Ostereier haben auch was für sich. Doch um ein Pferd korrekt zu gymnastizieren, sollte man sich nicht immer in seiner Komfortzone befinden. Wir machen unsere Yogaübung auch nicht nur so ungefähr, weil es etwas im Po zwickt. Okay, machen wir schon, aber sie hat dann leider fast keine Wirkung. Deshalb geht es nun raus aus der Komfortzone und rein in die Mobilität und Analyse.

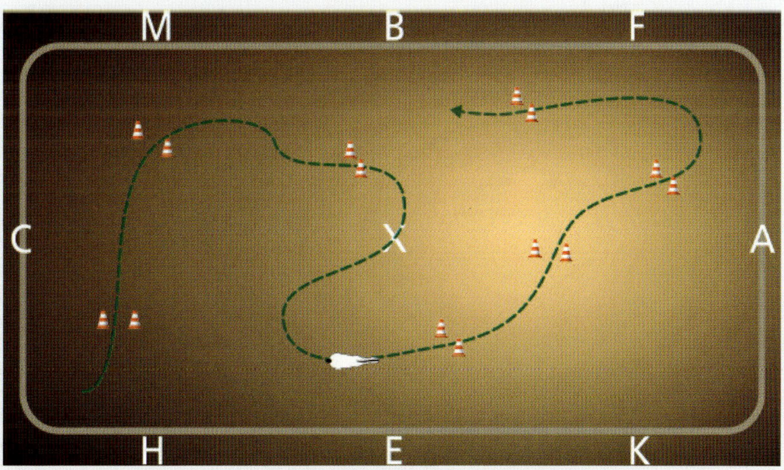

Wie reite ich diese Übung?

Überlegen Sie beim Warmreiten, welche Wege durch die Pylonen-Tore machbar wären. Wählen Sie drei Wege aus. Es sollte ein

Tipp ▶

Wenn Sie einen Helfer bitten, die Tore aufzustellen, wird diese Übung effektiver, da Sie nicht im Vorfeld schon selbst den Schwierigkeitsgrad bestimmen.

leichter, ein mittelschwerer und ein sehr schwerer Weg sein. Zeichnen Sie den Weg zur Not auf ein Blatt Papier auf. Beginnen Sie mit dem einfachsten Weg im Schritt oder besser noch im Trab. Reiten Sie den geplanten Weg mehrmals durch, bis Sie mit Ihrem Ergebnis zufrieden sind, dann wechseln Sie zu Ihrem schwereren Weg. Analysieren Sie nach jeder Runde, was Sie verbessern können. Bitte notieren Sie nicht, was schlecht lief, das ist so demotivierend! Reiten Sie den Weg erneut. Beachten Sie dabei das vorher Analysierte und verbessern Sie dieses. Auf der übernächsten Seite finden Sie eine Checkliste, die Sie unterstützen soll.

Mein Pferd macht aber ...

Im Schritt funktioniert es, aber im Trab erreiche ich immer das eine Tor nicht. Ich komm nicht rum ...

Manche Wege können es in sich haben. Doch bevor Sie aufgeben, sollten Sie sich den kleinen Abschnitt nochmal genauer anschauen. Können Sie hier mit Taktik ans Ziel kommen? Es ist deutlich einfacher, nach einem Pylonen-Tor schneller zu wenden, doch vor einem Pylonen-Tor sollte der Weg größer gewählt werden.

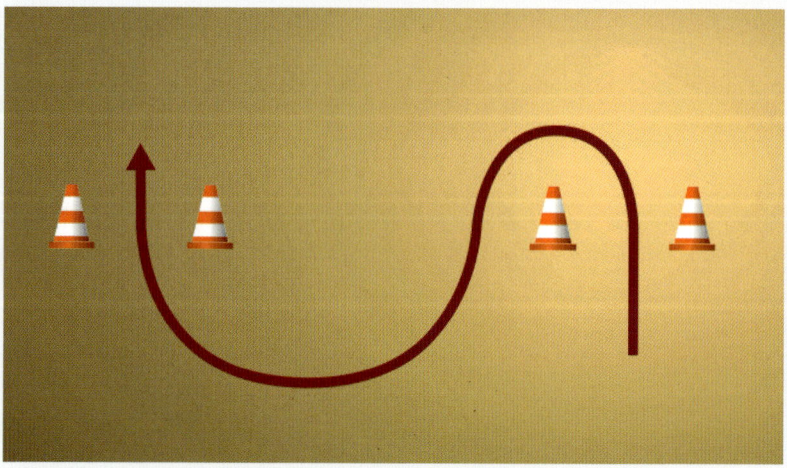

Ich habe festgestellt, dass es an meinem Sitz liegt, dass uns der Weg so schwerfällt ...
Lesen Sie nochmal in Ruhe das erste Kapitel durch. Lassen Sie sich filmen und analysieren Sie auch gemeinsam mit Ihrem Trainer Ihren Sitz.

Uns fällt es immer links-/rechtsherum schwerer, um die Kurve zu kommen ...
Können Sie Fehler im Reitersitz ausschließen, kann dieses Phänomen von der natürlichen Schiefe des Pferdes oder Verspannungen und Blockaden im Pferdekörper herrühren. Ziehen Sie einen Fachmann zu Rate.

Ich kann mich nicht so lange konzentrieren ...
Stellen Sie weniger Tore auf und verkürzen Sie somit Ihren Weg.

Mein Pferd macht es schon fast allein oder wählt immer den bereits bekannten Weg ...
Ihr Pferd hat einen kreativen Lösungsvorschlag und seine eigene Strategie gefunden, Ihnen zu gefallen. Bewerten Sie es als positiv und hilfreich, bestärken Sie es mit einem Lob. Finden Sie den Lösungsvorschlag fragwürdig oder so gar nicht hilfreich, wählen Sie einen anderen Weg, ordnen die Tore neu an oder überzeugen das Pferd mit Ihren Hilfen, die von Ihnen geforderte Lösung anzunehmen.

Wir erreichen alle Tore, doch schön ist was anderes. Es fühlt sich eher wie ein »Barrel Race« an ...
Hier geht es nicht um Schnelligkeit. Sie werden keinen Blumentopf am Ende des Weges gewinnen. Reagiert Ihr Pferd mit Schnelligkeit auf die Hilfen, weil Sie es wünschen oder weil es seine Strategie ist (sein kreativer Lösungsvorschlag)? Beruhigende Volten und eine ruhigere Gangart können hier helfen.

Ihr Pferd schlägt wunderliche Lösungen vor und Sie wissen sich keinen Rat? Schreiben Sie mir eine E-Mail. Die E-Mail-Adresse finden Sie auf der Homepage **www.horse-training-and-more.de**. Es gibt immer eine gute Lösung.

Checkliste zur Überprüfung der Fortschritte

1. **Fiel mir und dem Pferd der Weg leicht?**

   ☐ *ja* ☐ *nein* ☐ *teilweise*

2. **Haben die Lösungsvorschläge der letzten Runde geholfen?**

   ☐ *ja* ☐ *nein* ☐ *teilweise*

   Was hat sich verbessert?

   ____

3. **An welcher Stelle kam es zu Schwierigkeiten und warum?**

   ____

4. **Reagierte das Pferd auf alle Hilfen gut?**

   ☐ *ja* ☐ *nein* ☐ *teilweise*

5. **Waren es immer die gleichen Hilfen, die nicht funktionierten?**

   ☐ *immer* ☐ *meistens* ☐ *nein*

   Es waren folgende Hilfen:

   ____

6. **Hatte das Pferd eigene »kreaktive Vorschläge« parat?**

   ☐ *ja* ☐ *nein*

   Welche? Waren sie sinnvoll und hat es mitgedacht?

   ____

7. **Fielen uns die Linkswendungen genauso leicht wie die Rechtswendungen?**

   ☐ *ja* ☐ *nein* ☐ *manchmal*

   Welche fielen uns schwerer?

   ____

8. **Kann ich an meinem Sitz oder der Hilfengebung etwas verbessern?**

   ____

9. **Kam es aus taktischen Gründen zu Schwierigkeiten?**
   (Die Umsetzung meines geplanten Weges war nicht so gut?)

   ☐ *ja* ☐ *oft* ☐ *selten* ☐ *nie*

   Wo oder wann traten die Schwierigkeiten auf?

   ____

   Eigene Frage

   ____

10. **Was kann ich das nächste Mal verbessern?**

    ____

3.6 Gerades Rückwärtsrichten

Was brauche ich?
Eventuell 1–2 Stangen

Aufbau
Legen Sie die Stange auf den zweiten oder dritten Hufschlag, die äußere Begrenzung ist die Bande des Platzes. Oder: Legen Sie beide Stangen als Durchgang hin. Sie können diese Übung auch im Gelände durchführen (Zaun o.ä. als Begrenzung).

Das Rückwärtsrichten überprüft die Durchlässigkeit des Pferdes. Es können verschiedene Fragen durch die Übungen im Rückwärts beantwortet und die Ursachen analysiert werden. Ist die Lendenmuskulatur locker? Kann das Iliosakralgelenk des Pferdes abgekippt werden? Reagiert es auf die Hilfen? Ist die Vorhand angehoben? Ist es geradegerichtet? Ist das Pferd einseitig verspannt? Ist das Genick locker und kann das Pferd den Rücken aufwölben? Das Rückwärtsrichten geschieht im Zweitakt. Die diagonalen Beinpaare bewegen sich gleichzeitig wie im Trab, aber ohne Schwebephase. Während der Übung ist die Kruppe gesenkt, der Kopf ist etwas vor der Senkrechten. Der Rücken ist leicht aufgewölbt.

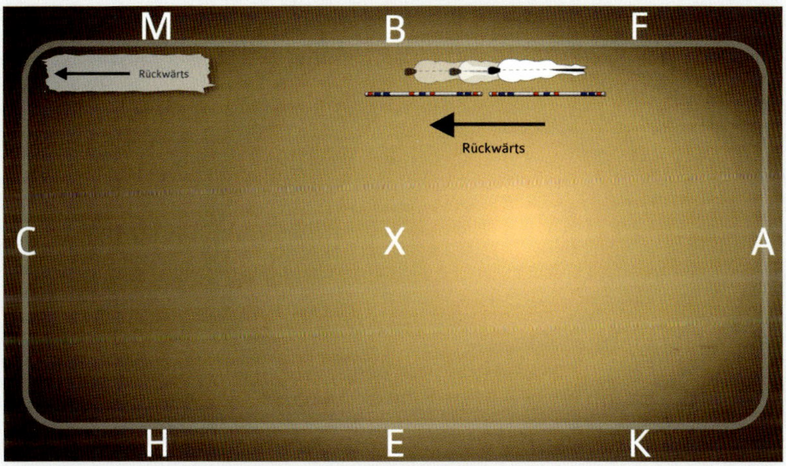

Tipp ▶

Das Pferd sollte diese Lektion schon vom Boden aus kennen. Seien Sie beim Erarbeiten dieser Lektion stets gelassen und loben Sie kleine Erfolge. Loben Sie Ihr Pferd, sobald es die Hilfen akzeptiert hat.

Wie reite ich diese Übung?

1. Geben Sie zunächst das Signal zum Anreiten. Durch eine verwahrende Zügelhilfe (leichtes Gegenhalten beider Zügel) lenken Sie den Vorwärts-Impuls um. Sie geben die gleichen treibenden Hilfen für Vorwärts und Rückwärts.
2. Oder: Sie legen beim Treiben die Unterschenkel verwahrend nach hinten. Das Gewicht verlagert sich auf die Gesäßknochen. Will das Pferd nach vorne antreten, nehmen Sie beide Zügel leicht an, um den Vorwärts-Impuls umzuleiten. Der Oberkörper des Reiters neigt sich leicht nach vorne.
   Im Western: Beginnen Sie mit einem leichten Druck in den Steigbügeln und einem Stimmsignal. Kommt es zu keiner

Achtung!

Ziehen oder zerren Sie nicht an den Zügeln. Kippen Sie nicht nach vorne. Beenden Sie die Übung mit einem »Steh« oder kompletten Nachlassen der Zügel.

Tipp ▶

Nehmen Sie sich genau vor, wie viele Tritte Ihr Pferd rückwärtsgehen soll. Geben Sie am Anfang nach jedem Tritt nach und loben Sie Ihr Pferd.

Achtung!

Fordern Sie am Anfang nie mehr als eine Pferdelänge rückwärts. Mehr als 6–8 Tritte kann das Pferd als Strafe auffassen.

Reaktion des Pferdes, klopft der Schenkel leicht an oder baut etwas Druck auf. Reagiert das Pferd nicht oder läuft es nach vorne, werden die Zügelhilfen eingesetzt. Sobald das Pferd willig rückwärtstritt, werden Zügel- und Schenkelhilfen sofort nachgelassen. Nur der Druck in den Steigbügeln und das Stimmsignal werden weiter als Hilfe gegeben.

Mein Pferd macht aber ...

Mein Pferd hebt sich heraus ...

Arbeiten Sie an der Anlehnung, bevor Sie das Rückwärtsrichten üben. Stellen Sie das Pferd beim Halten etwas tiefer ein. Behalten Sie eine leichte Innenstellung. Ziehen Sie nicht am Zügel. Lassen Sie sich Zeit.

Mein Pferd geht schräg zurück ...

Üben Sie das Rückwärtsrichten mit einer deutlichen Begrenzung. Achten Sie beim Halten darauf, dass das Pferd gerade steht. Geben Sie die Hilfen auf beiden Seiten gleich stark. Meist ist dies ein deutliches Zeichen für ein einseitig stark bemuskeltes Pferd. Dies kann an der natürlichen Schiefe, einer Verspannung oder einer fehlerhaften Ausbildung liegen. Korrigieren Sie Ihr Pferd immer über die Vorhand, nicht über die Hinterhand. Lesen Sie mehr dazu auf den folgenden Seiten.

Mein Pferd geht mehr Tritte als gefordert und hört gar nicht mehr auf ...

Denken Sie immer daran, die Übung mit einem »Steh« oder »Woah« zu beenden. Reagiert das Pferd darauf nicht, treiben Sie es wieder in die Vorwärtsbewegung. Läuft es weiterhin eilig rückwärts, können Sie es Richtung Bande lenken, bis die Idee der Vorwärtsbewegung erneut gegeben ist. Meist ist dies nicht böswillig vom Pferd, sondern es möchte gefallen und zeigen, wie großartig es die Übung kann. Fragen Sie sich immer, was die Ursache für sein Verhalten ist. Versteht es Ihre Hilfen nicht und möchte weiterhin gefallen? Geben Sie ein falsches Signal? Hat es Schmerzen und flüchtet davor? Wenn Sie sich nicht sicher sind, fragen Sie am besten einen Fachmann.

3.7 Rückwärts im Stangen-L

Was brauche ich?
2 Stangen à 3 m und 2 Stangen à 4 m

Aufbau
Legen Sie die Stangen in Form eines L aus.

Was lernt das Pferd?
Konzentration und Gehorsam, Durchlässigkeit

Was lernt der Reiter?
Konzentration, Orientierung, Verfeinerung der Hilfengebung

In der Trail-Aufgabe »Stangen-L« trainieren Sie das Rückwärtsrichten. Sie fördern die Konzentration und die Durchlässigkeit Ihres Pferdes. Diese Aufgabe motiviert und macht Spaß. Voraussetzung sollten ein korrektes gerades Rückwärtstreten und die Hinterhandwendung sein.

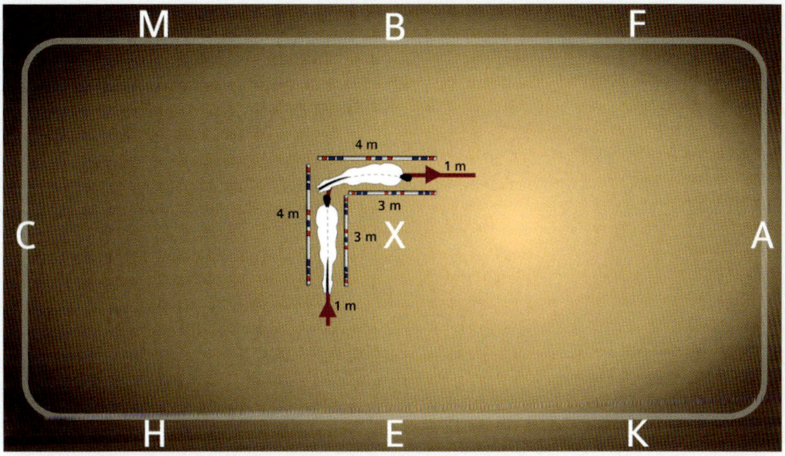

Tipp ▸
Befindet sich die innere Ecke des Ls auf der Höhe der Lende des Pferdes, ist es Zeit, die Wendung zu beginnen.

Wie reite ich diese Übung?

Im Trail wird das Stangen-L rückwärts geritten.
Stangen-L-Einsteiger dürfen vorwärts in das L hineinreiten, am Ende anhalten und dann rückwärts das L wieder verlassen.
Für Stangen-L-Fortgeschrittene gilt: Reiten Sie im Schritt auf das L zu und machen Sie vor der Öffnung eine Hinterhandwendung. Steht das Pferd mit den Hinterbeinen vor der Öffnung, beginnen Sie sofort mit dem Rückwärtsrichten. Gehen Sie Tritt für Tritt rückwärts. Kurz vor der Ecke im Stangen-L verschieben Sie die Schulter des Pferdes und überprüfen Schritt für Schritt, ob die 90-Grad-Wendung auch von den Hinterbeinen durchgeführt wurde. Nun tritt das Pferd bis zum Ende der Stangen wieder in gerader Linie rückwärts, bis es das L verlassen kann.

Mein Pferd macht aber …

Mein Pferd tritt auf oder über die Stangen mit der Vorhand …

Denken Sie daran, Ihre Hilfen korrekt einzusetzen und dem Pferd durch das richtige Timing zu vermitteln, wo es seine Füße hinsetzen sollte. Korrigieren Sie das Pferd sofort, nicht dass es die Idee des Vorwärts-Verlassens für sich als gut definiert. Ziel sollte es immer sein, sein Pferd Tritt für Tritt dirigieren zu können. Auch sehr schlaue Pferde probieren gerne mal aus, was passiert, wenn sie die Übung einfach über die Stangen verlassen.

Mein Pferd schwankt mit der Hinterhand nach links und rechts ...
Ihr Pferd scheint eine recht mobile Hinterhand zu haben und sehr standfest in der Vorhand zu sein. Eine mobile Hinterhand ist an sich nichts Schlechtes, aber sie zeigt, dass Sie und Ihr Pferd gerne etwas schummeln und auch die 90-Grad-Wendung über das Verschieben der Hinterhand reiten. Denken Sie daran, die Vorhand zu wenden. Die »Lenkung« ist immer in der Vorhand und der »Motor« in der Hinterhand. Drehen Sie das um, kann es dazu führen, dass das Pferd mit der Hinterhand sehr große Schritte macht und an den Stangen anstößt.

Mein Pferd tritt hektisch zurück ...
Meist ist ein verspannter Rücken die Ursache. Reiten Sie große gebogene Linien, bei denen das Pferd vorwärts läuft und der Rücken schwingen kann. Ziehen Sie zur Not einen Fachmann zu Rate.

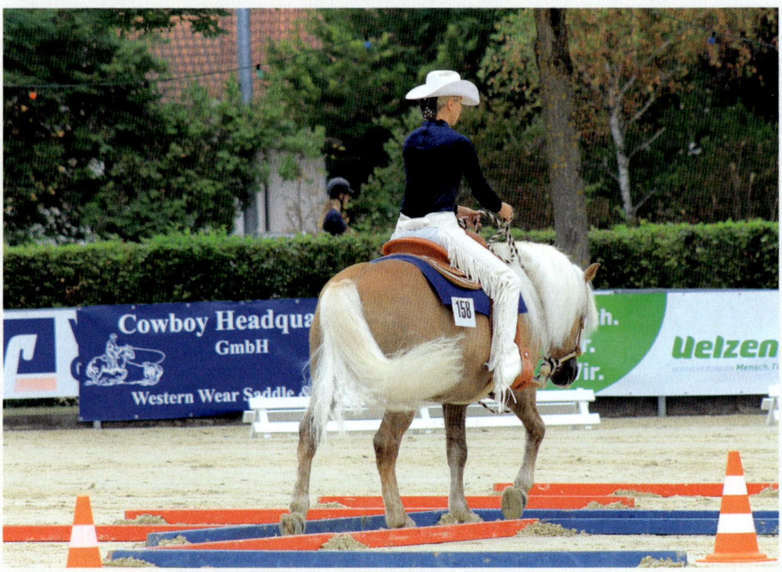

3.8 Rückwärtsvolten

Was lernt das Pferd?
Das Pferd verbessert seine Biegung sowie das Rückwärtstreten und lernt, willig auf die Hilfen zu reagieren.

Was lernt der Reiter?
Der Reiter lernt, sich auch im Rückwärts wohler zu fühlen. Er erkennt, wann sein Pferd korrekt gebogen ist und welche Kompensationsbewegungen das Pferd in einer Biegung macht und wie sie korrigiert werden.

Bei dieser Übung verbessern sich die Biegung und die Schenkelakzeptanz. Sie können diese Übung auch ohne Pylonen reiten. Wichtig ist jedoch, dass das Pferd schon gut und willig rückwärtsgehen kann und wenn möglich keine Blockaden hat. Sie können mit dieser Übung die Biegung verbessern und die Zwangsseite gymnastizieren.

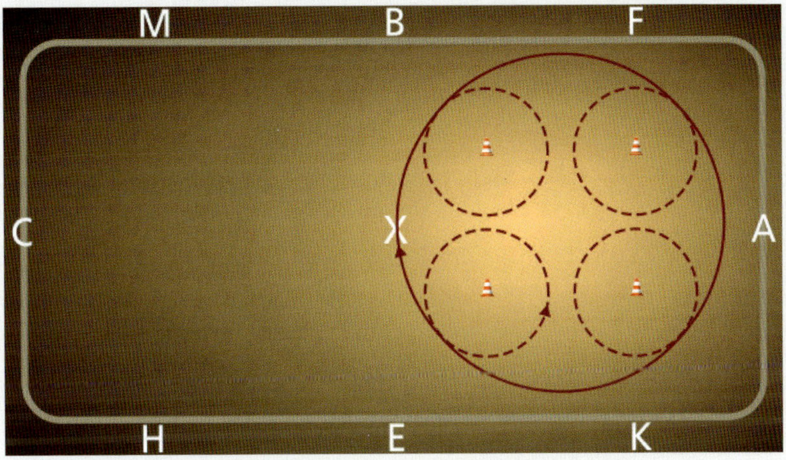

Tipp ▸

Gemeinsam mit einem Helfer ist es leichter, dem Pferd bei Schwierigkeiten ohne Stress den richtigen Weg zu zeigen.

Wie reite ich diese Übung?

Reiten Sie im Schritt auf dem Zirkel. Halten Sie Ihr Pferd auf Höhe einer Pylone an. Richten Sie es rückwärts. Die Biegung im Pferd erreichen Sie mit den gleichen Hilfen, wie beim Vorwärtsreiten. Belasten Sie den inneren Sitzbeinhöcker, der innere Schenkel bleibt vorne, der äußere liegt verwahrend hinten. Mit den Zügeln stellen Sie das Pferd leicht nach innen und begrenzen es mit dem äußeren Zügel. Sobald das Pferd richtig gebogen ist, willig auf die Hilfen reagiert und rückwärtsgeht, entsteht eine Runde Volte um die Pylone. Sobald Sie die Volte beendet haben, reiten Sie wieder auf dem Zirkel weiter, bis Sie die nächste Pylone erreichen.

Mein Pferd macht aber ...

Mein Pferd dreht auf der Stelle ...

Bevor das Pferd fleißig und flüssig rückwärts auf der Volte gehen

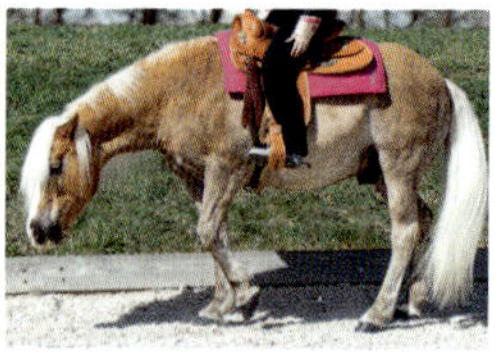

Für den 25-jährigen Amigo gehört das Back-up zu seinen Lieblingsübungen. Im Westernreiten werden Zügel- und Schenkelhilfen nur impulsartig eingesetzt. Dies und ein ausführliches Lob am Schluss hilft den Pferden, die feinen Signale über den Reitersitz zu erspüren und später auch ohne Zügelhilfe willig und mit abgekippter Hüfte rückwärtszutreten. Für den einen oder anderen Reiter sehen die nach hinten gerichteten Ohren negativ aus. Bei der Beurteilung der Mimik ist es wichtig, immer das gesamte Gesicht anzuschauen. In diesem Fall zeigen die Ohren nach hinten, weil sich das Pferd auf die Hilfen des Reiters konzentriert. Die Ohren zeigen immer in die Richtung, in der sich die Aufmerksamkeit des Pferdes befindet. Treten die nach hinten gerichteten Ohren mit einer angespannten Mimik, einem engen Hals und eventuellem Schweifschlagen auf, kann man von einem verspannten Pferd sprechen.

kann, probiert es zunächst, die Vorder- und Hinterhand nacheinander zu drehen. Somit entsteht zwar noch keine Biegung, aber es ist die Vorstufe für diese Übung. Wiederholen Sie die Übung immer wieder, bis die Rückwärtsvolte flüssig wird. Dies kann mehrere Wochen dauern.

Mein Pferd lässt sich nicht die Hinterhand nach innen verschieben. Es entsteht keine Biegung ...
Bevor Sie diese Übung beginnen, sollte Ihr Pferd willig auf die Schenkelhilfen reagieren. Gehen Sie zurück zu Übung 2.10 und überprüfen dabei die Schenkelhilfen.

Mein Pferd drückt mit der Vorhand nach innen ...
Dies ist ein deutliches Zeichen dafür, dass Ihr Pferd Schwierigkeiten mit der Biegung auf dieser Seite hat. Diese Übung ist genau die richtige für Sie und Ihr Pferd. Treiben Sie mit Ihrem inneren Schenkel immer wieder die Vorhand nach außen, während es rückwärtstritt. Sie werden sehen, auch die Biegung im Schritt, Trab und Galopp wird durch diese Übung besser.

Mein Pferd nimmt die Übung vorweg ...
Trainieren Sie das Rückwärtsrichten: Das Pferd sollte bei jedem Tritt auf Signal anhalten können. Erst wenn dies gelingt, können Sie mit dieser Übung beginnen. Bauen Sie viele Pausen ein, bevor Sie den nächsten Tritt oder Schritt fordern. Verlangen Sie nur einen Schritt rückwärts und das Pferd macht zwei, sollten Sie wieder einen Schritt nach vorne gehen und dort pausieren.

Mein Pferd tritt breitbeinig mit den Hinterbeinen zurück ...
Ist die Spur der Hinterbeine breiter, als die der Vorderbeine, fehlt oft die Balance. Das Pferd schwankt dann von links nach rechts. Die weiteren Übungen in diesem Kapitel können hilfreich sein.

Mein Pferd drückt den Rücken durch und reißt den Kopf nach oben ...
Die Ursache liegt oft beim Reiter: Reiten Sie nicht mit unruhiger, hoher oder harter Hand. Lassen Sie Ihr Pferd von einem Fachmann überprüfen, ob Blockaden im Rücken oder im Iliosakralgelenk vorliegen.

3.9 Slalom im Back-up

Was brauche ich?
3 Pylonen

Aufbau
Stellen Sie die Pylonen im Abstand von 4 m (Einsteiger 4 m, Profis 0,5–2 m) auf der Mittellinie auf.

Was lernt das Pferd?
Variante 1: Vertrauen, dem Gewicht und dem Zügel zu weichen, Mobilität der Vorhand.
Variante 2: Verbesserung der Biegung, Umstellen im Rückwärts, Durchlässigkeit, Vertrauen.

Was lernt der Reiter?
Vertrauen, richtige Hilfengebung, Körpergefühl.

Tipp ▶
Schauen Sie sich nur um, wenn das Pferd steht – nicht, wenn es rückwärtstritt, um die Gewichtshilfe nicht zu beeinflussen. Sie können diese jedoch auch durch Drehen des Oberkörpers verstärken.

Der Rückwärtsslalom wird oft als Spielerei abgetan, jedoch hat es diese Übung in sich und manch Reiter kommt bei ihr an seine Grenzen. Diese Übung deckt Problematiken auf, die im Vorwärts oft nicht erkannt werden. Mit ihren zwei Varianten kann diese Übung für Einsteiger, aber auch für fortgeschrittene Reiter sehr nützlich sein.

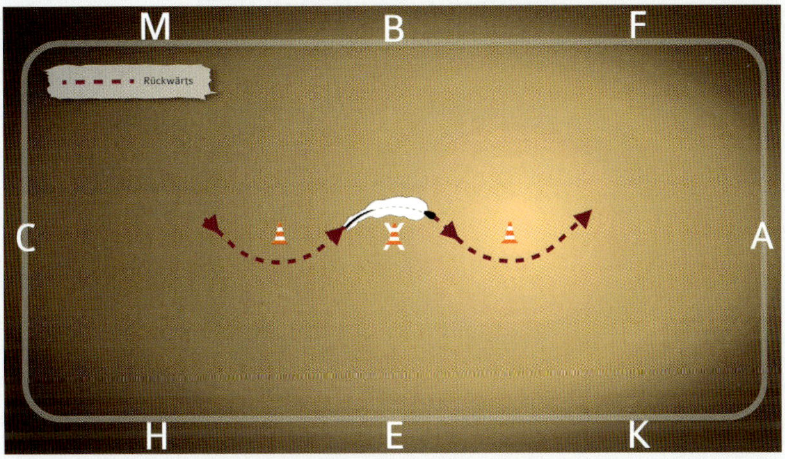

Wie reite ich diese Übung?

Reiten Sie rückwärts im Slalom um die Pylonen.

Variante 1: Reiten Sie im Abstand von ca. 1 m an den Pylonen gerade entlang. Halten Sie Ihr Pferd neben der letzten Pylone an. Richten Sie es nun rückwärts. Stellen Sie Ihr Pferd nach rechts, wenn Sie eine Linkswendung reiten möchten. Dabei verschiebt sich die Hinterhand gegenläufig zur Kopfhaltung. Machen Sie immer wieder Pausen und schauen Sie sich um. Richten Sie die Stellung des Kopfes so aus, dass die nächsten Tritte korrekt um die Pylonen gehen.

Variante 2: Reiten Sie wie in der letzten Übung (3.8) das Rückwärts in korrekter Biegung. Wechseln Sie die Biegung immer auf der Linie der Pylonen (am Wechselpunkt).

Hilfengebung

Für Einsteiger, die die Rückwärtsvolten übersprungen haben: Diese Variante hilft nur zur Mobilisierung der Vorhand. Wollen Sie das

Achtung!

Machen Sie viele Pausen. Loben Sie das Pferd und achten Sie stets darauf, dass die Motivation erhalten bleibt und kein Stress entsteht.

Pferd nach rechts drehen, müssen Sie es nach links stellen, links belasten, die Schenkel treiben wie beim Rückwärtsrichten.

Für Fortgeschrittene: Reiten Sie jede Wendung wie im Vorwärtstreiben (s. Hilfengebung 3.8).

Mein Pferd macht aber ...

Mein Pferd macht plötzlich immer so große Tritte ...

Reiten Sie die Wendungen im Fluss, sobald das Pferd steht und dreht, werden die Hinterbeine mehr seitwärts bewegt.

Mein Pferd möchte nicht rückwärtsgehen ...

Üben Sie das Rückwärtsgehen. Beginnen Sie Schritt für Schritt mit den einzelnen Übungen in diesem Kapitel.

Mein Pferd rollt sich auf ...

Sie reiten mit einer zu harten Hand. Treiben Sie Ihr Pferd mit den Schenkeln an das Gebiss heran oder beginnen Sie zunächst mit der Übung am Boden. Oft kann das Pferd das Iliosakralgelenk nicht korrekt abkippen, dadurch blockiert es in der Lende und die Zügelhilfe stockt im Hals. Das Pferd versucht, der Reiterhand auszuweichen, kann dies aber nicht über seinen Körper lösen, sondern nur über das Abkippen im Hals. Reiten Sie vermehrt Trab-Halten-Trab-Übergänge, bevor Sie mit der Übung weiterarbeiten. Nützt auch dies nichts, sollten Sie einen Fachmann zu Rate ziehen.

Mein Pferd möchte nicht mehr rückwärtsgehen ...

Sobald ein Pferd das Rückwärtsgehen verweigert, obwohl es davor gut funktioniert hat, können Verspannungen oder fehlende Motivation der Grund dafür sein. Hat das Pferd Schwierigkeiten, die Hinterhand abzukippen, kann es zu Verspannungen kommen, auch kann das Pferd durch zu wenig Bestätigung die Übung missbilligen und dies mit stoischem Stehen quittieren. Beginnen Sie nochmals mit dem geraden Rückwärtstreten und loben Sie das Pferd dabei ausgiebig.

3.10 Schlüsselloch

Was brauche ich?
6 Pylonen

Aufbau
Stellen Sie die Pylonen wie in der Skizze angegeben auf. Wählen Sie mindestens 1 m Abstände zwischen den Pylonen.

Achtung!

Machen Sie viele Pausen. Loben Sie das Pferd und achten Sie stets darauf, dass die Motivation erhalten bleibt und kein Stress entsteht.

Mit dieser Übung überprüfen Sie nun das Gelernte aus den letzten vier Übungen. Sie erreichen eine bessere Balance und mehr Durchlässigkeit. Das Schlüsselloch ist eine Lektion aus dem Trail. Diese Aufgabe wird rückwärts geritten. Die Übungen 3.6 bis 3.9 sollten sicher beherrscht werden.

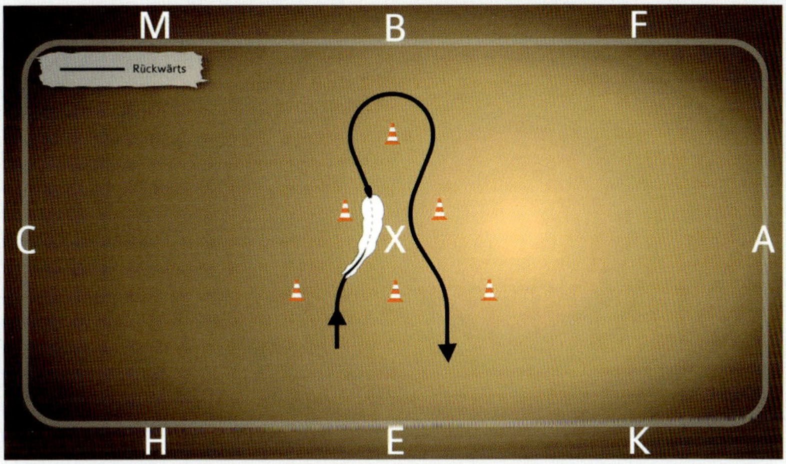

Wie reite ich diese Übung?

Reiten Sie rückwärts durch das Schlüsselloch. Die Linien, die Sie rückwärts reiten, sollten sich nicht berühren. Das Pferd soll lernen, auf Gewichtshilfen zu reagieren (siehe auch Übungen 3.8 und 3.9, Hilfengebung und Lerneffekte entsprechen den beiden Übungen). Diese Übung funktioniert dann sehr gut, wenn Sie die vorangegangenen Übungen 3.6, 3.7, 3.9 gut gemeistert haben. Auch hier können verschiedene Probleme auftreten, jedoch wurden die Lösungen dazu schon in den angegebenen Übungen beschrieben.

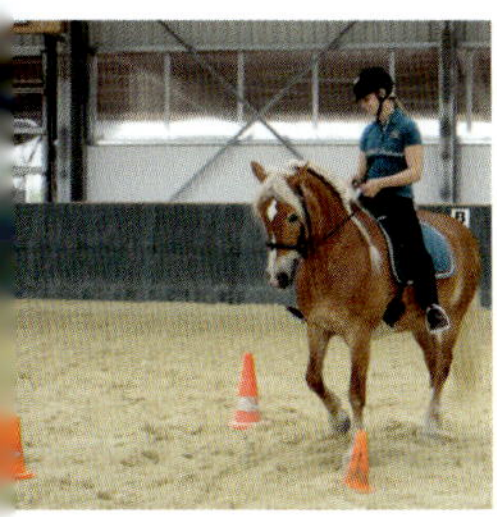

Schauen Sie sich nur um, wenn das Pferd steht – nicht, wenn es rückwärts tritt. Bauen Sie nach jedem Schritt eine Pause ein, bis das Pferd auf Ihre Hilfengebung wartet.

Mein Pferd macht aber …

Mein Pferd tritt immer die Pylone mit den Hinterbeinen um …
Planen Sie den Weg gut. Denken Sie daran, nur die Vorhand zu bewegen (s. Stangen-L). Leiten Sie die Wendung ein, wenn die Pylone auf Höhe der Lende des Pferdes ist. Denken Sie daran, Ihr Pferd korrekt zu biegen.

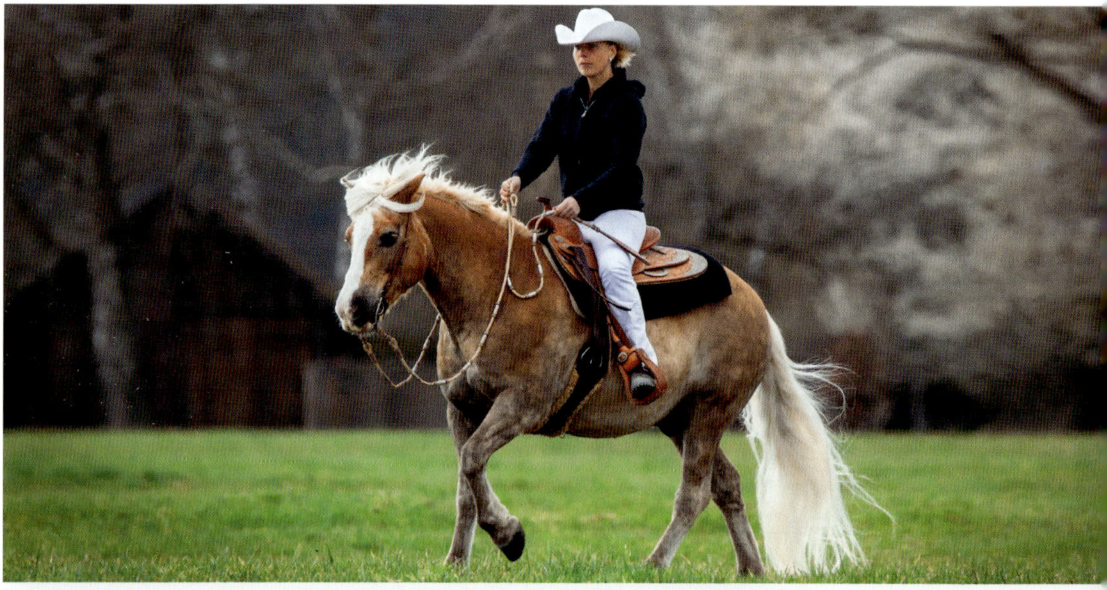

4. Der Takt

Der Takt und die psychische und physische Losgelassenheit des Pferdes stehen in direktem Zusammenhang. Ohne die Losgelassenheit kann das Pferd seinen Takt nicht verbessern. Der Takt sollte gleichmäßig, rhythmisch und raumgreifend sein.

Damit sich der Takt des Pferdes verbessert, hilft es zunächst, das Pferd zu lockern und Verspannungen zu lösen. Dafür eignen sich die ersten beiden Übungen. Lockern Sie zunächst Ihr Pferd am langen Zügel und lassen es seine Lende aufwölben. Die Muskulatur zwischen Schulter und Genickpartie sowie im Lendenbereich ist ausschlaggebend für einen gleichmäßigen Takt und die physische Losgelassenheit des Pferdes. Durch falsches Reiten sind Pferde häufig in diesen Bereichen sehr verspannt.

Für junge – aber auch für ältere Pferde, die noch nicht so weit ausgebildet sind – ist der erste Punkt der Ausbildungsskala sehr wichtig. Erst wenn der Takt in allen Gangarten gleichmäßig ist, kann es weitergehen. Bei jeder Trainingseinheit sollte dem Takt und der Losgelassenheit genügend Zeit eingeräumt werden. Gerade in der Aufwärmphase sollten die Pferde genügend Zeit bekommen, ihre Balance zu finden. Benutzt das Pferd noch die gleiche Strategie wie gestern, um sich auszubalancieren? Fühlt es sich harmonisch an oder gibt es kleine oder größere Blockaden im Körper?

Sie können beispielsweise erkennen, welchen Schulter- oder Beckengürtel Sie stärken sollten. Gehen wir davon aus, Ihr Pferd würde immer auf der rechten Hand leicht nach außen schauen. Der ein oder andere wird nun sagen, dass Sie das Pferd nach innen stellen sollten,

um das zu korrigieren. Mir zeigt es nur, dass der äußere Schultergürtel schwächer ist und das Pferd seine Balancestange – den Hals – einsetzt, um in Balance zu kommen.
Man erkennt ebenfalls gut, welcher Beckengürtel schwächer ist. Das Pferd wird auf dieser Seite das Becken mehr abkippen oder mit diesem Bein weiter nach außen treten. Ein junges Pferd sollte dabei nicht gestört werden. Für ältere Pferde kann das Training dementsprechend gestaltet werden.

Noch ein paar Tipps, um den Takt und den Raumgriff in den Gangarten zu verbessern

Im Schritt

Die Hüfte des Reiters beschreibt im Schritt eine liegende Acht. Somit bewegen sich abwechselnd die linke und die rechte Hüfte nach vorne. Geben Sie nun gleichzeitig und gleichseitig den Zügel nach (z. B.: die linke Hüfte geht vor, gleichzeitig gibt die linke Zügelhand nach – und andersherum). Als Hilfestellung können Sie die Ellenbogen etwas an den Körper nehmen und zunächst am langen Zügel den gesamten Unterarm mit der Hüfte vorschieben. Der Raumgriff verbessert sich, die Schulter des Pferdes wird freier, der Rücken schwingt.

Im Trab

Traben Sie Ihr Pferd in einer Vorwärts-Abwärts-Dehnungshaltung leicht (Achtung: Die Nase darf nicht tiefer als das Buggelenk des Pferdes sein). Regulieren Sie den Takt über das gleichmäßige Aufstehen und Einsitzen. Das Pferd sollte sich Ihrem Rhythmus anpassen. Achten Sie darauf, dass der Oberschenkel und das Knie locker am Sattel sind und sich der Unterschenkel am Pferdebauch befindet. Stehen Sie nur wenig auf und sitzen Sie tief ein, wenn Sie das Pferd ruhig traben wollen. Stehen Sie energischer auf, wenn das Pferd schneller werden soll. Auf einer gebogenen Linie können Sie gerne auf dem falschen Fuß leichttraben, um das innere Hinterbein im richtigen Moment zu unterstützen.

Im Galopp

Damit ein korrekter, gleichmäßiger Galopp zustandekommt, sitzt der Reiter bei jedem Sprung an den äußeren Zügel heran. Das bedeutet: Die Hüfte des Reiters wird durch die Bewegung des Pferdes nach vorne geschoben, dabei verkürzt sich der Abstand von der Hüfte zur äußeren Hand des Reiters. Zeitgleich treibt der innere Schenkel mit und der innere Zügel gibt nach. Auf diese Weise öffnet sich die Innenseite und gibt dem Pferd Platz, mit seiner inneren Schulter vorwärts-aufwärts zu springen und die Einbeinstütze am äußeren Hinterbein verlängert sich. Lesen Sie dazu auch den Exkurs »Halbe Parade und ganze Parade«.
Bei Westernpferden hilft der äußere Schenkel zusätzlich zum annehmenden äußeren Zügel, um später das Pferd auch ohne Zügeleinwirkung setzen zu können.

4.1 Am langen Zügel

Was lernt das Pferd?
Das Pferd lernt, sich selbst zu tragen, sich auszubalancieren und Vertrauen zur Reiterhand zu bekommen, die korrekte Rückenmuskulatur zu trainieren und fein auf die Hilfen zu reagieren.

Was lernt der Reiter?
Der Reiter lernt zügelunabhängiges Reiten. Er lernt zudem, mit Gewicht, Schenkel und feinen Zügelhilfen zu reiten, zu planen und vorauszuschauen. Er erlebt durch diese Übung, wie sich ein locker getragener und somit gut zu sitzender Rücken eines Pferdes anfühlt.

Eine zu starke Zügeleinwirkung und ein festgehaltener Rücken können das Pferd in seinem Takt stören. Mit dieser Übung soll das Pferd lernen, sich zu entspannen und seinen Takt in einer Vorwärts-Abwärts-Dehnungshaltung und später in einer Selbsthaltung zu finden. Voraussetzung für diese Übung ist ein korrekter Sitz. Blättern Sie dazu noch einmal vor zum ersten Kapitel.

Wie reite ich diese Übung?

Reiten Sie Ihr Pferd am losen Zügel in allen drei Gangarten auf der ganzen Bahn und dem Zirkel. Sobald der Takt Ihres Pferdes ungewollt schneller wird, reiten Sie es auf mehrere Volten. Treiben Sie dabei deutlich und sitzen Sie im Trab tief in den Sattel ein. Treiben Sie Ihr Pferd im Rhythmus mit. Sie helfen Ihrem Pferd damit, losgelassen zu laufen, da die Hinterhand aktiv mit tritt und der Rücken zum Schwingen kommt. Das Mittreiben bei schnellen Pferden ist sehr wichtig, dadurch werden die Pferde wieder ruhiger. Halten Sie Ihren Oberkörper gerade und bleiben Sie locker und ausbalanciert. Lassen Sie sich tragen, ohne zu blockieren.
Bei dieser Übung ist der seitwärtsweisende Zügel wesentlich.

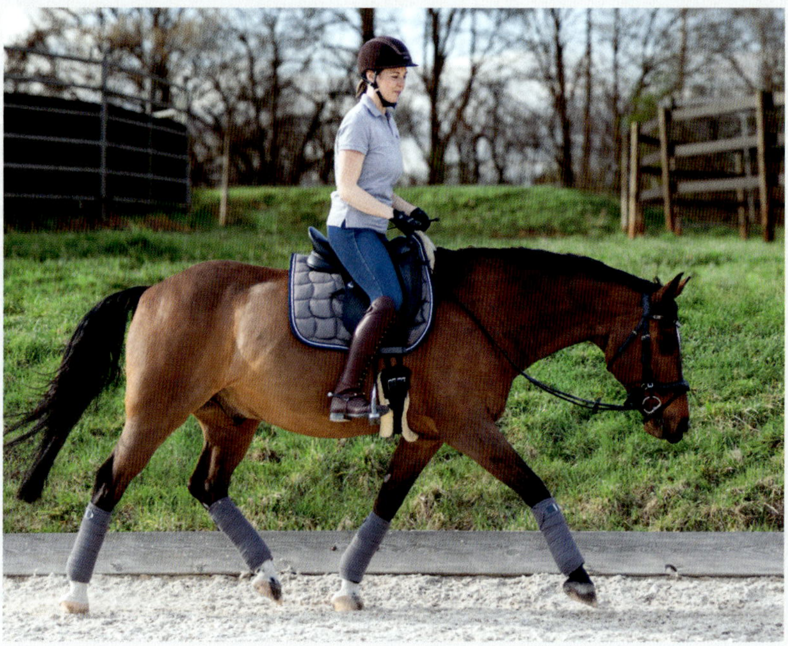

Auch wenn Ihr Pferd schon schnell ist, sollten Sie bei dieser Übung trotzdem treiben, damit auch eilige Pferde ihre Rumpfmuskulatur einsetzen.

Wichtig ▶

Halten Sie beim Abwenden Ihre innere Schulter oben und stellen Sie sich vor, Sie wollten jemandem eine Blumenvase überreichen. Planen und blicken Sie immer eine viertel bis halbe Runde voraus. Lassen Sie Ihren Sitz durch einen Fachmann schulen.

Schwingen Sie locker im Schritt und Galopp mit, traben Sie am Anfang leicht. Ihr Pferd braucht einen ausbalancierten, nicht störenden Reiter, der deutlich mit Gewichts- und Schenkelhilfen lenkt.

Mein Pferd macht aber ...

Mein Pferd rennt unkontrolliert ...

Wenden Sie Ihr Pferd mit seitwärtsweisender Zügelhilfe (und Schenkel- und Gewichtshilfe) auf eine gebogene Linie ab. Reiten Sie es dort so lange, bis es sich beruhigt hat (die Aufdehnung der äußeren Rückenmuskulatur des Pferdes beruhigt das Pferd), und parieren Sie durch.

Ich bekomme im Galopp Angst ...

Suchen Sie sich einen Helfer, der Sie an die Longe nimmt. Verlängern Sie langsam die Zügel. Ihr Helfer sollte jedoch nicht treiben oder gar an der Longe ziehen. Allein durch Ihr Treiben wird das Pferd angenehmer zu sitzen sein und auch ruhiger werden. Reiten Sie diese Übung mindestens über einen Zeitraum von vier Wochen, ohne eine andere Übung mit anstehenden Zügeln zu wählen. Sie werden sehen, wie fein sich Ihr Pferd danach reiten lässt und wie wunderschön eine feine Kommunikation zwischen Mensch und Pferd sein kann. Auch Ihre Ausbinder können Sie danach einmotten. Nach dieser langen Übungsphase werden Sie diese nicht mehr benötigen, da Ihr Pferd selbst in die Anlehnung kommen wird.

4.2 Aufwölben der Lende

Was brauche ich?
Eine Begrenzung oder einen Reitplatzzaun. Sie können auch 1–2 Stangen als Begrenzung auf den Reitplatz legen.

Was lernt das Pferd?
Aufwölben der Lende. Untertreten unter den Schwerpunkt. Erweiterung der Schritte, Tritte, Sprünge. Vermehrten Schenkelgehorsam. Die Rückenmuskulatur korrekt einzusetzen.

Was lernt der Reiter?
Gefühl für raumgreifenden, schreitenden Schritt, fleißigen Trab und raumgreifenden Galopp.

Viele Pferde laufen gerne ohne eine korrekte Verwendung der Muskelketten. Die Beine bewegen sich und die Rumpfmuskulatur hat Pause. Solche Pferde bezeichnet man als Schenkelgänger. Leider sieht man das immer noch sehr häufig. Auch Lendenprobleme sind immer noch gang und gäbe. Überprüfen Sie mit dieser Übung die Lende Ihres Pferdes. Am besten ist es, wenn Sie die Übung im täglichen Training auf jeder Hand einmal einsetzen. Dadurch stellen Sie sicher, dass Ihr Pferd seine Lendenmuskulatur und damit verbunden die Muskelketten korrekt benutzt. Durch diese Übung wird der Schritt Ihres Pferdes deutlich raumgreifender, da es beginnt, die Lende aufzuwölben, Verspannungen lösen sich und die Anlehnung verbessert sich.

Wie reite ich diese Übung?

Reiten Sie auf der linken Hand im Schritt in einem 80-Grad-Winkel zur Bande/Begrenzung seitwärts. Ihr Pferd ist dabei nicht gestellt. Sitzen Sie gerade und richten Sie Ihren Blick zur Bande/Begrenzung.
Die Zügel sind gleichmäßig locker angenommen. Das Gewicht liegt auf beiden Gesäßknochen. Der rechte Schenkel treibt am Gurt, der linke liegt verwahrend an. Sobald das Pferd den Hilfen gehorcht, den Hals fallen lässt und deutlich mehrmals unter den Schwerpunkt tritt, beenden Sie die Übung, indem Sie auf der linken Hand weiterreiten (ganze Bahn am langen Zügel, in beliebiger Gangart). Dabei ist der erste Schritt wichtig! Hier sollte unbedingt der Reiter mit dem inneren Schenkel das Pferd animieren, aktiv vorwärtszutreten, sonst ist der Effekt kaum spürbar.

Natürlich können Sie diese Übung ohne Bande oder Stange üben. Auch ein Schenkelweichen an der Bande oder wie beim Viereckverkleinern und -vergrößern hilft, die Lende zu lockern und das hintere Bewegungszentrum abkippen zu lassen, doch für den Anfang ist es mit einer deutlichen Begrenzung einfacher für Pferd und Reiter. Der Zügel sollte nicht rückwärts wirken oder das Pferd in irgendeiner Form einschränken. Läuft das Pferd ohne Begrenzung nach vorne weg und geht aus der Übung raus, muss zwangsläufig der Zügel angenommen werden, was die Lende absinken lässt und das Bewegungszentrum hinten blockiert. Für einen besseren und schnelleren Lerneffekt ist die Bande oder später auch die Stange wichtig.

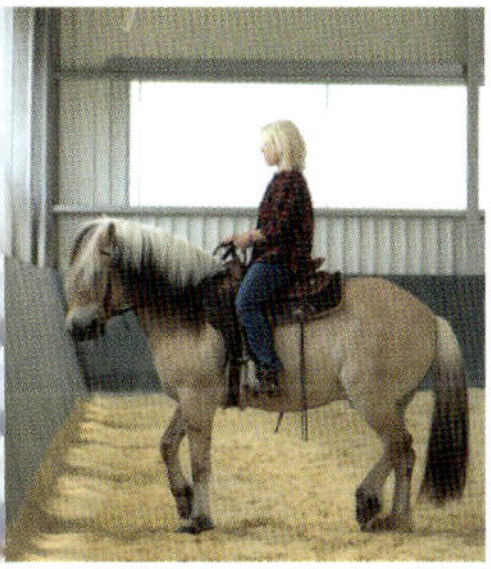

Die Hinterhand von Daleo senkt sich bei dieser Übung deutlich ab und die Lendenmuskulatur wölbt sich auf.

Tipp ▶

Reiten Sie diese Übung langsam. Die Übung ist dann korrekt ausgeführt, wenn das Pferd mit der Hinterhand deutlich unter den Schwerpunkt tritt. Motivieren Sie Ihr Pferd nach einem guten Seitwärtstritt mit einem tollen Lob. Machen Sie dem Pferd bei dieser Übung keinen Stress.

Trainieren Sie die Übung erst ohne Begrenzung, wenn das Pferd keine Verspannungen mehr aufweist und es fein auf die Reiterhilfen reagiert, ohne nach vorne auszubrechen.

Mein Pferd macht aber ...

Mein Pferd bricht über die Schulter aus ...

Nehmen Sie den linken Zügel etwas mehr an, um das Pferd zu begrenzen. Damit Vor- und Hinterhand wieder in eine Spur kommen, legen Sie beide Schenkel verwahrend an.

Mein Pferd dreht die Hüfte ein und will umdrehen ...

Treiben Sie vermehrt mit dem rechten Schenkel. Behindern Sie es nicht mit dem Zügel.

Mein Pferd weicht rückwärts aus ...

Machen Sie dem Pferd begreiflich, dass sowohl Bande/Begrenzung als auch der Reiterschenkel nichts Gefährliches sind. Reiten Sie die Übung erneut und bleiben Sie ruhig. Gelingt es noch nicht, wiederholen Sie die Übung vom Boden aus.

Mein Pferd eilt davon ...

Bringen Sie wieder Ruhe in die Übung. Beginnen Sie von vorn und arbeiten Sie Schritt für Schritt.

Ich spüre keinen Unterschied ...

Entweder hatte Ihr Pferd schon vor der Übung die Lendenmuskulatur aufgewölbt oder die Übung war nicht korrekt geritten. Beenden Sie die Übung erst, wenn das Pferd seinen Hals fallen lässt. Treiben Sie dann mit dem inneren Schenkel vermehrt mit. Sie spüren immer noch nichts? Kann es sein, dass Sie sich erst für den Bewegungsablaufes Ihres Pferdes sensibilisieren müssen? Nehmen Sie sich einen Fachmann mit in die Bahn, der Ihnen bestätigt, wann die Lende aufgewölbt ist und wann abgesenkt. So lernen Sie den feinen Unterschied.

4.3 Mit Schrittstangen den Takt verbessern

Was lernt das Pferd?
Das Pferd lernt das Zusammenspiel seiner Muskelketten und kommt dadurch zu einem gleichmäßigen Takt.

Was lernt der Reiter?
Der Reiter schult sein Gefühl für den richtigen Takt und spürt, wie sich das Pferd anfühlt, wenn es seine Muskelgruppen korrekt einsetzt.

Abstände
Dressur: Im Schritt ca. 0,60–0,80 m. (Bei Ponys entsprechend weniger.)
Western: Im Schritt ca. 0,40–0,60 m. (Messen Sie die Abstände immer in der Mitte der Stange.)

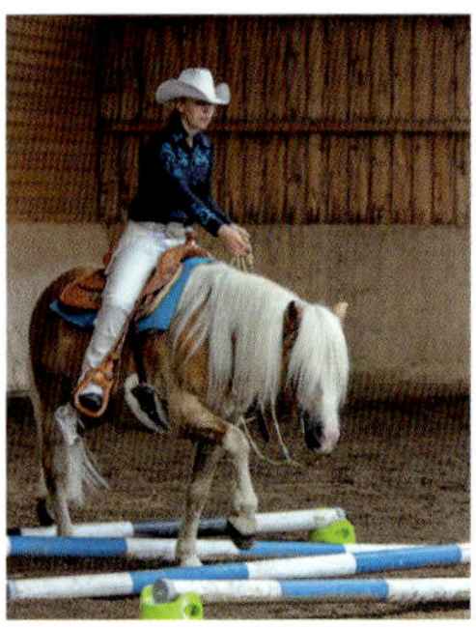

Durch das Erhöhen der Stangen werden der Schwierigkeitsgrad erhöht und Konzentration sowie Trittsicherheit gefördert. Beim Westernreiten sollte die Erhöhung maximal 0,30 m betragen und dabei ein Abstand von mindestens 0,55 m gewählt werden.

Mit Stangenarbeit lässt sich der Takt des Pferdes verbessern. Legen Sie die Stangen in einem für das Pferd passenden Abstand auf die Zirkellinie. Diese Übung ist auf Schrittstangen ausgelegt, kann aber auf Trab- und Galoppstangen angepasst werden.
Einen guten oder sehr guten Schritt erkennt man an einer durch den Pferdekörper fließenden Bewegung und einem gleichzeitig erhaltenen Fleiß. Wichtig sind dabei die Schulterfreiheit und der vom Tempo abhängige Raumgriff. Das Pferd sollte deutlich mit den Hinterbeinen über die Spuren der Vorderbeine fußen, dies ist jedoch vom Körperbau des Pferdes abhängig. Fehlerhafte Reiterhilfen, fehlende Losgelassenheit und ein festgehaltener Rücken sind häufig Ursache für Taktstörungen. Auch Verspannungen oder die deutliche Schiefe des Pferdes können zu ungleichmäßigen Schritten führen. (Weitere Übungen mit Stangen zum Training der Muskelketten finden Sie in dem Buch: Stangen-Workout für Dressurreiter.)
Wichtig hierbei ist ein Ausschluss der fehlerhaften Reiterhilfen. Mithilfe der Schrittstangen können Pferde Verspannungen lösen, fleißiges und raumgreifendes Schreiten und die verschiedenen Tempi (Mittelschritt, starker Schritt und versammelter Schritt) trainieren. Stören Sie Ihr Pferd so wenig wie möglich und versuchen Sie, elastisch in der Mittelpositur zu werden. Lassen Sie die Zügel im Schritt so lang wie möglich, damit das Pferd frei schreiten kann.

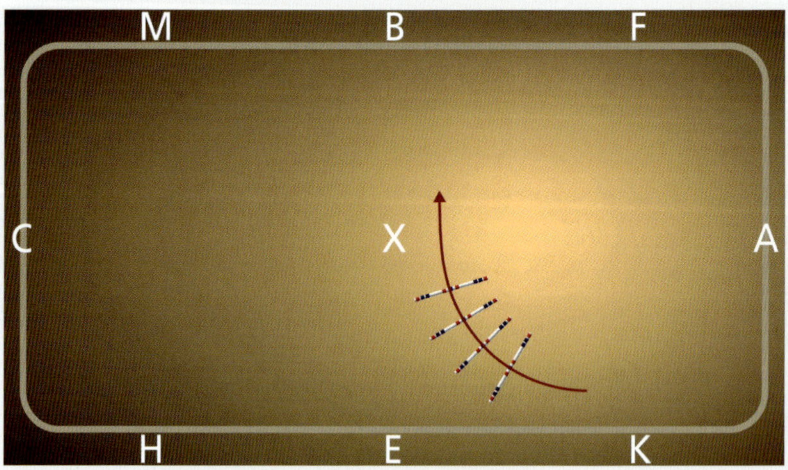

Tipp ▸

Um den korrekten Abstand zu bestimmen, kann ein Helfer diesen mit einem Meterstab ausmessen. Rechen Sie einen kleinen Abschnitt der Halle. Reiten Sie mit Ihrem Pferd in der gewählten Gangart über diese Stelle. Nun misst Ihr Helfer den Abstand zwischen den Hufabdrücken. Wenn für Sie der Schrittfächer noch zu schwer erscheint, können Sie auch die Stangen zunächst auf eine gerade Linie legen.

Wie reite ich diese Übung?

Reiten Sie in der gewählten Gangart auf dem Zirkel und über die Stangen. Das Pferd sollte vor und nach den Stangen den Takt gleichmäßig beibehalten.

Mein Pferd macht aber ...

Mein Pferd fällt nach innen ...

Die innere Muskulatur Ihres Pferdes hat Schwierigkeiten, sich aufzudehnen. Fällt es auf der anderen Hand nach außen, liegt es an der natürlichen Schiefe des Pferdes. Treiben Sie vermehrt mit dem inneren Schenkel mit und erhöhen Sie die Stangen innen.
Fällt Ihr Pferd auf beiden Händen nach innen, hat es vermutlich nicht gelernt, sich korrekt zu biegen oder es hat deutliche Verspannungen. Ziehen Sie zur Abklärung am besten einen Reitlehrer hinzu. Wechseln Sie zunächst zur Übung 2.6, um die korrekte Biegung zu erlernen, bevor Sie mit den Stangen weiter trainieren.

Häufige Fehler

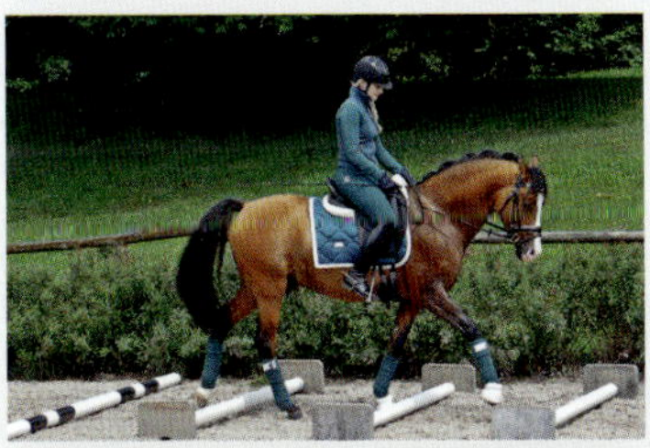

Sind die Abstände zu weit, tritt das Pferd mit zwei Beinen zwischen die Stangen.

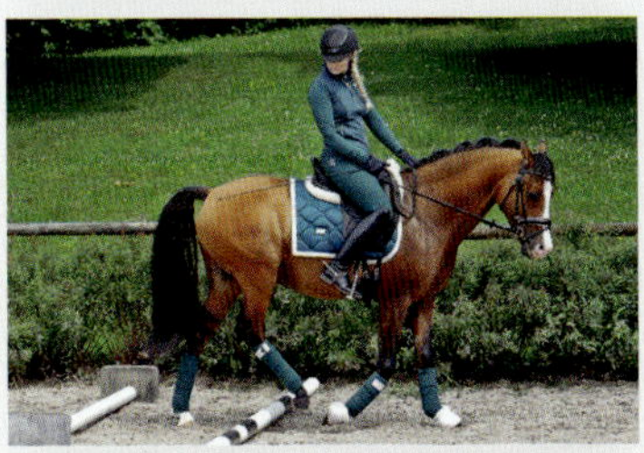

Schauen Sie immer voraus! Auf diesem Bild sieht man deutlich, wie sich der Sitz beim Umschauen verschiebt. Dies kann dazu führen, dass das Pferd an der letzten Stange mit den Hinterbeinen hängen bleibt oder anstößt.

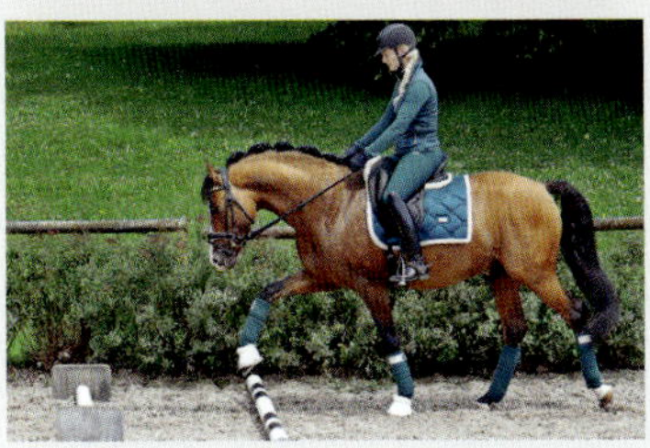

Der Abstand zur ersten Stange ist zu weit gewählt, somit wird das Pferd auch bei den folgenden Stangen in der Reihe Schwierigkeiten bekommen. Hier hilft entweder, eine andere Linie beim Anreiten zu wählen oder ein Zwischenschritt vor der ersten Stange einzubauen.

4.4 In drei Schritten zum durchlässigen Trab

Was brauche ich?
6 Pylonen

Aufbau
Stellen Sie die Pylonen wie in der Skizze dargestellt in die Reitbahn. Je enger die Pylonen stehen, desto leichter wird Teil 3.

Bei dieser Übung werden gebogene und gerade Linien kombiniert. Die Übung ist in 3 Teilschritte untergliedert. Sie verbessert die Biegung, das Geradeausreiten und die Seitwärtsbewegung. Zudem wird der Trab geschult und das Pferd wird nach der Ausführung durchlässiger sein. Die Übung ist gar nicht so schwer! Sie sollten allerdings das Schenkelweichen schon beherrschen.

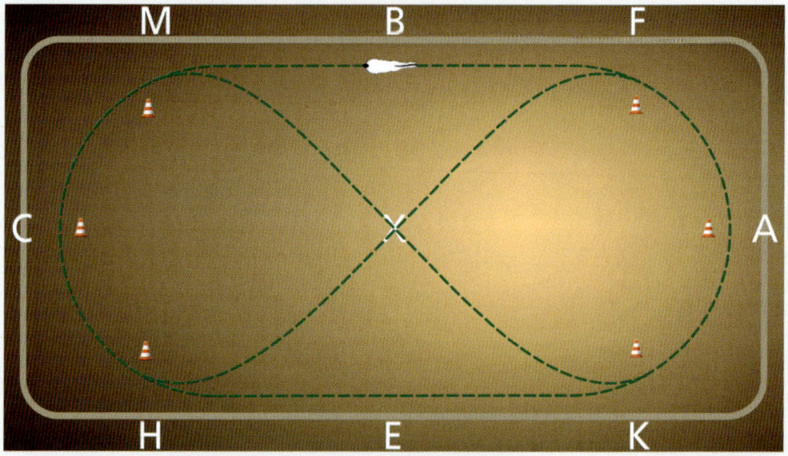

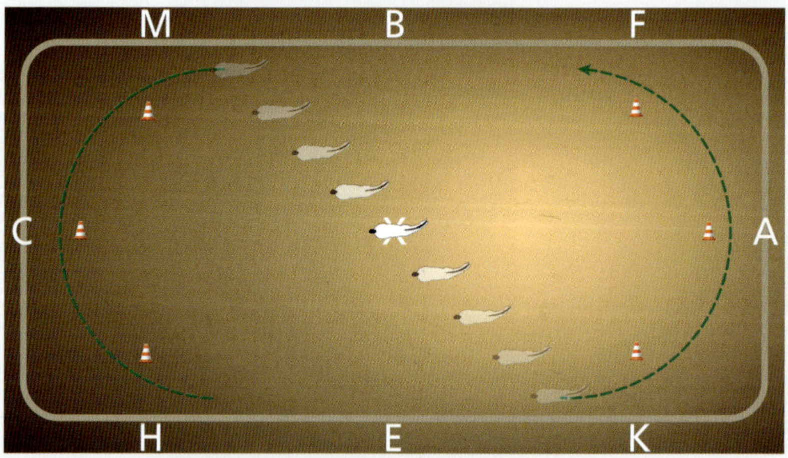

Die Hilfengebung für das Schenkelweichen

Schenkelweichen nach rechts: Das Gewicht: Die Sitzbeinhöcker belasten je nach Reitweise entweder innen (links) oder beidseitig.

Was lernt das Pferd?
Das Pferd wird durch die Übungen lockerer, was zur Verbesserung seines Trabs führt. Durch die ständigen Handwechsel werden beide Körperhälften gymnastiziert. Durch den Wechsel von geraden und gebogenen Linien werden die Muskeln des Pferdes gleichmäßig beansprucht. Das Schenkelweichen im 3. Teilschritt hilft dem Pferd, die Lendenmuskulatur zu entspannen und durch das aktive Untertreten der Hinterhand kann sich auch die Vorhand heben.

Was lernt der Reiter?
Der Reiter lernt zunächst, den Wechsel der verschiedenen Hilfen anzuwenden, kann Verspannungen im Pferdekörper erspüren und mit der Übung auch teilweise beheben. Er lernt, wie sich der Weg zu mehr Losgelassenheit anfühlt, sowie den Unterschied zwischen einem normalen und einem durchlässigen Trab. Vorausgesetzt, die Übung wird korrekt und ohne zu viel Zügeleinwirkung geritten.

Der innere (linke) Schenkel treibt mittig seitwärts. Der äußere (rechte) Schenkel liegt verwahrend (begrenzend). Der innere (linke) Zügel stellt und der äußere (rechte) begrenzt das Pferd.
Das Schenkelweichen nach links verläuft dementsprechend andersherum. Beginnen Sie immer in kleinen Schritten. Zuerst sollte die Basis stimmen!

Wie reite ich diese Übung?

1. Teilschritt
Sie reiten auf dem 4. Hufschlag (ca. 1 m außen an den Pylonen entlang). Achten Sie darauf, dass das Pferd in der Wendung korrekt gebogen ist. Schauen Sie immer eine Viertel-Runde voraus. Nun wenden Sie auf die Gerade ab und halten das Pferd zwischen den Hilfen. Helfen Sie dem Pferd, gerade zu traben. Blicken Sie durch die Pferdeohren durch und fixieren Sie einen Punkt am Ende der Halle oder des Reitplatzes. Dieser Punkt (eine Holzlatte, ein Baum oder ein Koppelzaun) sollte sich ca. 1 m neben der Pylone auf Augenhöhe befinden. So reiten Sie nun Runde um Runde und verbessern dabei die Biegung und das Geradeausreiten. Sobald die Übung gut funktioniert, sollten Sie diese Übung auch auf der anderen Hand probieren, bevor Sie zum nächsten Teilschritt gehen.

2. Teilschritt
Reiten Sie auf dem 4. Hufschlag außen an den Pylonen entlang. Achten Sie darauf, dass Ihr Pferd in der Wendung korrekt gebogen ist. Schauen Sie immer eine Viertel-Runde voraus. Nun wenden Sie auf die Diagonale ab. Halten Sie Ihr Pferd zwischen den Hilfen und helfen Sie ihm, gerade zu traben. Blicken Sie durch die Pferdeohren durch und fixieren Sie etwas am Ende der Halle oder des Reitplatzes, was sich ca. 1 m neben der neuen Pylone auf Augenhöhe befindet. Wechseln Sie immer wieder die Hand mit der Hufschlagfigur »durch die ganze Bahn wechseln«.

3. Teilschritt
Sie reiten wieder auf dem 4. Hufschlag außen an den Pylonen entlang. Sobald Sie die gebogene Linie beendet haben, treiben Sie Ihr Pferd ins Schenkelweichen auf die Diagonale. Fixieren Sie wieder Ihren Punkt am Ende der Halle oder des Reitplatzes.

Marianna hilft Amigo mit einem seitwärtsweisenden Zügel.

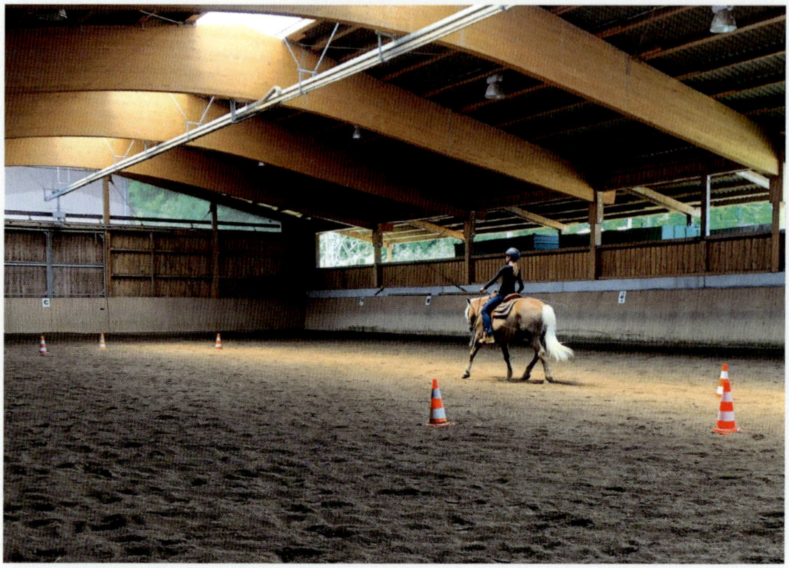

Mein Pferd macht aber …

Mein Pferd fällt auf der gebogenen Linie nach innen …

Ist das Pferd zu stark gestellt? Der innere Zügel sollte weich und wie eine Feder benutzt werden. Oder treibt der innere Schenkel nicht genügend mit, um der natürlichen Schiefe Ihres Pferdes entgegenzuwirken? Lesen Sie nochmal die Abschnitte zur Hilfengebung durch und analysieren Sie Ihre Situation.

Mein Pferd driftet auf der gebogenen Linie nach außen ab …

Fehlt hier vielleicht der äußere Zügel? Oder besser gesagt die äußere Begrenzung der Hilfen? Stellen Sie sicher, dass Sie mit allen Hilfen reiten und nicht plötzlich eine vergessen.

Mein Pferd verlässt die gerade Linie und driftet nach links oder rechts …

Rahmen Sie Ihr Pferd mit beiden Schenkeln und beiden Zügeln (fein!) ein. Seien Sie sich sicher, dass Sie gerade sitzen und keine Sitzfehler dafür verantwortlich sind. Ein Helfer, Reitlehrer oder auch der Reithallen-Spiegel können in diesem Fall unterstützen. Driftet das Pferd immer in dieselbe Richtung, kann eine Schiefe im Pferd oder im Körper des Reiters dafür verantwortlich sein. Dazu sollten Sie einen Fachmann befragen.

4.5 Unkonventionell, aber effektiv

Tipp ▶

Helfen Sie Ihrem Pferd nicht zu viel beim Reiten einer korrekten Kehrtvolte. Lassen Sie das Pferd lernen und erkennen, dass seine Hinterhand zum Wendezeitpunkt nicht korrekt war, indem Sie es nicht »babysitten«.

Was lernt das Pferd?

Das Pferd lernt, seine Hinterhand aktiv zu halten, seine Vorhand zu heben. Die ventrale und dorsale Muskelkette des Pferdes arbeiten zusammen. Takt, Losgelassenheit und die Oberlinie des Pferdes verbessern sich. Es lernt, selbstständig eine neue Strategie zu entwickeln, um besser um die Kurve zu kommen. Nach und nach probiert es verschiedene Strategien aus, bis es die richtige gefunden hat. Sobald alle Muskeln korrekt zusammenarbeiten, bekommt das Pferd sein Lob für die korrekte Strategie, indem es geradeaus gehen kann. Das Pferd entwickelt durch diese Übung mehr Selbstvertrauen und neue Ideen, um mit ungewöhnlichen Situationen besser umgehen zu können.

Obwohl man häufig den Eindruck hat, dass das Pferd im Takt läuft, fehlt ihm eine aktive Hinterhand, damit alle Muskelketten korrekt arbeiten können. Um dies zu trainieren, kann diese Übung sehr hilfreich sein. Der Reiter soll zudem ein Gefühl dafür bekommen.

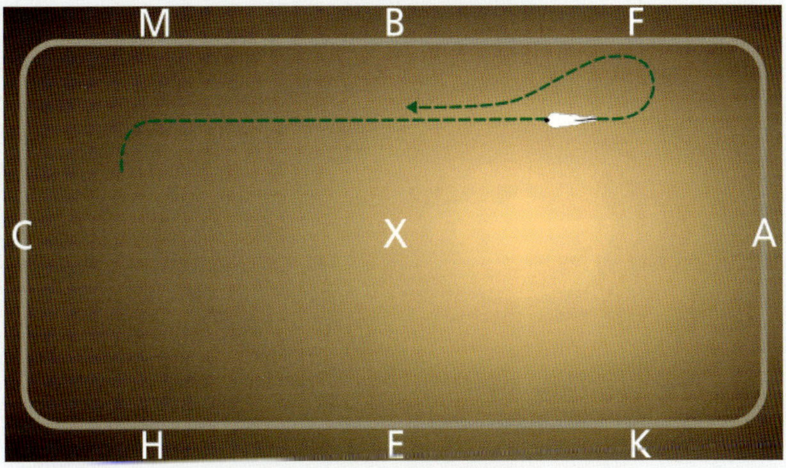

Wie reite ich diese Übung?

Reiten Sie auf dem 3. oder 4. Hufschlag im Trab. Lassen Sie Ihr Pferd am lockeren Zügel traben. Sobald der Takt verloren geht oder das Pferd nach außen oder innen schwankt bzw. auf eine Schulter fällt, wenden Sie es nach außen ab. Reiten Sie dabei eine Kehrtvolte nach außen und kommen wieder auf den 3. oder 4. Hufschlag zurück. Diesmal befinden Sie sich auf der anderen Hand.

Mein Pferd macht aber ...

Mein Pferd bleibt an der Wand stehen ...

Wählen Sie etwas mehr Abstand zur Bande, bevor Sie abwenden. Achten Sie auf das Mittreiben des inneren Schenkels. Wiederholen Sie die Übung bis der Takt auf der Geraden und in der Kehrtvolte gleichbleibt.

Mein Pferd galoppiert an ...

Parieren Sie Ihr Pferd in Ruhe durch und wiederholen Sie die Übung. Ihr Pferd hatte vor der Kehrtvolte eine inaktive Hinterhand und

Nach der Wendung ist die Hinterhand aktiv und die Vorhand hebt sich. Somit verbessern sich der Takt und die Durchlässigkeit des Pferdes.

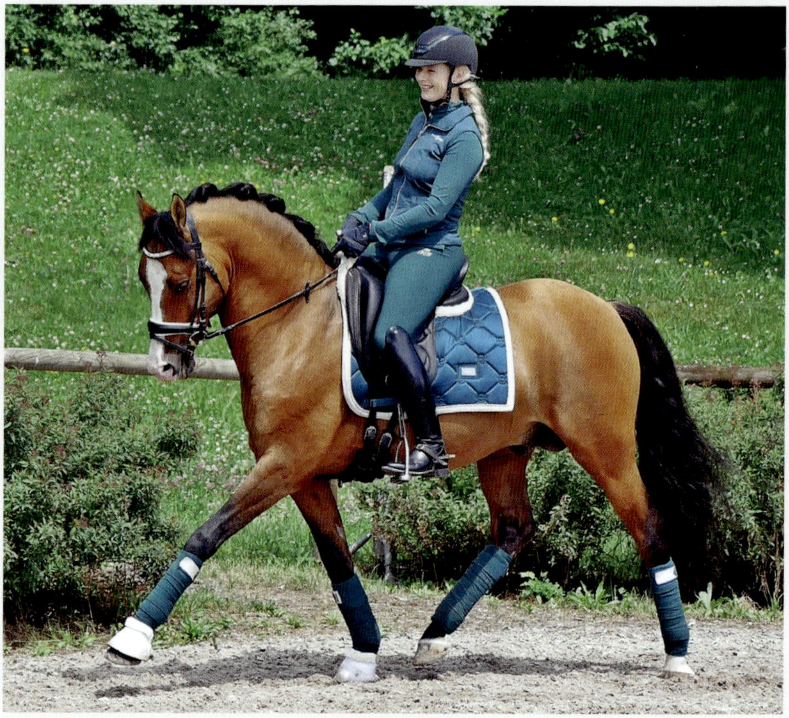

Was lernt der Reiter?
Der Reiter lernt zu erspüren, wann das Pferd korrekt läuft und die Muskelketten perfekt miteinander arbeiten. Die Kehrtvolte ist erst dann angenehm für den Reiter, wenn zuvor alle Muskeln des Pferdes korrekt zusammengearbeitet haben, die Hinterhand aktiv ist, das Brustbein sich angehoben hat und die Bauchmuskulatur die Rückenmuskeln entlastet. Nach der Wendung ist die Hinterhand aktiv und die Vorhand hebt sich. Somit verbessern sich Takt und Durchlässigkeit des Pferdes.

möchte durch den Galopp Schwung holen. Oder Ihr äußerer Schenkel ist zu weit nach hinten gewandert und hat unbeabsichtigt eine Galopphilfe gegeben.

Mein Pferd macht es nicht korrekt. Ich habe das Gefühl, ich muss ständig abwenden und kann nicht geradeaus reiten …
Verlieren Sie nicht die Geduld! Es kann am Anfang sehr lange dauern, bis Ihr Pferd die korrekten Muskeln verwendet, sein altes Gangmuster aufgibt und eine neue Strategie entdeckt. Bleiben Sie dran und vertrauen Sie Ihrem Pferd, dass es selbst auf die neue und damit korrekte Idee kommt.

4.6 Wie auf Schienen

Was brauche ich?
14 Pylonen

Aufbau
Stellen Sie wie in der Skizze gezeichnet 8 Pylonen auf den 2. Hufschlag und 6 außen neben den 1. Hufschlag auf dem Mittelzirkel auf.

Was lernt das Pferd?
Das Pferd lernt, zwischen den Hilfen des Reiters zu bleiben, auch wenn die Balancestange (der Hals) nicht in die Bewegungsrichtung gestellt ist. Somit verbessern sich die Balance, die Linienführung und die Rumpfstabilität.

Was lernt der Reiter?
Der Reiter lernt, sein Pferd korrekt einzurahmen. Er spürt die Balance-Schwierigkeiten und arbeitet daran, sie zu beheben.

Mit dieser Übung stärken Sie die Balance des Pferdes, verbessern die Linienführung sowie den Takt. Sie lernen, Ihr Pferd korrekt einzurahmen. Viele Reiter kennen das: Die Diagonale ähnelt einer Schlangenlinie, der Zirkel sieht aus wie ein überdimensionierter Kürbis und die Volten werden Eier. Meistens ist das kein Problem, doch irgendwann wird es eins. Zum Beispiel bei Übungen mit Stangen, die leider dann doch nicht mehr auf der geplanten Linie liegen. Oder in einer Turnierprüfung, bei der der lustige Kürbis nicht so gut abschneidet. Mit dieser Übung wird der Zirkel rund und die Gerade wird gerade.

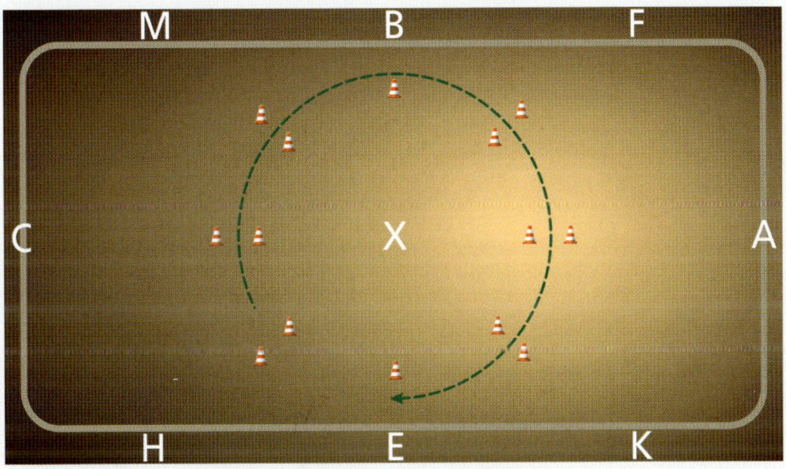

Wie reite ich diese Übung?

Reiten Sie in allen Gangarten auf dem Mittelzirkel durch die Pylonen-Tore. Achten Sie auf einen gleichmäßigen Abstand innen und außen zu den Pylonen. Schwankt Ihr Pferd nach innen, sollten Sie mit dem inneren Schenkel das Pferd vermehrt einrahmen (den Bauch nach außen schieben). Wird der Zirkel etwas größer und die äußeren Pylonen kommen Ihnen immer näher, sollten Sie Ihr Pferd außen mehr einrahmen. Im 2. Teil dieser Übung stellen Sie Ihr Pferd nach außen. Achten Sie dabei auf eine weit ausgestreckte Zügelhand, da sich sonst das Genick des Pferdes verkantet. Denken Sie an den Handwechsel.

Tipp ▸

Stellen Sie sich vor, Ihre Schenkel und Zügel wären Schienen und Ihr Pferd ein Zug, wobei die Lok von hinten anschiebt. Die Waggons werden nicht plötzlich nach außen oder innen schwanken, sondern den Schienen folgen.

Mein Pferd macht aber ...

Ständig schwanken wir von einer Pylone zur anderen ...

Stellen Sie sicher, dass Ihre Hilfen der momentanen Situation angepasst gegeben werden. Sie sollten nicht so »stark« sein, dass Sie von links nach rechts schwanken. Benutzen Sie immer alle Hilfen. Je früher Sie merken, wann Ihr Pferd von der »Schiene« abkommt, desto schneller und feiner können Sie reagieren. Warten Sie nicht, bis das Pferd mit den Pylonen kollidiert.

Auf dem Zirkel mit den Pylonen funktioniert es gut, aber sonst nicht ...

Stellen Sie ruhig die Pylonen auf den verschiedenen Hufschlagfiguren auf. Zu Beginn helfen diese visuellen Unterstützer, jedoch sollten Sie sich nicht nur an ihnen orientieren. Rahmen Sie Ihr Pferd ein, sodass Sie ohne Pylonen und ohne Bandenanlehnung auf der Linie bleiben können.

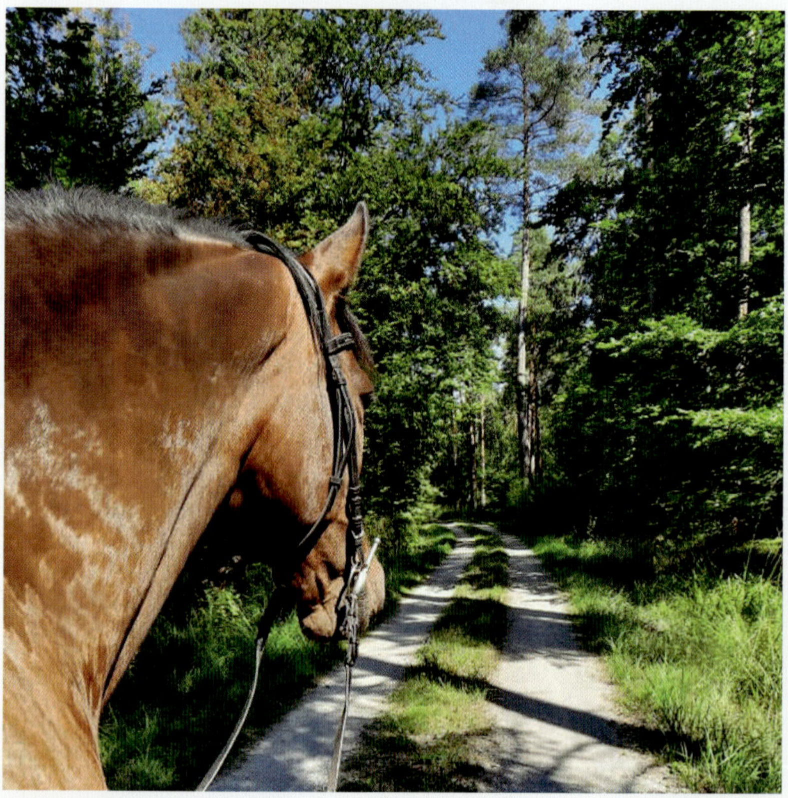

Diese Übung können Sie auch im Gelände trainieren. Die Wege bieten Ihnen visuelle Hilfestellung aufgrund ihrer unterschiedlichen Bodenverhältnisse.

4.7 Angaloppieren aus der Volte

Was brauche ich?
1 Pylone

Aufbau
Eine Pylone steht etwa zwischen X und dem Zirkelpunkt.

Was lernt das Pferd?
Gesetztes Anspringen in den Galopp auf der richtigen Hand. Das Losstürmen in den Galopp wird verhindert. Das Pferd erhält die richtige Biegung für den Galopp. Stürmische Pferde lernen, sich auf gebogenen Linien zu konzentrieren.

Was lernt der Reiter?
Hilfestellung für das richtige Angaloppieren. Verfeinerung der Hilfengebung. Der Reiter lernt, den richtigen Zeitpunkt zu spüren und kann auf der Volte das Pferd in Ruhe vorbereiten.

Diese Übung eignet sich für Pferde, die Schwierigkeiten beim Angaloppieren haben, die falsch anspringen (z. B. auf der rechten Hand im Linksgalopp anspringen) oder die in den Galopp hineinrennen. Gesetztes und harmonisches Anspringen auf der richtigen Hand wird trainiert.

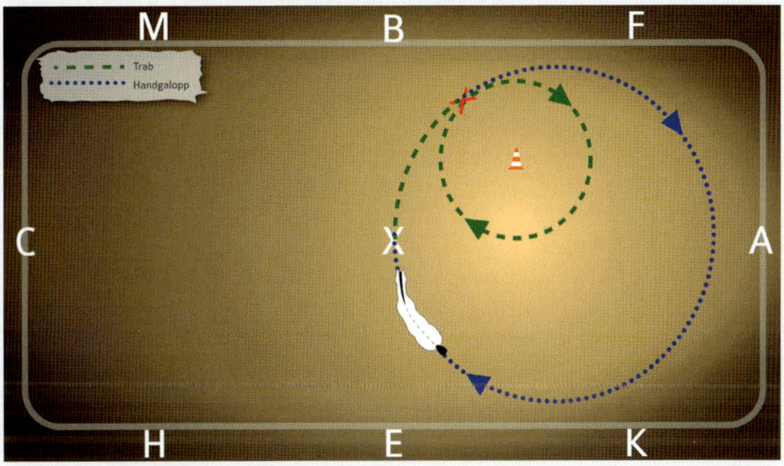

Wie reite ich diese Übung?

Reiten Sie im Trab eine Volte um die Pylone. Wiederholen Sie die Volte so lange, bis das Pferd ruhig und gelassen trabt. Geben Sie dann auf der Höhe zwischen B und der Pylone (Skizze) die Hilfen zum Galopp und galoppieren Sie auf dem Zirkel weiter.

Mein Pferd macht aber ...

Das Pferd springt im Außengalopp an ...

Achten Sie darauf, dass Sie Ihr Pferd nicht mit zu viel Innenstellung reiten. Geben Sie beim Angaloppieren darauf acht, dass der äußere Zügel angenommen ist, der innere Zügel hingegen nachgibt. Beide Zügel sind angenommen, die Hand des Reiters bleibt stets weich. Sinn der Volte ist es, das Pferd zu biegen, die Vorhand zu heben und die Last auf die Hinterbeine zu verlagern. Um dies zu erreichen, muss die Volte korrekt geritten sein, ansonsten hat sie keinerlei Wirkung. Ein auf die Schulter fallendes Pferd kann nicht in den Galopp springen.

Achtung!

Bleiben Sie stets ruhig und gelassen. Galoppieren Sie erst an, wenn das Pferd sich auf Sie konzentriert.

Das Pferd rennt im Stechtrab weiter, galoppiert aber nicht an …
Gehen Sie sofort wieder auf die Volten-Linie, bis sich das Pferd beruhigt hat. Reiten Sie im ruhigen Trab um die Pylone. Versuchen Sie erneut anzugaloppieren. Um die Konzentration des Pferdes wieder auf die reiterlichen Hilfen zu sensibilisieren, können Sie Übergänge einbauen. Achten Sie darauf, den inneren Zügel – trotz Stellung in der Volte – nicht zu stark anzunehmen. Geben Sie immer wieder mit der Hand nach.
Oder: Treiben Sie das Pferd noch zusätzlich vorwärts. Machen Sie den Trab unangenehm. Irgendwann springt es in den Galopp, dann loben Sie es überschwänglich. Es wird merken, dass der Galopp viel angenehmer ist als der schnelle Trab.

Ghost galoppiert aus der Trabvolte flüssig an.

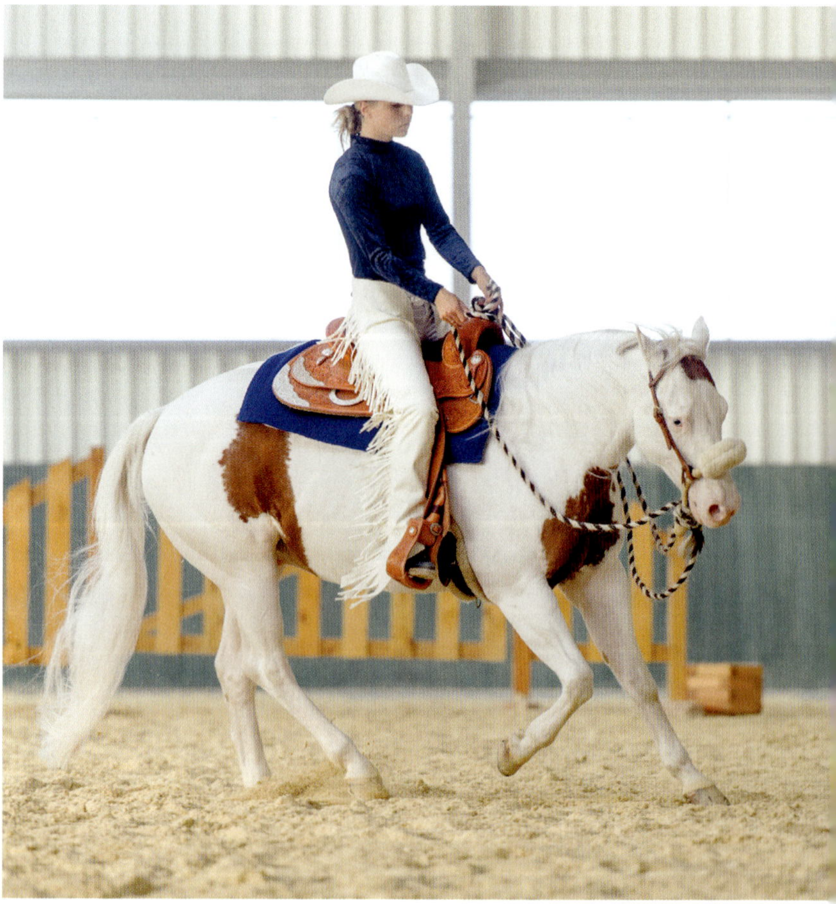

4.8 Übergänge Trab – Galopp

Was brauche ich?
3–4 Stangen

Aufbau
Legen Sie die Stangen als Trabstangen (Abstand ca. 1–1,30 m, je nach Reitweise und Größe des Pferdes) auf die Mittellinie zwischen X und G.

Was lernt das Pferd?
Konzentration. Aufmerksamkeit auf die reiterlichen Hilfen. Schenkelgehorsam. Korrektes Angaloppieren, Aktivierung der Hinterhand, Anheben des Brustbeins, Durchlässigkeit und Verbesserung des Taktes im Trab und Galopp.

Was lernt der Reiter?
Übergänge. Koordination der verschiedenen Hilfen. Vorausschauendes Reiten. Den Unterschied zwischen einer inaktiven und einer aktiven Hinterhand zu spüren.

Mit dieser Übung trainieren Sie den korrekten Übergang vom Trab in den Galopp. Viele Pferde müssen mit dem Hals Schwung holen, um in den Galopp zu springen. Dies liegt an einer inaktiven Hinterhand und einer abgesenkten Vorhand. Mit dieser Übung verbessern Sie das aktive Vorfußen der Hinterbeine im Trab und heben die Vorhand über den Stangen. Somit muss das Pferd nicht mehr mit dem Hals Schwung holen und kann ruhig in den Galopp springen. Sie verbessern auf diese Weise das Angaloppieren, den Takt im Trab und Galopp.

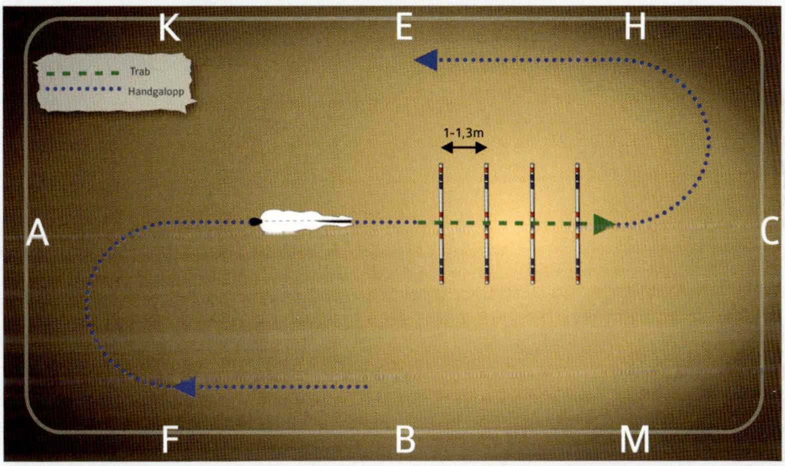

Wie reite ich diese Übung?

Reiten Sie im Trab auf die Stangen zu, überwinden Sie sie im Trab und galoppieren Sie an. Parieren Sie Ihr Pferd vor den Stangen wieder durch. Über die Stangen geht es erneut im Trab. Bauen Sie stets Handwechsel ein.

Hilfengebung

Konzentrieren Sie sich bei jedem Übergang. Geben Sie eindeutige Galopphilfen. Nehmen Sie das Pferd in den Wendungen über Ihre Gewichtshilfen und den Einsatz des äußeren Zügels zurück. Schauen Sie voraus und planen Sie Ihren Weg. Parieren Sie fein vor den Stangen zum Trab durch.

Die Bewegungszentren bewegen sich hier korrekt. Die Hinterhand ist aktiv und die Vorhand hebt sich. Das Angaloppieren wird gut funktionieren. Bodenricks oder höher gelegte Stangen machen die Übung anspruchsvoller und dienen zur Aktivierung der Hinterhand.

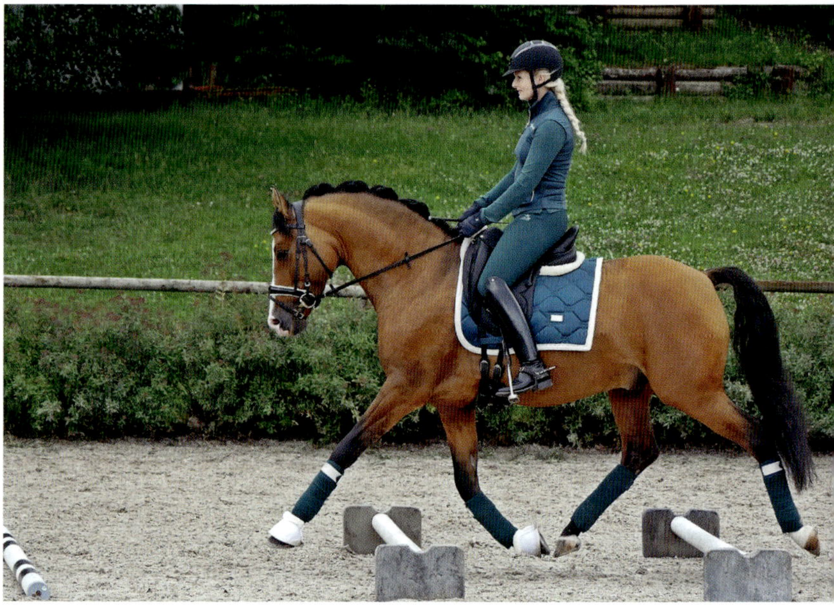

Der passende Stangenabstand

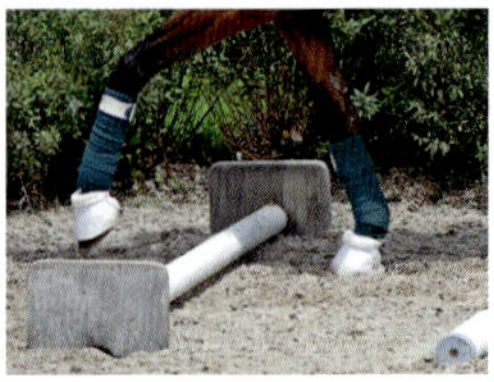

Das Pferd tritt zu nah an die Stange, der Stangenabstand ist in diesem Fall zu gering oder die Linie zur ersten Stange war nicht korrekt gewählt.

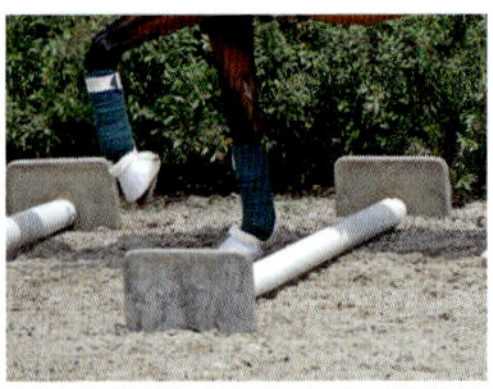

Das Pferd tritt nicht mittig zwischen die Stangen, der Abstand zur nächsten Stange ist zu groß. In diesem Fall sollten die Abstände kleiner gewählt werden.

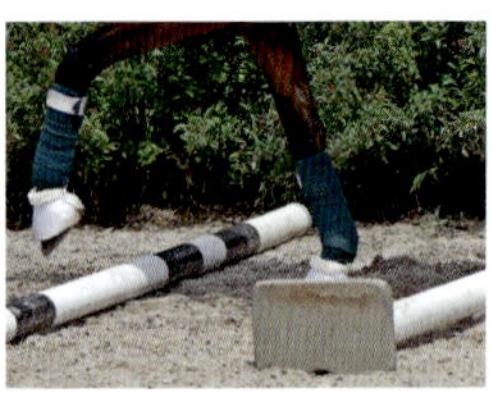

Der Abstand ist gut gewählt.

Mein Pferd macht aber ...

Mein Pferd wechselt nicht rechtzeitig zum Trab ...

Nehmen Sie sich genug Zeit für den Übergang. Parieren Sie bereits einige Meter vor den Stangen durch zum Trab und bauen Sie, wenn nötig, eine Volte vor den Stangen ein. Verkürzen Sie diese Strecke im Laufe der Übung. Bei Bedarf können Sie vor den Stangen auch eine Volte im Galopp einbauen, in der Sie zum Trab durchparieren. Dies kann auch bei Pferden helfen, die zum »Renntrab« nach dem Durchparieren neigen.

Woher weiß ich, dass der Stangenabstand passend ist? ...

Lassen Sie sich von einem Helfer dabei unterstützen. Die Bilder links sollen Ihnen dabei helfen, den Abstand besser einschätzen zu lernen.

4.9 Galoppsprünge zählen

Was brauche ich?
4 Pylonen, 1 Helfer

Aufbau
Stellen Sie vier Pylonen in immer demselben Abstand entlang der Zirkellinie auf. Schätzen Sie ab, wie groß ein Galoppsprung Ihres Pferdes ist und stellen Sie die Pylonen in diesem Abstand zueinander auf.

Was lernt das Pferd?
Gleichmäßiges Grundtempo im Galopp. Verkleinern und Vergrößern der Galoppsprünge. Aufmerksamkeit auf die reiterlichen Hilfen.

Was lernt der Reiter?
Gefühl für die Länge des Galoppsprungs. Erhalten eines gleichmäßigen Taktes. Unterschied zwischen Arbeitsgalopp, versammeltem Galopp und Mittelgalopp.

Galoppsprünge vergrößern oder verkleinern zu können, ist wichtig beim Reiten von vielen Dressuraufgaben, beim Reitabzeichen und für das Parcoursspringen. Aber auch für die Gymnastizierung des Pferdes spielt ein gleichmäßiger Galopp – egal in welchem Tempo – eine sehr große Rolle. Mit dieser Übung bekommen Sie ein Gefühl für die Länge, den Rhythmus und das Gleichmaß des Galoppsprungs Ihres Pferdes. Sie verinnerlichen, wie es sich anfühlt, wenn Sie den Sprung vergrößern oder ihn zurücknehmen.

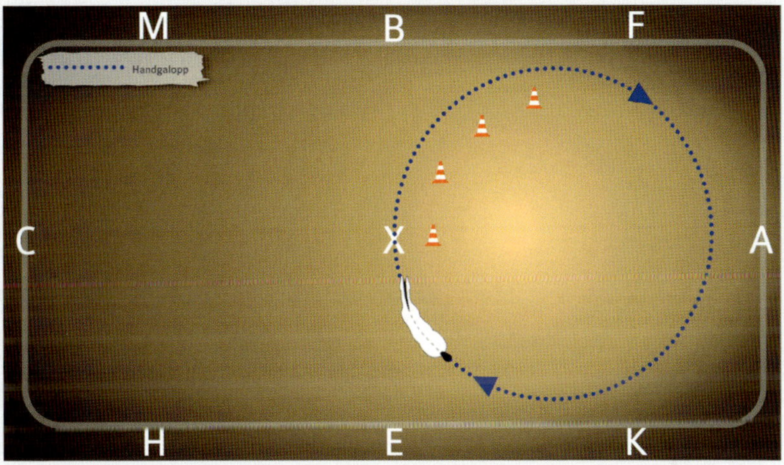

Wie reite ich diese Übung?

Galoppieren Sie auf dem Zirkel an den Pylonen vorbei. War Ihre Einschätzung richtig? Ihr Helfer verschiebt die Pylonen auf die Länge des tatsächlichen Galoppsprungs. Überprüfen Sie Ihr Pferd: Ist jeder Galoppsprung gleich groß? Üben Sie, den Galopp gleichmäßig zu reiten.

Hilfengebung

Damit ein korrekter, gleichmäßiger Galopp zustandekommt, sitzt der Reiter bei jedem Sprung an den äußeren Zügel heran. Das bedeutet, die Hüfte des Reiters wird durch die Bewegung des Pferdes nach vorne geschoben, dabei verkürzt sich der Abstand von der Hüfte zur äußeren Hand des Reiters. Zeitgleich treibt der innere Schenkel mit und der innere Zügel gibt nach. Somit öffnet sich die Innenseite und

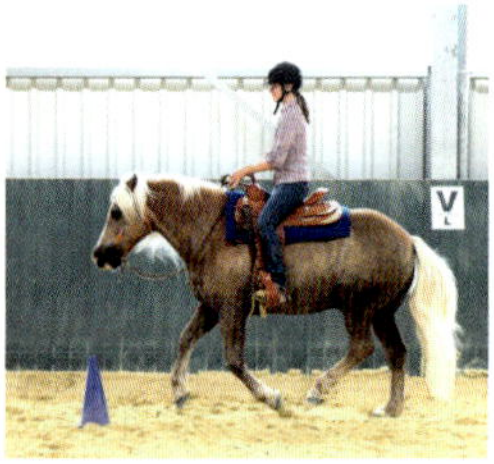

Beginnen Sie mit dem Zählen der Galoppsprünge an der ersten Pylone. Amigo hat schon einen 2-m-Galopp – wie beim Western gefordert – deshalb kann Mona auch mit Slag (mit langem Zügel) an den Pylonen entlangreiten. Ist das Pferd noch nicht so gefestigt, sollten Sie es nicht nur mit dem Sitz, sondern auch mit Schenkeln und Zügeln begrenzen. Dies gilt ebenso bei Dressurpferden.
Mit dem Heransitzen an den äußeren Zügel wird die Einbeinstütze des Pferdes verlängert, der innere treibende Schenkel lässt das Pferd in einen fleißigen Bergauf-Galopp springen.

Tipp ▶

Nehmen Sie sich einen Helfer mit in die Bahn, der für Sie das Zählen übernimmt.

gibt dem Pferd Platz, mit seiner inneren Schulter vorwärts-aufwärts zu springen und die Einbeinstütze am äußeren Hinterbein verlängert sich. Lesen Sie dazu den Exkurs »Halbe Parade und ganze Parade«. Bei Westernpferden treibt der äußere Schenkel zusätzlich zum annehmenden äußeren Zügel, um später das Pferd auch ohne Zügeleinwirkung setzen zu können.

Mein Pferd macht aber …

Mein Pferd macht unterschiedlich große Galoppsprünge …

Arbeiten Sie an Ihrem Galopp. Eine Verbesserung wird sich erst nach mehreren Trainingseinheiten zeigen. Reiten Sie viele Übergänge (Trab-Galopp, Galopp-Trab, Schritt- Galopp, Galopp-Schritt), legen Sie Galoppstangen (Western: 1,80–2,10 m, Dressur und Springen: 3–3,60 m) auf dem Platz aus und arbeiten Sie zusätzlich mit Cavalettis.

Mein Pferd macht viel zu große Galoppsprünge …

Um die Galoppsprünge zu verkürzen, muss Ihr Pferd runder und deutlicher über den Rücken galoppieren. Treiben Sie es dafür an den Zügel heran, bis Sie merken, dass der Rücken sich aufwölbt und die Galoppsprünge gleichmäßiger werden. Bei jeder gerittenen Runde sollten Sie genau 4 Galoppsprünge zwischen den 4 Pylonen zählen. Mit dem Heransitzen an den äußeren Zügel wird die Einbeinstütze des Pferdes verlängert, der innere treibende Schenkel lässt das Pferd in einen fleißigen Bergauf-Galopp springen.

Der Zirkel wird so groß, dass ich nicht mehr direkt an den Pylonen entlangreiten kann, da mein Pferd nach außen drängt …

Stellen Sie weitere 4 Pylonen so auf, dass die Pylonen 4 kleine Tore bilden. Auf diese Weise haben Sie und Ihr Pferd eine optische Begrenzung. (Ähnlich wie in der Übung »Wie auf Schienen«.)

4.10 Der Stangenkreisel

Was brauche ich?
Diese Übung kann mit Cavalettis, Bodenricks oder einfachen Bodenstangen aufgebaut werden.

Aufbau
Legen Sie 4 Stangen/Cavalettis in gleichem Abstand auf einer Zirkellinie auf dem 2. oder 3. Hufschlag aus. Die Stangen sollen sich bei C, X und jeweils an den Zirkelpunkten befinden.

Was lernt das Pferd?
Das Pferd findet seinen Rhythmus, bekommt Sicherheit und baut Angst oder Stress ab.

Was lernt der Reiter?
Der Reiter lernt, das Pferd auf der gebogenen Linie in einem gleichmäßigen Rhythmus zu reiten.

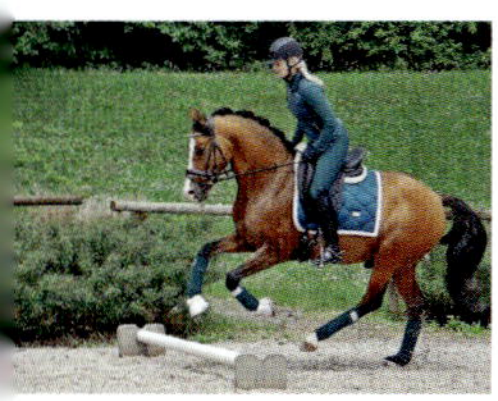

Zu Beginn ist der leichte Sitz vorteilhaft. Je geübter Sie und Ihr Pferd werden, desto effektiver wird die Übung, wenn Sie dabei aussitzen.

Bodenstangen und Bodenricks fördern den gleichmäßigen Galoppsprung, aktivieren die Hinterhand und unterstützen eine Bergauf-Galoppade. Die Hinterhand gewinnt mehr Traglast und ihre äußeren Muskelschlingen werden gestärkt.

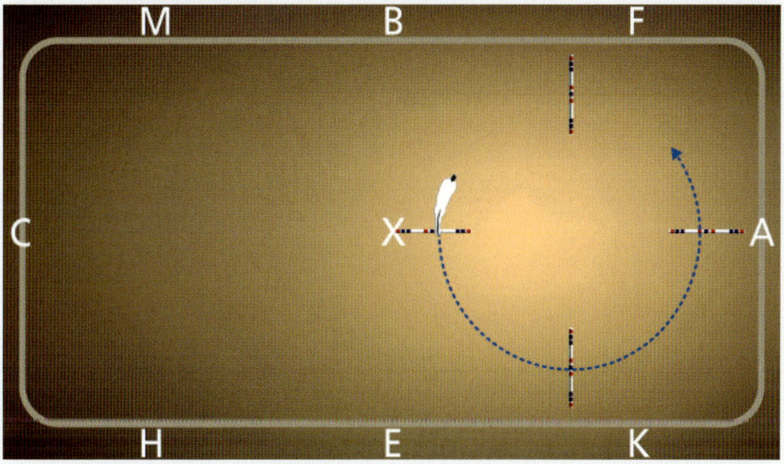

Wie reite ich diese Übung?

Galoppieren Sie zunächst auf dem Zirkel an. Sobald Ihr Pferd an den Hilfen steht, verkleinern Sie den Zirkel, sodass Sie mittig die erste Stange überqueren. Zählen Sie mit, damit Sie ein gleichmäßiges Tempo bekommen. Z.B. 1, 2, 3 und hopp (bei »Hopp« sollten Sie über die Stange galoppieren). Verkürzen oder erweitern Sie den Galoppsprung, um den Takt zu verbessern. Sobald Ihr Pferd ein gleichmäßiges Tempo gefunden hat und losgelassen über die Stangen galoppiert, können Sie die Übung mit einem ausführlichen Lob beenden. Trainieren Sie diese Übung auf beiden Händen.

Mein Pferd macht aber ...

Mein Pferd springt über der Stange in den Außen- oder Kreuzgalopp ...

Üben Sie diese Übung zunächst an der Longe ohne Reiter, um dem Pferd Balance zu geben und den Galopp zu stärken. Passen die Abstände oder die gerittene Linie nicht, kommt das Pferd auch aus dem Gleichgewicht.

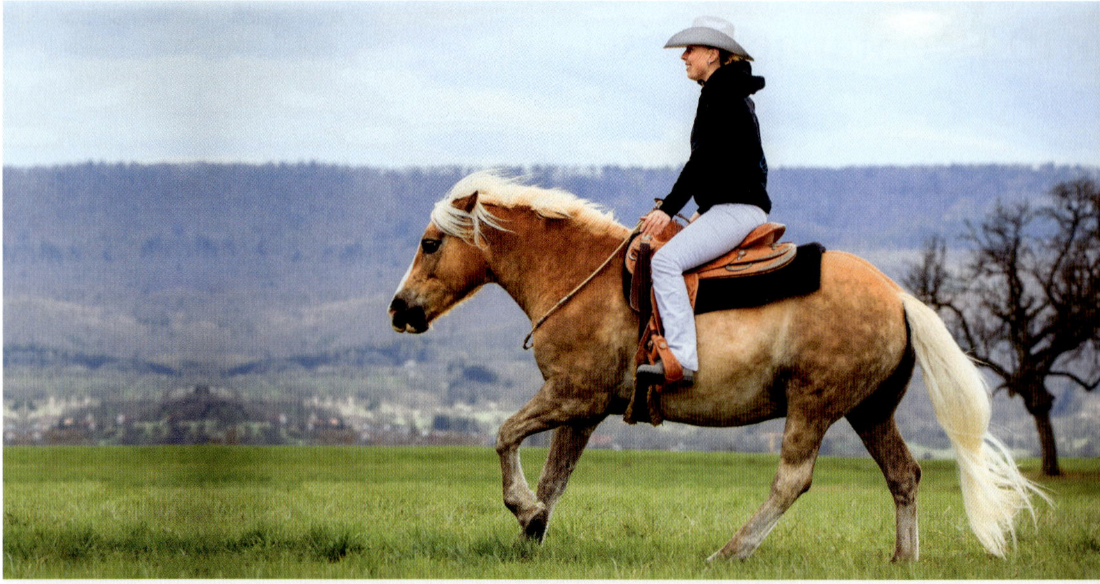

5. Losgelassenheit

Wir unterscheiden zwischen psychischer und physischer Losgelassenheit. Das Pferd sollte motiviert und mental den Leistungen gewachsen sein. Aufregung und Stress führen zu einer psychischen Verspannung, die sehr leicht zu einer körperlichen Verspannung werden kann. Auch früher erlebte Traumata können durch Vertrauen und korrektes Reiten aufgehoben werden.

Durch das Lockern der Muskulatur, der Faszien und durch die Aufhebung von Verklebungen der Muskulatur kann auch das Pferd wieder mental entspannen. Sprechen Sie mit Ihrem Physiotherapeuten über eventuelle Übungen, die Sie täglich mit Ihrem Pferd trainieren können. Auch ein zu starker Zügeleinsatz oder zu fest geschnallter Sperrriemen oder Nasenriemen können zu physischen Verspannungen führen.
Ist unser Pferd losgelassen, sehen wir das an seinem pendelnden Schweif, dem lockeren An- und Abspannen der Rückenmuskulatur, an seinem ruhigen Auge, den entspannten Ohren und seinem Abschnauben. Wobei wir die Losgelassenheit auch durch Loben beim Abschnauben fördern können. Sobald unser Pferd losgelassen ist, zeigt es uns auch eine Taktreinheit in den Gangarten. Durch eine weiche Zügelhand fördern wir den Raumgriff. Falls die Zügelhand zu stark ist, empfehle ich Ihnen, das Pferd am langen Zügel auf gebogenen Linien zu reiten.

Die Losgelassenheit sollte immer – egal in welchem Ausbildungsstadium sich das Pferd befindet – der wichtigste Grundpfeiler sein. Ohne Losgelassenheit kann keine positive Spannung aufgebaut und keine Versammlung erreicht werden. Eine korrekte Bewegung der Bewegungszentren ist nicht möglich!

Losgelassenheit bedeutet keinesfalls Entspannung, sondern eine aktive Federung, die durch einen schwingenden Rücken sichtbar wird. Dafür muss das Pferd sein eigenes Gewicht und das Reitergewicht gegen die Schwerkraft abfedern und in neue Bewegungsenergie umwandeln. Dafür ist die korrekte Zusammenarbeit zwischen der Hinterhand als Motor und der Vorhand als »ausbalancierte Lenkung« wichtig. Die Vorhand – besser gesagt der Brustkorb – kann sich heben und senken.

Positive Spannung

Wir erkennen dies an einem angehobenen oder gesenkten Brustkorb, was dann auch als »auf die Schulter fallen« bezeichnet wird. Hebt sich der Brustkorb, ist das Nackenrückenband gedehnt und der Hals und Kopf senken sich. Hängt die Vorhand passiv gesenkt, dehnt sich zwar auch der Hals vorwärts-abwärts, jedoch kann sie die Schultern nicht mehr heben. Muss das Pferd nun über eine Stange oder eine Unebenheit treten, hilft der Unterhalsmuskel mit, um die Vorhand anzuheben. Dies erkennt man z.B. an einem plötzlich hochschnellenden Kopf bei Übergängen oder in »Gefahrensituationen«. Der Rücken senkt sich und das Pferd ist verspannt. Bei einer positiven Spannung ist die Vorhand angehoben, ohne zu verspannen. Verspannungen entstehen immer, wenn die Halsmuskulatur der Vorhand helfen muss. Senkt sich die Vorhand ab, hat die Muskulatur keine Spannung mehr, das Pferd wirkt schlaff und läuft in den Boden hinein.
Die Hinterhand kann sich kopf- und schweifwärts drehen. Von einem Abkippen oder aktivem Untertreten spricht man, wenn sich die Hinterhand schweifwärts dreht. Dreht sie sich kopfwärts, senkt sich wieder der Rücken und Blockaden im Lendenbereich sowie im Iliosakralgelenk sind die Folge. Durch ein korrektes Drehen der Bewegungszentren kann die positive Spannung der Schwerkraft entgegenwirken. Arbeiten beide Bewegungszentren (Vor- und Hinterhand) miteinander, entsteht ein Spannungsbogen. Dieser ist verantwortlich für einen federnden und leichten Gang des Pferdes. Hier spricht man von einem Pferd, das an den Hilfen steht und sich selbst trägt.
Diesen positiven Spannungsbogen herzustellen, ist die erste Aufgabe des Reiters bei jedem Training. Später wird dieser Mechanismus weiterentwickelt, was dann zur Kadenz und Versammlung oder zu einer Rahmenerweiterung führt. Zudem ist das Zwerchfell die verbindende Muskulatur der beiden Bewegungszentren. Ist es verspannt, führt es zu Problemen der Atmung, Verspannungen des Lendenbereiches und der Bauchmuskeln, was bei einem Wallach oder Hengst Schlauchgeräusche mit sich bringt. Der Rückenmuskel trägt nicht mehr und das Pferd versucht, die geforderte Übung mit den Bauchmuskeln zu kompensieren. Durch die ständige Anspannung der Bauchmuskulatur, kann der Rückenmuskel sich nicht mehr anspannen. Ziel sollte ein lockeres, wechselseitiges An- und Abspannen der dorsalen und ventralen Muskelketten sein.

Kurze Erklärung zu den Muskelketten

Die Skelettmuskulatur arbeitet über Muskelketten. Diese verbinden verschiedene Regionen des Körpers miteinander und führen die Bewegungen des Pferdes aus. Die dorsale und die ventrale Muskelkette sind die beiden bekanntesten – sie arbeiten antagonistisch (gegensätzlich) zueinander.

Die dorsale Muskelkette:
Bezeichnet die Muskeln, die sich dorsal (am Rücken des Pferdes) befinden, beginnend mit dem oberen Halsmuskel, gefolgt von dem Nacken- und Rückenbandsystem, der oberen Kruppenmuskulatur und der Muskulatur der Lende. Weitere wichtige Muskeln sind die hinteren Oberschenkelmuskeln, die ebenfalls zur dorsalen Muskelkette gehören.

Die ventrale Muskelkette:
Sie verläuft an der ventralen (Bauch-) Seite des Pferdes. Zu ihr gehören die unteren Halsmuskeln, die Bauchmuskeln, die Beuger des Übergangs von der Brustwirbelsäule zur Lendenwirbelsäule, die Beuger des Lumbosakralgelenks und die vorderen Oberschenkelmuskeln. Die ventrale Halsmuskelkette arbeitet eng mit der abdominalen (Bauch) Muskelkette zusammen; dabei verstärken sie sich gegenseitig. Die abdominale Muskelkette setzt sich aus verschiedenen Muskelschichten zusammen, die sich in mehreren Ebenen kreuzen. Sie zieht sich vom Brustbein über die Rippen bis hin zum Becken- und Leistenbereich.

Einfach skizziert zieht sich die dorsale Muskelkette vom oberen Halsmuskel über das Nacken- und Rückenbandsystem bis hin zu den hinteren Oberschenkelmuskeln. Merken kann man sich die verschiedenen Muskeln, indem man sagt: »Alle Muskeln, die von der Sonne beschienen werden, gehören zur dorsalen Muskelkette.«

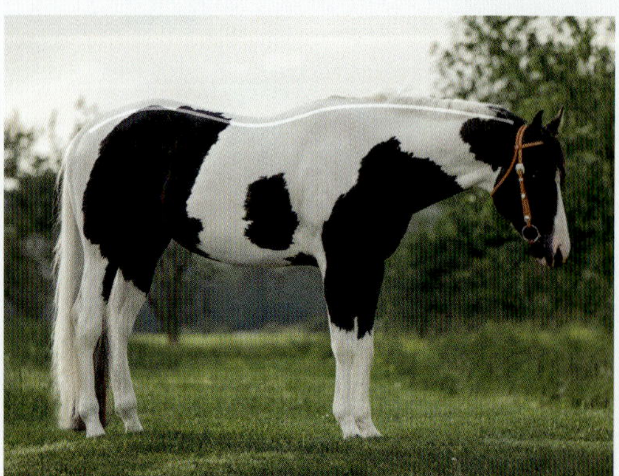

Die ventrale Muskelkette verläuft von den unteren Halsmuskeln über die Bauchmuskeln bis hin zu den vorderen Oberschenkelmuskeln. Auch hier gilt: »Alle Muskeln, die im Schatten liegen, gehören zur ventralen Muskelkette.«

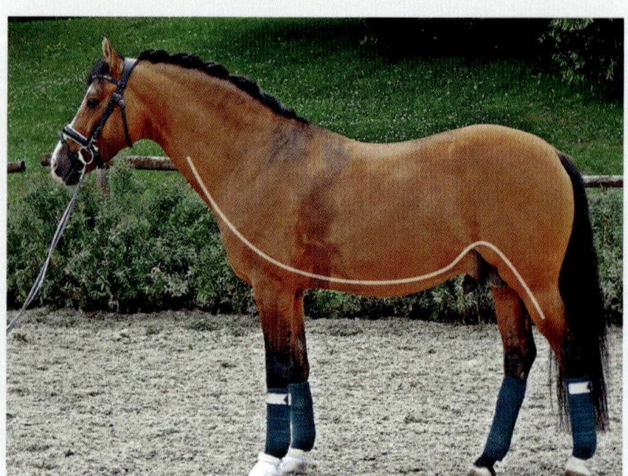

Ohne die korrekte Arbeit der oben genannten Funktionsketten kann das Pferd keine Traglast und Schubkraft entwickeln und bildet eine kompensatorische Muskulatur.
Dies bedeutet, dass statt der korrekten Bemuskelung einzelne Muskeln die Arbeit von schwächer ausgebildeten Muskeln übernehmen, um die täglichen Bewegungen zu meistern. Dies kann durch nicht korrektes Reiten vorkommen, jedoch auch von Blockaden und Verspannungen herrühren. Dauern die Blockaden und die falsche Bemuskelung zu lange an, wirkt sich dies negativ auf Sehnen und Bänder aus, was zu Reizungen oder auch Rissen in den Sehnen führen kann. Deshalb empfiehlt es sich, ein besonderes Augenmerk auf den korrekten Muskelaufbau eines Pferdes zu legen.

Wenn Sie sich nicht sicher sind, ob die Muskulatur Ihres Pferdes korrekt ist, können Sie Ihren Tierarzt oder Physiotherapeuten zu Rate ziehen. Während des gesamten Trainings sollten Sie immer wieder überprüfen, ob Ihr Pferd die richtigen Muskeln einsetzt und ein korrektes Bewegungsmuster zeigt. Dazu ist ein gutes Zusammenspiel von Vor- und Hinterhand nötig.

Schauen wir uns zunächst die beiden Bewegungszentren an:
Die Vorhand besteht aus den 3 aktiven Muskelketten: dem Rumpfträger, der für das Anheben des Brustkorbs verantwortlich ist, dem Oberhals und dem geraden Bauchmuskel. Diese 3 Muskelketten sind für die Übertragung der Bewegungsenergie aus der Hinterhand zuständig. Nur wenn die Vorhand aktiv getragen wird, entstehen keine Schäden an Beinen oder dem Rücken.

Die Hinterhand besteht aus der Kruppenmuskulatur, der geraden und schrägen Bauchmuskulatur und der inneren Lendenmuskulatur. Ein aktives Untertreten und eine korrekte Lastaufnahme sind nur dann gegeben, wenn das Becken sich nach hinten-unten drehen kann.

Das Zwerchfell verbindet die beiden Bewegungszentren miteinander. Nur wenn das Pferd in einer positiven Spannung geritten wird, ist es ihm möglich, ohne Schmerzen ein gesundes Leben zu führen.

Bei Pferden mit einem niedrigen Grundtempo sollte der Reiter die Anspannungsphase durch Aktivierung und Motivation fördern. Die Entspannungsphase wird nicht weiter fossiert. Bei sehr agilen Pferden, die eher zur Anspannung neigen, sollte die Entspannungsphase gefördert und die Anspannungsphase durch Ruhe und eher stoisches Gleichmaß beruhigt werden. Je nach Pferdetyp finden Sie in diesem Kapitel unterschiedliche Übungen.
Nun aber genug Theorie. Legen wir los mit der mentalen Motivation, um die Losgelassenheit unseres Pferdes zu fördern!

5.1 Losgelassenheit durch Motivation

Was lernt das Pferd?
Das Pferd lernt, durch die Anerkennung selbstbewusst zu werden und neue Dinge anzugehen. Es probiert gerne auch mal etwas Neues aus, weil es weiß, dass Sie es sehen und anerkennen. Auch wenn manche Ideen nicht so passend sind, ist es gut, wenn es kreativ und mutig wird. Durch das Lob – auch bei kleinen Schritten – bleibt es motiviert und freut sich schon auf die bevorstehende Trainingseinheit.

Was lernt der Reiter?
Der Reiter lernt Geduld, lernt kleine Dinge zu sehen und positiv darauf zu reagieren. Er erfährt, welche Rolle er bei der Motivation des Pferdes spielt und wie er mit seinen Erwartungen umgehen kann, auch wenn diese nicht jeden Tag erfüllt werden können.

Ein abschnaubendes Pferd, am besten bereits, bevor es die Reitbahn betritt, ist ein großes Ziel bei der psychischen und physischen Losgelassenheit. Doch das geschieht nur, wenn sich das Pferd auf die kommende Trainingseinheit freut und motiviert mit dem Reiter neue Ziele angehen möchte.

Auch bei uns Menschen erreicht man Motivation durch Lob und Anerkennung. Lob auch bei dem Erreichen von kleinen Teilschritten und Anerkennung der Stärken und Schwächen. Werden auch die Schwächen anerkannt und respektiert, wächst das Selbstbewusstsein und aus den Schwächen werden nach und nach Stärken. Situationen, die Stress verursachen, führen oft dazu, dass man die Lust verliert, genervt, ängstlich oder zögernd reagiert. Dies passiert auch häufig bei Pferden, wenn sie die Situation nicht regulieren können. Die Frage als Trainer und Reiter ist nun: Wie bekommen wir die Pferde in einen Annäherungsmodus, indem sie begeistert, freiwillig und motiviert mitarbeiten? Pippi Langstrumpf kann helfen. Wir kennen sie alle – das freche Grinsen, die Kreativität, ihren Freigeist und vor allem ihren Mut. Astrid Lindgren legte Pippi Langstrumpf folgenden Satz in den Mund: »Das habe ich noch nie vorher versucht, deshalb bin ich mir vollkommen sicher, dass ich es schaffe.« Dieser Satz unterstreicht die Motivation, neue Dinge anzugehen, auch wenn man sie bisher noch nicht probiert hat. Man kann demnach gar nicht scheitern, da man diese Situation noch gar nicht erlebt hat – sonst wäre sie ja nicht neu. Dieser Satz versetzt uns automatisch in den Annäherungsmodus, nimmt Stress und Erfolgsdruck und packt eine ordentliche Portion Selbstvertrauen obendrauf. Motivation und eine gesunde Portion Selbstbewusstsein lässt auch Ihr Pferd mutig neue Ziele angehen.

Wie reite ich diese Übung?

Bei dieser Übung geht es nicht um eine einmalige Trainingseinheit, sondern um ein Gesamtkonzept und um eine innere Einstellung. Machen Sie sich zunächst bewusst, wie Sie über Ihr Pferd denken. Und wie Sie über Ihr Pferd reden. Denken oder reden Sie voller Anerkennung von Ihrem Pferd oder kritisieren Sie immer wieder verschiedene Charakterzüge. Sehen Sie die Fehler oder möchten Sie mit Ihrem Pferd gemeinsam neue Ziele erreichen und in kleinen

Schritten verschiedene Dinge verbessern? Die mentale Einstellung, bevor Sie auf Ihrem Pferd sitzen, ist enorm wichtig. Denn Sie trägt zu Ihrer eigenen Motivation und der Motivation Ihres Pferdes bei. Wie sieht es mit Ihren Erwartungen aus? Hatten Sie sich nicht auch vorgestellt, was Sie alles mit Ihrem Pferd in Harmonie erreichen können? Der Erfolg auf dem Turnier, das gebisslose Reiten in den Sonnenuntergang oder der beste Freund, mit dem man durch dick und dünn geht? Doch oft erfüllen die Pferde unsere Erwartungen zunächst nicht. Schrauben Sie Ihre Erwartungen etwas runter, freuen Sie sich an den kleinen Schritten und das Ziel, das momentan noch als Traum erscheint, rückt immer näher.

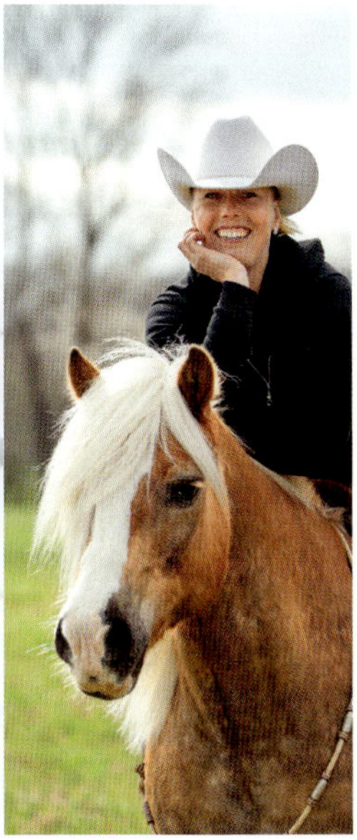

Die innere Einstellung macht's!

Mein Pferd macht aber ...

Mein Pferd bleibt immer stehen, wenn ich es lobe ...

Loben Sie Ihr Pferd mit Wörtern, die am Ende nach oben gehen. »Fein oder brav« zum Beispiel sinkt am Ende ab und verleitet das Pferd zum Langsamer-Werden. Benutzen Sie Wörter wie »spitze«, die eher anfeuernd wirken. Setzen Sie während des Reitens das leichte Kraulen am Widerrist als Lob ein.

Muss ich jetzt immer Leckerlis mit zum Reiten nehmen? Aber ich habe keine Lust auf »Schnappi das Krokodil«. Meine Hände sollen heil bleiben ...

Nicht bei jedem Pferd sind Leckerlis die richtige Wahl. Bei ängstlichen Pferden kann ein Leckerli versteckt im gruseligen Holzstapel Wunder bewirken. Auch kann es bei sehr guten Dingen, das Lob verstärken und durch die Kaubewegung auch die Losgelassenheit fördern. Wägen Sie die Benutzung von Leckerlis ab. Wenn Sie »Keks-Suchtis« oder kleine »Schnappi-Krokodile« im Stall haben, sollten Sie mit der Stimme oder Kraulen am Mähnenkamm Ihr Pferd loben.

Ich mach mich doch nicht zum Affen und schreie durch die ganze Reithalle wie großartig mein Pferd ist ...

Finden Sie eine Form, die zu Ihnen und Ihrem Pferd passt. Manche Pferde benötigen das lautstarke motivierende Lob. Andere sind mit einem kleinen Streicheln am Widerrist zufrieden. Wichtig ist die innere Haltung. Wenn Sie sich überschwänglich freuen können,

Wichtig ▶

Kritisiert man immer wieder die Schwächen, können daraus keine Stärken erwachsen.

ohne einen Pieps zu sagen, hat es fast die gleiche Wirkung. Ein lautes Lob ohne innere Freude hat dagegen gar keine Wirkung.

Wenn ich mir die Fehler nicht bewusst mache, kann ich doch auch nicht daran arbeiten …

Das ist Ansichtssache. Schauen wir unsere Fehler an oder möchten wir unsere Strategien verbessern? Die Aussage ist die gleiche, aber welche hört sich motivierender an? Sie machen sich die Themen bewusst und können auch daran arbeiten, aber der negative Touch ist weg. Sie zeigen nicht auf das Negative, sondern schauen nach Lösungen. Gehen wir mal weg vom Pferd und hin zum Reiter. Haben Sie auch oft das Problem, dass Sie zu stark mit dem inneren Zügel sind und nicht über den äußeren Zügel reiten? Die Problematik ist ihnen bewusst. Jetzt kommt es darauf an, wie Sie es schaffen, den äußeren Zügel, statt des inneren einzusetzen. Legen wir den Fokus auf das Problem und sind dadurch problemorientiert, wäre Ihr Satz: Sie denken immer an diesen zu starken inneren Zügel und den laschen äußeren Zügel. Dies führt meist leider nicht zur Lösung, da man nicht an die Lösung denkt, sondern das Problem fokussiert. Ein lösungsorientiertes Herangehen wäre demnach: Sie denken daran, den äußeren Zügel mehr einzusetzen und innen nachzugeben. Automatisch tritt die Lösung in den Fokus und das Problem wird zur Nebensache. So verhält es sich auch beim Pferd. Fokussieren Sie nicht, was Ihr Pferd Fehlerhaftes macht, sondern fokussieren Sie, was Sie machen können, damit die Lösung zum Greifen nahe ist.

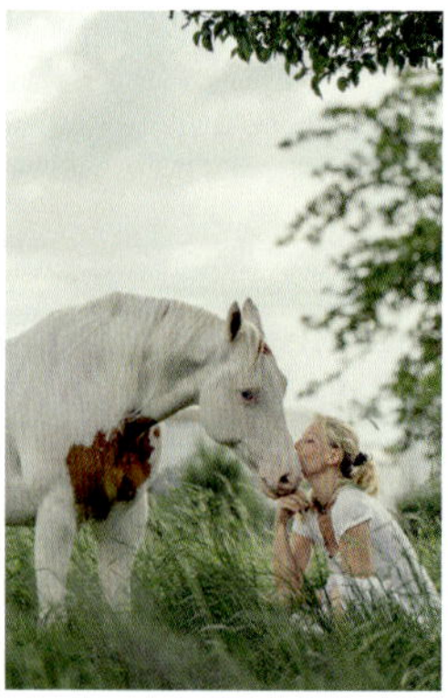

Reden ist Silber, Schweigen ist Gold. Wenn man die Kunst des Zuhörens besitzt, hört man die Pferde flüstern! Wer kein Vertrauen aufgebaut hat, bekommt nichts gesagt und wenn dann wird man angebrüllt. Wer nicht zuhören kann, hört nicht das Flüstern. Und das Schönste, was uns unser Pferd zuflüstern kann, wenn es die Nüster langsam an unser Ohr drückt, ist doch: »Ich mag Dich!«

Und das hier soll mir helfen, dass mein Pferd nicht mehr so triebig ist?

Ja, auch diese Übung kann dabei helfen. Triebige Pferde sind oft nicht locker oder sind auf den Schenkel abgestumpft, weil es keinen motivierenden Grund gibt, um fein auf die Hilfen zu reagieren. Anstatt das Pferd nun mit Gerte und Sporen zu ermuntern, können die innere Einstellung und ein Lob an der richtigen Stelle dazu führen, dass es feiner und motivierter wird. Lesen Sie dazu den Exkurs »Wie Pferde lernen« auf Seite 34ff.

5.2 Punktgenaue Übergänge

Was brauche ich?
4 Stangen, 4 Pylonen

Aufbau
Legen Sie die Stangen wie in der Skizze angegeben aus. Neben jeder Stange steht eine Pylone. Sie können diese Übung auch auf der ganzen Bahn reiten.

Was lernt das Pferd?
Sensibles Reagieren auf die reiterlichen Hilfen. Aktivierung der Hinterhand durch Gangartenwechsel. Förderung von punktgenauen Übergängen und Losgelassenheit.

Was lernt der Reiter?
Verfeinerung der reiterlichen Hilfen. Gefühl für das Reiten von Gangartenwechseln. Korrekte Vorbereitung auf einen Übergang. Disziplin und vorausschauendes Reiten.

Achtung!
Auf jede annehmende Zügelhilfe folgt eine nachgebende! Denken Sie an die halbe und ganze Parade!

Um die Durchlässigkeit zu fördern ist es wichtig, viele Übergänge zwischen den Gangarten oder innerhalb der Gangarten zu reiten. Übergänge verbessern die Losgelassenheit, da durch das unterschiedliche An- und Abspannen der Muskelpartien die Muskeln gelockert werden. Doch viele Pferde tänzeln noch einige Meter, bis Sie zum Schritt durchparieren oder legen sich auf das Gebiss beim Galopp-Schritt-Übergang. Fehlende Reiterhilfen und Disziplin sind meist die Ursache dafür. Leider geht dadurch die Losgelassenheit wieder verloren. Saubere und punktgenaue Übergänge sind demnach nicht nur beim Reiten von Aufgaben und Pattern bei Turnieren wichtig, sondern fördern auch die Losgelassenheit.

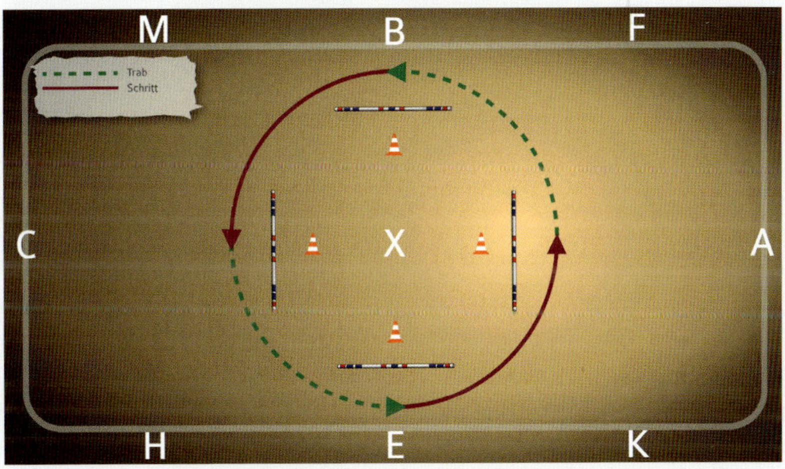

Wie reite ich diese Übung?

Reiten Sie im Schritt auf dem Zirkel. Auf Höhe der Stangen reiten Sie einen Übergang: am Anfang Schritt-Trab, Trab-Schritt oder Schritt-Halt, Halt-Schritt. Die Stangen geben Ihnen die Möglichkeit, den Punkt, an dem Sie durchparieren möchten, zu variieren.
Nun können Sie beginnen, anstatt der Stangen, die Pylonen als Orientierungspunkte zu nehmen. Der Übergang soll stets dann erfolgen, wenn die Schulter des Pferdes auf Höhe der Pylone ist. Bauen Sie immer wieder Handwechsel ein und reiten Sie die Übung auf der anderen Hand.

Tipp ▸

Unterstützen Sie den Übergang durch Stimmkommandos, die Ihr Pferd kennt. Nehmen Sie Ihre Atmung zu Hilfe: Holen Sie tief Luft, wenn Sie z. B. antraben wollen, und atmen Sie aus, wenn Sie durchparieren möchten. Lesen Sie dazu den Exkurs »Halbe und ganze Paraden«. Übergänge werden mithilfe von halben Paraden geritten und eine ganze Parade führt immer zum Halten.

Hilfengebung

Zirkel auf der linken Hand: Stellen Sie das Pferd mit dem linken Zügel und begrenzen Sie es außen mit dem rechten. Verlagern Sie Ihr Gewicht nach innen. Treiben Sie mit dem Schenkel. Schauen Sie in die Richtung, in die Sie reiten wollen. Bereiten Sie das Pferd schon mindestens 5 m vorher auf den Übergang vor. Die Vorbereitung ist ein Zusammenspiel aller Hilfen, um das Pferd aufmerksam werden zu lassen. An dem gewünschten Punkt brauchen Sie nun nur noch eine feine Hilfe zu geben, um die Gangart zu wechseln. Hier spricht man von halben Paraden. Atmen Sie beim Übergang in die andere Gangart tief in den Bauch ein.

Mein Pferd macht aber …

Mein Pferd hält nicht an …

Die ganze Parade führt zum Halten. Nur wenn diese korrekt geritten wird, kann das Pferd die Hilfen annehmen und entsprechend anhalten. Eine ganze Parade ist ein Zusammenspiel aller Hilfen. Oft wird nur die Zügelhilfe eingesetzt, was dazu führt, dass das Pferd nicht geschlossen, sondern zusammengezogen wird. Die Hinterhand kann nicht mehr abkippen und die ventralen und dorsalen Muskelketten können nicht mehr zusammenarbeiten. Der Rücken senkt sich ab und der Schmerz in diesem Bereich führt dazu, dass das Pferd nicht anhält oder auch bei Übergängen nicht durchpariert. Das Pferd kann nur durch das Weiter-Vorantreten der Hinterhand dem Schmerz im Rücken entgegenwirken. Auch bei Westernpferden ist es wichtig, dass die Bewegungszentren vor und während des Übergangs korrekt arbeiten. Die Zügelhilfe kommt hier als letztes zum Einsatz. Zuvor kommen die Stimme, das Gewicht und auch der Druck in die Steigbügel. Hat das Pferd das korrekte Anhalten noch nicht gelernt oder sind die Bewegungszentren nicht entsprechend gedreht, hilft auch hier nur ein treibender Schenkel.

Achtung!

Ziehen oder zupfen Sie nicht am Zügel. Druck erzeugt Gegendruck! Viele Pferde rennen gegen den Druck im Maul an. Unterstützen Sie den Übergang mit beruhigenden Stimmkommandos und vergessen Sie nicht auszuatmen.

Mein Pferd trabt nur schleppend wieder an …

Geben Sie Ihrem Pferd eindeutige Impulse. Treiben Sie es kräftig vorwärts. Behindern Sie das Pferd nicht mit unnötig stark angenommenen Zügeln oder einem festen Rücken.
Sollte Ihr Pferd nicht reagieren, können Sie die treibende Hilfe durch Antippen mit der Gerte unterstützen. Atmen Sie bewusst ein. Stellen

Sie sich vor, Sie möchten von 0 auf 100 in 2 Sekunden kommen. Ein Pferd in positiver Spannung kann zu jedem Moment die Hilfen für einen Übergang annehmen. Überprüfen Sie die Bewegungszentren.

Mein Pferd nimmt die Übergänge vorweg …

Versteifen Sie sich nicht auf die Übergänge. Reiten Sie zwischendurch immer wieder ganze Bahn oder andere Hufschlagfiguren bzw. Lektionen. Sie können auch Tempiwechsel innerhalb der Gangart einbauen. Oder Sie reiten ohne Übergang an den Stangen vorbei.

Mein Pferd stolpert und zeigt andere Taktunreinheiten …

Ein Pferd stolpert für gewöhnlich nur, wenn die Hinterhand nicht aktiv ist und es zu sehr auf der Vorhand liegt. Versuchen Sie, Ihr Pferd aktiver vorwärts zu treiben. Bauen Sie Übungen wie »Antraben aus dem Rückwärtsrichten« ein. Auch Schenkelweichen hilft immer wieder dabei, die Bewegungszentren zu synchronisieren.

Mein Pferd hält zu spät an oder macht den Übergang immer einen Meter zu spät …

Ein zu spätes Anhalten liegt meist daran, dass die Vorbereitung nicht früh genug begonnen hat. Bereiten Sie den Übergang deshalb schon etwa einen Meter vorher vor. Nach und nach wird das Pferd weniger Vorbereitung benötigen und die Hilfengebung verfeinert sich.

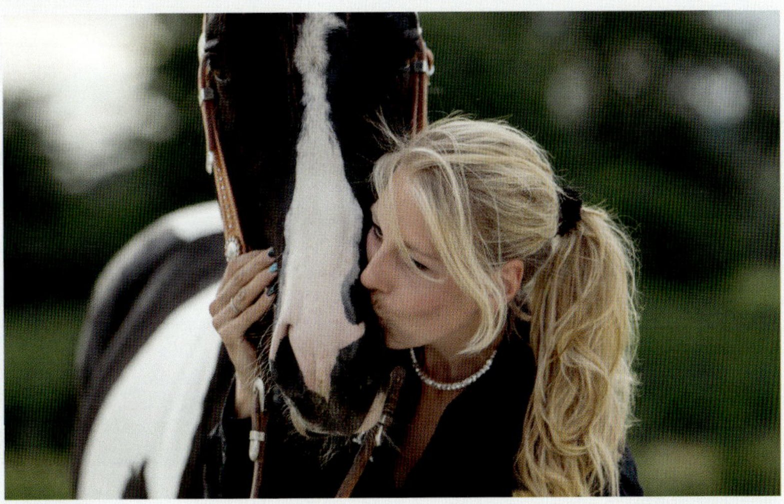

Reiten ist toll und die Verbindung zum Pferd ganz wunderbar. Dabei werden so viele Komponenten miteinander vereint und viel vom Reiter verlangt. Negativen Emotionen und Sorgen sollten zu Hause bleiben.

5.3 Schlangenlinien

Was brauche ich?
4 Stangen und
3 Pylonen für die Variante 2

Aufbau
Die Stangen werden paarweise auf der Mittellinie parallel zu den kurzen Seiten als Durchgang gelegt.

Was lernt das Pferd?
Das korrekte Umstellen bei einem Handwechsel von einer gebogenen Linie zu einer weiteren gebogenen. Die Schritt-Trab-Übergänge lockern das Pferd. Trab-Halt-Trab-Übergänge fördern das energische Abfußen. Galopp-Schritt-Galopp-Übergänge dienen als versammelnde Übung. Die gebogenen Linien beruhigen das Pferd. Durch die zusätzliche Längsbiegung und Aufdehnung der äußeren Muskulatur erreichen Sie psychische und physische Losgelassenheit.

Was lernt der Reiter?
Punktgenaue Übergänge. Korrektur beim Handwechsel. Genaues Reiten. Ein Losgelassenes Pferd zu spüren.

Die physische Losgelassenheit des Pferdes kann durch das An- und Abspannen der Muskelketten erzeugt werden. Mithilfe von vielen Handwechseln und Übergängen kann sich die Vorhand schneller heben, da die Hinterhand aktiver wird. Die gebogenen Linien helfen dem Pferd dabei, sich zu lockern. Im Wechsel werden die Bauch- und Rückenmuskeln an- und abgespannt und das jeweils innere Hinterbein muss aktiver unter den Schwerpunkt treten. Dies hilft dabei, die Bauchmuskulatur aktiv einzusetzen und den Rücken aufzuwölben. Diese Übung kann bis zum fliegenden Wechsel im Galopp geritten werden, ist aber für die Losgelassenheit am Anfang des Trainings im Trab am sinnvollsten, da im Trab die Bauch- und Rückenmuskeln diagonal wechselseitig eingesetzt werden.

Variante 1

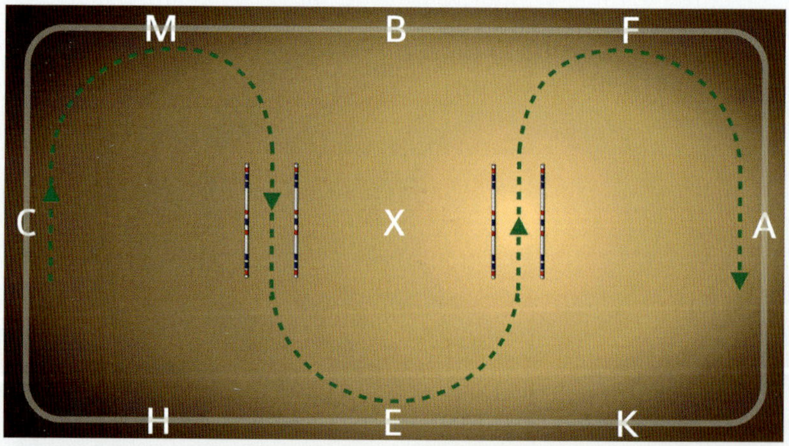

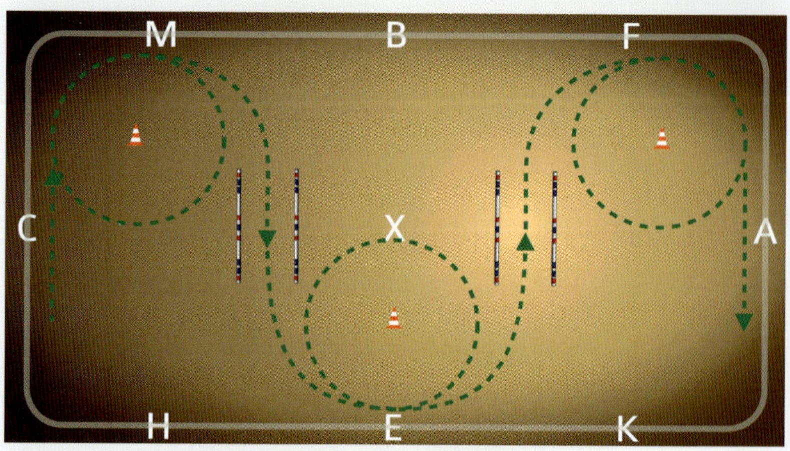

Variante 2

Wie reite ich diese Übung?

Reiten Sie eine Schlangenlinie mit z. B. 3 Bögen. Richten Sie Ihr Pferd zwischen den Stangen gerade und bauen Sie einen Übergang zwischen den Stangen ein, z. B. Schlangenlinien im Trab und zwischen den Stangen Schritt.

Hilfengebung

Die Schlangenlinie besteht aus 3 Bögen, jeder Bogen außerdem aus einer Wendung und einer Geraden. Auf geraden Linien rahmen Sie Ihr Pferd mit Ihren Schenkeln und Zügeln ein und sitzen gerade auf beiden Gesäßknochen. In der Wendung sitzen Sie innen, treiben innen mit und begrenzen Ihr Pferd mit dem äußeren Zügel. Der innere Zügel stellt und der äußere Zügel begrenzt.
Die zusätzlichen Volten helfen dem Reiter, das Pferd zu beruhigen und wieder aktiv mitzutreiben. Erst wenn das Pferd wieder zwischen den Hilfen steht und sich gelockert hat, kann es weitergehen.

Mein Pferd macht aber ...

Mein Pferd nimmt die Übergänge vorweg ...
Reiten Sie diese Übung ab und zu ohne Übergänge in derselben Gangart. Wechseln Sie häufiger die Art und die Stelle der Übergänge.

Mein Pferd geht gegen den Zügel und will nicht durchparieren ...
Seien Sie fein in Ihrer Hilfengebung. Bereiten Sie die Übergänge gut vor. Loben Sie Ihr Pferd, wenn es die Hilfen angenommen hat. Planen Sie Ihren Weg voraus.

Mein Pferd wendet schon von alleine ab ...
Sie haben ein sehr schlaues Pferd. Seien Sie etwas schlauer und wenden Sie, wenn es nach rechts möchte, nochmal nach links ab. Dann reiten Sie eben keine perfekte Schlangenlinie, sondern drehen diese um. Aber bitte achten Sie auf Ihre Mitreiter. Der ein oder andere ist nicht darauf gefasst, dass Sie die Richtung ändern.

5.4 Acht

Was brauche ich?
2 Pylonen, 1 Stange

Aufbau
Stellen Sie die Pylonen in einem Abstand von ca. 10 m auf. In der Mitte der beiden Pylonen positionieren Sie die Stange.

Was lernt das Pferd?
Korrekte, gleichmäßige Biegungen und Volten. Aktivierung der Hinterhand. Das Pferd lernt, seine Schulter beim Handwechsel zu heben und auf die Gewichtshilfen in der Wendung fein zu reagieren.

Was lernt der Reiter?
Der Reiter lernt vorausschauendes Reiten und eine feine Hilfengebung. Er bekommt ein Gefühl für eine aktive Hinterhand, vor allem bei »fauleren« Pferden. Er lernt, eilige Pferde zu beruhigen. Ihm wird der Unterschied klar zwischen »eilig ohne Rumpfmuskulatur« und »fleißigen Pferden, die ihre Muskelketten einsetzen.

Diese Übung schult nicht nur das Reiterauge für die gleichmäßig großen Volten, sondern hilft auch dem Pferd, korrekt mit dem inneren Hinterbein in die Biegung zu gehen und vermehrt Last aufzunehmen. Beim Umstellen des Pferdes auf die andere Hand wird die dort liegende Stange überritten, dies aktiviert zusätzlich die Hinterhand, da das Pferd seine Beine deutlicher heben muss. Diese Übung hilft auch, schnelle und eilige Pferde zu beruhigen und gut zu gymnastizieren, wenn sich der Reiter traut, aktiv mit dem Schenkel zu treiben, um so dem Pferd zu ermöglichen, seine Muskelketten einzusetzen.

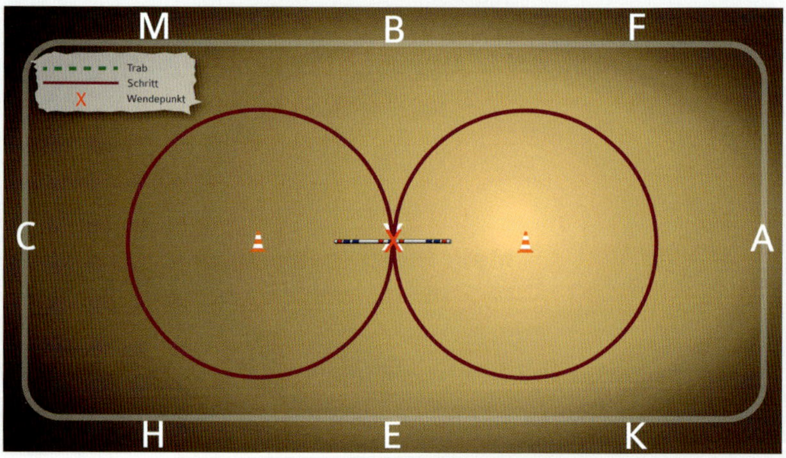

Wie reite ich diese Übung?

Reiten Sie im Trab in gleichmäßigen Volten eine Acht um die beiden Pylonen. Überqueren Sie die Stange am Wendepunkt im Trab. Reiten Sie vor und nach der Stange jeweils eine halbe Pferdelänge geradeaus, stellen Sie nun Ihr Pferd um und wechseln Sie die Hand.

Hilfengebung

Stellen Sie das Pferd in den Volten mit dem inneren Zügel in die jeweilige Richtung und treiben Sie mit dem inneren Schenkel nach. Begrenzen Sie dabei das Pferd mit dem äußeren Zügel und dem äußeren Schenkel. Lesen Sie dazu die Infos zu den Übungen 1.10 und 2.6 nochmals durch.

Variante 2
Werden Sie kreativ und legen Sie zusätzlich Stangen auf Ihre Acht. Beginnen Sie zunächst mit 2 weiteren Stangen und erhöhen Sie nach und nach die Stangenanzahl.

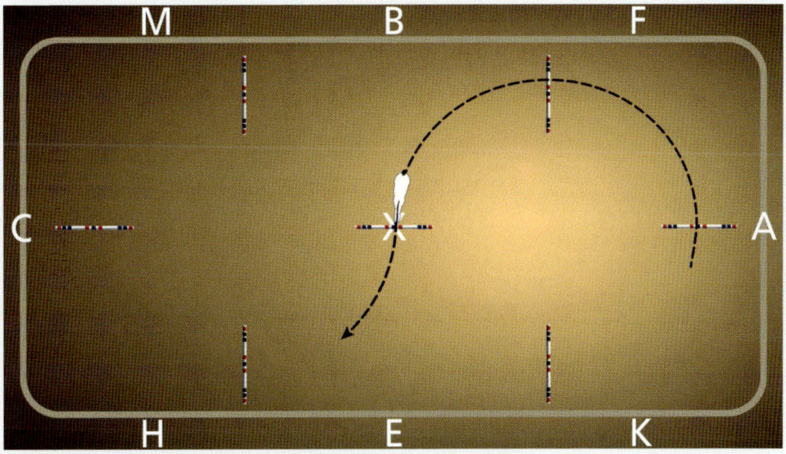

Tipp ▸
Schauen Sie immer voraus. Richten Sie Ihren Blick zur Hallenbande oder der Reitplatzumrandung. Schauen Sie nicht zu den Pylonen oder Richtung Boden. Reiten Sie das Pferd am Wechselpunkt zunächst ein paar Tritte geradeaus und stellen Sie es dann um.

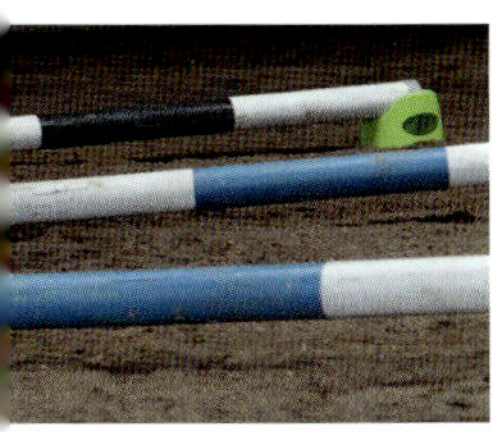

Zur einseitigen Erhöhung von Stangen lassen sich verschiedene Hilfsmittel einsetzen. Ob Cavalettiblöcke oder wie hier Kindertöpfchen: Wichtig ist, dass die Stangen nicht wegrollen können. Sie dürfen aber auch keinesfalls fest verankert sein.

Mein Pferd macht aber ...

Ich erwische die Stange nicht, da mein Pferd nach außen drängelt ...

Entweder fehlt die äußere Begrenzung durch den Zügel und den äußeren Schenkel oder Ihr Pferd fällt auf die äußere Schulter und kann sich nicht richtig im Rücken biegen. Gerade für solche Pferde ist diese Übung Gold wert. Stellen Sie Ihre Pylonen etwas weiter auseinander, vielleicht braucht Ihr Pferd momentan noch einen größeren Radius. Oder beginnen Sie zunächst mit der Übung 2.6, bevor Sie den Handwechsel mit einbauen.

Mein Pferd wird immer schneller ...

Meist liegt dies an einer fehlenden Balance. Das Pferd wird eilig, da es seine Muskelketten nicht korrekt einsetzt und die Bewegungszentren falsch herum arbeiten. Beruhigen Sie Ihr Pferd mit einer kontinuierlichen Schenkelhilfe, um die Bewegungszentren zu korrigieren und die Bauch- und Rückenmuskulatur arbeiten zu lassen. Ein langsameres Aufstehen und deutlicheres Einsitzen hilft zudem, wenn Sie die Übung im Leichttraben reiten. Reiten Sie die Übung zunächst ohne Stange weiter. Bauen Sie erst nach 2 bis 3 Volten den Handwechsel ein, bis Ihr Pferd die Vorhand anhebt und somit langsamer wird. Belohnen Sie Ihr Pferd danach.

5.5 Doppeltes Stangenviereck

Was brauche ich?
4 Stangen à 3 m,
4 Stangen à 2 m,
(1–5 Pylonen)

Aufbau
Legen Sie die vier kurzen Stangen bündig abschließend zu einem Viereck. Parallel dazu legen Sie mit mind. 1 m Abstand die vier längeren Stangen zu einem Viereck, das an den Ecken offen ist.

Was lernt das Pferd?
Biegen und Stellen. Richtiges Untertreten. Mehr Lastaufnahme auf der Hinterhand. Sensibilität für die reiterlichen Hilfen.

Was lernt der Reiter?
Vorausschauende Einteilung der Volte durch Schulung des eigenen Blicks. Verfeinerung der reiterlichen Hilfen. Richtiges Biegen und Stellen in der Wendung. An einer geraden Seite ohne Stellung des Pferdes reiten. Wechsel von Stellung in gebogenen Linien. Einrahmen des Pferdes.

Das doppelte Stangenviereck ist für Anfänger und Fortgeschrittene geeignet. Das Reiten einer runden Volte wird trainiert. Für Kinder kann diese Übung auch als »Kreisverkehr« genutzt werden. Das bringt viel Spaß und die Kinder lernen spielerisch die korrekte Lenkung in der Biegung. Im Zusammenhang mit »Die Straßenkreuzung« können die Reitstunden in der Gruppe sehr viel Spaß bereiten.

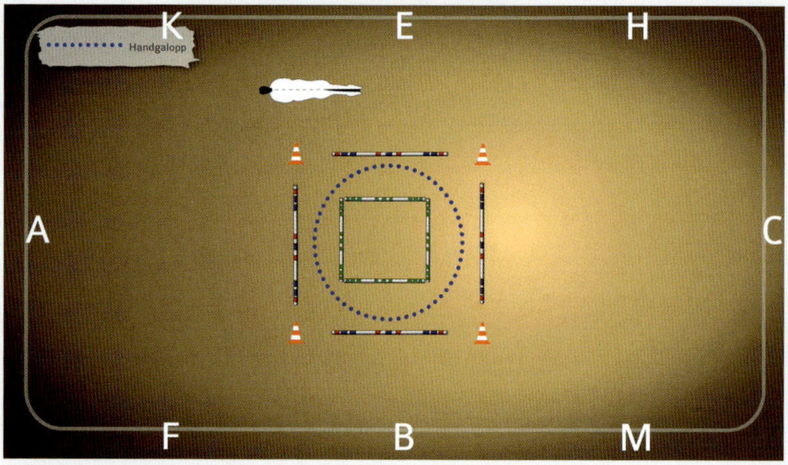

Wie reite ich diese Übung?

Reiten Sie eine Volte um das kleine Viereck innerhalb der Begrenzung durch die langen Stangen. Reiten Sie im fleißigen Schritt.

Hilfengebung

Volten reiten: Das Gewicht liegt auf dem inneren Gesäßknochen. Der innere Zügel stellt das Pferd, der innere Schenkel treibt. Der äußere Schenkel liegt verwahrend am Pferdebauch an. Zusammen mit dem äußeren Zügel begrenzt der äußere Schenkel nach außen und verhindert, dass das Pferd nach außen aus dem Stangenviereck heraustritt. Schauen Sie voraus auf das nächste Viertel der Volte, die Sie reiten möchten.

Geradereiten: Sie können das Geradereiten üben, indem Sie die Stangen rechts und links als optische Begrenzung wählen und zwischen diesen gerade hindurchreiten. Sitzen Sie aufrecht und

Was brauche ich?
4 Stangen à 3 m, 4 Stangen à 2 m, 1 Pylone

Aufbau
Legen Sie die vier kurzen Stangen bündig abschließend zu einem Viereck. Parallel dazu legen Sie mit 1 m Abstand die vier längeren Stangen zu einem Viereck, das an den Ecken geöffnet ist. Stellen Sie die Pylone außerhalb des Stangenvierecks, sodass Sie eine Volte um die Pylone reiten können. Es sollte eine Acht entstehen, wenn Sie um die Pylone und um das kleine Viereck abwechselnd eine Volte reiten.

Achtung!
Korrigieren Sie Ihr Pferd nicht mit dem Zügel, wenn es schwankt. Treiben Sie es verstärkt mit beiden Waden an den Zügel heran. Geben Sie Ihrem Pferd so eine Linie vor. Tritt das Pferd deutlich von hinten an, kann es auch besser geradeaus laufen.

verlagern Sie Ihr Gewicht gleichmäßig auf beide Gesäßknochen. Treiben Sie mit beiden Schenkeln und rahmen Sie so das Pferd ein. Beide Zügel sind gleichmäßig angenommen.

Variante 2

Reiten Sie eine Volte um das kleine Viereck innerhalb der Begrenzung durch die langen Stangen. Reiten Sie im fleißigen Schritt. Wechseln Sie dann die Hand und reiten Sie eine Volte um die Pylone. Gehen Sie dann zurück ins Stangenviereck = Sie reiten eine Acht. Sie können auch mehrere Volten um die Pylone reiten und dann erst wieder in die Volte des Stangenvierecks zurückkehren und umgekehrt. Achten Sie bei dieser Übung auf den Handwechsel. Bevor Sie das Pferd umstellen, sollten Sie einige Schritte (im Trab: Tritte) geradeaus reiten.

Variante 3

Lassen Sie die Stangen weg und stellen Sie eine fünfte Pylone in die Mitte des Aufbaus. Reiten Sie wie oben in der Variante. Ihnen fehlt hier die optische Begrenzung durch die Stangen. Achten Sie auf die richtige Wegeinteilung. Reiten Sie große, runde Volten.

Mein Pferd macht aber ...

Dem Pferd fällt es schwer, sich innerhalb kürzester Zeit umzustellen ...

Reiten Sie zweimal hintereinander eine Volte um eine Pylone, ohne gleich nach der ersten Umdrehung gerade zu reiten. Versuchen Sie das Pferd, auf den kommenden Richtungswechsel (geradeaus) vorzubereiten.

Das Pferd läuft nach außen über die Schulter weg ...

Oft fehlt die äußere Begrenzung. Nehmen Sie den äußeren Zügel mehr an und legen Sie den äußeren Schenkel vermehrt als Begrenzung an. Kippt das Pferd immer auf eine Seite, scheint es selbst schief zu sein. Hier sollten Sie den Schulter- und Beckengürtel stärken. Gehen Sie zunächst nochmal zurück zu Kapitel 4 und trainieren Sie die Übungen 4.4, 4.5, 4.6.

5.6 Zick-Zack

Was brauche ich?
4–6 Stangen und 4–6 Pylonen

Aufbau
Legen Sie die Stangen in einem gleichmäßigen Zickzack-Muster auf der Mittellinie entlang aus. Die Stangen sollten im 90-Grad-Winkel zueinander liegen.

Was lernt das Pferd?
Biegung in engen Wendungen mit ständigem Handwechsel. Schnelles und flexibles Reagieren auf die reiterlichen Hilfen. Förderung der Konzentration und mithilfe der Stangen auch eine Förderung der Hinterhandaktivität.

Was lernt der Reiter?
Vorausschauender Blick in der Wendung. Gerades und mittiges Anreiten eines Hindernisses. Biegen und Umstellen. Schlangenlinien reiten. Erspüren einer aktiven Hinterhand.

Mit dieser Übung können Sie überprüfen, ob Ihr Pferd an den Hilfen steht und es eine korrekte positive Spannung hat. Hat es keine Spannung, fällt es auf die Vorhand und hat eine inaktive Hinterhand. Dies bemerken Sie schnell, da das Pferd den Takt verliert, Schwierigkeiten beim Überwinden der Stangen hat und die Linie nicht halten kann. Ist es verspannt, kann es sich – sofern Sie mit wenig Zügeleinsatz reiten – durch die Volten, Handwechsel und die Stangen lockern. Sie trainieren Ihren Blick für den geeigneten Weg und üben enge Wendungen und Hindernisse gerade und mittig anzureiten. Sie trainieren einen gleichmäßigen Handwechsel und überprüfen die Durchlässigkeit Ihres Pferdes.

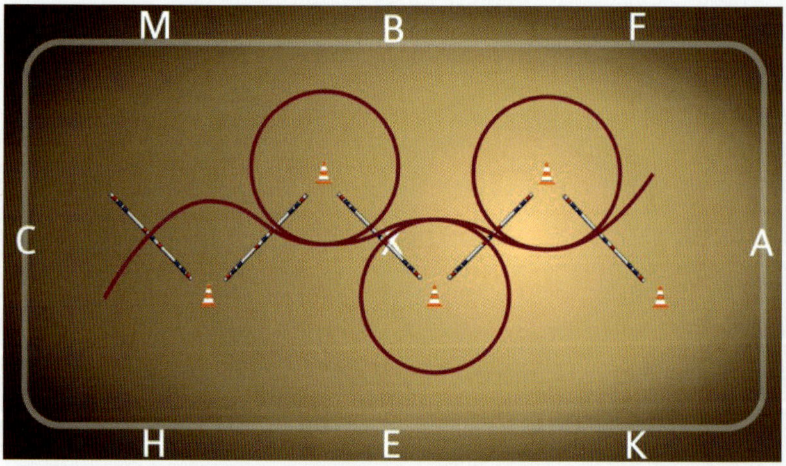

Wie reite ich diese Übung?

Bei dieser Übung reiten Sie eine Schlangenlinie durch die Länge der Bahn auf der Mittellinie. Orientieren Sie sich an den Stangen und reiten Sie diese mittig und gerade an.
Arbeiten Sie in den Wendungen auf keinen Fall nur mit den Zügeln. Verlagern Sie Ihr Gewicht entsprechend und treiben Sie gleichmäßig. Stellen Sie das Pferd nach jedem Bogen um und reiten Sie am Wechselpunkt ein paar Schritte/Tritte gerade.

Tipp ▶

Sollte sich Ihr Pferd einmal nicht in die gewünschte Richtung stellen lassen, bauen Sie eine Volte ein und reiten Sie diese, bis Sie die Stellung erreichen.

Mein Pferd macht aber ...

Mein Pferd bricht über die Schulter aus ...

Bleiben Sie konsequent mit Ihren Hilfen. Achten Sie darauf, dass der äußere Zügel nicht durchhängt. Legen Sie das äußere Bein verwahrend am Pferdebauch an und treiben Sie nach.

Ich treffe die Mitte der Stange nicht ...

Überprüfen Sie Ihre reiterlichen Hilfen: Hatten Sie Ihr Ziel schon bei der vorhergehenden Wendung im Blick? Schauen Sie ausreichend voraus? Verlagern Sie Ihr Gewicht entsprechend der Wendung? Hängt ein Zügel durch? Oder halten Sie sich an beiden Zügeln fest? Wo liegt Ihr Schenkel?

Beim Handwechsel über einer Stange, beginnt mein Pferd zu schwanken ...

Sind die Handwechsel zu unmittelbar für Ihr Pferd, müssen Sie es unbedingt vor der Umstellung ein paar Schritte/Tritte geradeaus reiten. Verlagern Sie Ihr Gewicht auf beide Gesäßknochen und nehmen Sie beide Zügel auf. Treiben Sie ausreichend nach, damit das Pferd die Hinterhand mitnimmt. Die Bögen der Schlangenlinien sind ungleich. Schauen Sie voraus und geben Sie klare Hilfen. Bauen Sie diese Übung immer wieder in Ihren Trainingsalltag ein.

Mein Pferd bleibt immer wieder an den Stangen hängen oder verliert seinen Takt ...

Achten Sie darauf, dass die Hinterhand Ihres Pferdes aktiv bleibt. Ein zu passiv treibender Schenkel kann dazu führen, dass die Hinterhand nicht aktiv mit tritt, die Bauchmuskulatur des Pferdes schlaff hängt und auch der Rücken durchhängt, d.h. die Muskelketten können nicht mehr zusammenarbeiten. Reiten Sie aktiv vorwärts – zunächst außerhalb der Übung. Danach beginnen Sie nochmals mit den Zickzack-Stangen.

5.7 Stangenchaos

Was brauche ich?
5 Stangen oder mehr

Aufbau
Legen Sie die Stangen ohne System in der Reithalle oder auf dem Platz aus.

Was lernt das Pferd?
Balance, Wendigkeit Takt und Losgelassenheit.

Was lernt der Reiter?
Der Reiter lernt, in gleichmäßigem Tempo und vorausschauend zu reiten.

Bei dieser Übung trainieren Sie das genaue Anreiten und Taxieren der Hindernisse. Sie entwickeln einen Blick für die Abstände und lernen, Galoppsprünge passend zu reiten und den korrekten Weg zu finden. Angehende Springreiter können die Übung im Galopp reiten und mit den Stangen einen Parcours simulieren. Die Losgelassenheit und das Finden der richtigen Wege werden mit dieser Übung gefördert. Mithilfe der Stangen bleibt die Hinterhand aktiv und durch die Wendungen werden die seitlichen Muskelgruppen abwechselnd an- und abgespannt.

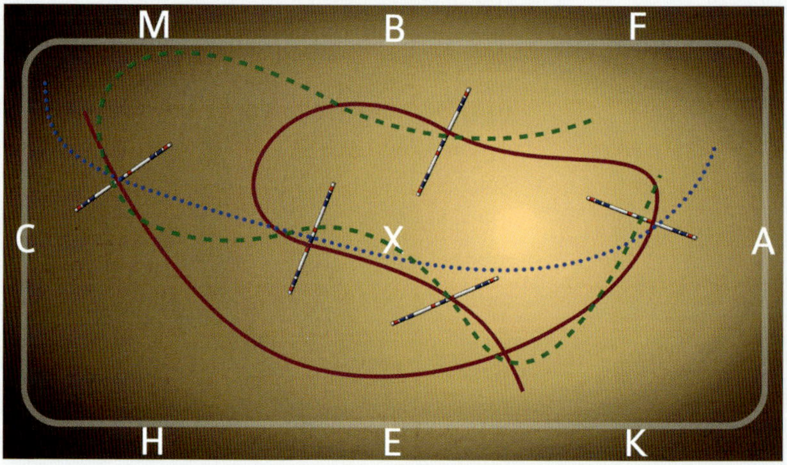

Wie reite ich diese Übung?

Suchen Sie sich einen beliebigen Weg über die Stangen. Wählen Sie die Gangart, die Ihrem Trainingsstand und Ihren Trainingsabsichten entspricht und achten Sie auf ein gleichmäßiges Tempo. Konzentrieren Sie sich auf jede Stange und reiten Sie jede für sich an. Reiten Sie vorausschauend! Achten Sie darauf, dass Sie alle Stangen gerade anreiten und auch gerade überqueren.

Nehmen Sie rechtzeitig beide Zügel gleichmäßig auf, treiben Sie mit beiden Schenkeln gleichmäßig vorwärts. Überlegen Sie vorher, welchen Weg Sie reiten möchten. Suchen Sie den schnellsten, den kürzesten oder einen komplizierten Weg mit vielen Wendungen.

5.8 Schulterherein und Vorhandwendung

Was brauche ich?
2 Pylonen,
4–6 Stangen

Aufbau
Stellen Sie die Pylonen auf die Mittellinie im Abstand von ca. 10–12 m. Die Stangen liegen als Gasse auf dem 5. Hufschlag.

Was lernt das Pferd?
Aufmerksamkeit, Förderung der Konzentration. Untertreten unter den Schwerpunkt. Gleichgewicht in Seitwärtsbewegungen. Biegung, Stellung, Rittigkeit, Lockerung der Muskelgruppen und die Durchlässigkeit werden gefördert. Diagonale Lastaufnahme der Hinterhand und Anheben der Vorhand.

Was lernt der Reiter?
Koordination und Verfeinerung der Hilfen. Gefühl für die Seitwärtsbewegungen.

Das Pferd lernt hier, die Beine zu koordinieren und zu kreuzen. Diese Übung fördert das Gleichgewicht, lockert die Lendenmuskulatur und mobilisiert die Vor- und Hinterhand. Im Schulterherein hebt sich die Vorhand und die Hinterhand tritt verstärkt unter den Schwerpunkt. Somit senkt sich die Hinterhand ab und die Bewegungszentren werden synchronisiert. Der Wechsel zur Vorhandwendung bedeutet nicht nur für den Reiter eine Umstellung der Hilfen und erfordert Konzentration, sondern auch das Pferd muss umdenken. Hierbei wird die Lendenmuskulatur nochmal gelockert. Der Reiter hat in beiden Fällen die Aufgabe, das Pferd mit den äußeren Hilfen einzurahmen und mit dem inneren Schenkel an den äußeren Zügel heran zu treiben. Falls das vordere Bewegungszentrum nun abgesenkt wurde, kann es im Schulterherein wieder angehoben werden.

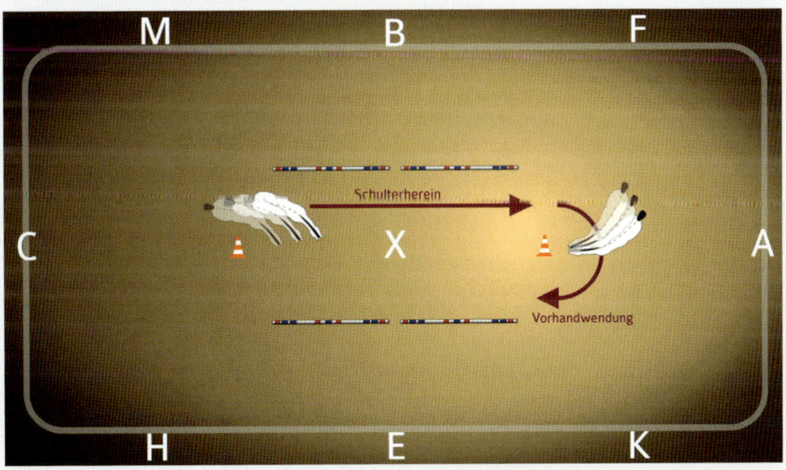

Wie reite ich diese Übung?

Reiten Sie im Schritt neben der Mittellinie entlang. Beginnen Sie bei der ersten Pylone mit dem Schulterherein. Reiten Sie gerade im Schulterherein bis zur zweiten Pylone an den Stangen entlang. Verlagern Sie auf Höhe der zweiten Pylone Ihren inneren Schenkel nach hinten und beginnen Sie nun mit einer Wendung: Ähnlich einer Vorhandwendung soll das Pferd um die Pylone herumtreten. Je nachdem, wie groß Sie die Wendung angelegt haben, muss das Pferd nicht nur mit der Hinterhand, sondern auch mit der Vorhand

Tipp ▸

Pferden, die im Schritt Pass gehen, kann diese Übung helfen, sich wieder in der Oberlinie zu entspannen, sodass sie wieder taktreinen Schritt gehen können. Reiten Sie in diesem Fall das Schulterherein auf 4 Linien und achten auf einen minimalen Zügeleinsatz. Verspannen Sie sich nicht. Sehen Sie diese Übung als Spiel und ermuntern Sie Ihr Pferd durch Lob und motivierende Stimmsignale.

mittreten. Sie haben eine 180-Grad-Wendung ausgeführt. Beginnen Sie nun mit dem Schulterherein auf der anderen Seite der Mittellinie.
Machen Sie Pausen. Gehen Sie ganze Bahn und wechseln Sie die Hand. Sie können das Schulterherein auch im Trab üben.

Hilfengebung

Belasten Sie Ihren inneren Sitzbeinhöcker vermehrt, um dem Pferd ein besseres Untertreten unter den Schwerpunkt mit dem inneren Hinterbein zu ermöglichen. Stellen Sie sich vor, Sie wollten auf eine Volte abwenden. Treiben Sie mit dem inneren Schenkel am Gurt, um eine Biegung des Pferdes zu fordern. Der innere Zügel stellt das Pferd und der äußere Zügel begrenzt die Schulter, um diese zu heben.
Der äußere Schenkel liegt verwahrend. Denken Sie daran: Ihre Schultern sollten symmetrisch zu den Schultern des Pferdes sein und Ihre Hüfte symmetrisch zu der Hüfte des Pferdes.
Bei der Wendung verlagern Sie nur Ihren inneren Schenkel eine Handbreit nach hinten, um die Hinterhand zum Übertreten zu animieren.

Wichtig ▸

Denken Sie daran, den Takt bei der Übung immer wieder zu erhalten.

Reiterschultern parallel zu Pferdeschultern, Reiterhüfte parallel zur Pferdehüfte!

Mein Pferd macht aber …

Mein Pferd kommt beim Schulterherein zu nahe an die Mittellinie …
Legen Sie sich als Hilfestellung zwei weitere Stangen auf die Mittellinie. Rahmen Sie Ihr Pferd besser mit den Hilfen ein. Überprüfen Sie, ob der äußere Zügel ausreichend angenommen ist, um die Seitwärtsbewegung abzufangen. Manche Reiter versuchen, mit dem inneren Zügel die Schulter hereinzuholen. Dadurch wird aber nur der Kopf in die Bahnmitte gezogen. Das eigentliche Ziel, das Freiwerden und Leichtwerden der äußeren Schulter, wird somit nicht erreicht, da das Pferd nur vermehrt auf die äußere Schulter fällt. Stellen Sie sich vor, Sie wollten den ersten Schritt in eine Volte beginnen.

5.9 Die Sandbuhr für verspannte Pferde

Was brauche ich?
4 Pylonen

Aufbau
Stellen Sie in alle 4 Ecken der Reitbahn eine Pylone, wenn Sie möchten auch auf den 2. Hufschlag.

Was lernt das Pferd?
Die Hinterhand des Pferdes wird aktiviert. Es setzt seine Lendenmuskulatur ein und diese wird durch die Tempiwechsel und Trab-Galopp-Übergänge gelockert.

Was lernt der Reiter?
Der Reiter lernt zu erspüren, wie sich die Unterschiede zwischen einem verspannten und lockeren Pferd anfühlen.
Außerdem wann die Hinterhand aktiv mitarbeitet, sodass sich die Lendenmuskulatur anhebt. Zudem lernt er, sein Pferd auch im leichten Sitz einzurahmen und zwischen Zügel- und Schenkelhilfen zu reiten.

Verspannte Pferde können mit dieser Übung lockerer und mobiler werden. Bei Verspannungen können die Muskeln unter anderem auch durch verschiedene Massagetechniken gelockert werden. Schnelle Wirkung zeigen ebenso die Aktivierung der Hinterhand, die Lockerung der Lendenmuskulatur und aktivierende Übergänge wie in dieser Übung beschreiben.

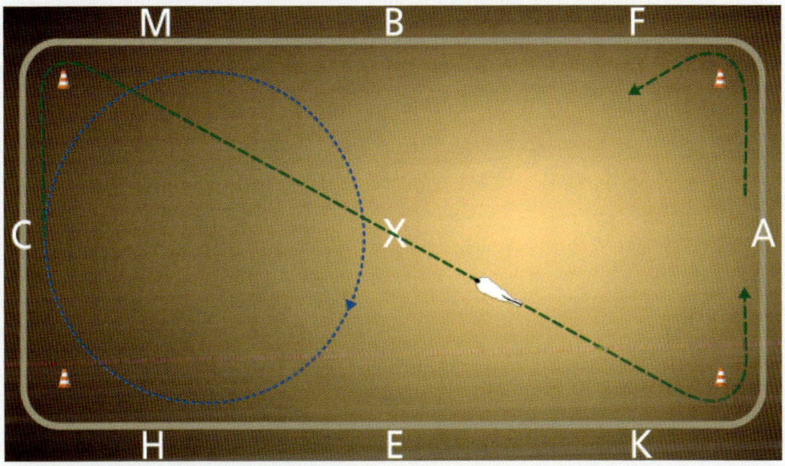

Wie reite ich diese Übung?

Reiten Sie zunächst im Trab durch die ganze Bahn wechseln, als Dauerschleife. Gehen Sie auf der Diagonalen in den leichten Sitz und ermuntern Sie das Pferd, vermehrt vorwärtszugehen. Bleiben Sie in einer weichen leichten Anlehnung. Kurz vor dem Erreichen des Hufschlages setzen Sie sich wieder in den Sattel oder wechseln zum Leichttraben. Nach der kurzen Seite geht es nun wieder auf die Diagonale im leichten Sitz. Beim Einsitzen kurz vor der Bande sollten Sie das Gefühl haben, etwas höher zu sitzen. Ist das der Fall, hat das Pferd alles richtig gemacht und auf der Diagonalen die Hinterhand aktiver eingesetzt und die Lendenmuskulatur kam hoch.
Wechseln Sie nun zum 2. Teilschritt. Nach der Diagonalen galoppieren Sie Ihr Pferd an. Auch hier können Sie den leichten Sitz wählen, sofern Sie Ihr Pferd trotzdem einrahmen können. Reiten Sie zunächst eine Zirkelrunde im Galopp und parieren Sie das Pferd kurz vor der nächsten Diagonalen wieder durch zum Trab. Weiter geht es erneut im leichten Sitz über die Diagonale. Kurz vor Erreichen des

Hufschlags galoppieren Sie noch einmal an und gehen auf einen Zirkel. Sobald dieser Teilschritt gut funktioniert, verkürzen Sie die Galoppsequenz, so dass Sie nur noch an der kurzen Seite galoppieren und danach sofort wieder auf die Diagonale im Trab abwenden.

Mein Pferd macht aber ...

Ich habe das Gefühl unkontrolliert durch die Gegend zu schießen ...

Grundvoraussetzung für diese Übung ist, dass Ihr Pferd sich auch im leichten Sitz einrahmen lässt. Ist dies noch nicht möglich, sollten Sie zunächst Leichttraben. Oder Sie wechseln zur Übung: »Unkonventionell, aber effektiv« auf Seite 89. Denken Sie auch daran, dass hitzige Pferde einen treibenden Schenkel benötigen, damit ihre Rumpfmuskulatur mitarbeitet. Oft laufen spannige Pferde eilig, ohne die Rumpfmuskulatur einzusetzen. Haben Sie schon einmal einen Fachmann zu Rate gezogen? Sind Sie sich sicher, dass keine Verspannungen vorliegen? Reiten Sie Ihr Pferd ansonsten vorwärts oder eher mit angezogener Handbremse?

Ein leicht nach vorn geneigter Oberkörper hilft, die Vorwärtsbewegung des Pferdes zu unterstützen. Rahmen Sie das Pferd trotzdem mit Ihren Schenkeln und weichen Zügelhilfen ein.

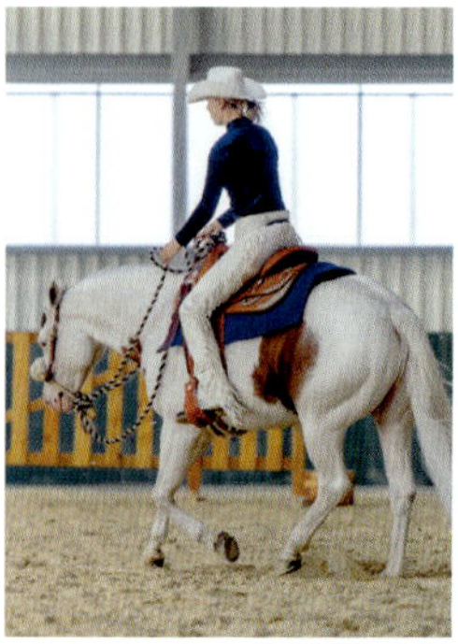

Mein Pferd pariert nicht mehr durch ...

Viele Pferde freuen sich über diese Übung und spüren, dass sie lockerer werden. Zeigen Sie Ihrem Pferd behutsam und diszipliniert, dass Sie zwar keinen punktgenauen Übergang wünschen, aber zumindest einen Übergang an einem definierten Abschnitt. Loben Sie das Pferd, wenn es die Hilfen angenommen hat.

Ich habe Schwierigkeiten, mein Pferd zu motivieren vorwärtszugehen ...

Oft brauchen die Pferde etwas Zeit, bis sich die Verspannungen lösen. Wiederholen Sie die Übung, bis Sie eine Verbesserung feststellen. Stellen Sie sich vor, die Diagonale wäre eine Zielgerade. Motivieren Sie Ihr Pferd auch mit Stimmsignalen – feuern Sie es an. Am Ziel angekommen, gibt es ein dickes Lob. Bitte bleiben Sie dafür nicht stehen, sondern loben Sie Ihr Pferd im Trab.

5.10 Lende lockern

Was brauche ich?
2–4 Pylonen

Aufbau
Stellen Sie jeweils eine Pylone auf den 4. Hufschlag bei E und B. Zusätzlich können Sie auch weitere Pylonen wie in der Skizze eingezeichnet aufstellen. Nutzen Sie ansonsten die Bahnpunkte A bzw. C als visuelle Hilfsmittel.

Was lernt das Pferd?
Das Pferd verbessert seine Schenkelakzeptanz und wird losgelassener. Es lernt, die Bedeutung der Begrenzung der äußeren Hilfen und wird mobiler in der Hinterhand. Voraussetzung ist, dass die Übungen 2.9 und 4.8 schon gut funktionieren.

Was lernt der Reiter?
Der Reiter lernt, Verspannungen im Pferd zu erspüren und welche Strategie das Pferd entwickelt hat, um mit seinem Bewegungsmuster, die Übung zu bewältigen. Dies erkennt man zum Beispiel an einer eiligen Vorhand oder der einseitigen Schenkelakzeptanz. Zudem lernt der Reiter das punktgenaue Reiten.

Durch diese Übung verbessert sich die Schenkelakzeptanz. Durch das Überkreuzen der Hinterbeine wölbt sich die Lende auf und das Pferd wird lockerer. Somit verbessert sich auch die Losgelassenheit des Pferdes. Diese Übung ist vor allem für Pferde geeignet, die beim Schenkelweichen mit der Vorhand vorauseilen oder auch allgemein etwas zu eilig sind und auf den Schenkel mit Schnelligkeit reagieren.

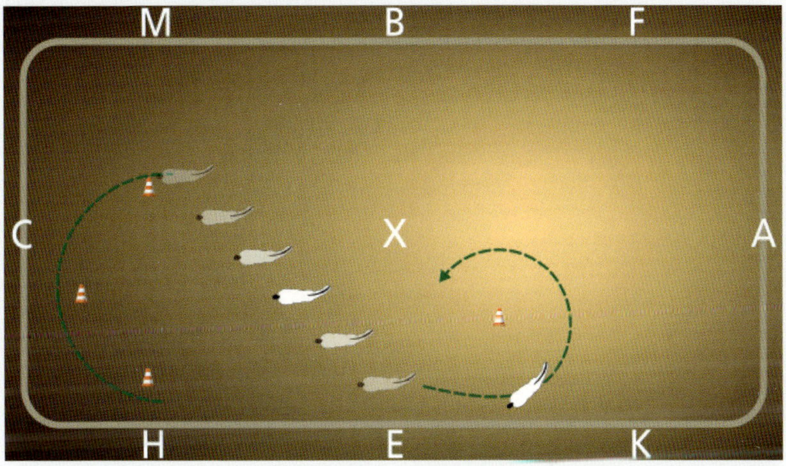

Wie reite ich diese Übung?

Reiten Sie von der Mittellinie aus Schenkelweichen nach außen. Achten Sie darauf, dass Sie vor der Pylone auf dem 2. Hufschlag ankommen. Reiten Sie nun eine Volte um die Pylone, dabei verschieben Sie die Hinterhand nach außen. Bleiben Sie so lange auf der Volte, bis Ihr Pferd fein reagiert.

Mein Pferd macht aber ...

Ich komme nicht an der Pylone an ...

Stellen Sie entweder die Pylone etwas weiter nach innen oder Richtung Zirkelpunkt. Sollten Sie das Problem haben, dass Ihr Pferd nicht die Übung »Schenkelweichen« absolviert, wechseln Sie noch einmal zu Übung 4.8.

Tipp ▸

Die Hilfengebung entspricht der Übung 4.8 und 2.9. Vergessen Sie den Handwechsel nicht!

Mein Pferd verspannt sich ...

Achten Sie darauf, dass Ihr Pferd diese Übung schon meistern kann und nicht überfordert ist. Bleiben Sie locker mit Ihren Zügelhänden und zwingen Sie Ihr Pferd nicht in die Übung. Reiten Sie diese Übung spielerisch. Wenn Sie mal nicht korrekt an der Pylone ankommen, ist das nicht tragisch. Versetzen Sie einfach Ihre Volte oder probieren Sie es nach einer kleinen Pause noch einmal. Bei Problemen auf der Volte, sollten Sie sich nochmal die Übung 2.9 anschauen.

Mein Pferd weicht nur mit der Vorhand ...

Nehmen Sie Ihren treibenden inneren Schenkel vermehrt nach hinten, um so die Hinterhand zu unterstützen. Sobald die Hinterhand aktiv übertritt, können Sie das Pferd auch mit dem äußeren Zügel begrenzen. Jedoch sollte erst die Hinterhand aktiviert werden, bevor der Zügel das Pferd begrenzt, da sich sonst Verspannungen im Pferdekörper festigen können. Ist das so, kann keine feine Kommunikation mehr stattfinden, was sich ggf. in Widersetzlichkeit äußert.

Mein Pferd weicht nicht mit der Vorhand ...

Verlagern Sie Ihren Schenkel nach vorne. Sie können mit einem seitwärtsweisenden Zügel zeigen, wo die Vorhand hingehen soll.

Mein Pferd dreht sich beim Schenkelweichen ...

Überprüfen Sie Ihre Hilfengebung! Nehmen Sie einen Helfer mit, der dem Pferd vom Boden helfen kann.

Mein Pferd drückt beim Schenkelweichen gegen den inneren Schenkel und lässt sich nicht verschieben ...

Üben Sie das Seitwärtstreten vom Boden aus und zeigen Sie dem Pferd mit dem äußeren Zügel behutsam den Weg. Auch ein Helfer kann von unten unterstützen, während Sie vom Sattel aus die Hilfen geben.

Mein Pferd rennt nach außen und kreuzt sehr weit ...

Das Pferd hat sehr gut gelernt, seitwärts zu gehen, jedoch macht es sich die Schnelligkeit und das weite Überkreuzen zu Nutze, um nicht unter den Schwerpunkt treten zu müssen. Somit führt das Pferd zwar eine Seitwärtsbewegung aus, jedoch gehen Takt und die aktive Hinterhand verloren. Begrenzen Sie Ihr Pferd außen und verlangsamen den Takt über Ihr Gewicht.

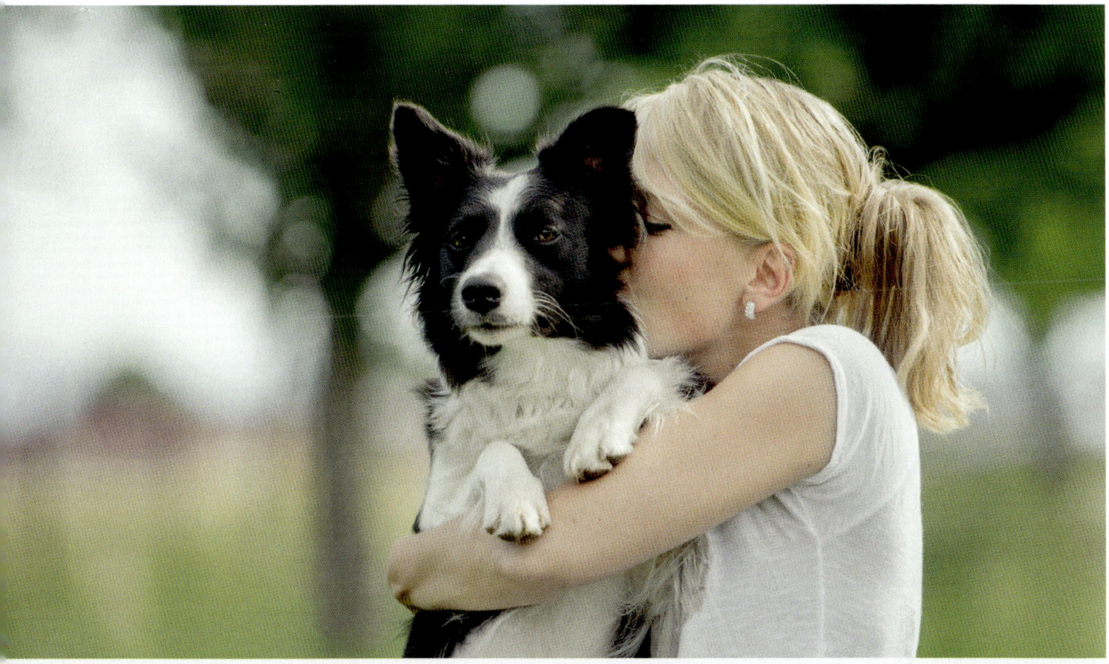

6. Anlehnung und Nachgiebigkeit

Der dritte Punkt der Ausbildungsskala: Anlehnung (FN) und Nachgiebigkeit (EWU)

Anlehnung

Ein losgelassenes Pferd, das aktiv mit der Hinterhand unter den Schwerpunkt tritt, kann an die stete, weich federnde Verbindung zwischen der Hand des Reiters und des Pferdemauls herantreten. Das bedeutet, dass sich die Anlehnung durch die korrekte Arbeit der Muskelketten und der korrekten Drehung der Bewegungsketten ergibt. Und nicht vom Reiter erzeugt wird! Als Reaktion auf die korrekte Drehung der Bewegungszentren und das Anheben des Widerristes beginnt das Pferd, sich mit dem Hals an das Gebiss heranzudehnen. Es ist eine Reaktion und keine Aktion. Wird die Anlehnung mit der Zügeleinwirkung geschaffen, ohne dass die positive Spannung durch die korrekte Drehung der Bewegungszentren erzeugt wurde, führt das unweigerlich zu Anlehnungsfehlern, die ein weiteres Voranschreiten auf der Ausbildungsskale verhindern und Leistungseinbußen sowie Verletzungen mit sich bringen. Deshalb sollte jeder Reiter auf den korrekten Bewegungsablauf und die feine und korrekte Zügeleinwirkung achten!

Im Westernreiten heißt der 3. Punkt der Ausbildungsskala **Nachgiebigkeit**. Hier möchte der Reiter keine stete Verbindung zum Pferdemaul und auch keine stete treibende Hilfe haben,

sondern ein Nachgeben auf Gewichts-, Schenkel- und Zügelhilfen, sodass eine impulsartige Hilfengebung möglich ist. Auch hier kann eine Nachgiebigkeit auf die Hilfen nur durch die korrekte Verwendung der Muskelketten erzeugt werden. Ein Pferd, das auf die Vorhand fällt, oder dessen Hinterhand inaktiv ist, kann nicht nachgiebig auf die Hilfen reagieren.
Egal in welchem Reitstiel Sie sich zu Hause fühlen: Wichtig ist, dass die Reiterhand abwartet (und dabei weich bleibt) und der Schenkel treibt. Erst dann kann das Pferd an das Gebiss herantreten. Deshalb habe ich in diesem Buch bewusst Übungen zur Anlehnung/Nachgiebigkeit und Aktivierung der Hinterhand/Schwung – mit unterschiedlicher Schwerpunktsetzung – zusammen in den Kapiteln 6 und 7 behandelt.
In diesem Kapitel bereiten wir Ihr Pferd vor, um an das Gebiss heranzutreten bzw. seine Nachgiebigkeit zu verbessern. Mit Stangenübungen und dem Schenkelweichen helfen wir dem Pferd, seine Muskelketten korrekt zu verwenden und die Bewegungszentren korrekt zu drehen. Auch zwei Übungen, die sich auf das korrekte Einrahmen des Pferdes beziehen, helfen Ihnen, die Anlehnung zu verbessern.

Folgende Anlehnungsfehler können auftreten:
Bitte verstehen Sie die Anlehnung nicht falsch und ziehen am Zügel, bis das Pferd seinen Kopf senkt! Durch Gegenhalten und Riegeln (abwechselndes Ziehen der Zügel) blockiert der Reiter den Rücken und damit auch die Hinterbeine. Das Pferd arbeitet daraufhin gegen den Reiter, legt sich auf das Gebiss, drückt den Rücken weg und arbeitet durch die Kraft des Unterhalses oder geht hinter die Senkrechte.

1. Das Pferd ist hinter der Senkrechten
Durch zu starke Einwirkung mit der Hand hat der Reiter das Pferd mit der Stirn-Nasenlinie hinter die Senkrechte geritten. Korrektur: Gehen Sie mit der Hand vor in Zusammenarbeit mit Ihren treibenden Hilfen.

2. Das Pferd ist hinter dem Zügel
Zusätzlich nimmt das Pferd die Zügelhilfen nicht an, sondern weicht ihnen rückwärts aus. Korrektur: Stellen Sie das Vertrauen in die Hand wieder her. Reiten Sie am langen Zügel und betont vorwärts. Auf keinen Fall sollten Sie versuchen, das Pferd durch eine höhere Hand zu »heben«.

3. Das Pferd hat einen falschen Knick
Der Reiter hat versucht, durch rückwärts wirkende Hände die Anlehnung zu erzwingen. Nun ist der höchste Punkt des Pferdes nicht mehr zwischen seinen Ohren im Genick, sondern etwa auf Höhe des dritten oder vierten Halswirbels. Korrektur: Dies ist schwer zu korrigieren. Gehen Sie elastisch mit den Händen vor. Lassen Sie immer wieder die Zügel aus der Hand kauen, das Pferd muss lernen, seine obere Halslinie zu dehnen.

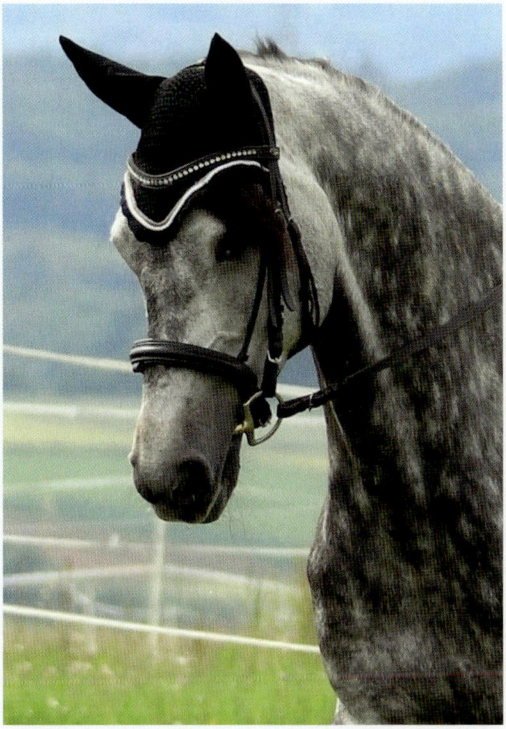 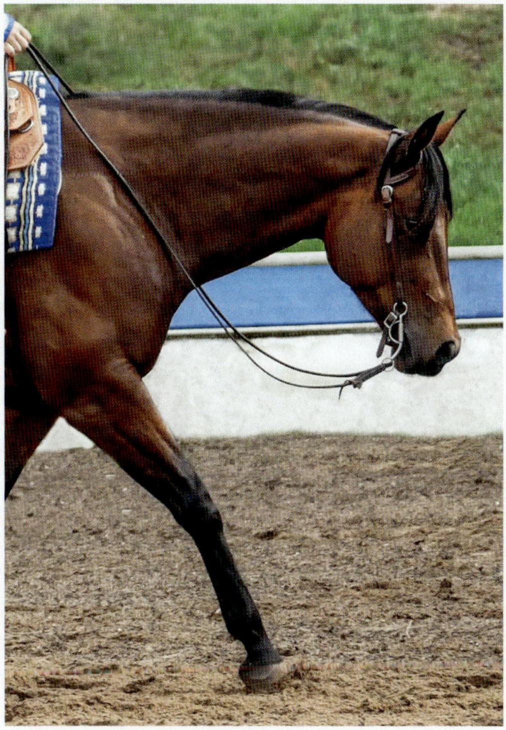

Im Englischreiten möchte man, dass das Pferd an eine stete und weich federnde Verbindung zwischen Reiterhand und Pferdemaul herantritt. Im Westernreiten folgt nach einer weichen Verbindung zum Pferdemaul die Selbsthaltung. Nun kann das Pferd im Slaq (am langen Zügel) geritten werden. Hier bereits im Bit in der einhändigen Zügelführung.

4. Das Pferd legt sich auf den Zügel
Das Pferd legt sich auf den Zügel und ist nicht bereit, genügend von hinten heranzutreten. Korrektur: Durch vermehrtes Treiben können Sie die Hinterhand aktivieren. Nehmen Sie den Zügel angemessen an oder geben Sie ihn nach. Reiten Sie häufig Übergänge mit gefühlvoller Hand. Bieten Sie Ihrem Pferd auf keinen Fall die Hand als Stütze an.

5. Das Pferd geht gegen den Zügel
Die Nasen-Stirnlinie befindet sich deutlich vor der Senkrechten. Das Pferd hält den Rücken fest und drückt mit seinem Unterhals nach oben. Mit der Zeit bildet sich falsche Muskulatur. Korrektur: Longieren Sie erst mit längerem, dann mit kürzerem Ausbindezügel. Reiten Sie viele lösende Übungen (große gebogene Linien, häufige Handwechsel, Zügel-aus-der- Hand-kauen-Lassen). Der Rücken Ihres Pferdes muss loslassen und zum Schwingen angeregt werden. Ihr Pferd findet den Weg in die Tiefe am besten durch seitwärtsweisende Zügelhilfen. Bitte bereiten Sie Ihr Pferd mit den Übungen in Kapitel 4 – vor allem 4.1 – und 5 auf die Anlehnung vor. Sobald einer der folgenden Anlehnungsfehler auftritt, sind Ihr Pferd oder Ihre Reiterhand noch nicht so weit! Beginnen Sie deshalb zuerst mit der Übung 6.10 »Nase vor«.

6.1 In Balance

Was brauche ich?
Mindestens 4 Stangen, 2 Pylonen

Aufbau
Die Stangen liegen auf dem vierten Hufschlag. (Sie können auch mehr Stangen legen, beachten Sie aber die korrekten Abstände: Dressur: ca. 1,30 m, Western ca. 1 m), die Pylonen auf der Mittellinie von A nach C.

Was lernt das Pferd?
Gerades Laufen ohne optische Begrenzung. Taxieren von Stangen und Abständen (s. Info).

Was lernt der Reiter?
Der Reiter lernt zu erspüren, wann er das Pferd soweit vorbereitet hat, dass es sich in eine Anlehnung begeben kann. Er lernt, das Pferd auf der Geraden beidseitig einzurahmen und dann den Wechsel zur diagonalen Hilfengebung auf einer gebogenen Linie einzuleiten.

Über Trabstangen wird der Takt gefördert und überprüft. Für viele Pferde ist es sehr schwer, über einen längeren Zeitraum ein gleichmäßiges Tempo aufrechtzuerhalten. Trabstangen fördern dadurch die Koordination und das Gleichgewicht des Pferdes sowie die Konzentration von Pferd und Reiter. Der Reiter entwickelt dabei das Gefühl für den korrekten Trab, eine aktive Hinterhand und einen aufgewölbten Rücken. Zudem lernt er, locker und in positiver Spannung mit den Bewegungen des Pferdes mitzuschwingen. Außerdem wird die Hinterhand aktiviert, da die Pferde ihre Hinterbeine deutlich höher nehmen müssen, um die Stangen zu überwinden. Dabei wird auch das Zusammenspiel der dorsalen und ventralen Muskelkette gefördert. Der Rücken wölbt sich und das Nackenrückenband spannt sich an.
Auch die Schwebephase wird gefördert. Je elastischer und kraftvoller das Pferd trabt, desto schwungvoller bewegt es sich. Ursachen für einen zu eiligen Trab (Verkürzung der Schwebephase) sind meist ein nicht ausbalanciertes Pferd oder ein zu eiliges Grundtempo. Auch Verspannungen können zu einem eiligen Bewegungsablauf führen. Hier helfen wiederum Trabstangen, um dem Pferd ein passendes Tempo vorzugeben und die Schwebephase zu verlängern.
Ursache für einen zu schleppenden Trab kann mangelnde Gehfreude sein. Dieses Problem kann mit einem abwechslungsreichen Training, z.B. Trabstangen oder Stangen-Workout, einem motivierenden Umgang und korrekten Reiterhilfen gelöst werden.

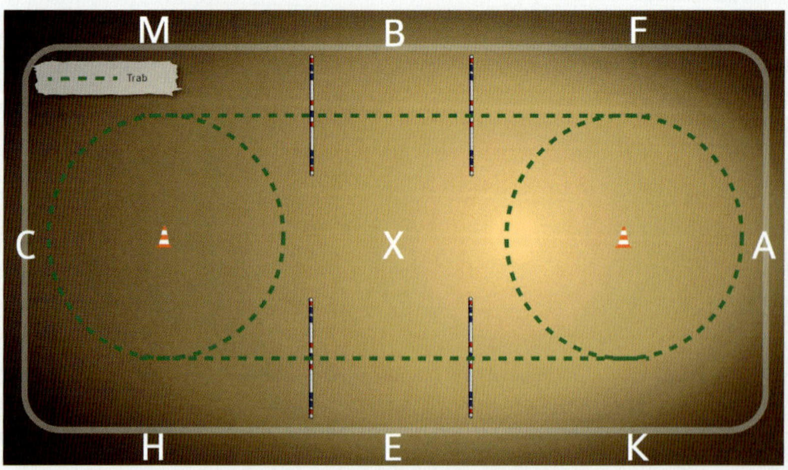

Achtung!

Überprüfen Sie Ihren Sitz. Wenn Sie nicht korrekt mit der Hüfte mitschwingen, können Taktfehler auftreten und das Pferd stößt an der Stange an. Schwingen Sie mit der Hüfte, nicht mit dem Bauch.

Wie reite ich diese Übung?

Reiten Sie über die Stangen im Trab und machen Sie an den kurzen Seiten eine Volte um die Pylonen. Traben Sie zunächst leicht. Traben Sie über die Mitte der Stangen. Das Reitergewicht liegt auf beiden Seiten gleichmäßig. Auf der geraden Linie ist das Pferd mit den reiterlichen Hilfen (Zügel gleichmäßig, beide Schenkel treiben vorwärts) eingerahmt. Nach der letzten Stange reiten Sie eine Volte um die Pylone. Der Abstand zur Pylone sollte immer gleich sein. Ihr Pferd wird langsamer werden, sollte aber immer noch unter den Schwerpunkt treten. Tritt das Pferd auch in der Wendung fleißig mit, können Sie hier aussitzen. Hat das Pferd ein gleichmäßiges Grundtempo, können Sie die ganze Übung hindurch aussitzen.

Mein Pferd macht aber ...

Mein Pferd läuft außen an der Stange vorbei ...

Überlegen Sie sich den Weg, reiten Sie vorausschauend. Achten Sie auf die reiterliche äußere Begrenzung (äußerer Zügel und äußerer Schenkel).

Mein Pferd wird in der Wendung schneller ...

Die Ursache kann sein, dass das Pferd noch nicht ausbalanciert ist. Üben Sie das Reiten von engen Wendungen (Übung 2.6 oder 5.4).

Mein Pferd wird auf der geraden schneller ...

Genau hierfür sind die Volten. Damit können Sie Ihr Pferd wieder beruhigen. Sobald das Tempo wieder passend ist, können Sie erneut mit den Trabstangen beginnen

Über den Stangen wird die Hinterhand aktiviert und die Vorhand hebt sich. Erst wenn die Bewegungszentren korrekt gedreht sind und miteinander arbeiten, kann das Pferd in eine Anlehnung kommen.

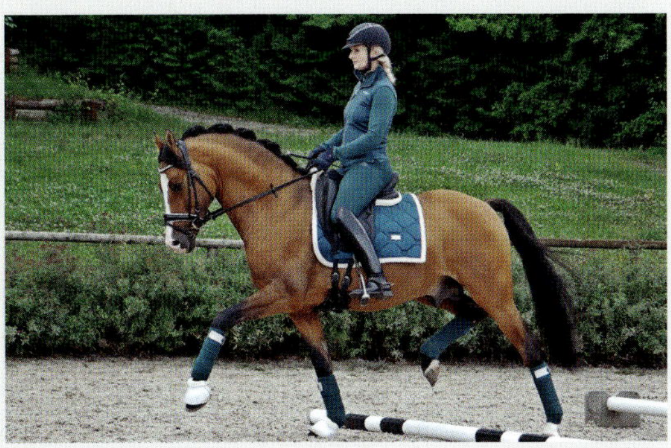

6.2 Hütchenspiel 1

Was brauche ich?
1 Pylone

Aufbau
Stellen Sie die Pylone in die Mitte des Zirkels (s. Skizze).

Was lernt das Pferd?
Aufwölben der Lende. Schenkelgehorsam. Vermehrte Lastaufnahme auf die Hinterhand. Das Pferd lernt, die raumgreifenden Schritte mit ins Schenkelweichen zu nehmen.

Was lernt der Reiter?
Räumliche Vorstellung. Koordination. Körperspannung aufbauen und lösen.

Mit Schenkelweichen und Volten können Sie in dieser Übung das Aufwölben der Lende, das vermehrte Lastaufnehmen und die Aktivierung der Hinterhand trainieren. Diese Übung ist eine Vorbereitung auf die versammelnden Lektionen und lässt das Pferd besser an den Hilfen stehen.

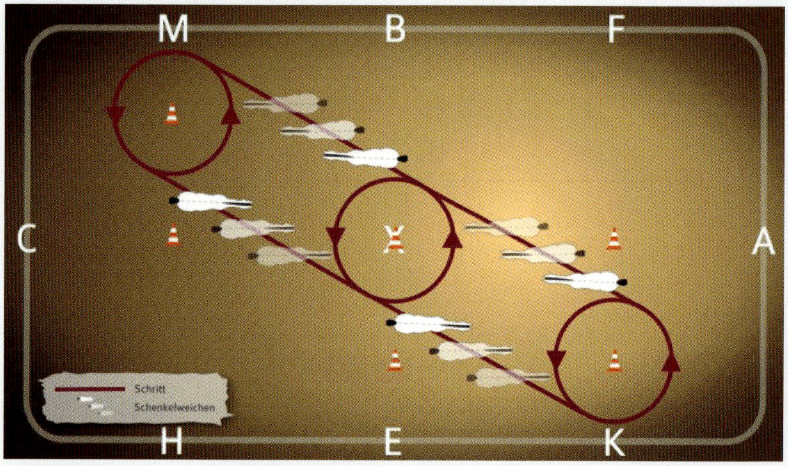

Wie reite ich diese Übung?

Diese Übung ist in verschiedene Schwierigkeitsstufen aufgeteilt. Für alle Schritte gilt: Reiten Sie eine Volte um eine Pylone. Verschieben Sie durch Schenkelweichen das Pferd zur nächsten Pylone und reiten Sie erneut eine Volte um die Pylone.

1. **Vier Pylonen:** Reiten Sie eine Volte um die Pylone bei K. Verschieben Sie das Pferd mit Schenkelweichen zur Pylone bei X. Machen Sie eine Volte. Dann reiten Sie geradeaus weiter zur nächsten Pylone bei G. Reiten Sie anderthalb Volten um diese Pylone. Reiten Sie dann mit Schenkelweichen zur Pylone bei E. Dort reiten Sie eine Volte und gehen gerade zurück zur Pylone bei K. Dort können Sie mit der Übung erneut beginnen.
2. **Drei Pylonen:** Reiten Sie eine Volte um die Pylone bei M. Verschieben Sie mit Schenkelweichen das Pferd zur Pylone bei X. Reiten Sie um diese Pylone eine Volte und verschieben Sie das Pferd wieder mit Schenkelweichen zur Pylone bei K. Hier reiten Sie anderthalb Volten und verschieben mit Schenkelweichen

zurück zur Pylone bei X. Reiten Sie eine Volte um die Pylone bei X und verschieben Sie das Pferd wieder mit Schenkelweichen zur Pylone bei M, mit der Sie begonnen haben. Entsprechend in die andere Richtung: H – X – F – X – H.

3. **Fünf Pylonen:** Beginnen Sie mit einer Volte um die Pylone bei G. Verschieben Sie mit Schenkelweichen das Pferd zur Pylone bei E. Reiten Sie eine Volte und verschieben Sie zur Pylone bei D. Eine Volte um D und Schenkelweichen zu X. Sie haben jetzt einen Handwechsel gemacht. Reiten Sie eine Volte um die Pylone bei X und verschieben Sie mit Schenkelweichen das Pferd zur Pylone bei M.

Hilfengebung

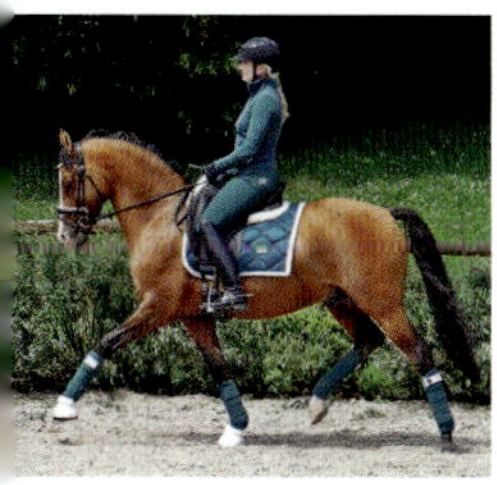

Schenkelweichen hilft dem Pferd, seine Bewegungszentren zu korrigieren, wodurch die Hinterhand aktiver und die Vorhand leichter wird. Das Pferd tritt an die Zügelhand heran. Die Hinterhand des Ponyhengstes könnte noch weiter abkippen und die Lende noch etwas lockerer sein. Da hilft es nochmals in die Übung zu wechseln.

Volte: Stellen Sie das Pferd mit dem inneren Zügel nach innen. Nehmen Sie den äußeren Zügel ebenfalls an, um das Pferd nach außen zu begrenzen. Verlagern Sie Ihr Reitergewicht auf den inneren Gesäßknochen und drehen Sie Ihren Oberkörper mit. Schauen Sie, wohin Sie reiten wollen. Treiben Sie mit dem inneren Schenkel und rahmen Sie das Pferd mit dem äußeren Schenkel ein.

Schenkelweichen: Stellen Sie Ihr Pferd leicht nach innen, begrenzen Sie die äußere Schulter Ihres Pferdes mit dem äußeren Zügel. Das Reitergewicht liegt auf dem inneren Gesäßknochen, der innere Schenkel treibt am Gurt, der äußere Schenkel liegt verwahrend am Pferdebauch an. Schauen Sie dorthin, wo Sie hin reiten wollen.

Mein Pferd macht aber ...

Mein Pferd kommt nicht bei der richtigen Pylone an ...

Schauen Sie voraus und teilen Sie sich den Weg ein. Schieben Sie das Pferd nicht mit Ihrem Becken in die gewünschte Richtung. Rahmen Sie das Pferd mit dem äußeren Zügel und Schenkel ein. Treiben Sie es an die Hand heran.

Meine Volten sind unterschiedlich groß ...

Üben Sie das Reiten von Volten. Sie werden dabei immer sicherer, was sich auch in der Gleichmäßigkeit der Volten zeigen wird.

6.3 Raute (mit drei Varianten)

Was brauche ich?
4 Pylonen, 4 Stangen

Aufbau
Legen Sie die Stangen als Raute in die Mitte der Reitbahn. Am Ende der Stangen stellen Sie auf jede Ecke eine Pylone. Beginnen Sie mit einem Abstand von 1–2 m zwischen den Enden der Stangen.

Was lernt das Pferd?
Das Pferd lernt, über den Stangen die Hinterhand zu aktivieren. Die Vorhand kann sich heben und das Pferd wird durch die verschiedenen Wendungen und Handwechsel durchlässiger.

Was lernt der Reiter?
Vorausschauend und gerade reiten mit korrekter Hilfengebung. Der Reiter lernt, seine Hüfte im Trab mitschwingen zu lassen. Volten und enge Wendungen. Übergänge und Handwechsel. Vorausschauendes Reiten. Verfeinerung der Hilfengebung.

Mit dieser Übung trainieren Sie das Reiten von Volten und engen Wendungen. Sie können Handwechsel und Übergänge einbauen und die Durchlässigkeit des Pferdes fördern. Die verschiedenen Möglichkeiten über die Stangen und um die Pylonen fördern die Motivation und Konzentration von Pferd und Reiter.

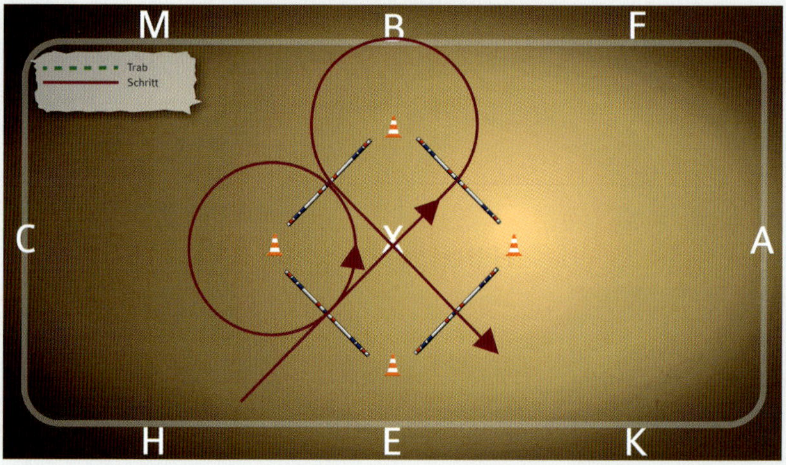

Wie reite ich diese Übung?

Reiten Sie die Übung im Schritt oder Trab.

1. **Volten:** Orientieren Sie sich an der Mitte der Stangen. Die Pylone ist der Mittelpunkt der Volte, reiten Sie immer über die Stangenmitte, damit die Volte gleichmäßig rund bleibt. Reiten Sie immer mittig über die Stangen.
2. **Übergänge:** Reiten Sie gerade über die Stangenmitte und wechseln Sie beim Mittelpunkt der Raute die Gangart. Reiten Sie über die Stangenmitte wieder aus der Raute heraus.
3. **Handwechsel:** Reiten Sie von M nach K »durch die ganze Bahn wechseln« über die Stangenmitte der Raute und entsprechend von F nach H (oder umgekehrt).

Mein Pferd macht aber ...

Mein Pferd stößt mit den Hinterbeinen an ...

Oft ist das Anstoßen der Hinterbeine ein Indiz für eine inaktive Hinterhand. Auch können Verspannungen im Pferd vorliegen.

Tipp ▶

Schauen Sie nicht nach unten auf die Stangen oder Pylonen. Drehen Sie den Oberkörper mit, indem Sie sich eine Verlängerung der Stangen auf Augenhöhe suchen.

Blockaden zum Beispiel im Iliosakralgelenk können auch zu einem vermehrten Anstoßen führen. Überprüfen Sie auf der geraden Linie mit Stangen, ob das Pferd auch hier anstößt. Oder liegt es an der engeren Wendung? Liegt es daran, sollten Sie die Stangen etwas auseinanderziehen und die Größe der Wendungen dem Ausbildungsstand Ihres Pferdes anpassen.

Mein Pferd stößt mit den Vorderbeinen an …

Das Anstoßen mit den Vorderbeinen kann verschiedene Ursachen haben. Meist hebt das Pferd sein Brustbein nicht an. Das hat zur Folge, dass das Pferd auf der Vorhand zu viel Last hat und deshalb an den Stangen anstößt. Es kann aber auch eine zu starke Zügelhand sein, die der Schulter nicht genügend Raum gibt, um die Vorderbeine nach vorne-oben zu führen. Auch kann die Linienführung fehlerhaft sein. Ein zu geringer Abstand zur Stange kann ebenso zu einem Anstoßen führen. Ein Helfer kann Sie dabei unterstützen, die Ursache zu finden. Taktische Reiterfehler können ebenso für ein Anstoßen des Pferdehufs verantwortlich sein. Hier auf dem Bild sieht man, dass das äußere Vorderbein zuerst die Stange überquert. Dies führt oft dazu, dass das innere Vorderbein zu nah an der Stange steht. Wenn dann die Hinterhand nicht aktiv genug mit tritt, kann das zu einem Anstoßen des inneren Vorderbeins an der Stange führen. Reiten Sie die Stange so an, dass das innere Vorderbein zuerst die Stange überquert.

Weiter erkennt man auf dem Foto, dass das Pferd in der Wendung seine Achsensymmetrie verliert. Der Kopf ist leicht nach innen verworfen. Die Nasenlinie (Genick – Mitte Nüstern) ist nicht mehr senkrecht. Das tritt oft auf, wenn zu kleine Wendungen in Bezug auf den Ausbildungsstand gewählt werden und der Schultergürtel des Pferdes nicht genügend gestärkt wurde.

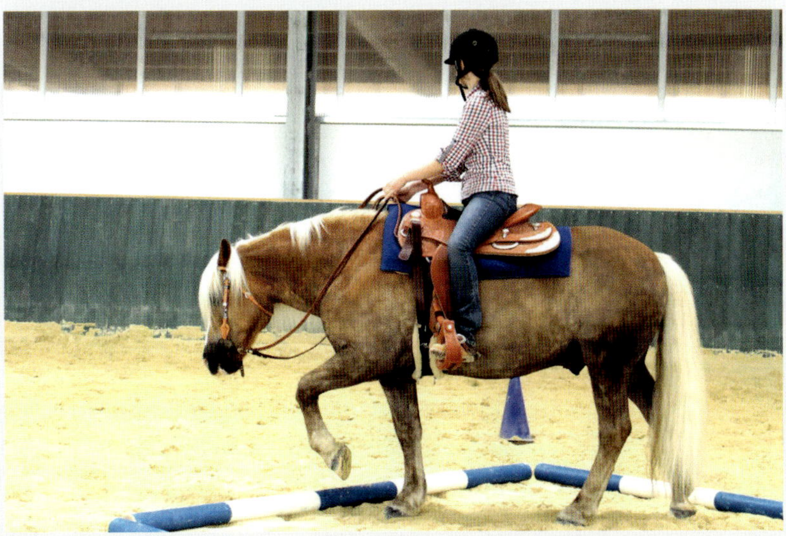

6.4 In positiver Spannung in den Übergang

Was lernt das Pferd?
Das Pferd lernt, mit Hilfe des Schenkelweichens unter den Schwerpunkt zu treten, die Schulter zu heben und somit leichter an den Zügel heranzutreten, oder sich selbst während des Übergangs zu tragen.

Was lernt der Reiter?
Gefühl und Timing für korrekte Anlehnung/Nachgiebigkeit. Der Reiter lernt, das Pferd korrekt auf einen Übergang vorzubereiten

Durch das Überkreuzen der Hinterbeine wölbt sich die Lendenmuskulatur auf. Das innere Hinterbein tritt vermehrt unter den Schwerpunkt und unterstützt somit das energische Abfußen beim Antraben. Das Pferd tritt beim Übertreten mehr an den Zügel heran und steht beim korrekten Schenkelweichen besser an den Hilfen. Somit kann der Schub beim Antraben das Herantreten an den Zügel vereinfachen.

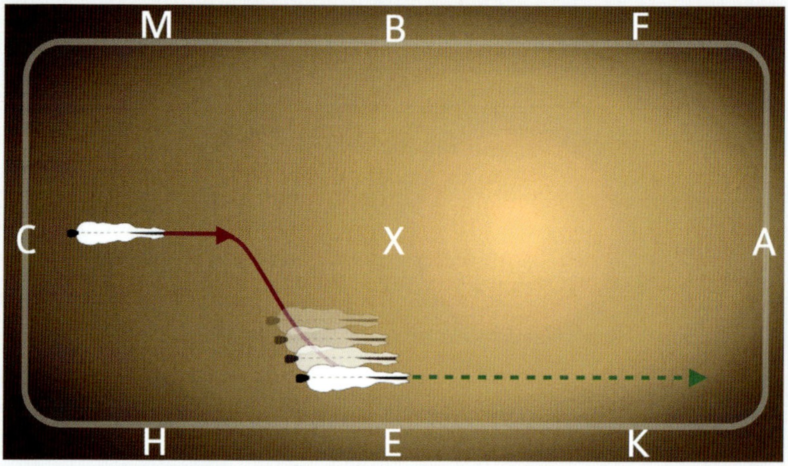

Wichtig ▸

Sie sollten bei dieser Übung ein Überstellen des Pferdes unbedingt vermeiden.

Wie reite ich diese Übung?

Reiten Sie auf die Mittellinie und beginnen Sie das Schenkelweichen, z. B. nach rechts, im Schritt. Wenn Sie den 3. Hufschlag erreicht haben, traben Sie Ihr Pferd aus dem Schenkelweichen heraus geradeaus an.

Hilfengebung

Belasten Sie die Sitzbeinhöcker je nach Reitweise entweder innen oder beidseitig. Der innere Schenkel treibt mittig seitwärts. Der äußere Schenkel ist verwahrend (begrenzend). Der innere Zügel stellt, der äußere begrenzt das Pferd.

Achten Sie darauf, dass das Pferd parallel zur langen Seite geritten wird. Es sollte immer einen Schritt/Tritt zur Seite und einen Schritt/Tritt nach vorne machen.

Tipp ▶

Geht Ihr Pferd gegen den Zügel oder nimmt den Kopf hoch bei Übergängen? Dann ist diese Übung genau richtig!

Mein Pferd macht aber ...

Mein Pferd drückt gegen den inneren Schenkel und lässt sich nicht verschieben ...

Üben Sie das Seitwärtstreten vom Boden aus und zeigen Sie Ihrem Pferd mit dem äußeren Zügel behutsam den Weg. Sie können unterstützend mit der 4-Punkte-Regel (S. 16) auch die Gerte einsetzen.

Mein Pferd rennt nach außen und kreuzt sehr weit ...

Ihr Pferd hat sehr gut gelernt, seitwärts zu gehen. Es macht sich jedoch die Schnelligkeit und das weite Überkreuzen zu Nutze, um nicht unter den Schwerpunkt zu treten. Somit hat das Pferd zwar eine Seitwärtsbewegung, allerdings gehen Takt und die aktive Hinterhand verloren. Begrenzen Sie Ihr Pferd außen und reiten Sie es ruhiger.

Mein Pferd trabt oder galoppiert nicht an ...

Überprüfen Sie den Schenkelgehorsam Ihres Pferdes mit der 4-Punkte-Regel. Überprüfen Sie Ihre Hilfengebung. Schieben Sie das Pferd nicht aktiv in die gewünschte Gangart, sondern bereiten Sie es mit halben Paraden auf den Übergang vor.

Mein Pferd überholt mit der Hinterhand die Vorhand ...

Nehmen Sie den vorwärts-seitwärts treibenden Schenkel weiter nach vorne an den Gurt. Der äußere Schenkel liegt verwahrend hinter dem Gurt und begrenzt das Pferd. Der äußere Zügel darf leicht nachgeben bzw. zur Seite weisen. Das Pferd hat dann die Möglichkeit, mit der Vorhand seitwärtszutreten.

Die Ursache liegt in der Raumeinteilung. Markieren Sie mit Pylonen die Punkte, an denen Sie gerade reiten, die Stellung wechseln und auf dem Hufschlag ankommen wollen. Beginnen Sie mit kleinen Abständen: 1 m Entfernung von der Bande, dann 2 m usw.

Mein Pferd überholt mit der Vorhand die Hinterhand ...

Nehmen Sie den vorwärts-seitwärts treibenden Schenkel nach hinten. Legen Sie den verwahrenden Schenkel an den Gurt und begrenzen Sie das Pferd. Nehmen Sie den äußeren Zügel leicht an.

6.5 Viereck verkleinern und vergrößern

Was brauche ich?
Sie können Pylonen an die Zirkelpunkte stellen (2. Hufschlag) und ein Pylonen-Tor bei X platzieren. Auch können Sie auf Höhe der Bahnpunkte H/K/F/M Pylonen stellen, dadurch beginnen Sie das Verkleinern schon etwas früher.

Was lernt das Pferd?
Gesteigerte Durchlässigkeit. Stärkung von Schulter- und Beckengürtel. Sensibilisierung auf die Reiterhilfen. Mobilisierung und Lockerung der Lendenmuskulatur sowie korrekte Drehung der Bewegungszentren.

Was lernt der Reiter?
Verfeinerung der Hilfengebung. Zusammenspiel der verschiedenen Hilfen.

Seit 2012 wird diese Übung in der A-Dressur abgefragt. Die Richter überprüfen mit dieser Lektion den Gehorsam und die Durchlässigkeit des Pferdes. Sie können den Schenkelgehorsam verbessern und lernen, das Pferd mit dem äußeren Zügel zu begrenzen. Ihr Pferd sollte das Schenkelweichen (siehe Übung 4.4) bereits kennen. Das Überkreuzen hilft zudem, die äußeren Muskelschlingen der Hinterhand zu trainieren (eng stehende Pferde) und öffnet die Schulterpartie.

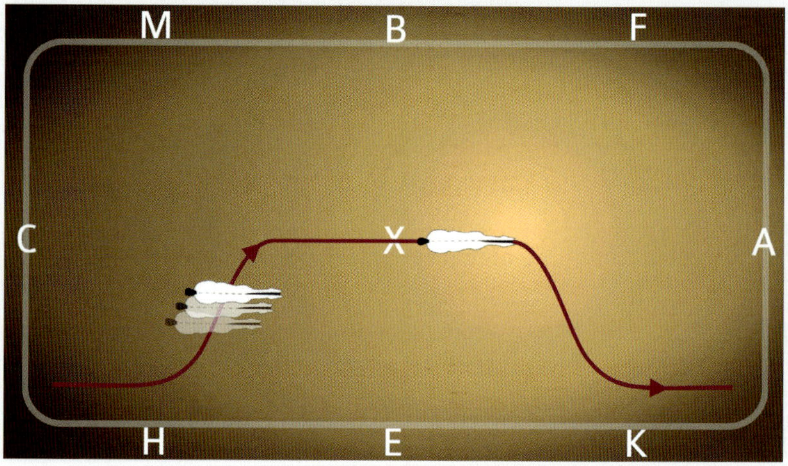

Wie reite ich diese Übung?

Der Weg, den Sie beim Viereckverkleinern und -vergrößern nehmen, ähnelt dem einer einfachen Schlangenlinie. Reiten Sie auf der linken Hand (Schritt oder Trab). Nach der Ecke von C nach H beginnen Sie bei H mit einer Vorwärts-Seitwärts-Bewegung in Richtung Bahnmitte. Stellen Sie dazu das Pferd nach rechts und verlagern Sie Ihr Gewicht auf den rechten Gesäßknochen. Treiben Sie vermehrt mit dem rechten Schenkel. Nehmen Sie den linken Zügel an und legen Sie den linken Schenkel verwahrend an den Gurt. So verhindern Sie, dass das Pferd mit der Hinterhand der Vorhand voraustritt. Parallel zur Bande bewegt sich das Pferd Richtung Bahnmitte etwa 5 m von der Bande entfernt (oder alternativ, wie in der Skizze oben eingezeichnet, bis zur Mittellinie). Auf Höhe von E-B reiten Sie einige Schritte (Tritte) geradeaus. Stellen Sie dann das Pferd nach links. Bei K sollte das Pferd wieder auf dem Hufschlag sein.

6.6 Straßenkreuzung

Was brauche ich?
4 Pylonen, 4 Stangen

Aufbau
Legen Sie die Stangen und Pylonen wie in der Skizze gezeigt auf den Boden. Lassen Sie zwischen Pylonen und Stangen einen Abstand von etwa 1,20 m.

Was lernt das Pferd?
Vermehrten Gehorsam. Aktives Untertreten unter den Schwerpunkt. Übergänge zwischen den Gangarten.

Was lernt der Reiter?
Biegen und Stellen in Wendungen. Geradereiten und Geraderichten. Verfeinerung der reiterlichen Hilfen. Übergänge zwischen den Gangarten. In dieser Übung lernt der Reiter hervorragend, sein Pferd mit den Hilfen einzurahmen.

Mit dieser Übung können Sie Biegung und Stellung, Reiten von Wendungen und Übergängen und das Geraderichten mit aktiver Hinterhand trainieren. Der Übungsaufbau bietet die Möglichkeit, je nach Leistungsstand auch unterschiedliche Tempi zu reiten (Stangen und Pylonen müssen dann weiter auseinandergestellt werden).

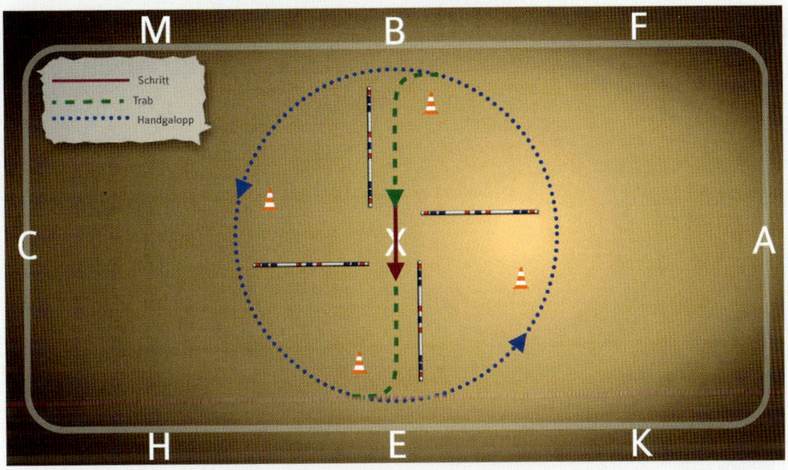

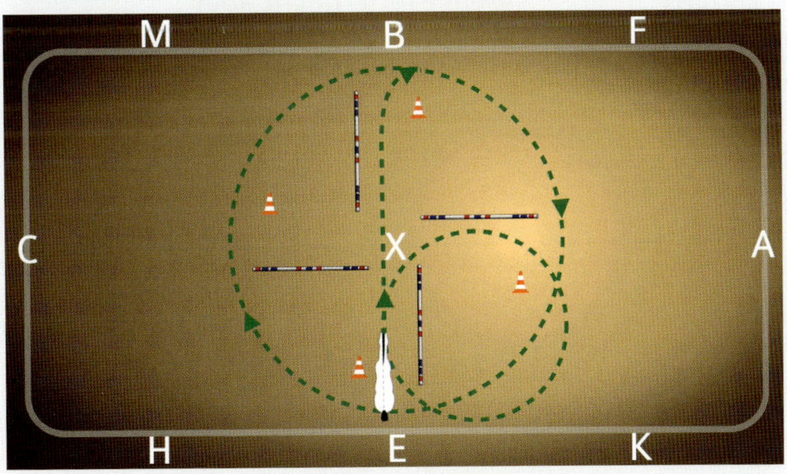

Wie reite ich diese Übung?

Reiten Sie diese Übung zunächst im Schritt. Gehen Sie gerade in den Aufbau hinein und gerade wieder heraus. Machen Sie einen halben Zirkel und reiten Sie wieder gerade in den Aufbau hinein (Skizze 1).

Tipp ▸

Überlegen Sie sich rechtzeitig, welchen Weg Sie einschlagen wollen. Schauen Sie in die Richtung, in die Sie reiten möchten.

Achtung!

Reiten Sie die Übergänge, vergessen Sie nicht zu treiben, wenn Sie in eine niedrigere Gangart wechseln. Halten Sie die Anlehnung.

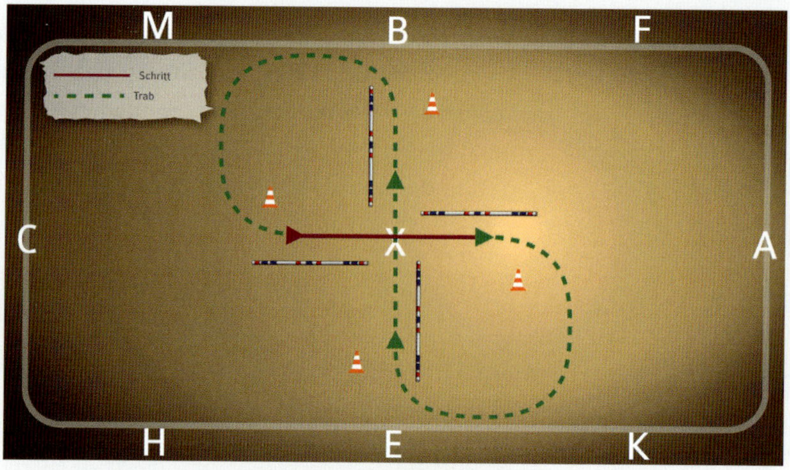

Wechseln Sie nun am Mittelpunkt die Hand. Suchen Sie verschiedene Wege durch die Kreuzung (Skizze 2 und 3). Schauen Sie nach bestimmten Punkten, an denen Sie Übergänge reiten wollen (z. B. Pylonen).

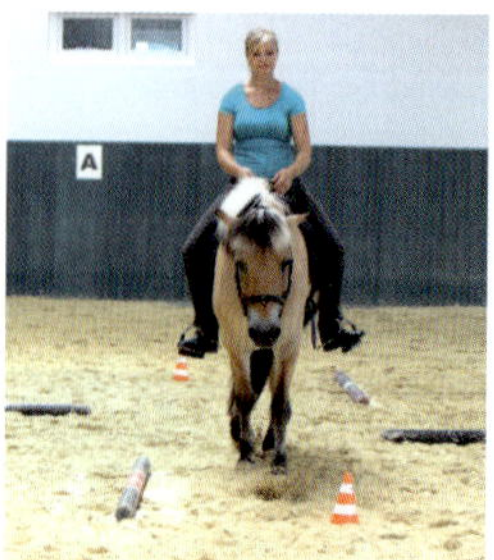

Reiten Sie zunächst die Übung im Schritt, damit Sie und Ihr Pferd die Wege kennen lernen.

Mein Pferd macht aber ...

Mein Pferd verschiebt sich und bricht mit der Hinterhand aus ...

Reiten Sie nicht über den Zügel, sondern mit dem Körper. Reiten Sie immer wieder einen großen Zirkel um den gesamten Aufbau herum und überprüfen Sie, ob Biegung, Stellung und aktives Unterfußen der Hinterhand erhalten bleiben.

Mein Pferd stürmt in den Übergängen davon ...

Reiten Sie verschiedene Wege. Beschäftigen Sie das Pferd. Reiten Sie die Übergänge in nicht zu kurzen Abständen. Lassen Sie Ihr Pferd erst ausbalanciert laufen, bevor Sie den nächsten Übergang wählen.

Mein Pferd wird im Verlauf der Übung immer fauler ...

Bauen Sie große Zirkelrunden ein und aktivieren Sie Ihr Pferd mit einem fleißigen Galopp. Denken Sie immer wieder bei den Übergängen an Ihre eigene Körperspannung. Lassen Sie das Pferd fleißig in die nächste Gangart wechseln. Der Schlüssel liegt hier in der positiven Spannung von Reiter und Pferd sowie in den halben Paraden, um die Bewegungszentren korrekt zu drehen.

6.7 Die kleine ganze Bahn

Was brauche ich?
6 Pylonen

Aufbau
Stellen Sie die Pylonen wie in der Skizze auf.

Was lernt das Pferd?
Das Pferd lernt, sich unabhängig von der Bande reiten zu lassen. Durch das korrekte Einrahmen können die Muskelketten miteinander arbeiten und sich ausbilden. Schulter- und Beckengürtel werden gestärkt.

Was lernt der Reiter?
Der Reiter lernt, das Pferd korrekt einzurahmen. Er lernt zudem vorausschauend zu reiten und zu spüren, welche Muskulatur schwächer ausgebildet ist.

Wichtig ▶

Stellen Sie die Pylonen nicht zu eng. Beginnen Sie zunächst damit, die Pylonen auf den 3. Hufschlag zu stellen. Vergrößern Sie nach und nach – angepasst an den Ausbildungsstand des Pferdes – den Abstand zur Bande.

Die meisten Pferde und Reiter bleiben während ihres Trainings auf dem ersten Hufschlag. Somit gewöhnen sich Pferd und Mensch an die Anlehnung an der Bande und die äußeren Hilfen kommen nicht richtig zum Einsatz. Die Pferde kleben förmlich an der Bande. Mit dieser Übung lernen Sie, Ihr Pferd korrekt einzurahmen.

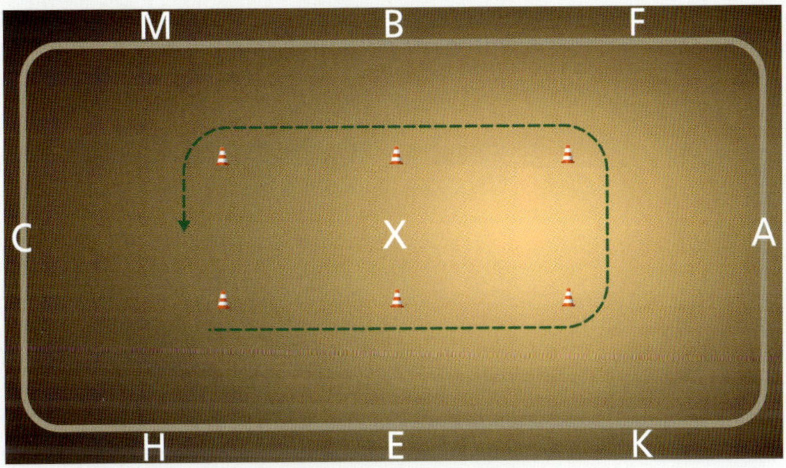

Wie reite ich diese Übung?

Reiten Sie bei dieser Übung in einem Abstand von 1 m außen um die Pylonen herum – wie auf einer verkleinerten ganzen Bahn. Rahmen Sie Ihr Pferd mit Ihren Hilfen ein.

Variante: Verknüpfen Sie diese Übung mit der Übung »Unkonventionell, aber effektiv« auf Seite 89. Schwankt Ihr Pferd nach links oder rechts, bauen Sie eine Kehrtvolte nach außen ein.

Mein Pferd macht aber ...

Mein Pferd drückt über die Schulter nach außen ...

Reiten Sie auf den zweiten Hufschlag. Rahmen Sie Ihr Pferd mit den Hilfen ein. Sobald Sie merken, dass Ihr Pferd mit der Schulter auf den Hufschlag drückt, können Sie eine Kontervolte einbauen oder die Übung »Unkonventionell, aber effektiv« mit einbauen. Meist liegt es an einer wenig aktiven Hinterhand, die mit dieser Übung wieder

Tipp ▶

Schauen Sie voraus und merken Sie sich den Abstand zu Pylonen und der Bande. Ziel ist es im gleichen Abstand zur Bande bzw. den Pylonen gerade sowie Ecken zu reiten, ohne dass das Pferd nach innen oder außen schwankt.

aktiviert werden kann. So stärken Sie auch gleich den Beckengürtel Ihres Pferdes.

Mein Pferd drückt immer wieder nach innen...

Auch hier kommt es darauf an, welcher Muskel zu wenig aktiv stabilisiert ist. Liegt es an einem schwachen inneren Schultergürtel, können Sie die gleiche Übung wie oben beschrieben zur Korrektur verwenden. Liegt es aber an einer wenig aktiven inneren Hinterhand, kann eine Volte nach innen hilfreich sein. Auch ein einfaches aktives Vorwärtsreiten kann zur Lösung des Problems beitragen. Außerdem kann ein gezieltes Schenkelweichen Ihnen und Ihrem Pferd helfen.

Ist das Pferd durch die Reiterhilfen gut eingerahmt, kann es auch in der einhändigen Zügelführung die Linie problemlos halten. Wenn Sie diese Übung ohne Pylonen reiten, sollten Sie sich andere visuelle Hilfsmittel wie Zaunpfosten, Bäume oder Ähnliches suchen.

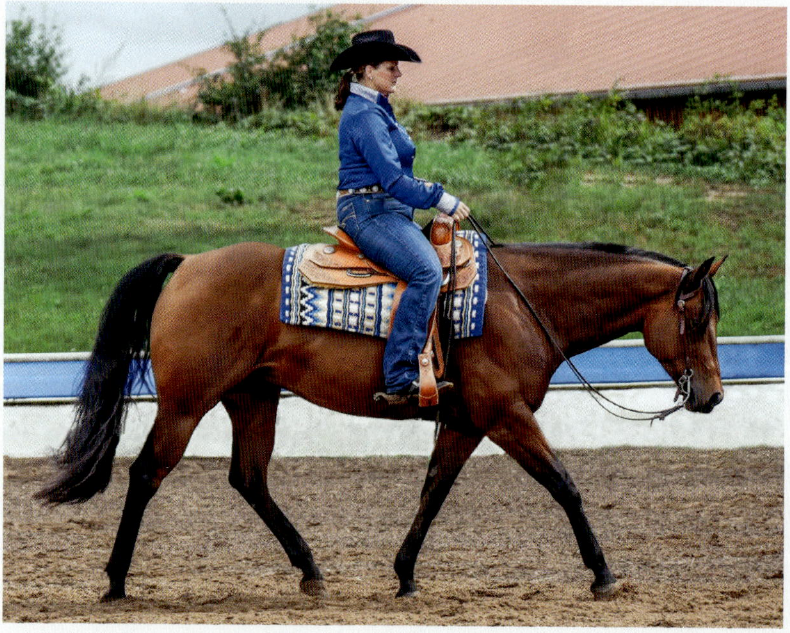

6.8 Kurzkehrt mit Stangen

Was brauche ich?
5 Stangen

Aufbau
Legen Sie die Stangen auf die Mittellinie bei X. Der Abstand für Trabstangen beträgt 1–1,30 m.

Was lernt das Pferd?
Konzentration. Schenkelgehorsam. Aktives Mittreten in Lektionen wie Vorhand-, Hinterhandwendung und Kurzkehrt.

Was lernt der Reiter?
Koordination verschiedener Hilfen. Verfeinerung der Hilfengebung.

Tipp ▸

Arbeiten Sie Schritt für Schritt. Achten Sie beim Trab über die Stangen auf ein gutes Arbeitstempo. Konzentrieren Sie sich danach auf das Halten. Geben Sie eindeutige, aber behutsame Hilfen. Lassen Sie das Pferd einige Sekunden stehen, bevor Sie mit der Wendung beginnen. Reiten Sie die Wendung in Ruhe und loben Sie das Pferd für jeden Schritt. Lassen Sie nach der 180-Grad-Wendung das Pferd einige Sekunden stehen.

Mit dieser Übung motivieren Sie Ihr Pferd, bei Übungen wie Kurzkehrt, Hinterhand- oder Vorhandwendungen aktiv mitzuarbeiten.

Wie reite ich diese Übung?

Reiten Sie im Arbeitstrab auf der Mittellinie. Traben Sie über die Stangen und halten Sie kurz vor C oder A an. Reiten Sie nun Kurzkehrt, Hinterhand- oder Vorhandwendung. Halten Sie. Traben Sie wieder an und gehen über die Trabstangen. Führen Sie die Wendungen bei C oder A immer in abwechselnde Richtungen aus. Wiederholen Sie dies beliebig oft. Bauen Sie Pausen ein, in denen Sie ganze Bahn oder Zirkel reiten. Sie können auch im Trab über die Stangen reiten ohne eine anschließende Wendung.

Mein Pferd macht aber ...

Das Pferd schwankt auf der Mittellinie ...

Machen Sie es sich am Anfang nicht zu schwer. Stellen Sie eventuell zusätzlich Stangen und Pylonen entlang der Mittellinie auf. Überprüfen Sie die Hilfengebung: Sitzen Sie gerade, knicken Sie nicht in der Hüfte ein. Rahmen Sie das Pferd beidseitig mit den Hilfen ein. Arbeiten Sie am Anfang ggf. im Schritt.

Mein Pferd ist zu hastig in der Wendung ...

Bringen Sie Ruhe in die Übung. Lassen Sie das Pferd länger stehen und loben Sie es. Tricksen Sie Ihr Pferd aus, beenden Sie die Wendung schon nach 90 Grad und reiten nach außen weg.

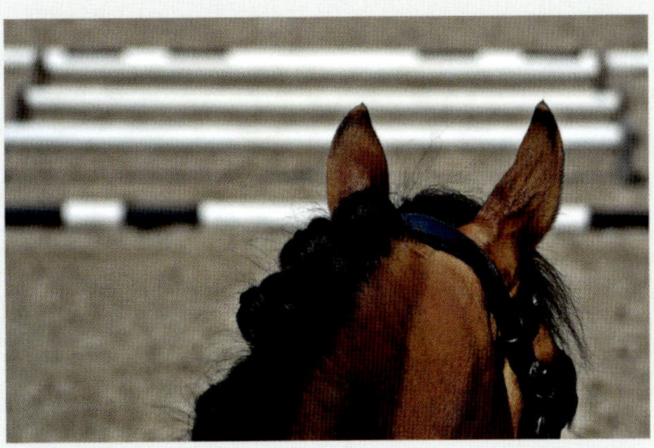

6.9 Auf der Mittellinie

Was brauche ich?
6 Pylonen

Aufbau
Stellen Sie, wie in der Skizze gezeichnet, 3 mal 2 Pylonen neben die Mittellinie.

Was lernt das Pferd?
In der Natur laufen Pferde, von einer Flucht abgesehen, keine ganz geraden Linien. Da sie Fluchttiere sind, sind die Augen seitlich am Kopf. Damit sie ihr gesamtes Umfeld wahrnehmen können, laufen natürlich gehaltene Pferde oder auch junge Pferde in kleinen Schlangenlinien. Somit wackelt der Kopf (vor allem im Schritt) immer wieder hin und her und die beiden Bilder der Augen werden im Gehirn zu einem Gesamtbild zusammengefasst. Zusammen mit er natürlichen Schiefe des Pferdes stellt dies ein Problem beim Geradeausreiten dar. Das Pferd muss es erst lernen und benötigt dazu nicht nur Vertrauen und Losgelassenheit, sondern auch das Einrahmen durch den Reiter.
Somit lernt das Pferd bei dieser Übung, sich von den Schenkeln und Zügeln einrahmen zu lassen.

Viel zu selten reitet man auf der Mittellinie. Doch eine korrekt gerittene gerade Mittellinie ist gar nicht so einfach. Das Reiten auf der Mittellinie gibt Aufschluss darüber, welche Defizite bzw. welche »Schiefheit« bei Menschen und Pferd vorliegen. Diese Übung hilft dabei, die Anlehnung zu verbessern, da es kein Außen oder Innen gibt und das Pferd sich zwischen den Hilfen einrahmen lassen muss. Reiten Sie als Vorübung 4.10 »Wie auf Schienen«.

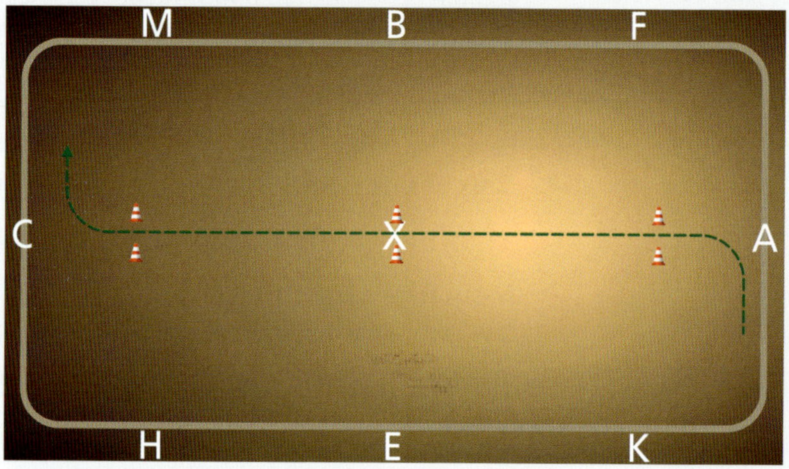

Wie reite ich diese Übung?

Reiten Sie immer wieder durch die Länge der Bahn wechseln im Schritt oder Trab. Schauen Sie stets zwischen das nächste Pylonen-Tor. Schwankt Ihr Pferd zur Seite, treiben Sie es mit dem jeweiligen Schenkel wieder auf die geplante Spur und helfen falls nötig mit den Zügeln. Denken Sie an die Visualisierung mit den Waggons und der Schiene aus der Übung 4.10 »Wie auf Schienen«.

Mein Pferd macht aber ...

Ich möchte nicht immer mit angenommenen Zügeln reiten ...

Sie können diese Übung natürlich auch am lockeren oder hingegebenen Zügel reiten. Einrahmen bedeutet, dass das Pferd an den Hilfen steht. Demnach kann auch ein Einrahmen zwischen den Schenkeln und lockeren Zügeln sehr gut funktionieren. Was jedoch nicht funktioniert, ist ein Einrahmen an anstehenden Zügeln ohne

Was lernt der Reiter?
Der Reiter lernt auch das Pferd und seine Schiefe kennen, er lernt das Pferd korrekt einzurahmen und selbst gerade zu bleiben. Ein Helfer, der bei A oder C platziert ist, kann Ihnen helfen, indem er Ihnen sagt, wann Sie zum Beispiel in der Hüfte einknicken.

Schenkel, da dies zu starken Verspannungen im Pferdekörper führt. Die Intensität der Hilfen hängt immer von der Reaktion des Pferdes ab. Reagiert das Pferd mit feinen Hilfen? Perfekt! Reagiert es erst nach starkem Druck, sollten Sie sich die 4-Punkte-Regel auf Seite 16 beherzigen.

Mein Pferd schwankt immer nach rechts/links ...

Schwankt Ihr Pferd z.B. nach rechts, dann sollten Sie mit dem rechten Schenkel den Bauch wieder nach links treiben. Reagiert Ihr Pferd auf die Schenkelhilfe nicht, kommt ein rechts begrenzender Zügel. Damit die folgende Reaktion des Pferdes nicht ein starkes Schwanken nach links ist, sollten die linken Hilfen zur Stelle sein. Wird es schneller, können Volten oder Schenkelweichen helfen.

Auch Stangen können dabei unterstützen, das Pferd korrekt einzurahmen. Von vorne sollte man gut erkennen, dass die Hinterbeine in die Spur der Vorderbeine fußen.

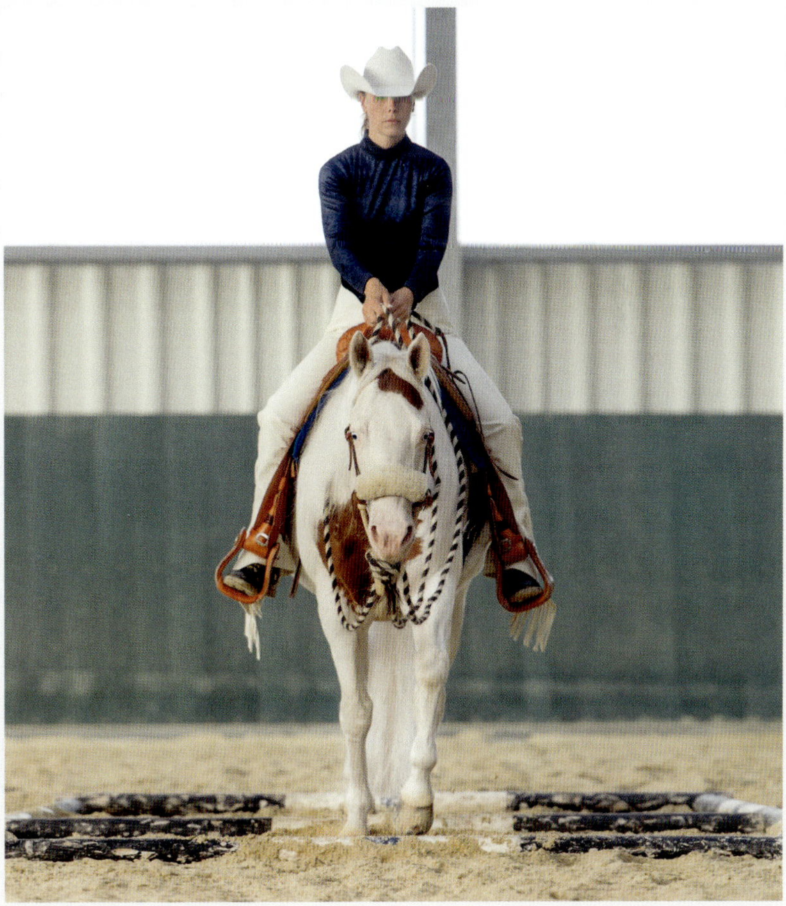

6.10 Nase vor

Was brauche ich?
1 Pylone

Aufbau
Stellen Sie die Pylone in die Mitte des Zirkels (s. Skizze).

Was lernt das Pferd?
Durch die seitliche Bewegung des Halses lernt das Pferd, sein Genick wieder zu öffnen und traut sich wieder an bzw. vor die Senkrechte zu gehen.

Was lernt der Reiter?
Der Reiter lernt zu erspüren, wann das Pferd vor der Senkrechten ist, um wieder eine weiche Verbindung zum Pferdemaul herzustellen.

Viele Pferde haben nicht gelernt, korrekt in Anlehnung zu gehen. Es gibt einige, die sich hinter dem Zügel verkriechen oder hinter die Senkrechte gehen. Diese Übung dient dazu, diese Pferde wieder an bzw. vor die Senkrechte zu reiten und eine weiche korrekte Verbindung aufzubauen.

Es gibt viele Gründe, warum sich Pferde mit der Nasenlinie hinter die Senkrechte bewegen:

- Ein zu starker Zügel
- Die treibenden Hilfen reichen nicht aus, um an den Zügel heranzutreiben
- Es liegen Blockaden im Genick vor
- Das Pferd hebt sein Brustbein nicht
- Es liegen Blockaden und Verspannungen im Rücken und Hüftbereich vor
- Die Bauchmuskulatur ist nicht genügend ausgeprägt, um den Rücken zu entlasten
- Faszien-Verklebungen im Hals
- Verspannungen im Kiefergelenk
- Verspannungen oder Blockaden im Iliosakralgelenk und Lendenbereich
- Die Hinterhand ist zu inaktiv und kippt nicht ab

Zunächst sollten Sie von einem Fachmann Blockaden ausschließen lassen. Sie sollten außerdem durch Abkauen vor dem Reiten die Kiefermuskulatur und somit auch die Hals- und teilweise Schultermuskulatur des Pferdes lösen.

Warum hilft diese Übung?

Durch den deutlich seitwärtsweisenden Zügel wird das Genick des Pferdes wieder geöffnet. Um in dieser Außenstellung die Balance zu halten, muss das Pferd sein Bewegungsmuster ändern. Der Stand der Hinterbeine wird breiter und die Vorhand beginnt sich zu heben. Verspannungen, die meist von dem Kiefergelenk bis in die Schultermuskulatur reichen, werden gelöst. Die Vorwärts-Aufwärts-Bewegung der Schulter ist wieder möglich.

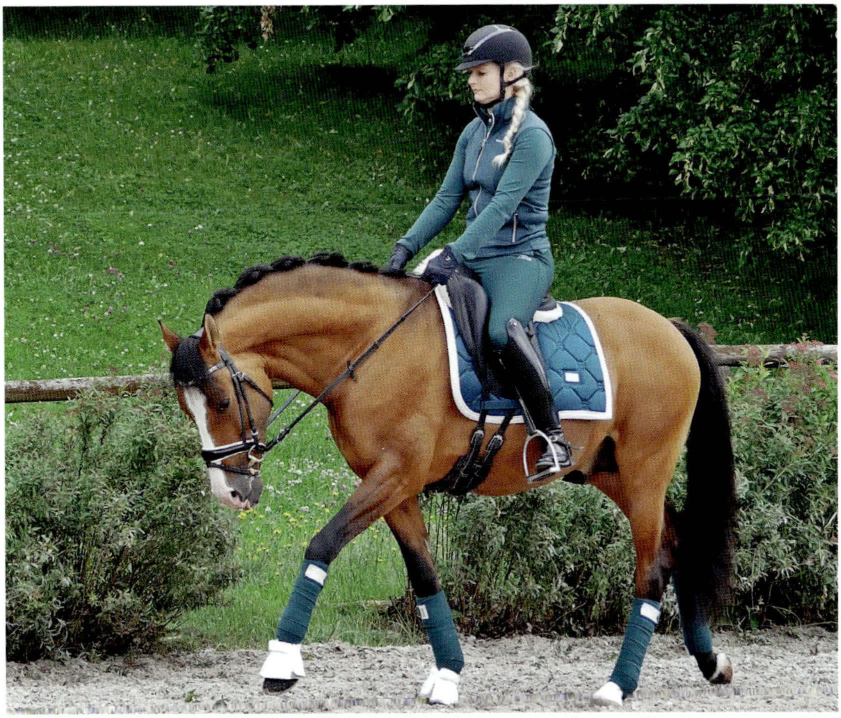

Trotz des nachgebenden Zügels bleibt das Pferd hinter der Senkrechten. Da die Hinterhand noch nicht so aktiv mit tritt, kann sich das Brustbein nicht anheben.

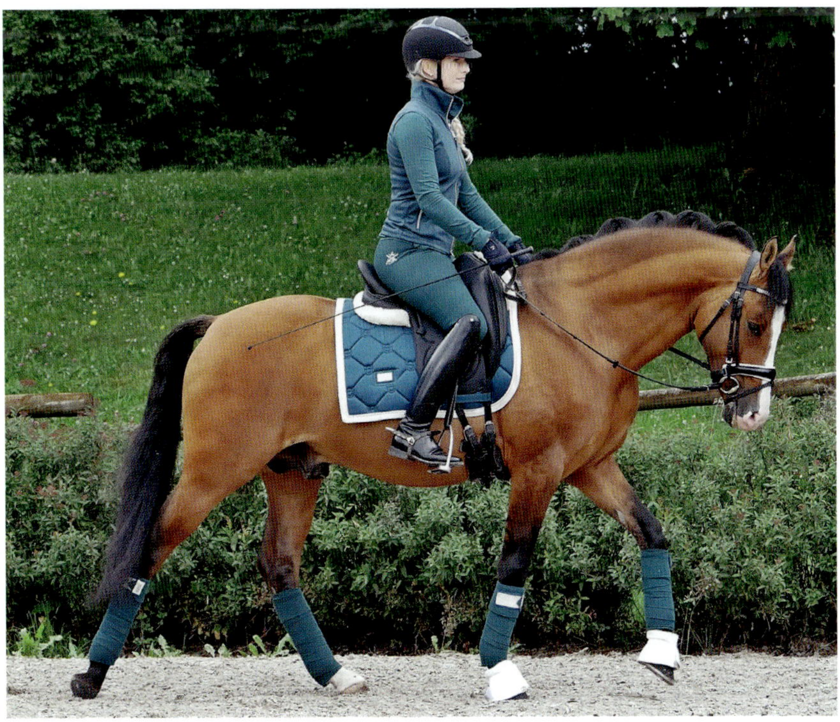

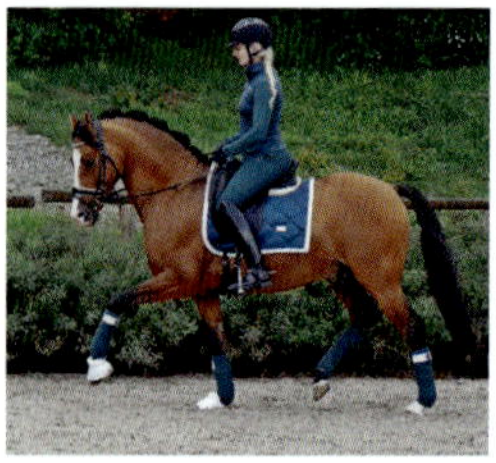

Nach der Übung ist das Genick freier, die Hinterhand aktiver und die Vorhand hebt sich. Dies erkennt man deutlich an der Nasenlinie, die nun vor der Senkrechten ist.

Wichtig ▶

Strecken Sie Ihren Arm zur Seite, um das Pferd nach außen zu stellen. Sir dürfen hier auf keinen Fall mit dem Zügel rückwärts wirken oder das Genick des Pferdes mit eng am Widerrist gehaltenen Händen abknicken.

Tipp ▶

Nutzen Sie die Spiegel in der Reitbahn oder einen Helfer, um den richtigen Moment abzupassen.

Wie reite ich diese Übung?

Reiten Sie Ihr Pferd normal in der gewünschten Gangart auf der ganzen Bahn. Kurz vor der kurzen Seite beginnen Sie, das Pferd mit einem seitwärtsweisenden Zügel und ausgestrecktem Arm nach außen zu stellen. Nach der zweiten Ecke der kurzen Seite nehmen Sie Ihren Arm wieder an die gewohnte Stelle und treiben Ihr Pferd an den leicht anstehenden Zügel. An der nächsten kurzen Seite wiederholen Sie die Übung. Reagiert Ihr Pferd gut auf die Außenstellung, können Sie zum nächsten Teilschritt wechseln: Sobald Sie merken, dass sich Ihr Pferd mit der Nasenlinie hinter die Senkrechte bewegt, stellen Sie Ihr Pferd mit einem seitwärtsweisenden Zügel nach außen. Reagiert es mit der entsprechenden Aktion (die Nase geht vor), belohnen Sie Ihr Pferd mit einem Nachgeben, indem Sie Ihren Arm wieder normal halten und wie in Teilschritt 1 Ihr Pferd an einen weichen Zügel treiben.

Mein Pferd macht aber …

Mein Pferd bleibt weiterhin hinter der Senkrechten …

Stellen Sie sicher, dass Ihr Arm ausgestreckt ist. Es ist ermüdend für Sie, den Arm so lange ausgestreckt zu lassen, aber es ist wichtig, dass Ihr Pferd wieder Vertrauen zu den Zügeln fasst.

Mein Pferd stößt mit dem Kopf an der Bande an …

Halten Sie genügend Abstand zur Bande. Auch kann es sein, dass Ihr neuer innerer Schenkel (der zur Bande zeigt) nicht genügend treibt.

Ich finde die Übung blöd, möchte aber, dass mein Pferd die Nase nach vorne nimmt …

Stangenarbeit kann Ihnen auch helfen, die Bewegungszentren zu synchronisieren und die Nase des Pferdes vor die Senkrechte zu bekommen. Ich empfehle Ihnen das Buch »Stangen-Workout für Dressurreiter«.

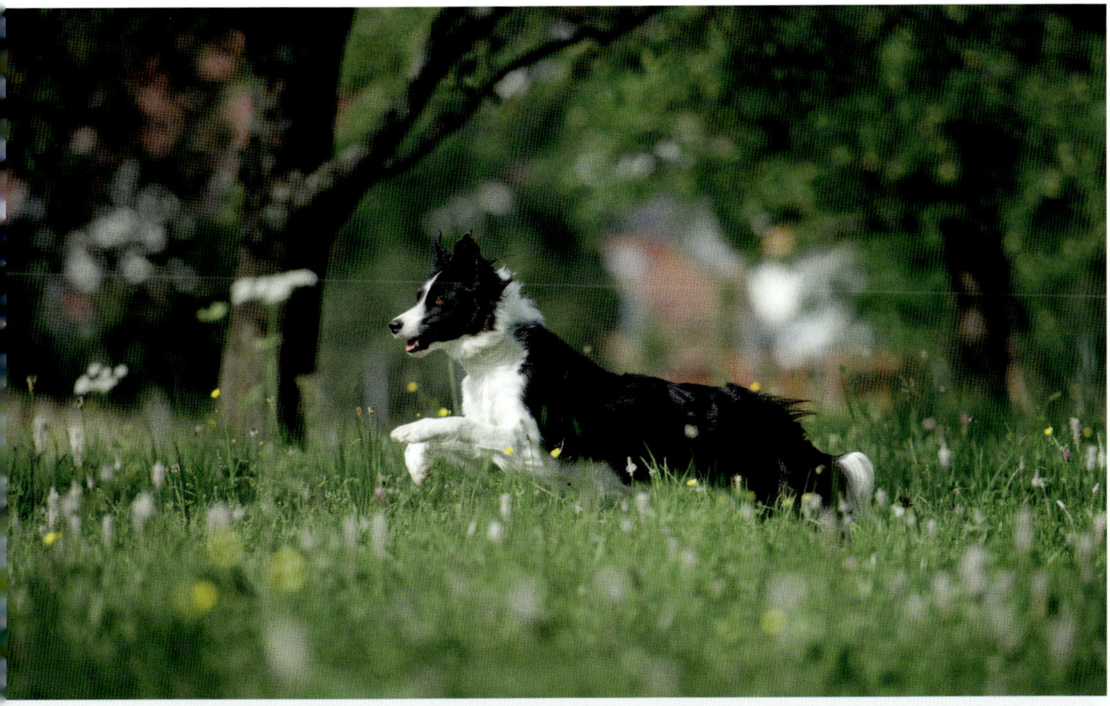

7. Schwung oder Aktivierung der Hinterhand

Vierter Punkt der Ausbildungsskala: Schwung (FN) und Aktivierung der Hinterhand (EWU)

Wie schon im letzten Kapitel beschrieben, brauchen Pferde für die Anlehnung eine aktiv unter den Schwerpunkt tretende Hinterhand. Durch energisches Vorwärtsreiten wird die Schubkraft des Pferdes in der klassischen Reitweise entwickelt, um später in Tragkraft umgewandelt zu werden.
Geht ein Pferd losgelassen und mit Schwung, ist es für den Reiter sehr bequem zu sitzen, da es den Reiter in der Bewegung mitnimmt. Die Bewegung ist weich und harmonisch. Der Bewegungsimpuls des Pferdes kommt aus der Hinterhand, die energisch abfußt, und wird nach vorne-oben gerichtet. Das Pferd soll also größere und höhere Tritte/Sprünge machen. Das Pferd vermittelt dabei den Eindruck, als würde es bergauflaufen, da die Vorhand leicht wird und sich das Brustbein hebt.

Merke ▸ Schwung ist die energische Übertragung der Kraft aus der Hinterhand auf die Vorwärts-Aufwärts-Bewegung.

In der klassischen Reitweise wird der Schwung in erster Linie im Trab entwickelt.

Westernpferden ermöglicht die aktiv tretende Hinterhand, auf kleinstem Raum zu wenden, aus dem Stand vorzuschnellen sowie den Reiter in niedrigem Tempo auszubalancieren und zu tragen. Die Dynamik muss im Trab und Galopp gefördert werden.
Wir aktivieren die Hinterhand in diesem Kapitel durch das Rückwärtsrichten, mithilfe eines Stoppschildes und eines Kleeblattes, und deutlicher Lastaufnahme auf dem Zirkel. Wir stärken die Schubkraft durch Schulterherein, Tempiwechsel, Übergänge und Stangenarbeit. Mit der Entwicklung des Schwungs beginnt die Weiterentwicklung des Reitpferdes hin zu einem Sportpferd, da die Bewegungszentren mehr positive Spannung übernehmen, als für eine Gesunderhaltung nötig. Was aber nicht bedeutet, dass nun alle Freizeitreiter das Buch wieder zuklappen sollten. Je weiter ausgebildet das Pferd ist, desto länger kann es auch gesund bleiben. Zudem helfen die weiteren Übungen auch Freizeitpferden, deren Reiter keine sportliche Ambition haben.
Das Pferd beginnt, seine Muskulatur umzubilden. So wird die Unterlinie straffer und die Oberlinie voller. Die Vorhand öffnet sich immer weiter und die Hinterhand schließt sich immer mehr.

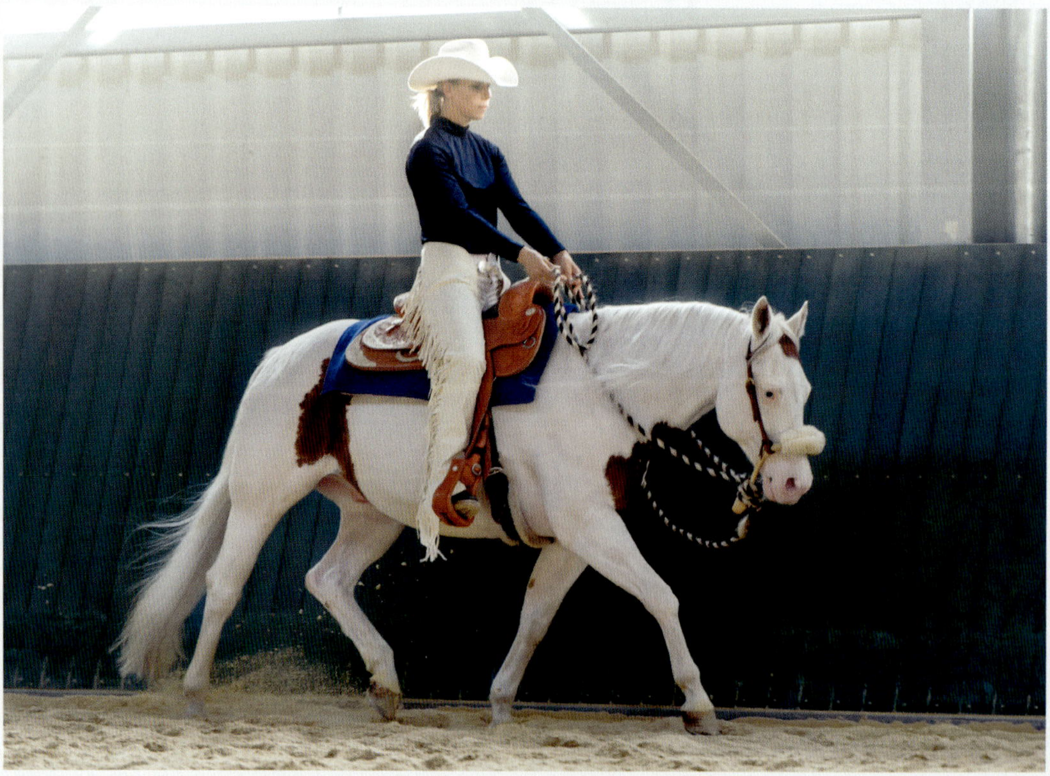

7.1 Aktiv aus dem Rückwärtsrichten

Was brauche ich?
2 Stangen, 2 Pylonen

Aufbau
Legen Sie die Stangen entlang der Diagonalen von K nach M parallel zueinander in einem Abstand von 1–1,5 m. Die Stangen sollten in der 2. Hälfte der Diagonalen platziert werden. Stellen Sie die Pylonen an die Stangenenden bei M.

Variante
Reiten Sie diese Übung auf der ganzen Bahn ohne Stangen, nur mithilfe von Pylonen oder Bahnpunkten.

Was lernt das Pferd?
Das Pferd bekommt mehr Schubkraft durch das Antraben. Es entwickelt mehr Tragkraft bei den Übergängen und kippt das Becken während des Rückwärtsrichtens deutlicher ab. Die Bewegungszentren werden bei dieser Übung korrekt gedreht – sofern die Übung richtig durchgeführt wird.

Achtung!

Achten Sie auf Ihren Sitz! Bleiben Sie mit dem Oberkörper gerade. Fallen Sie beim Anhalten nicht in Rückenlage oder beim Antraben nach vorne.

Mit dieser Übung trainieren Sie nicht nur das Anhalten am Punkt und das Rückwärtsrichten, sondern auch das aktive Unterfußen der Hinterhand unter den Schwerpunkt sowie das Reiten von Übergängen. Damit das Pferd über den Rücken gehen kann, also den Rücken zum Tragen des Reiters aufwölben kann, muss die Last von der Vorhand auf die Hinterhand verlagert werden. Das Antraben aus dem Rückwärtsrichten ist ein wichtiger Bestandteil in Dressurprüfungen und in verschiedenen Westerndisziplinen.

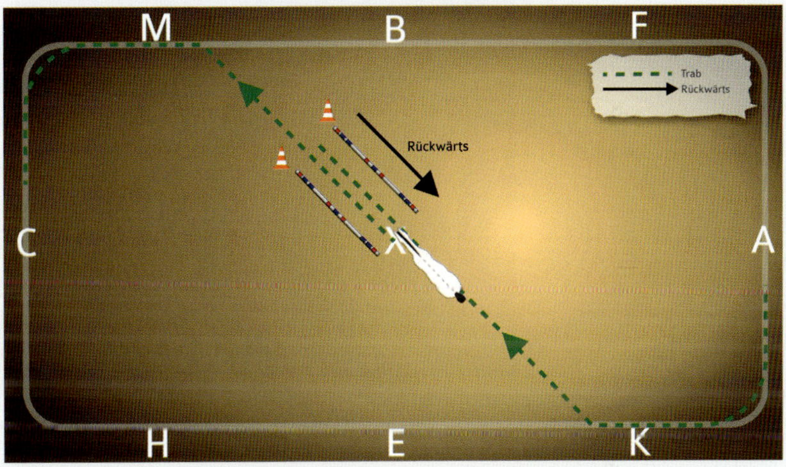

Wie reite ich diese Übung?

Reiten Sie »Durch die ganze Bahn wechseln« im Trab durch beide Stangen. Halten Sie auf Höhe der Pylonen aus dem Trab an. Richten Sie Ihr Pferd einige Tritte entlang der Stangen rückwärts. Am Ende der Stangen traben Sie aus dem Rückwärtsrichten heraus wieder an und beenden die Bahnfigur. Danach traben Sie leicht auf der ganzen Bahn. Achtung: Achten Sie darauf, dass Ihr Pferd langsam rückwärtsgeht und dann energisch und kraftvoll antrabt. Zwischen Rückwärtsrichten und Antraben sollte kein Schritt sein.

7.2 Schubkraft aus dem Schulterherein

Was lernt das Pferd?
Aktivierung der Hinterhand. Aktives Untertreten unter den Schwerpunkt. Raumgreifenden Trab.

Was lernt der Reiter?
Der Reiter entwickelt Gefühl für eine aktive Hinterhand (Schwung und Schubkraft). Wechseln der Hilfengebung von Seitwärts- zu Vorwärtsbewegung.

Diese Übung ist eine Kombination aus Schulterherein und Geradeausreiten im Trab. Beim Schulterherein tritt das innere Hinterbein deutlich unter den Schwerpunkt und die Hanken werden gebeugt. Die Tragkraft der Hinterbeine verbessert sich. Beim Geradeaustraben werden die Hinterhand aktiviert und der Schwung gefördert. Das Pferd bekommt einen schwungvollen,

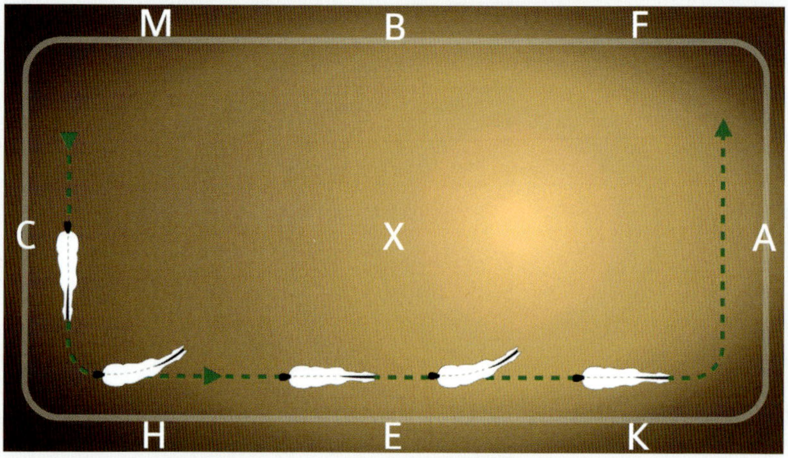

raumgreifenden Trab.

Wie reite ich diese Übung?

Reiten Sie einige Tritte Schulterherein im Trab. An einem beliebigen Punkt traben Sie aus dem Schulterherein in die Vorwärtsbewegung. Dazu wird das Pferd seine Hinterhand deutlich mehr belasten und aus der Bewegung heraus mehr Schubkraft entwickeln. Nach einer kurzen Seite reiten Sie aus der Ecke heraus und auf der langen Seite Schulterherein.

Hilfengebung

Belasten Sie Ihren inneren Sitzbeinhöcker vermehrt, um dem Pferd ein besseres Untertreten unter den Schwerpunkt mit dem inneren Hinterbein zu ermöglichen. Stellen Sie sich vor, Sie wollten auf eine Volte abwenden. Treiben Sie mit dem inneren Schenkel am Gurt, um eine Biegung des Pferdes zu fordern. Reiterschulter parallel zur Pferdeschulter, Reiterhüfte parallel zur Pferdehüfte.

Tipp ▶

Gehen Sie aus dem Schulterherein in die Vorwärtsbewegung, wenn das innere Hinterbein abfußt. Der Impuls geht dann in die Vorwärtsbewegung.

Vor E bzw. B wählen Sie einen bestimmten Punkt aus, an dem Sie geradeaus traben. Treiben Sie an diesem Punkt das Pferd mit beiden Schenkeln vorwärts. Die Zügel sind jetzt gleichmäßig angenommen, das Reitergewicht auf beiden Gesäßknochen verlagert. Sie spüren, dass die Hinterhand mehr als sonst mitarbeitet. Sollte diese verstärkte Mitarbeit nach ein paar Tritten wieder aufhören, beginnen Sie wieder mit dem Schulterherein und traben nach wenigen Schulterherein-Tritten erneut geradeaus wie oben beschrieben. Versuchen Sie, diesen Ablauf bis zum Erreichen der nächsten kurzen Seite durchzuhalten. Dann beginnt die Übung noch einmal von vorne.

1. **Variante:** Sie können diese Übung auch auf der Diagonalen üben. Reiten Sie dazu nach der Ecke Schulterherein und gehen daraus in einer Trabverstärkung auf die Diagonale.
2. **Variante:** Wechseln Sie zwischen dem Schulterherein und der Trabverstärkung auf der Diagonalen. Reiten Sie mehrere Tritte im Schulterherein, bis das Pferd aktiv unter den Schwerpunkt tritt und in der Vorhand leicht wird. Beginnen Sie daraus die Trabverstärkung. Wechseln Sie nach ein paar Tritten wieder in das Schulterherein.

Mein Pferd macht aber ...

Mein Pferd trabt nicht schwungvoll ...

Sind die Bewegungszentren korrekt gedreht und synchronisiert? Tritt Ihr Pferd im Schulterherein korrekt und aktiv unter den Schwerpunkt? Holen Sie sich einen Fachmann mit in die Bahn, um die Ursache zu finden. Es kann sich auch um ein muskuläres Problem handeln. Ist aus physiotherapeutischer Sicht alles in Ordnung, gehen Sie einen Schritt zurück: Reiten Sie Tempiwechsel auf der ganzen Bahn. Reiten Sie Übergänge zwischen und innerhalb der Gangarten. Beginnen Sie erst dann wieder mit dieser Übung.

Mein Pferd schießt nach vorne weg ...

Überprüfen Sie den Bewegungsablauf Ihres Pferdes beim Schulterherein. Steht Ihr Pferd nicht mehr an den Hilfen, liegt die Ursache schon im Reiten des Schulterhereins.

Der Spannungsbogen (Hinterhand abgesenkt und Vorhand angehoben mit einer Vorwärts-aufwärts-Bewegung) ist Grundvoraussetzung

Nach dem Schulterherein treten die Pferde aktiver mit der Hinterhand mit. Auf diesem Bild erkennt man die angehobene Vorhand deutlich. Beide Muskelketten arbeiten hier synchron miteinander.

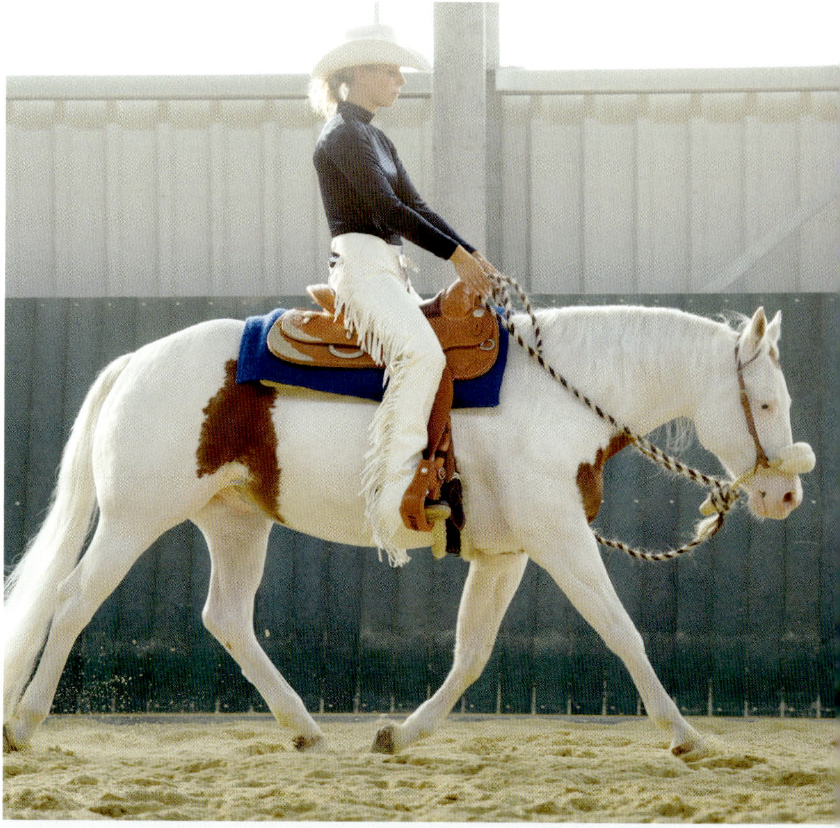

für einen schwungvollen und fleißigen, aber nicht eiligen Trab. Versuchen Sie es erneut, wenn das Pferd während des Schulterhereins deutlich an den Hilfen steht. Bitte achten Sie darauf, an den Zügel heranzutreiben, um eine feine Verbindung zum Pferdemaul zu gewährleisten. Zieht der Reiter den inneren Absatz nach oben, kann es passieren, dass sein Gewicht nach außen rutscht und somit seine innere Hüfte blockiert.

Stellen Sie sich vor, Sie wollten die äußere Schulter heben und mit dem inneren Steigbügel fast den Boden berühren. Bitte lassen Sie Ihre innere Schulter dabei oben.

7.3 Trabverstärkung aus der Volte

Was brauche ich?
1 oder 2 Pylonen

Aufbau
Stellen Sie 1 Pylone in die Ecke bei H und C sowie bei K und A.

Was lernt das Pferd?
Das Pferd lernt die Schubentwicklung durch aktives Mittreten der Hinterhand, bekommt mehr Raumgriff und trainiert zudem die Lendenmuskulatur. Auf der Volte können der Schulter- und Beckengürtel trainiert werden. Es kann überprüft werden, ob das Pferd die nötige positive Spannung hat und ob es den nötigen Spannungsbogen besitzt, um korrekt in eine Rahmenerweiterung zu kommen.

Was lernt der Reiter?
Der Reiter lernt, Tempi-Unterschiede zu reiten und den Rahmen des Pferdes korrekt zu erweitern und zu verkürzen. Er lernt, den korrekten Spannungsbogen zu trainieren und zu erspüren.

Auf der Volte lernt das Pferd deutlich, mit dem inneren Hinterbein unter den Schwerpunkt zu fußen. Dies hilft dem Pferd, bei der Trabverstärkung seinen Raumgriff zu erweitern. Egal welche der 3 Übungen zum Thema »Trabverstärkung« Sie reiten, achten Sie immer darauf, dass die Hinterhand zunächst aktiviert wurde und entwickeln sie daraus die Schubkraft.

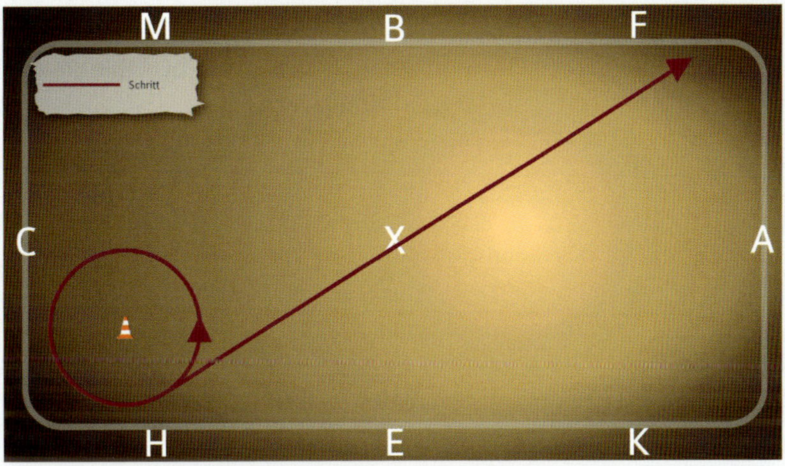

Wie reite ich diese Übung?

Reiten Sie in der Ecke eine Volte im Trab. Reiten Sie aus der Volte auf die Diagonale der Bahn und verlängern Sie die Tritte.

Hilfengebung

Nach der Volte treiben Sie Ihr Pferd beim Verlassen des Hufschlags beim X-Punkt deutlich mit beiden Schenkeln vorwärts. Lassen Sie das Pferd dabei an den Zügel herantreten. Traben Sie am Anfang leicht, um das Pferd nicht in der Bewegung zu stören.

Tipp für Westernreiter (großartige Übung für die Ranch Riding): Reiten Sie die Volte im Jog, bei Verlassen des Hufschlags stehen Sie auf in den leichten Sitz und lassen das Pferd deutlich vorwärtstreten – der Zügel darf eine leichte Verbindung haben. Sie dürfen sich auch am Horn festhalten.

Tipp ▶

Falls das Pferd in der Mitte der Diagonalen an Schub nachlässt, kann eine zusätzliche Volte eingebaut werden. Nehmen Sie das Pferd erst bei Erreichen des Hufschlags zurück, damit es nicht von allein das Tempo vor Erreichen des Hufschlags ändert. Auch ein kleines Schulterherein kann in der Mitte oder am Ende der Diagonalen helfen, den Spannungsbogen zu erhalten.

Wichtig ▶

Die Volte hilft dem Pferd nur dann, die Schubkraft zu entwickeln, wenn diese korrekt geritten ist und das Pferd die nötige positive Spannung besitzt und die Bewegungszentren auf der Wendung synchronisiert sind.

Sind die Bewegungszentren korrekt gedreht und ist die Hinterhand aktiviert, kann sie Schubkraft aufbauen und der Raumgriff erweitert werden. Treten leichte Verspannungen auf, können diese durch halbe Paraden gelockert werden und der Trabverstärkung steht nichts mehr im Wege. Helfen die halben Paraden nicht, kann das Pferd auf der Volte oder in einem Schulterherein gelöst werden.

Mein Pferd macht aber …

Mein Pferd lässt sich nicht zurücknehmen …

Lässt sich ein Pferd nicht zurücknehmen, sind die Bewegungszentren nicht mehr synchronisiert und drehen verkehrt herum. Stellen Sie zunächst die positive Spannung wieder her, dazu kann eine korrekte Volte oder auch ein Schulterherein helfen. Bauen Sie anschließend Schenkelweichen, Trab-Galopp-Übergänge oder auch Schritt-Trab-Übergänge in Ihr Training ein, um die Bewegungszentren wieder korrekt zu drehen. Jedes Pferd ist individuell und nicht jede Übung passt zu einem individuellen Problem. Fragen Sie im Zweifelsfall Ihren Reitlehrer oder Fachmann Ihrer Wahl.

Mein Pferd läuft nicht gerade aus der Volte heraus …

Ein Schwanken nach der Volte zeigt, dass Schulter- und Beckengürtel nicht korrekt und gleichmäßig aufgebaut sind. Üben Sie zunächst eine gerade Diagonale ohne Trabverstärkung. Unterstützen Sie mit vorangegangenen Übungen die Muskelketten Ihres Pferdes. Reiten Sie die Volten so groß, sodass Ihr Pferd noch so viel Kraft hat, die Fliehkraft auszugleichen.

Mein Pferd galoppiert an …

Reiten Sie Ihr Pferd korrekt an den Zügel und üben Sie mit ihm auf dem ersten Hufschlag, das Tempo abschnittsweise zu erhöhen. Das Pferd sollte nicht eilig werden, sondern seinen Raumgriff erweitern.

7.4 Tempiwechsel

Was brauche ich?
2 Pylonen, 6 Stangen

Aufbau
Stellen Sie bei D und G jeweils eine Pylone auf. Legen Sie auf den 2. oder 3. Hufschlag jeweils sechs Stangen, die die zu reitende Linie einrahmen.

Was lernt das Pferd?
Das Pferd lernt auf feine Hilfen hin, sein Tempo zu verändern. Ohne Bandenanlehnung lernt es, sich auch während der Rahmenerweiterung und -verkürzung gut einrahmen zu lassen und die positive Spannung beizubehalten.

Was lernt der Reiter?
Der Reiter lernt, sein Pferd bei der Trabverstärkung ohne äußere Begrenzung an den Hilfen zu halten und über feine Hilfen wieder zurückzuführen. Er lernt zudem zu überprüfen, ob das Pferd weiterhin seinen Spannungsbogen während der Rahmenerweiterung und -verkürzung halten konnte.

Wir bleiben weiterhin bei den Tempiwechseln im Trab. Hier nun auf einer Verkleinerung der ganzen Bahn mit optischer Begrenzung. Sie können diese Übung auch ohne Stangen oder nur mit Pylonen reiten. Wichtig ist, dass Sie sich ohne die Begrenzung durch die Bande oder Reitbahnbegrenzung bewegen und das Pferd gut einrahmen. Dabei können Sie überprüfen, ob sich das Pferd während der Rahmenerweiterung und -verkürzung einrahmen lässt und die positive Spannung behält.

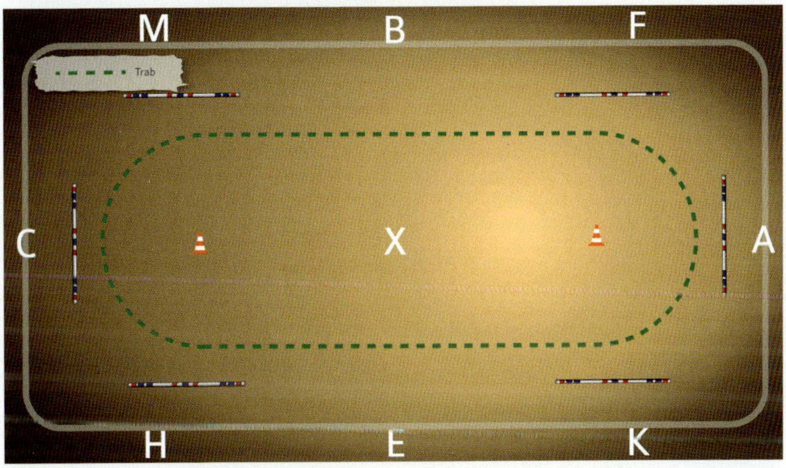

Wie reite ich diese Übung?

Reiten Sie z. B. im Trab auf der eingezeichneten Linie (4. Hufschlag). Auf der langen Seite dürfen Sie die Trabtritte verlängern. Sobald Sie auf der Höhe der Pylonen sind, nehmen Sie Ihr Pferd mit der Gewichtshilfe zurück und reiten eine halbe Volte um die Pylone. Die Stangen begrenzen Ihre Volte und beugen dem Nach-außen-Fallen des Pferdes vor. Nachdem Sie die Wendung an der Pylone beendet haben, atmen Sie in die Brust ein, um Ihr Brustbein zu heben, und bauen somit positive Spannung auf. Sie treiben Ihr Pferd vermehrt an das Gebiss heran und lassen so eine Rahmenerweiterung zu.

Hilfengebung

An der langen Seite treiben Sie das Pferd vermehrt mit beiden Schenkeln an das Gebiss heran. Schwingen Sie mit Ihrer Hüfte

Bauen Sie positive Spannung auf, indem Sie Ihr Brustbein beim Einatmen heben.

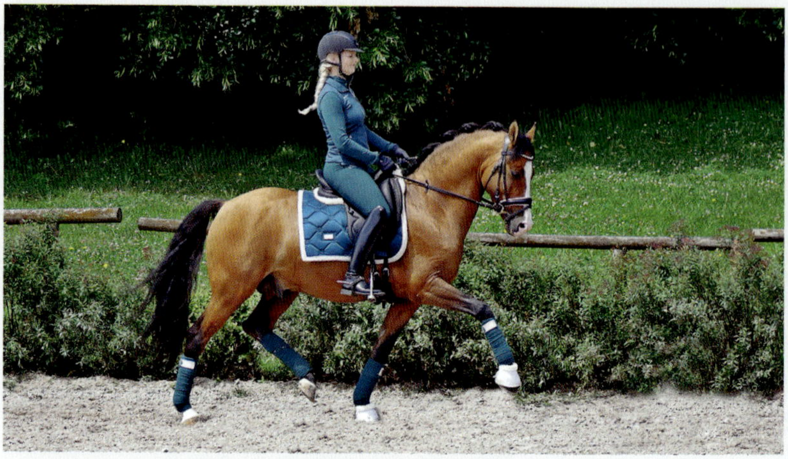

vorwärts, um das Tempo zu steigern. Sobald Sie an den Wendepunkt kommen, schwingen Sie mit Ihrer Hüfte nach oben (»Gürtelschnalle an die Decke«) und atmen in die Brust ein. Sie sollten das Gefühl haben, dass am Brustbein eine Schnur befestigt ist, die es nach oben zieht. Achten Sie darauf, nicht ins Hohlkreuz zu fallen, da sonst Ihre Hüfte blockiert.

Mein Pferd macht aber ...

Mein Pferd hält die Linie nicht ein und schwankt auf der Geraden ...

Lassen Sie zunächst die Tempi-Unterschiede weg und reiten nur auf dem 4. Hufschlag (eingezeichnete Linie). Achten Sie darauf, gerade im Sattel zu sitzen und darauf, beidseitig Ihr Pferd gleichmäßig einzurahmen.

Tipp ▸

Probieren Sie mal das Pferd über das »Ohr« zurückzunehmen. Dabei konzentrieren Sie sich darauf, Ihr Ohr etwas mehr nach hinten zu nehmen. Dadurch werden sie »schwerer« im Sattel, ohne die nötige Spannung zu verlieren.

Mein Pferd lässt sich nicht mehr einfangen und wird spannig ...

Es reagiert nicht mehr auf die Reiterhilfen, da die Bewegungszentren nicht mehr korrekt arbeiten. Machen Sie Ihr Pferd über halbe Paraden aufmerksam, sitzen Sie tief ein: dies kann mit Hilfe der tiefer werdenden Absätze entstehen. Ein Ziehen oder Festhalten am Zügel sollte unbedingt vermieden werden. Auch ein zu heftiges Einsitzen kann dem Pferd Schmerzen zufügen, die es dazu veranlasst, den Rücken durchzudrücken und »zu flüchten«. Helfen kann auch ein Umleiten in ein Schulterherein, um die Hinterhand wieder deutlicher untertreten zu lassen und die Vorhand zu heben. So kann das Pferd sich wieder fein an die Hilfen stellen lassen.

7.5 Stoppschild

Was brauche ich?
Bis zu 6 Pylonen

Aufbau
Diese Übung besteht aus mehreren möglichen Variationen: Viereck (4 Pylonen im Abstand von mind. 10 m); Dreieck (3 Pylonen als gleichseitiges Dreieck im Abstand von mind. 10 m); Sechseck siehe Skizze).

Was lernt das Pferd?
Das Pferd lernt, seine Schulter zu heben, aktiv mit der Hinterhand mitzutreten, Last aufzunehmen und feiner auf die Hilfen des Reiters zu reagieren. Durch die Wendung muss das Pferd mehr Last auf die Hinterhand bringen und lässt die Schulter frei in die Ecken treten. Das Pferd muss deutlich mit unter den Schwerpunkt treten. Im Trab/Galopp sollte das Tempo zurückgenommen werden.

Achtung!

Bei schwereren Rassen oder abweichender Reitweise kann der äußere Schenkel auch hinten treiben, um das äußere Hinterbein zu unterstützen.

Bei dieser Übung werden die Hinterhand aktiviert, die Schulter gehoben und die Durchlässigkeit sowie die Lastaufnahme der Hinterhand gefördert.

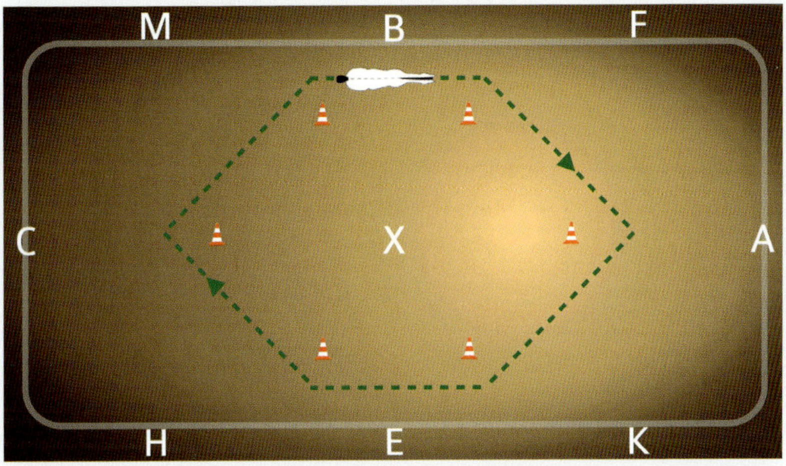

Wie reite ich diese Übung?

Reiten Sie an den Pylonen außen entlang. Halten Sie immer den gleichen Abstand zu den Pylonen ein. Rahmen Sie Ihr Pferd je nach Reitweise auf der geraden Linie ein. Beim Westernreiten wird an den Pylonen eine Hinterhandwendung geritten, beim klassischen Reiten eine Traversalverschiebung (siehe Übung 9.7). Im Folgenden wird die Hilfengebung für die Westernreiter erklärt. Die Hilfengebung für die klassischen Reiter finden Sie bei Übung 9.7. Die Übung kann auch im Schritt oder Trab geritten werden.

Hilfengebung

Gerade: Beidseitige Gewichtshilfe, beidseitig einrahmender Schenkel, gleichmäßige Zügelführung (die Schultern sind parallel).

Klassische Wendung: Leichte Traversalverschiebung, einseitig innen belastende Gewichtshilfe, innen treibender Schenkel, äußerer Schenkel treibt leicht verwahrend. Äußerer Zügel ist verwahrend, der innere Zügel stellt das Pferd.

Was lernt der Reiter?
Gefühl und das richtige Timing für die Hilfen. Vorauszuplanen und das Pferd vermehrt auf die Hinterhand zu setzen.

Wendung für Westernreiter: Sobald das Pferd mit der Kruppe auf Höhe der Pylone ist, treibt der äußere Schenkel die Schulter herum. Das Gewicht ist innen, das Pferd wird nach innen gestellt und der äußere Zügel liegt am Hals. Der innere Schenkel wird nur aktiv, wenn das Pferd sich in der Wendung auf die innere Schulter fallen lässt oder sich gar nach außen stellt.

Mein Pferd macht aber ...

Mein Pferd stellt sich nach außen ...

Dem Pferd fällt es schwer, in einer Längsbiegung, um die Wendung zu gehen und legt sich auf die innere Schulter. Reiten Sie die Wendung größer und achten Sie darauf, dass der innere Schenkel mittreibt und der innere Zügel das Pferd stellt.

Mein Pferd wendet nicht ab, sondern wird schneller ...

Arbeiten Sie mit Ihrem Pferd noch einmal an der Schenkelakzeptanz (siehe Kapitel 2).

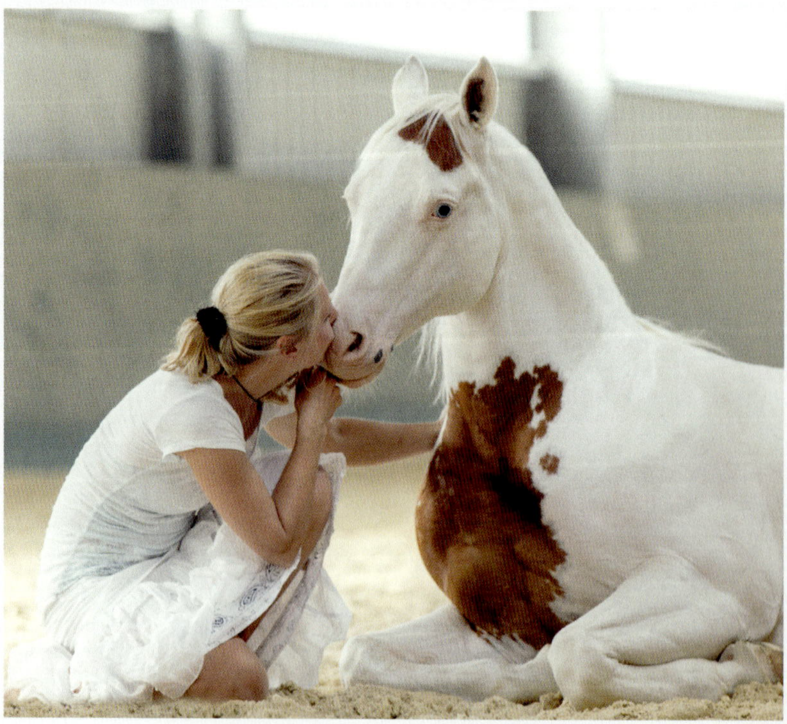

Egal wie weit Sie in der Ausbildung Ihres Pferdes voranschreiten, vergessen Sie niemals immer die physische und psychische Losgelassenheit des Pferdes herzustellen. Nur ein losgelassenes Pferd kann lernen, ist ausbalanciert und bereit, die neuen Ziele mit Ihnen anzugehen.

7.6 Wege planen

Was brauche ich?
4 Sprünge oder
4 Cavalettis

Aufbau
Stellen Sie die Sprünge oder Cavalettis wie in der Skizze eingezeichnet auf.

Motivieren Sie Ihr Pferd mit Bodenricks oder kleinen Sprüngen, um auch im Galopp die Hinterhand zu aktivieren. Mit diesem Aufbau können Sie verschiedene Wege planen, die Galoppsprünge in den Distanzen zählen und Wege und Abstände passend wählen.

Die Maße der Distanzen betragen:

Bei 3 Galoppsprüngen: 14,30 – 15,00 m
Bei 4 Galoppsprüngen: 17,90 – 18,60 m
Bei 5 Galoppsprüngen: 21,50 – 22,50 m

Hier wird von einem durchschnittlichen Galoppsprung von 3,60 m ausgegangen. Bei Hindernissen der Klasse L wird ein Galoppsprung für Absprung und Landung berechnet. Bei Distanzen spielen auch Art und Bauweise der Hindernisse, die Beschaffenheit des Reitbodens oder die Größe des Reitplatzes eine Rolle.

Für Ponys und bei der Benutzung von Bodenricks werden die Maße entsprechend kleiner.

Wie reite ich diese Übung?

Beginnen Sie zunächst mit den 3 Distanzen Skizze 1 für 6 Galoppsprünge; Skizze 2 für 4 Galoppsprünge; Skizze 3 für 5 Galoppsprünge. Zählen Sie die Galoppsprünge und verkürzen oder verlängern Sie die Sprünge je nachdem. Sobald Sie einmal in einem gleichmäßigen Tempo die einzelnen Kombinationen reiten können, gehen Sie zu Skizze 4 über und reiten den gesamten Parcours.

Mein Pferd macht aber ...

Es fühlt sich so unkontrolliert an ...
Wählen Sie für Ihr Pferd Skizze 2, bauen Sie die Hindernisse kleiner und setzen Sie sich nach der Landung sofort wieder in den Sattel. Schauen Sie nach vorne und reiten Sie Ihr Pferd mit Schenkel und Gewicht an den Zügel heran.

Mein Pferd bleibt oft stehen oder rennt am Sprung vorbei ...
Das Verweigern in Reihen kann verschiedene Gründe haben. Hat Ihr Pferd (oder Sie) Angst vor dem Sprung, verringern Sie die Höhe des

Was lernt das Pferd?
Das Pferd lernt, in einem gleichmäßigen Tempo Distanzen zu springen.

Was lernt der Reiter?
Der Reiter lernt, das richtige Tempo für die geforderten Distanzen zu reiten, das Auge für die Distanzen zu entwickeln und das Pferd zu schließen bzw. die Galoppsprünge zu erweitern.

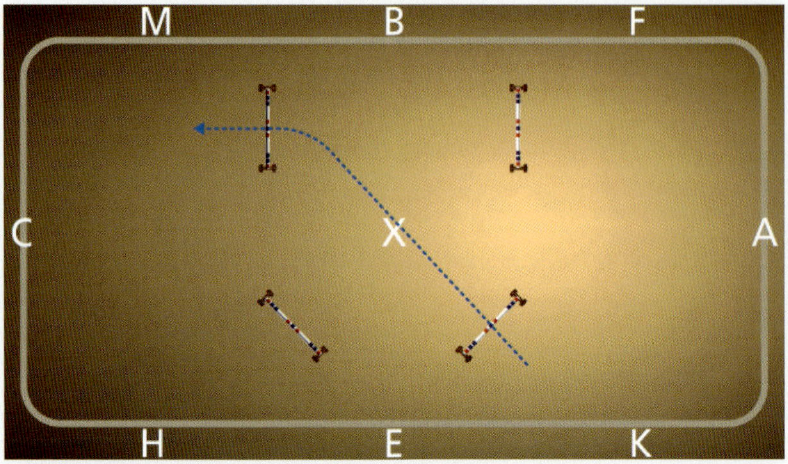

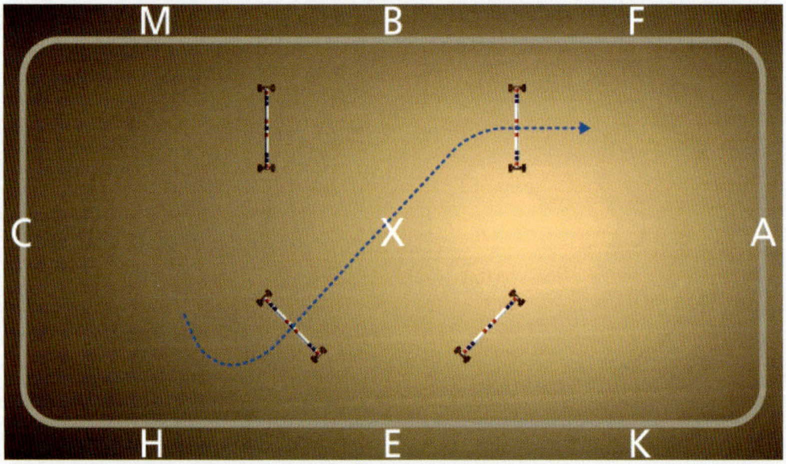

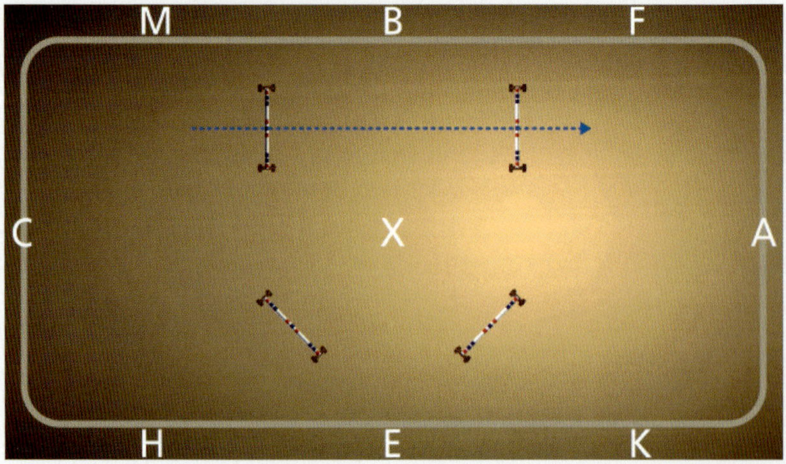

Beginnen Sie zunächst mit Bodenricks und steigern Sie nach und nach den Schwierigkeitsgrad.

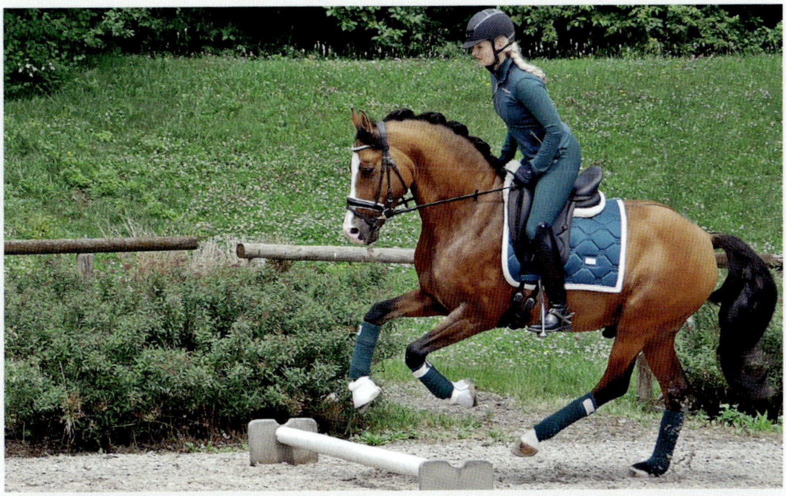

Wie in dieser Skizze dargestellt, können Sie nun alle geübten Wege verbinden.

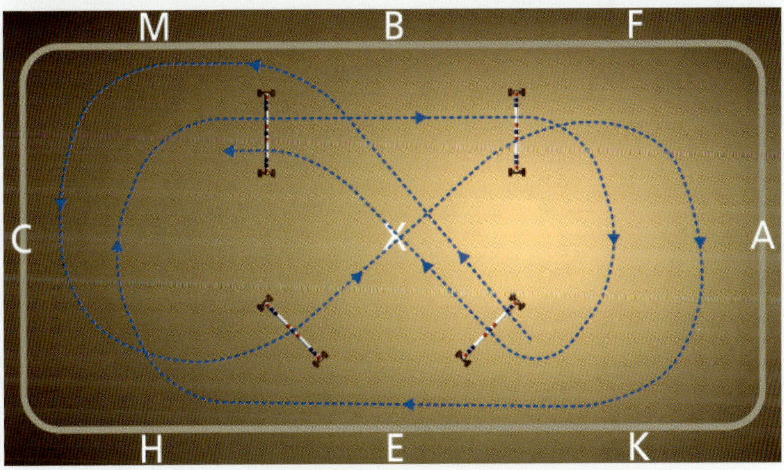

Sprungs und gehen behutsam vor. Wählen Sie ein bestimmtes, aber nicht überhetztes Grundtempo. Loben Sie das Pferd für jeden kleinen Fortschritt. Oft steigen Pferde auch bei unpassenden Distanzen aus der Reihe aus. Überprüfen Sie zunächst die Abstände und verbessern Sie diese, wenn nötig. Passen Sie den Abstand gegebenenfalls der Körpergröße Ihres Vierbeiners und der Größe seines Galoppsprungs an.

Woher weiß ich, dass die Abstände passen?

Schauen Sie mal auf die nächste Seite, dort sind die meisten Fehler mit Fotos beschrieben.

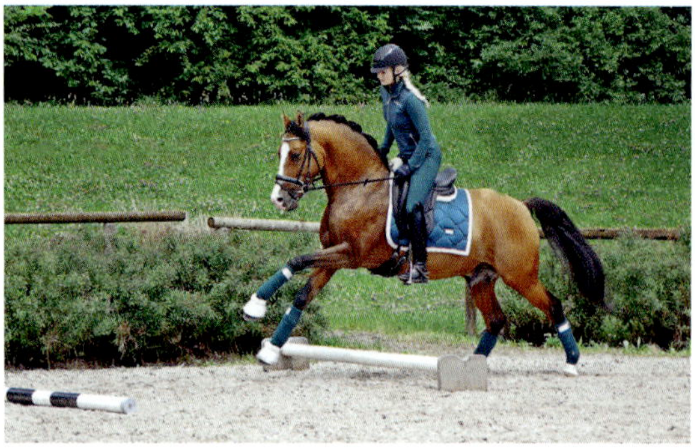

Hier ist der gewählte Abstand zu groß, das Pferd hechtet über die Stangen. Um weiterhin das Gleichgewicht nicht zu verlieren, springt das Pferd in den Kreuzgalopp. Dies können Sie am hinteren Beinpaar erkennen.

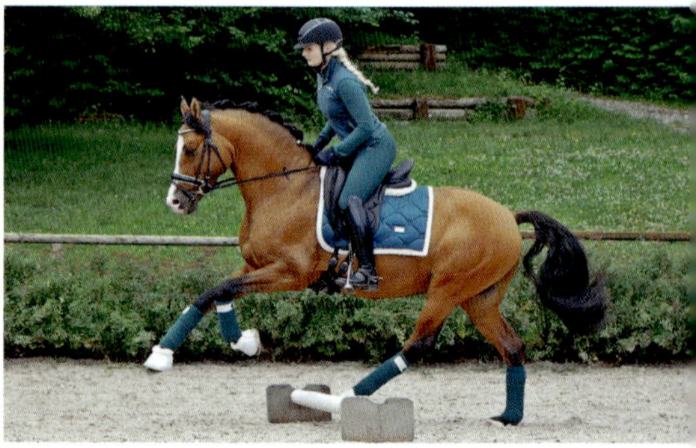

Hier sieht man deutlich, dass das Pferd zu nah an die erste Stange kommt. Die folgenden Stangen werden demnach auch zu nah angeritten. Dadurch verspannt sich das Pferd und es fühlt sich wie ein »Hasengalopp« an. Die fließende Bewegung ist gestört.

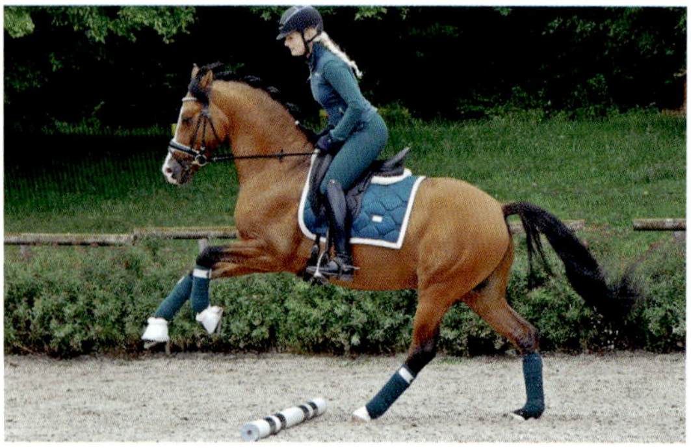

Ein zu nah gewählter Abstand, kann zum Splitten führen, auch kann das Pferd auf die Stange treten, was ein erhöhtes Verletzungsrisiko mit sich bringt.

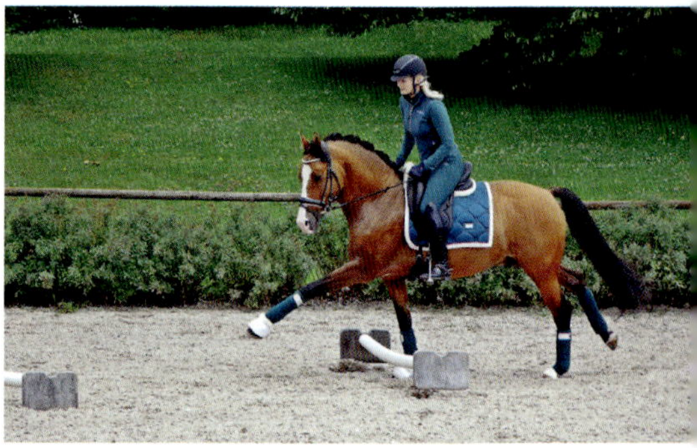

Hier erkennt man das deutliche Splitten der Vorderbeine.

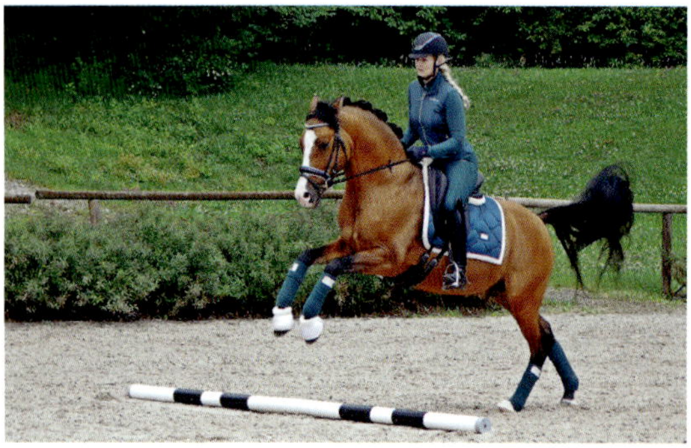

Da der Abstand zu der ersten Stange zu groß war, muss das Pferd über die Stange hechten. Dadurch passen die folgenden Abstände in der Reihe nicht.

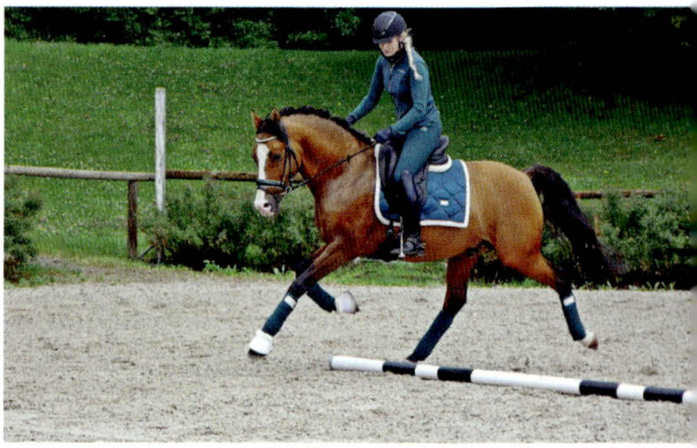

Hier passt die gerittene Linie nicht. Das Pferd kommt aus dem Gleichgewicht und pariert durch zum Trab, um wieder in Balance zu kommen.

7.7 Zum tänzelnden Trab

Was brauche ich?
6 Stangen

Aufbau
Legen Sie die Stangen, wie in der Skizze gezeichnet, auf den 2. Hufschlag. Sie können diese Übung in allen Hufschlagfiguren reiten, auch kann dies mit oder ohne visuelle Medien geschehen.

Was lernt das Pferd?
Bei dieser Übung wird die Aktivierung der Hinterhand und ein Vorwärts-Aufwärts der Vorhand bewirkt und gefördert.

Was lernt der Reiter?
Der Reiter lernt, wie sich ein Pferd anfühlt, wenn es sich zurücknimmt, die Hinterhand aktiviert wird und auch, wie sich ein versammelter Trab anfühlt.

Schritt-Trab-Übergänge zählen im Regelfall zu den lösenden Übungen: somit werden Takt, Losgelassenheit und Anlehnung verbessert. In diesem Fall geht es aber um die Aktivierung der Hinterhand und eine leichte Vorstufe der versammelnden Übungen. Mit dieser Aufgabe können Sie spielerisch die Kadenz (Erhabenheit) verbessern und dem Pferd den versammelnden Trab näherbringen.

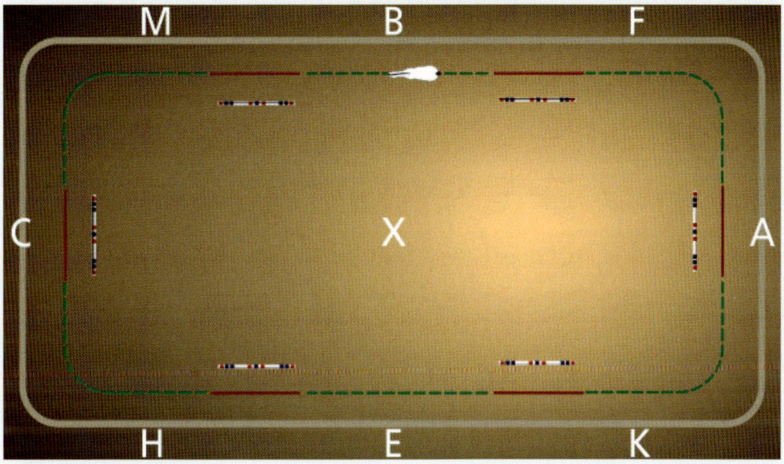

Wie reite ich diese Übung?

Reiten Sie ganze Bahn im Trab. Sobald Sie auf Höhe einer Stange sind, parieren Sie durch zum Schritt. Bleiben Sie im Schritt, während Sie eine Stange neben sich haben. Ist das Stangenende auf Schulterhöhe Ihres Pferdes, traben Sie wieder an. Behalten Sie bei den Übergängen die positive Spannung im Pferdekörper.
Wenn diese Übung schon gut funktioniert, können Sie die Stangen in Pylonen umtauschen. Parieren Sie an einer Pylone durch. Reiten Sie jedoch nur 1–2 Schritte Schritt und traben Sie danach sofort wieder an. Die schnellen Übergänge bewirken, dass sich Ihr Pferd in der Hinterhand mehr schließt und in der Vorhand mehr anhebt.

Mein Pferd macht aber ...

Mein Pferd will gar nicht mehr durchparieren oder nicht mehr antraben ...

Ist dies der Fall, sollten Sie zunächst noch einmal bei Kapitel 3, 4

Tipp ▶

Je kürzer die Schrittphase (die Stange), desto effektiver die Übung.

oder 5 beginnen. Diese Übung setzt voraus, dass das Pferd fein und willig auf die Reiterhilfen reagiert. Wie wäre es mit der Übung »Punktgenaue Übergänge«?

Immer wieder zeigt mein Pferd »gespannte Tritte« …

Kommen während der Übungen immer wieder gespannte Tritte zum Vorschein, ist die Position der Hinterhand und Vorhand nicht mehr korrekt. Die Hinterhand kippt nicht mehr ab und die Vorhand ist nicht mehr vorwärts-aufwärts gehoben. Nun gilt es zunächst, das Bewegungsmuster wieder zu korrigieren. Um ein Abkippen der Hinterhand zu erzielen, können bei kleinen Auffälligkeiten halbe Paraden helfen, das Bewegungsmuster aufzulösen.
Bei größeren Fehlern können Übungen wie Schenkelweichen, Schulterherein, Anhalten und daraus antraben oder aus einem Rückwärts antraben helfen, wieder in das gesunde Bewegungsmuster zu finden.
Wichtig ist, sobald das Bewegungsmuster wieder korrekt ist und Sie die Versammlung erneut von Ihrem Pferd fordern, dass Sie Ihr Pferd mit halben Paraden vorbereiten, langsam den Versammlungsgrad steigern und die Hinterhand aktiv halten. »Gespannte Tritte« werden meistens durch einen zu festen rückwärtswirkenden Zügel und nicht genügend Hinterhandaktivität ausgelöst: Die Versammlung wird nur durch die Zügelhand – also ein Verlangsamen der Gangart über den Zügel – herbeigeführt.

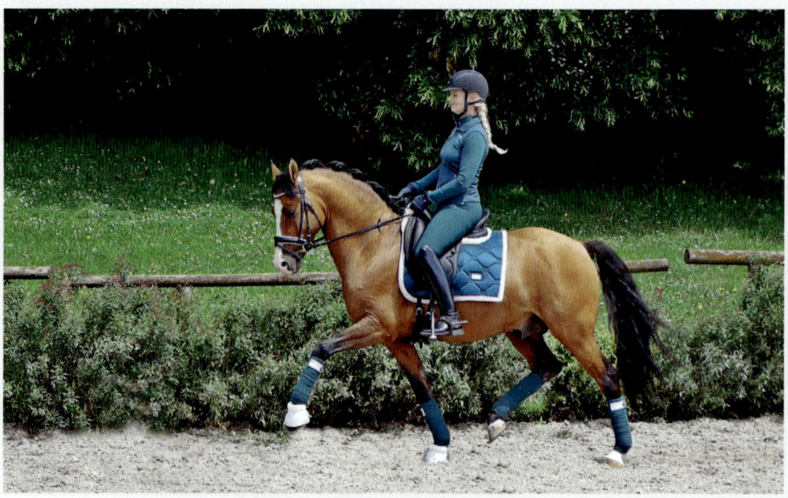

Die positive Spannung ist schon deutlich bei Pferd und Reiter auf dem Bild (S. 153) zu erkennen. Doch könnte die Hinterhand mehr abkippen und sich die Vorhand freier nach vorne-oben bewegen. Kontinuierlich verbessert sich die Kadenz und Trittlänge während der Übung. Dies ist deutlich (Bild 2 auf Seite 154) an der Hankenbeugung, dem Abkippen der Hüfte und dem Anheben der Vorhand zu sehen.

7.8 Aktivierung mit dem ABC

Was brauche ich?
So viele Stangen, wie Sie für die Buchstaben oder Zahlen benötigen.

Aufbau
Suchen Sie sich 2 bis 4 Buchstaben oder Zahlen aus. Legen Sie die Buchstaben oder Zahlen mit (im Westernreiten mit 2 m) oder (im Dressurreiten mit 3 m) lange Stangen in die Bahn. Zwischen den Zahlen sollten im Westernreiten 2, 4, 6 oder 8 m und im Dressurreiten 3, 6 oder 9 m Abstand sein.

Was lernt das Pferd?
Wie bei allen Stangenübungen lernt das Pferd, aktiver mit der Hinterhand zu werden und die Vorhand anzuheben.

Was lernt der Reiter?
Der Reiter lernt zu erspüren, wie ein aktiv mittretendes Pferd sich anfühlt. Er lernt, das Pferd zwischen den Hilfen einzurahmen und Wege zu planen.

Stangenarbeit hilft in vielen Fällen, die Hinterhand zu aktivieren. Hier können Sie kreativ werden. So auch mit dieser Übung. Wichtig bei der Stangenarbeit ist ein in positiver Spannung laufendes Pferd. Stangen wirken wie Beschleuniger, sie zeigen sofort Defizite im Bewegungsablauf auf. Ein vermeintlich gut gerittenes Pferd zeigt über den Stangen seinen wahren Bewegungsablauf.

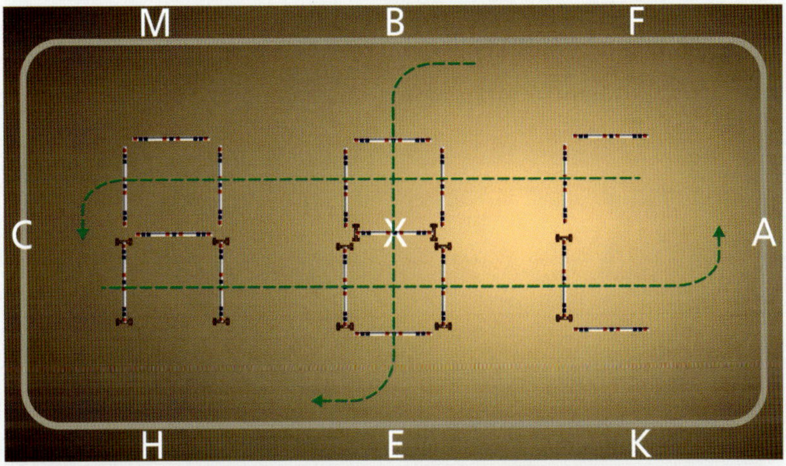

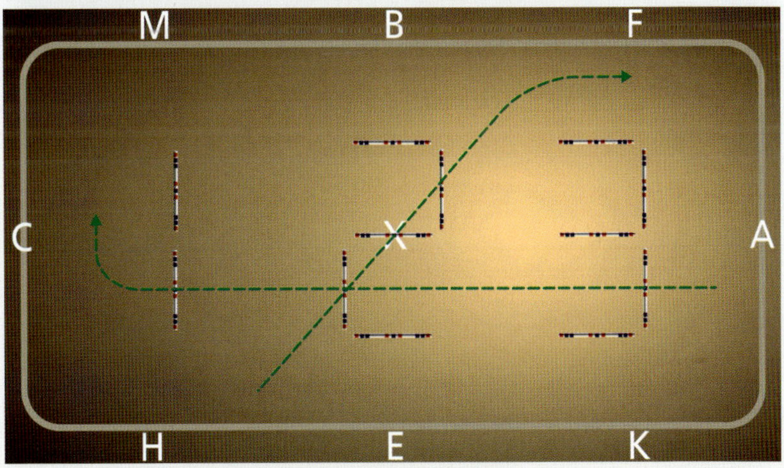

Wie reite ich diese Übung?

Bevor Sie mit Ihrem Pferd starten, sollten Sie sich überlegen, welche Wege in welcher Gangart reitbar sind. Je nachdem, welche Buchstaben oder Zahlen Sie sich ausgesucht haben, haben Sie auf einer Linie eine verschieden hohe Anzahl an Stangen liegen.

Tipp ▶

Je mehr Erhöhungen oder Cavalettis enthalten sind, desto effektiver und schwieriger ist diese Übung.

Reiten Sie nach der Planung die verschiedenen Wege zunächst im Trab und später im Galopp. Denken Sie im Galopp an die Handwechsel oder bauen Sie einfache oder fliegende Wechsel mit ein.

Mein Pferd macht aber ...

Mein Pferd stößt immer wieder an den Stangen an und verliert den Takt ...

Überprüfen Sie die Stangenabstände. Ein Helfer kann beim Verschieben der Stangen unterstützen. Achten Sie immer auf eine aktive Hinterhand. Reiten Sie Ihr Pferd vorwärts, ohne eilig zu werden, und überprüfen Sie die positive Spannung im Pferd.

Mein Pferd wird immer schneller ...

Wird das Pferd schneller, fehlt ihm die nötige Balance. Meist sind die Bewegungszentren dann auch verkehrt herum gedreht und die Muskelketten arbeiten nicht mehr korrekt. Dementsprechend gilt es, den korrekten Bewegungsablauf wieder herzustellen. Dies können Sie mithilfe von Volten, Übergängen oder auch dem Schenkelweichen erreichen. Nehmen Sie sich einen Fachmann mit zum Training, der Ihnen aufzeigen kann, ob sich Verspannungen oder Blockaden im Körper befinden, die eine positive Spannung verhindern.

Mein Pferd nimmt den Kopf immer hoch, wenn wir über die Stangen reiten ...

Ein Hochschnellen des Kopfes ist ein Zeichen für eine abgesenkte Vorhand. Das Pferd kann das Brustbein nicht hochheben, der Trapezmuskel ist nicht korrekt ausgebildet. Gehen Sie zurück zu Kapitel 5 und 6.

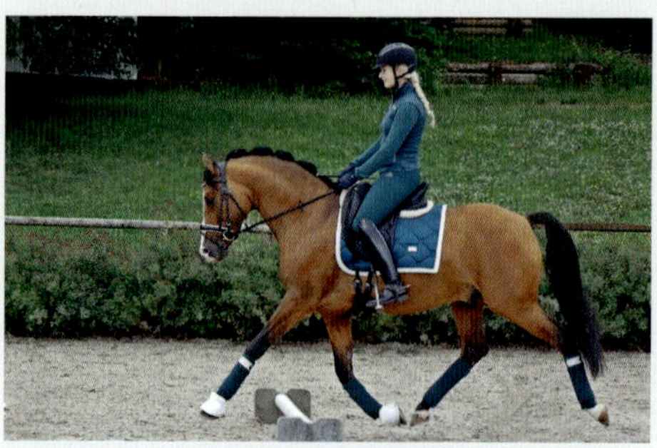

7.9 Übergänge im Kleeblatt

Was brauche ich?
4 Pylonen

Aufbau
Stellen Sie 4 Pylonen im gleichen Abstand auf den Mittelzirkel, sodass sich ein Quadrat ergibt.

Was lernt das Pferd?
Das Pferd lernt durch den Wechsel an geraden und gebogenen Linien sowie Handwechseln sich zu lockern. Seine Hinterhand wird durch die Übergänge aktiviert.

Was lernt der Reiter?
Der Reiter lernt, sich die Reitbahn gut einzuteilen, einen Plan zu entwickeln und korrekte Volten auf beiden Händen zu reiten.

Tipp ▶

10 m zwischen den Pylonen und 5 m von der Bande entfernt sind optimal.

Volten lockern, Handwechsel helfen beim Anheben der Vorhand und die Übergänge lockern und aktivieren die Hinterhand.

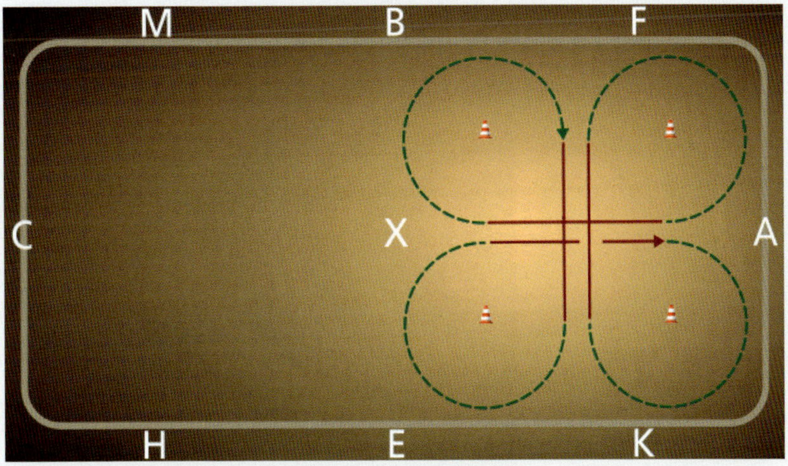

Wie reite ich diese Übung?

Stellen Sie sich zunächst ein 4-blättriges Kleeblatt mit Stiel vor. Definieren Sie zum Beispiel, dass der Stiel von A bis zur Mitte Ihres Pylonen-Quadrates reicht. Von dieser Mitte aus gehen jeweils 2 gleich große Kleeblätter nach links und rechts ab. In der Reitersprache ausgedrückt haben wir eine Mittellinie und 2 Volten nach links und rechts. Reiten Sie nun auf der Mittellinie (dem Stiel) entlang. Auf Höhe der letzten Pylonen reiten Sie eine Dreiviertel-Volte zum Beispiel nach rechts. Nun geht es wieder auf eine gerade. Auf Höhe der nächsten Pylonen wenden Sie wieder auf eine Dreiviertel-Volte nach rechts ab. Nach dieser Volte befinden Sie sich nun wieder auf der Mittellinie, wobei Sie jetzt den »Stiel« hinunterreiten. Zwischen den nächsten Pylonen gehen Sie wieder auf eine Volte – diesmal zum Beispiel nach links. Sie können diese Übung mit Handwechseln oder auch ohne Handwechsel reiten. Sobald Ihnen die Linienführung klar ist, können Sie auf der Geraden Übergänge einbauen.

7.10 Zirkel verkleinern

Was brauche ich?
1 Pylone

Aufbau
Stellen Sie die Pylone in die Mitte des Zirkels.

Was lernt das Pferd?
Das Pferd lernt, sich korrekt einrahmen zu lassen, aktiver mit der Hinterhand unterzutreten und bekommt dadurch mehr Last auf die Hinterhand.

Was lernt der Reiter?
Der Reiter lernt, wie sich das Pferd mit einer aktiven Hinterhand anfühlt und wann es inaktiv wird. Er lernt außerdem vorausschauendes Reiten und verfeinert die Hilfengebung.

Je kleiner die gebogene Linie wird, desto aktiver muss die Hinterhand des Pferdes mittreten und desto mehr Lastaufnahme auf der Hinterhand wird gefordert. Um dies zu trainieren, eignet sich das »Zirkel verkleinern«.

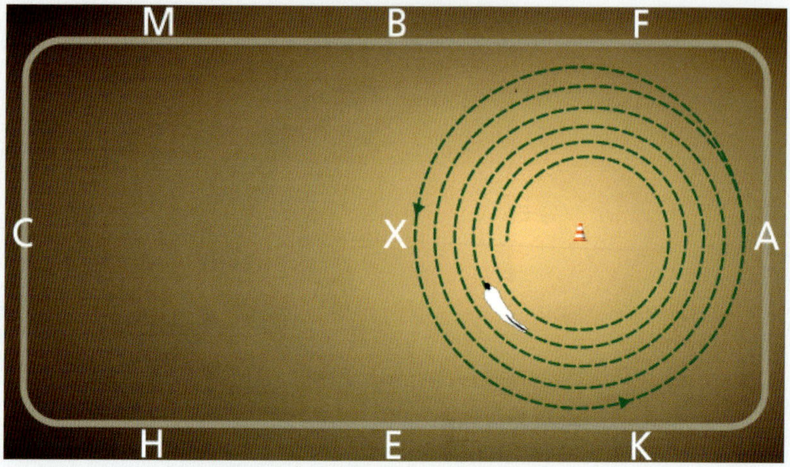

Wie reite ich diese Übung?

Diese Übung können Sie in allen drei Grundgangarten reiten. Wählen Sie zunächst den Trab. Reiten Sie ein bis zwei Runden auf dem Zirkel. Verkleinern Sie dann den Zirkel schneckenförmig Runde für Runde. Bleiben Sie auf dem jeweiligen Hufschlag so lange, bis Ihr Pferd aktiv mit der Hinterhand untertritt und sich die Vorhand hebt. Erst dann verkleinern Sie den Zirkel weiter. Wenn Sie die Größe einer Volte erreicht haben, beginnen Sie, den Zirkel wieder schneckenförmig zu vergrößern, bis Sie auf der gewohnten Zirkellinie angekommen sind. Reiten Sie zur Entspannung danach ganze Bahn oder andere Hufschlagfiguren.
Achten Sie darauf, dass die Zirkellinie gleichmäßig bleibt und nicht zu einem Ei wird. Teilen Sie sich vorher gedanklich den Zirkel in 5 Runden ein (1., 2., 3., 4., 5. Hufschlag). Je kleiner der Kreis wird, umso schwieriger ist es für das Pferd. Für Ungeübte sollte der Durchmesser des kleinsten Kreises nicht weniger als 10 m sein, für Geübte darf er 6 m betragen. Je enger der Zirkel wird, desto mehr muss der innere Schenkel mittreiben, damit das innere Hinterbein aktiv und das innere Vorderbein vorwärts-aufwärts tritt. Reiten Sie

Überprüfen Sie nach jedem Verkleinern, ob das Pferd schon genügend Stabilität im Schulter- und Beckengürtel hat, um die nächst kleinere Wendung auch aktiv stablilisiert hinzubekommen.

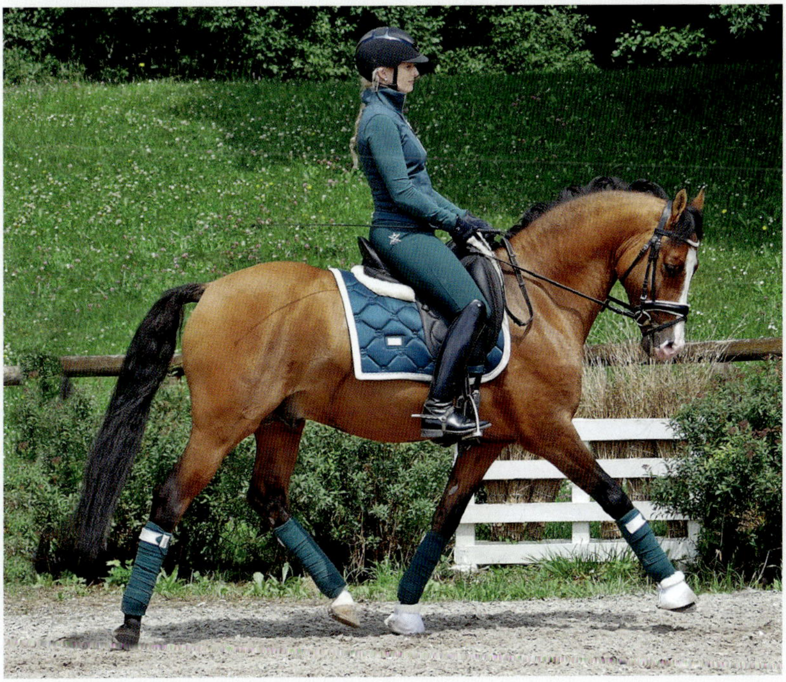

die Übung auf beiden Händen, damit die Muskulatur beidseitig gestärkt wird.

Mein Pferd macht aber …

Mein Pferd fällt nach innen …

Überprüfen Sie die Hilfengebung. Treiben Sie vermehrt mit dem inneren Schenkel und weniger mit dem äußeren. Ziehen Sie nicht am inneren Zügel. Verlagern Sie weniger Gewicht auf den inneren Gesäßknochen. Fällt Ihr Pferd nach innen, bedeutet das, dass es nicht aktiv mit tritt und auf die Vorhand fällt. Bleiben Sie immer etwas länger auf dem jeweiligen Hufschlag und verbessern zunächst dort den Bewegungsablauf, bevor Sie den Zirkel weiter verkleinern.

Mein Pferd geht nicht nach innen …

Überprüfen Sie die Hilfengebung. Reiten Sie vermehrt auf dem zweiten Hufschlag, wenn Ihr Pferd sich nicht von der Bande (Begrenzung) lösen kann. Rahmen Sie das Pferd mit den Hilfen ein. Überprüfen Sie, ob diese Übung schon die richtige für Sie und Ihr Pferd ist.

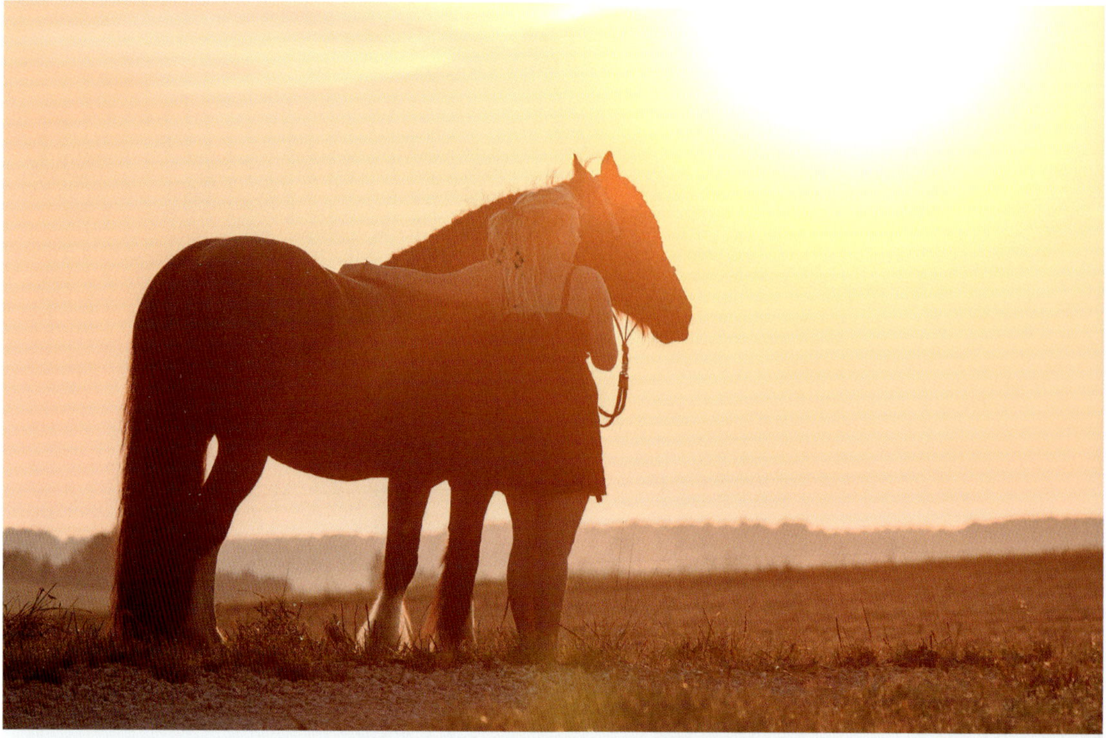

8. Geraderichten

Ziel der Ausbildung ist es, das Pferd durch gymnastizierende Übungen gerade zu richten (Punkt 5 auf der Ausbildungsskala).

Das Pferd soll sich auf geraden und auf gebogenen Linien in Balance, mit Hinterhand und Vorhand auf einer Spur bewegen. Dazu muss die natürliche Schiefe des Pferdes ausgeglichen werden.

Drängen Pferde auf der gebogenen Linie nach innen oder außen, spricht man gerne von einem »Auf-die-Schulter-Fallen«. Das ist an sich auch korrekt, jedoch sollte man sich merken, dass ein »Auf-die-Schulter-Fallen« nur passieren kann, wenn die Bewegungszentren (Vor- und Hinterhand) nicht korrekt arbeiten. Also entweder passiv oder verspannt sind und die Ursache dafür in einer Instabilität der äußeren Muskeln (Schulter- und Beckengürtel) zu finden ist.

Um die natürliche Schiefe des Pferdes zu korrigieren, sollte demnach die Stabilisierung des Schultergürtels mit der Unterstützung der Hinterhand an oberster Stelle stehen. Damit das Pferd geradegerichtet ist und sich korrekt auf beiden Händen biegen kann, ist eine aktive Stabilisation der gegenläufigen Drehung von Brustkorb und Becken gegen die Schwerkraft notwendig. Das bedeutet, dass das aktive Untertreten der Hinterbeine und das Begrenzen des äußeren Zügels dem Pferd hilft, Stabilität zu bekommen. Wir sollten den jeweiligen Schultergürtel stärken, sodass ein Verdrehen des Brustbeines vermieden wird und daraus folgend die Beine des Pferdes achsengerecht auffußen. Das Thema der natürlichen und antrainierten Schiefe ist ein sehr großes, das ein eigenes Buch füllen würde. Deshalb hier in vereinfachter Form erklärt: Bei einem Pferd mit natürlicher Schiefe spricht man von einer hohlen Seite und einer Zwangsseite. Auf der hohlen Seite sind die seitlichen Muskeln verkürzt. Das Pferd kann sich auf dieser Hand besser biegen, kann aber nur über die äußeren Hilfen korrigiert werden. Auf dieser Seite drängen die Pferde gerne nach außen.

Auf der Zwangsseite sind die Muskeln länger und lassen sich nicht so gut verkürzen. Hier helfen Korrekturen über die inneren Hilfen, jedoch lässt es sich schlechter biegen. Auch fällt das Pferd gerne nach innen und verkleinert den Zirkel. Von einer schlechten oder besseren Hand zu sprechen, finde ich nicht korrekt, da jede Hand ihre positiven, aber auch negativen Aspekte hat. Um Pferde aber gesund zu erhalten, ist das Geraderichten essenziell. Das Geraderichten des Pferdes ist eine ständige Korrektur während des Reitens und bedeutet, dass die Achsensymmetrie immer wieder hergestellt werden sollte.

Die Achsensymmetrie ist ein wichtiger Aspekt in der Reiterei und sollte unbedingt zum Basiswissen für die Gesunderhaltung des Pferdes gehören. Beispiele für eine Anomalie der Achsensymmetrie wären:

- ein Verwerfen des Genicks
- ein Pferd, welches sich wie ein Motorrad in die Kurve legt oder auch
- eine Sehnenscheidenentzündung, ein Sehnenschaden oder ein überbelastetes Pferdebein

Bei all diesen Beispielen liegt oder lag eine Asymmetrie der Achsen vor.

Um sein Pferd gesund zu reiten oder anderen Reitern dabei zu helfen, ist es wichtig, die Achsensymmetrie zu verstehen. Auch für Reitlehrer ist es wesentlich, das eigene Auge zu schulen. Verwirft sich z.B. ein Pferd im Genick, steht die Achse zwischen Genick und Nase schief. Sie ist nicht mehr symmetrisch zur Beinachse (Brust-Huf). Ist das Verwerfen einem zu starken inneren Zügel geschuldet, reicht es normalerweise aus, wenn der innere Zügel deutlich nachgibt und das Pferd statt am inneren Zügel, am äußeren steht. Somit begradigt sich die Nasenlinie und die Achsen sind wieder symmetrisch.
Liegt es jedoch nicht am inneren Zügel, sondern bleibt das Pferd während des Trainings weiterhin mit verworfenem Genick in dieser asymmetrischen Haltung, sollte ein Fachmann zu Rate gezogen werden, da es sich um eine Verspannung oder Blockade handeln könnte. Betrachtet man ein Pferd von vorne, sollten Nasenlinie, Beinachse und Brustachse (Hals-Brustbein) symmetrisch zueinanderstehen.

Sind Nasen- und Brustlinie nach außen verdreht, handelt es sich um ein verdrehtes Brustbein. In diesem Fall ist der äußere Schultergürtel nicht stabil genug, um der Schwer- und Fliehkraft entgegenzuwirken.
Stimmen Nasenlinie und Brustachse (sind also senkrecht zum Boden), die Beinachsen jedoch schief, deutet dies auf eine verspannte oder passiv abgesenkte Vorhand hin. Hierbei sollten die Bewegungszentren nochmals überprüft und wenn nötig von einem Fachmann behandelt werden.
Man spricht in solchen Fällen davon, dass das Pferd auf die Schulter fällt. Dies ist auch daran erkennbar, dass die Hufe des Pferdes schief abgelaufen sind. Ursache: Beim Abbiegen oder Drehen führt die innere Schulter nicht frei nach oben, sondern das innere Vorderbein bleibt stehen und das Pferd dreht über die Seitenwand und kreuzt mit dem äußeren Vorderbein.

Erst wenn die Achsen symmetrisch zueinander sind, kann man von einem gesund gerittenen Pferd sprechen. Schiefe Achsen sind ein Zeichen dafür, dass das Pferd nicht korrekt stabilisiert ist und nicht mit seiner positiven Spannung der Schwerkraft entgegenwirken kann. Sobald die Beinachsen nicht vertikal zum Boden verlaufen, sondern leicht schief sind, werden Sehnen und Bänder überbelastet. Dies hat zur Folge, dass die Überbelastung zu Schmerzen, Lahmheiten, Sehnenscheidenentzündungen und Sehnenschäden führen kann. Um das Pferd gesund zu halten, müssen Reiter, Reitlehrer und Hufschmied oder Hufpfleger zusammenarbeiten, um die Achsensymmetrie wiederherzustellen. Einer allein schafft es nicht, aber gemeinsam kann man dem Pferd ein lange gesundes Leben ermöglichen.
Mehr über die Themen Achsensymmetrie und Geraderichten erfahren Sie in meinen Kursen zum Thema: »Schiefentraining«. Schauen Sie doch auf meiner Internetseite vorbei: www.horse-training-and-more.de
Erinnern Sie sich noch an den Einleitungstext des vierten Kapitels? Hier hatten wir ein Pferd, das auf der rechten Hand immer nach außen schaut. Wir haben bereits festgestellt, dass die Ursache dafür, die Schwäche des äußere Schultergürtel ist. Genau dieser sollte spätestens jetzt gestärkt werden. Dazu benötigen wir das diagonale Hinterbein, das sehr oft auch gestärkt werden muss, da der Beckengürtel meist auf dieser Seite ebenfalls schwächer ist. Eine genaue Analyse wie im vierten Kapitel gibt Aufschluss für den genauen Trainingsplan – vor allem in Bezug auf das Geraderichten.
Schauen Sie sich an, welche Übungen von den 10 verschiedene in diesem Kapitel Ihnen helfen können, Ihr Pferd gerade zu richten. Das Hauptaugenmerk dieser Übungen – neben dem Training des Außengalopps – liegt auf den Seitengängen, die bei der Korrektur der natürlichen und erlernten Schiefe helfen. Deshalb starten wir zunächst mit einem kleinen Exkurs zum Thema Seitengänge.

Die Seitengänge

Unter Seitengängen versteht man bestimmte erlernte Vorwärts-Seitwärts-Bewegungen eines Pferdes. Seitengänge können in allen Gangarten und allen Bahnfiguren geritten werden. Durch die Seitengänge werden die Durchlässigkeit, die Balance und die Geschmeidigkeit der Bewegungen gefördert. Man unterscheidet die Seitengänge »mit der Bewegungsrichtung gebogen« (Travers, Renvers und Traversale) und »gegen die Bewegungsrichtung gebogen« (Schulterherein und Konterschulterherein).

Im Schulterherein (Vorhand zeigt in die Bahnmitte) und Konterschulterherein (Vorhand zeigt zur Bande) bewegt sich das gebogene Pferd auf gerader Linie. Je nach Reitlehre wird das Pferd auf 3 bzw. 4 Hufschlägen geritten. Die Schultern des Reiters werden in der gleichen Achse wie die Schultern des Pferdes getragen. Daraus resultiert auch die Zügelhaltung, da die Hände wiederum ebenfalls in der gleichen Achse wie die Schultern getragen werden sollten. Aus der Haltung der Schultern lässt sich außerdem die Belastung der Sitzbeinhöcker ableiten. Bezugnehmend auf die Übung 1.10 wird immer der Sitzbeinhöcker belastet, auf dessen Seite die Schulter etwas weiter vorne getragen wird. Auch um hier das Pferd in Biegung zu reiten. Die Hüftstellungen des Reiters und des Pferdes sollten gleich sein. Dementsprechend weiß man dann auch, welcher Schenkel vorne oder verwahrend gelegt wird (z.B. innere Hüfte ist etwas weiter vorne bedeutet, dass der innere Schenkel auch etwas weiter vorne am Gurt platziert werden muss).
Wann welche Hilfe benötigt wird, spürt der Reiter an der Reaktion seines Pferdes. Grundsätzlich gilt aber auch hier – wie auf einer gebogenen Linie – der innere aktive Schenkel treibt an den außen verwahrenden Zügel. Der innere Zügel hat nur eine feine korrigierende Aufgabe.

Das Schulterherein

Das Schulterherein wird auch als die »Aspirin« des Reitens bezeichnet. Da sie fast bei allen Problemen als Lösungsansatz genommen werden kann. Anders als bei den anderen Seitengängen kann das Pferd spielend leicht – sofern der Seitengang korrekt geritten wird – seine Bewegungszentren wieder entsprechend synchronisieren und die positive Spannung erneut herstellen. In fast jeder Reitweise wird dieser Seitengang genutzt, um das Pferd gerade zu richten, zu versammeln oder auf einen Tempi- oder Gangartwechsel vorzubereiten. Das Schulterherein ist ein Seitengang, bei dem das Pferd entgegen der Bewegungsrichtung gebogen ist. Die Hinterhand bleibt auf dem Hufschlag, die Vorhand wird in die Bahn hineingeführt, bis das innere Hinterbein in die Spur des äußeren Vorderbeins tritt,

somit ergeben sich je nach Reitweise drei oder vier Hufschlaglinien. Im Schulterherein nimmt das innere Hinterbein vermehrt Last auf, somit wird der äußere Rückenmuskel gedehnt.
Da beim Schulterherein die Vorhand verschoben wird, kommt ihm bei der Geraderichtung des Pferdes besondere Bedeutung zu, da die Vorhand auf die Hinterhand eingestellt wird. Reiten Sie am Anfang nur kurze Sequenzen im Schulterherein, um das Pferd nicht zu überfordern. Anstatt eine lange Seite im Schulterherein entlangzureiten, verlangen Sie nur wenige Schritte.

Vorteile des Schulterhereins:

- Im Schritt kann das Schulterherein Pferden helfen, sich zu entspannen und auszubalancieren. Sie werden lockerer und dehnen ihre Oberlinie auf.
- Die Hanken werden im Schulterherein vermehrt gebeugt und die Tragkraft der Hinterhand verbessert.
- Schulterherein verbessert die Grundgangarten und das gerade Angaloppieren.
- Schulterherein kann Taktstörungen im Trab verbessern.
- Schulterherein führt zu einem lockeren Genick und entspanntem Kiefergelenk, löst Verspannungen und sorgt somit für eine physische und psychische Losgelassenheit.
- Das Herandehnen und die Anlehnung an den äußeren Zügel werden durch Schulterherein verbessert.
- Schulterherein im Trab aktiviert die Hinterhand und hilft somit bei Tempiwechseln und der Schwungentwicklung.
- Schulterherein unterstützt das Geraderichten und hilft Schiefen auszugleichen, da es den Schulter- und Beckengürtel stärkt.
- Schulterherein hilft dem Pferd, mehr Traglast zu entwickeln und verbessert die Piaffe und somit die Versammlung.
- Schulterherein hilft, die positive Spannung im Pferd herzustellen und kann die beiden Bewegungszentren synchronisieren.
- Der Schulter- und Beckengürtel wird optimal gestärkt und die aktive Stabilisierung gefördert.
- Bei Gangpferden ist es die beste Vorbereitung auf den Tölt.

Travers – Kruppeherein und Renvers – Kruppeheraus

Neben dem Schulterherein gehören das Travers/Kruppeherein und Renvers/Kruppeheraus zu den wichtigsten Lektionen, um ein Pferd gerade zu richten.
Travers (Kruppeherein) und **Renvers** (Kruppeheraus) unterscheiden sich allein in ihrer Ausrichtung zur Bande. Sie stellen für das Pferd dieselbe Bewegung dar. Es bewegt sich

gebogen auf einer geraden Linie. Auch hier wird je nach Reitlehre das Pferd auf drei bzw. vier Hufschlägen geritten. Als Travers wird beim Reiten eine Vorwärts-Seitwärts-Bewegung des Pferdes bezeichnet, bei der es gebogen und in einer Abstellung von ca. 30 Grad auf drei oder vier Hufschlägen geht.
Die Konterlektion zu Travers ist **Renvers**. Beim Travers wird die Vorhand von innen auf den ersten Hufschlag gestellt, während die Hinterhand zum Bahninneren gestellt ist und die Vorhand auf dem Hufschlag bleibt. Das Pferd kreuzt dabei sowohl Vorder- wie Hinterbeine, wobei auf eine leichte Innenstellung geachtet wird. Travers kann sowohl auf geraden als auch auf gebogenen Linien geritten werden.
Beim Renvers bleibt die Hinterhand auf dem Hufschlag, während die Vorhand in die Bahn gestellt wird. Hierbei ist das Pferd wie beim Travers in Bewegungsrichtung gebogen.
Ziel ist es, dem Pferd beizubringen, mit dem jeweils äußeren Hinterbein in Richtung Schwerpunkt zu fußen und dabei mehr Last aufzunehmen. Travers und Renvers bewirken beide, dass die innere Schulter leichter wird und sich hebt und das äußere Hinterbein dabei vermehrt Last aufnimmt und die Hanken deutlich gebeugt werden.

Achtung: Die Kruppe darf niemals vorauseilen! Die Schulter sollte die Führung übernehmen, um eine korrekte Lastaufnahme zu gewährleisten.

Im Westernsport wird oft die Kruppe hereingetrieben und der Schulter durch ein »Wegstrecken« des inneren Schenkels Platz gemacht. Das Gewicht ist auch häufig außen – das Pferd wird vom Gewicht weggetrieben. Diese Verschiebung der Kruppe führt nur zu einer Flexibilität in der Muskulatur und dient dazu, das Angaloppieren zu erleichtern, jedoch kann dies nicht zu einem korrekten Ausrichten der Schulter auf die Vorhand verwendet werden, da hierbei nicht die Schulter durch den inneren Schenkel verschoben wird. Diese Übung ist für den Westernsport trotzdem sehr effektiv.

Vorteile des Traver und Renvers

- Traver und Renver unterstützen die Balance und fördert die Schulterkontrolle.
- Traver und Renver unterstützen das Geraderichten und helfen Schiefen auszugleichen.
- Traver und Renver helfen dem Pferd, mehr Traglast zu entwickeln. Die Lektionen sollten als Vorübungen zur Traversale genutzt werden, da sie die Muskeln der Pferde auf die Traversale vorbereiten.
- Traver und Renver helfen dem Pferd, seinen Schulter- und Beckengürtel zu stärken, und fördern somit das Geraderichten.
- Traver und Renver verbessern die Längsbiegung
- und stabilisieren die seitlichen Muskelketten.

Merke: Reiterschulter parallel zur Pferdeschulter, Reiterhüfte parallel zur Pferdehüfte.

Die Traversale

Die Traversale ist eine Vorwärts-Seitwärts-Bewegung im Trab oder Galopp, mit Travers vergleichbar, jedoch entlang einer diagonalen Linie, wobei das Pferd parallel zur langen Seite der Reitbahn ausgerichtet ist. Das Pferd ist in die Bewegungsrichtung gestellt und gebogen und überkreuzt dabei jeweils das innere Vorder- und Hinterbein. Überholt die Kruppe die Schulter, geht dies zu Lasten der Tragkraft, da das Pferd nicht mehr korrekt unter den Schwerpunkt fußt. Eine zu starke Biegung im Hals in Bewegungsrichtung bringt das Pferd auf die innere Schulter. Das Pferd wird schwer in der Hand und fällt auf die Schulter, da keine Vorwärtsbewegung mehr vorhanden ist.

Die Vorhand hat in der Traversale immer die Führung. Die Traversale stellt eine Bahnfigur in Seitengängen dar. Sie verbindet das Schulterherein zu Beginn mit der Traversverschiebung durch die Diagonale und dem Renvers beim Ankommen an der neuen Seite mit anschließendem Umstellen ins Schulterherein.

Mit fortschreitender Ausbildung werden die Seitengänge auch auf dem Zirkel, dem Viereck und der Volte geritten. Seitengänge auf engster Volte nennt man Pirouette (Traversvolte) oder Repulon (Renversvolte).

Ein großes Augenmerk sollte der Reiter auf die korrekte Bewegung und die Beinachsen legen. Sind die Bewegungszentren nicht korrekt gedreht und der Spannungsbogen der positiven Spannung nicht vorhanden, werden zwar die Beine kreuzen und die Bande am Ende der Lektion erreicht, jedoch hat dies keinerlei gymnastizierende Wirkung. Werden hingegen, wie auf der gebogenen Linie, die Bewegungszentren synchronisiert und die seitlichen Muskelketten stabilisiert, fördert diese Übung das Geraderichten.

Merke: In allen Seitengängen muss stets die Vorhand der Hinterhand etwas voraus sein.

Andernfalls kommt das Pferd aus dem Takt, verliert den Schwung und die Tragkraft geht verloren. Die Traversale wird am leichtesten aus dem Schulterherein oder einer gebogenen Linie geritten.

Vorteile der Traversale

- Die Traversale verbessert den fliegenden Galoppwechsel und fördert die Bergauf-Galoppade.
- Die Traversale unterstützt die Balance und fördert die Schulterkontrolle.
- Die Traversale unterstützt das Geraderichten und hilft, Schiefen auszugleichen.
- Die Traversale unterstützt das Pferd, mehr Traglast zu entwickeln und verbessert die Versammlung.
- Die Traversale hilft dem Pferd, seinen Schulter- und Beckengürtel zu stärken.
- Die Traversale fördert das Geraderichten

- Die Traversale verbessert die Längsbiegung.
- Die Traversale stabilisiert die seitlichen Muskelketten.

Ich hoffe, Ihnen hat der kleine Ausflug zu den Seitengängen weitergeholfen. Nun können Sie mit dem nächsten Kapitel beginnen. Suchen Sie sich zunächst zum Starten eine leichte Übung aus. Lesen Sie sich alle Aufgaben einmal durch und überlegen Sie sich, welche für Sie und Ihr Pferd am sinnvollsten ist. Nicht jede Übung ist für jedes Pferd geeignet. Wenn Sie sich schon im Vorfeld darüber Gedanken gemacht haben und Ihr Pferd gut analysieren konnten, wird Ihnen die Auswahl nicht schwerfallen.

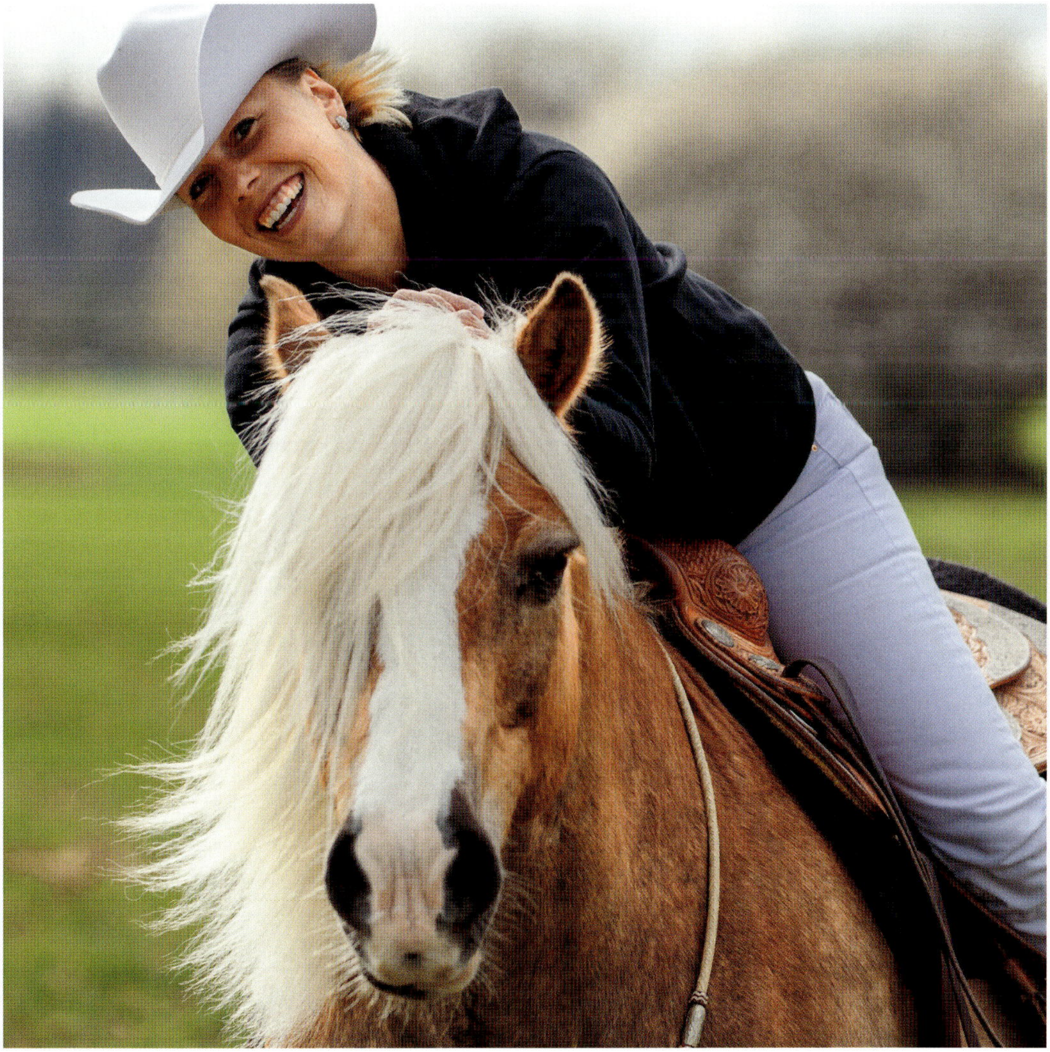

8.1 Seitengänge-Mix

Was brauche ich?
1 Pylone

Aufbau
Stellen Sie die Pylone in eine Ecke der Reitbahn, sodass Sie bequem eine Volte um sie reiten können.

Tipp ▸
Je lockerer Sie sind, desto leichter fällt es auch dem Pferd, diese Übung auszuführen.

Was lernt das Pferd?
Beim Pferd werden die Muskelketten gestärkt und Schulter- und Beckengürtel stabilisiert.

Was lernt der Reiter?
Koordination der verschiedenen Seitengänge. Das Reiten von Traversalen. Den Spannungsbogen zu überprüfen und ggf. wiederherzustellen.

Durch Ausführung dieser Übung koordinieren Sie die Seitengänge. Das Pferd lernt, seitwärts unter seinen Schwerpunkt zu treten und die Hinterhand zu aktivieren. Die Übung dient zur Vorbereitung der Traversale. Während des Schulterhereins und auch in der Volte können Sie die positive Spannung und die korrekte Verwendung der Bewegungszentren überprüfen. Hat das Pferd eine positive Spannung, kann es weitergehen und die Traversale geübt werden. Durch die Wiederholungen können kleine Probleme im Spannungsbogen korrigiert werden.

Wie reite ich diese Übung?

Reiten Sie ganze Bahn im Trab oder Jog. Auf der langen Seite beginnen Sie mit dem Schulterherein auf die Pylone zu. Vor der Ecke lösen Sie das Schulterherein auf und starten mit einer großen Volte um die Pylone herum. Nach etwa der Hälfte der Volte wenden Sie ab zu einer Traversalverschiebung in Richtung Bande. Übernehmen Sie die Stellung aus der Volte und treiben Sie vorwärts-seitwärts. Traben Sie ganze Bahn und stellen Sie den eventuell verloren gegangenen Spannungsbogen wieder her.

Mein Pferd macht aber …

Mein Pferd kommt aus der Volte nicht in die Traversale …

Geben Sie einen deutlichen Impuls mit dem äußeren verwahrenden Schenkel zur Seitwärtsbewegung. Legen Sie den Schenkel rechtzeitig um. Schauen Sie in die Bewegungsrichtung. Es kann auch sein, dass das Pferd noch nicht genug stabilisiert ist und deshalb den Schwerpunkt nicht verlagern möchte, da ihm ansonsten die Balance verloren geht.

Mein Pferd kommt nicht wieder auf dem ersten Hufschlag an …

Vielleicht hat Ihr Pferd noch nicht genug Kraft hat, um verstärkt seitwärts unter seinen Schwerpunkt zu treten. Die nicht so steile Traversale kann eine Strategie des Pferdes sein, um die Beinachsen noch korrekt zu halten. Eine steilere Variante könnte dann zu einer Achsenverschiebung führen und das Pferd verliert seine Stabilität. Wiederholen Sie die Übung, bis das Pferd genügend Kraft entwickelt hat. Es kann auch helfen, von einem Fachmann überprüfen zu lassen, ob das Pferd in positiver Spannung geritten wird.

8.2 Die positive Spannung im Trab

Was brauche ich?
6 Pylonen, 3 Stangen

Aufbau
Legen Sie die Trabstangen (ca. 1,30 m Abstand) auf die Mittellinie zwischen A und X (siehe Skizze). Vier Pylonen stehen rechts und links von der Mittellinie zwischen den Stangen an den Stangenenden. Zwei Pylonen stehen so bei C, dass Sie eine Volte um sie reiten können.

Mit dieser Übung trainieren Sie gleich mehrere Dinge und können dem Pferd spielerisch die positive Spannung näherbringen oder überprüfen. Über den Stangen wird die Hinterhand aktiviert und die Vorhand gehoben. Da die Stangen ohne Bandenbegrenzung liegen, überprüfen Sie gleichzeitig, ob sich Ihr Pferd korrekt einrahmen lässt oder ob es in eine spezielle Richtung drückt. Dies wird spätestens in der Volte korrigiert und auch auf der gebogenen Linie überprüft. Mithilfe des Schenkelweichens oder der Traversalverschiebung werden kleine Verspannungen gelockert und die Bewegungszentren nochmals neu und korrekt ausgerichtet. Auch wird hier die Anlehnung ein weiteres mal überprüft.

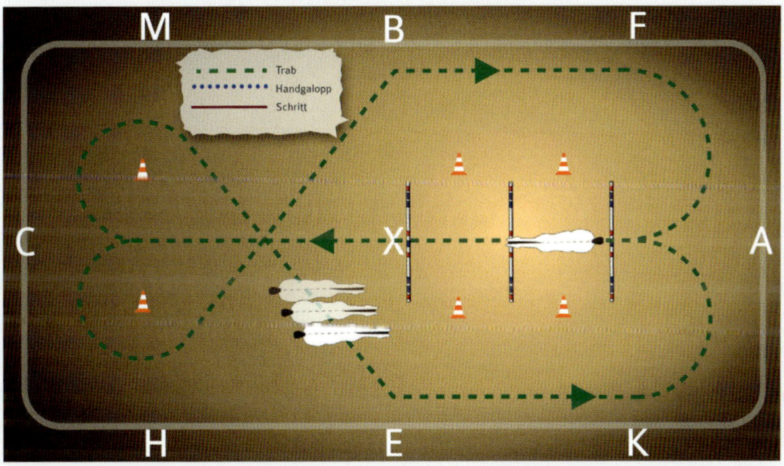

Wie reite ich diese Übung?

Reiten Sie im Trab ganze Bahn und sitzen Sie aus. Wenden Sie bei A auf die Mittellinie ab. Überwinden Sie die Stangen-/Pylonen-Allee. Reiten Sie weiter auf der Mittellinie. Nehmen Sie das Pferd im Trab zurück und reiten Sie eine Volte um eine Pylone. Nach der Hälfte der Volte beginnen Sie mit dem Schenkelweichen Richtung Bande (wahlweise: Traversalverschiebung). Bei Erreichen des Hufschlags bei B bzw. E stellen Sie das Pferd wieder gerade. Wiederholen Sie die Übung und reiten Sie die Volte um die andere Pylone. Bauen Sie Pausen ein, reiten Sie ganze Bahn, traben Sie leicht.

Was lernt das Pferd?
Mithilfe dieser Übung kann das Pferd seine Bewegungszentren synchronisieren, wird gerade gerichtet und kann durch die verschiedenen Aufgaben die positive Spannung auf geraden und gebogenen Linien halten. Verspannungen werden vorgebeugt und die Muskulatur immer wieder durch den Wechsel gelockert.

Was lernt der Reiter?
Der Reiter lernt den Unterschied zu erspüren, wann das Pferd verspannt, entspannt oder in einer positiven Spannung ist. Er lernt, Verspannungen zu bemerken und diese zu lösen. Zudem lernt er, welche Schiefe noch im Pferd oder im Reiter steckt und lernt dieser entgegenzuwirken.

Hilfengebung für die Traversalverschiebung

Biegen Sie das Pferd in Bewegungsrichtung nach rechts. Nehmen Sie die Stellung aus der Volte mit. Verlagern Sie das Gewicht nach rechts. Treiben Sie mit dem rechten Schenkel am Gurt. Der linke Schenkel liegt verwahrend am Pferdebauch an. Geben Sie mit dem linken Schenkel einen deutlichen Impuls zum Kreuzen der Beine. Beim Erreichen des ersten Hufschlags stellen Sie das Pferd wieder gerade. Entsprechend wird die Traversale nach links ausgeführt.

In der Traversale gilt: Reiterschultern parallel zu den Pferdeschultern, Reiterhüfte parallel zur Pferdehüfte.

Mein Pferd macht aber …

Mein Pferd läuft nicht gerade weiter nach der Traversale …

Überprüfen Sie die Hilfengebung. Ist diese korrekt, machen Sie eine Pause, reiten Sie ganze Bahn, lassen Sie die Zügel lang und versuchen Sie es erneut.

Mein Pferd schwankt auf der Mittellinie …

Rahmen Sie das Pferd mit Zügeln und Schenkeln auf beiden Seiten gleichmäßig ein. Verlagern Sie Ihr Gewicht gleichmäßig. Knicken Sie nicht in der Hüfte ein und schwingen Sie locker mit. Trainieren Sie das Reiten von geraden Linien ohne Begrenzung und verbessern Sie so das Gleichgewicht.

Meine Traversale wird zu flach …

Begrenzen Sie das Pferd mit dem äußeren Zügel. Verlagern Sie Ihr Gewicht in Bewegungsrichtung. Schieben Sie mit dem Becken nicht aktiv mit, sondern schauen Sie in die Richtung, in die Sie reiten wollen. Ihr Fokus ist auf die Stelle gerichtet, an der Sie ankommen möchten. Geben Sie einen eindeutigen Seitwärts-Impuls mit Ihrem äußeren Schenkel oder tippen Sie ggf. das Pferd mit einer langen Gerte an der äußeren Kruppe an.

Mein Pferd schwankt immer über den Stangen nach rechts …

Überprüfen Sie zunächst Ihre Linienführung. Gab es vor den Stangen schon Anzeichen für ein Schwanken nach rechts? Haben Sie die Stangen bereits zu weit rechts angeritten? Überprüfen Sie auch Ihren Sitz. Kommt das Schwanken von einem Sitzfehler? Lassen Sie

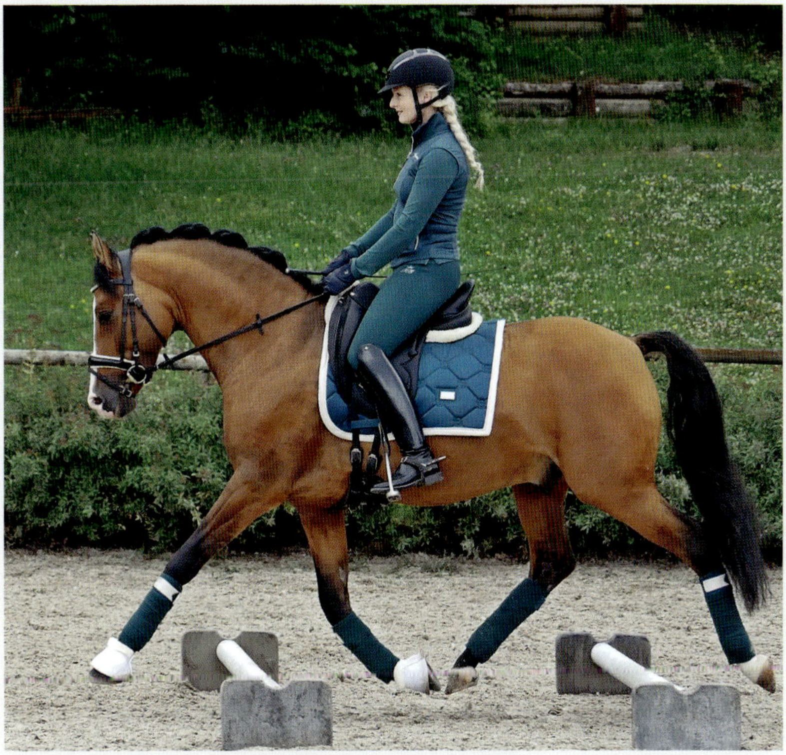

Die Bewegungszentren arbeiten korrekt. Das Pferd hat eine positive Spannung und lässt sich gut zwischen den Hilfen einrahmen. Der Schweif könnte noch etwas lockerer getragen werden.

das von einem Fachmann überprüfen. Es kann auch hilfreich sein, sich filmen zu lassen. So haben Sie die Möglichkeit, die Sequenzen anschließend zuhause zu analysieren. Falls all diese Ursachen ausgeschlossen werden können, kann der Grund die natürliche Schiefe Ihre Pferdes sein. Fällt Ihr Pferd auf die rechte Schulter, kann dies zunächst daran liegen, dass seine Vorhand nicht angehoben wird. Zudem ist es möglich, dass das rechte Hinterbein nicht aktiv genug ist, um die Last zu übernehmen. Aktivieren Sie die Hinterhand zum Beispiel mit Bodenricks oder höher gelegten Stangen. Auch das Reiten einer Volte hilft, denn die Hinterhand, vor allem das rechte Hinterbein, wird nochmals aktiviert und dazu aufgefordert, mehr Last aufzunehmen. Mit der Traversalverschiebung nach rechts stärken Sie erneut die Hinterhand und heben die rechte Pferdeschulter an. Meist verbessern sich die Schwierigkeiten während der Übung. Zumindest wenn diese korrekt geritten wird. Fragen Sie Ihren Reitlehrer um Rat, wenn Sie sich nicht sicher sind, ob Sie die Übung korrekt reiten.

8.3 Zirkeltraining mit Renvers

Was brauche ich?
1 Pylone, eventuell
4 Stangen

Aufbau
Stellen Sie die Pylone auf die Zirkelmitte und die Stangen kreuzförmig um die Pylone herum.

Was lernt das Pferd?
Stabilisation der Muskelketten, positive Spannung, Geraderichten durch die aktive Stabilisierung des Schulter- und Beckengürtels. Mithilfe der Stangen kann immer wieder die Hinterhand überprüft und aktiviert werden, da es öfters dazu kommt, dass die Vorwärtsbewegung im Pferd bei den Seitengängen verloren geht.

Was lernt der Reiter?
Koordination und Umsetzung der verschiedenen Hilfen. Einteilen des Weges und Überprüfung von Stabilität und Aktivität im Pferd.

Tipp ▶

Reiten Sie erst Traver der Renver, wenn das Pferd die Stange mit allen 4 Beinen überwunden hat.

Mit Travers und Renvers trainieren Sie nicht nur die Stellung und Biegung, sondern lockern und stabilisieren auch den Schulter- und Beckengürtel des Pferdes. Rittigkeit und Durchlässigkeit werden gefördert und das Pferd durch die Stärkung der Muskelketten gerade gerichtet. Diese Übung eignet sich vor allem zur Mobilisierung. Voraussetzung ist, dass das Pferd Traver und Renver schon gut beherrscht. Für sehr großrahmige Pferde ist diese Übung auf dem Zirkel sehr schwer. Legen Sie in diesem Fall die Stangen auf den zweiten Hufschlag auf der ganzen Bahn. Diese Variante können Sie auch als Vorübung wählen.

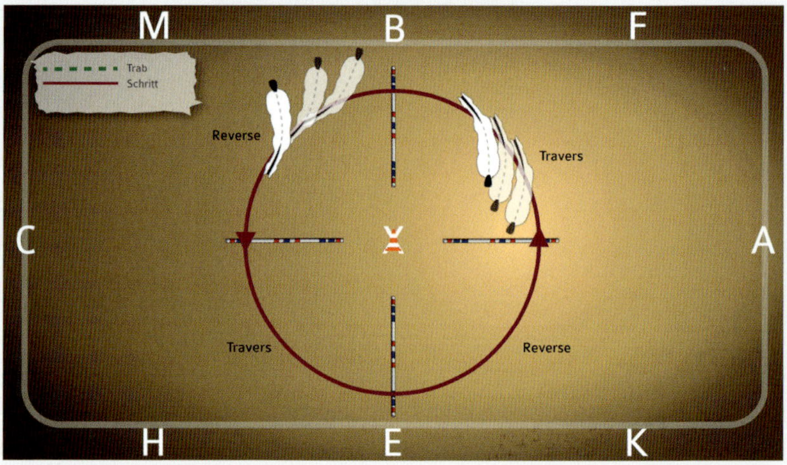

Wie reite ich diese Übung?

Reiten Sie diese Übung zunächst im Schritt und später im Trab. Gehen Sie auf dem zweiten oder dritten Hufschlag auf den Zirkel. Von Viertel zu Viertel wechseln Sie nun zwischen Travers und Renvers. Stellen Sie zwischen den Übergängen Ihr Pferd gerade und überqueren Sie die Stange. Diese Übung kann auch ohne Stangen geritten werden. Stellen Sie in diesem Fall Pylonen auf, um einen gleichmäßigen Wechsel zwischen Traver und Renver zu trainieren.

8.4 Travers in der Kehrtvolte

Was brauche ich?
1 Pylone

Aufbau
Stellen Sie die Pylone in die Mitte des Zirkels (s. Skizze).

Was lernt das Pferd?
Aufmerksamkeit auf die reiterlichen Hilfen. Durchlässigkeit und Rittigkeit. Aktivierung der Hinterhand. Festigen von Gleichgewicht und Balance in Seitengängen und Wendungen. Aktive Stabilisation des Schulter- und Beckengürtels. Verbesserung der Gangarten. Gesetztes Angaloppieren auf der Hinterhand. Vorübung zur Galopp-Pirouette.

Was lernt der Reiter?
Koordination der verschiedenen Hilfen. Vorübung zur Galopp-Pirouette. Synchronisation der Bewegungszentren. Prüfen und Fördern des Geraderichtens.

Wichtig ▶
Denken Sie daran, die Vorhand darf verschoben werden, nicht die Hinterhand! Sonst kann es passieren, dass sich das vordere Bewegungszentrum absenkt!

Diese Lektion steigert die Durchlässigkeit und Rittigkeit Ihres Pferdes. Sie können die Gangarten Schritt, Trab und Galopp verbessern und können auf die Galopp-Pirouette hinarbeiten. Zudem überprüfen Sie die aktive Stabilität der Muskelketten auf können diese fördern.

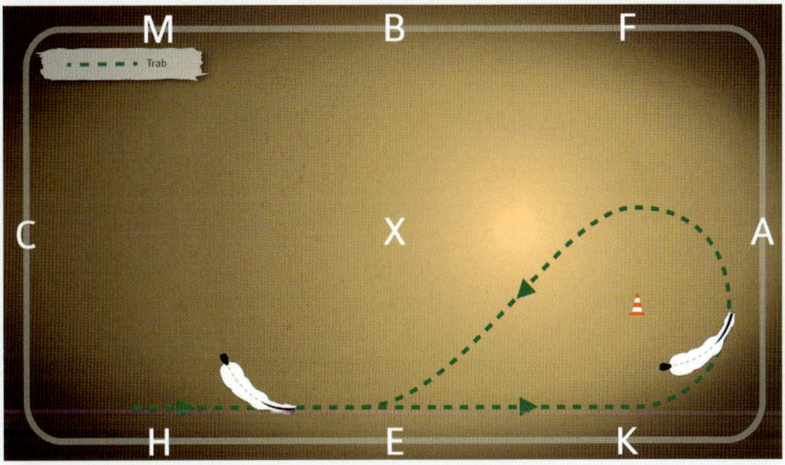

Wie reite ich diese Übung?

Reiten Sie eine ganze lange Seite Travers. Bei der Pylone in der Ecke wenden Sie zu einer Kehrtvolte im Travers. Wenn Sie den ersten Hufschlag wieder erreichen, reiten Sie geradeaus weiter und machen je nach Ausbildungs- und Trainingsstand evtl. einen Übergang in eine höhere Gangart. Oder Sie gehen an der nächsten langen Seite wieder in die Übung und trainieren somit die andere Hand. Stellen Sie dazu die zweite Pylone in die entsprechende Ecke.

Mein Pferd macht aber ...

Mein Pferd fällt im Travers in der Kehrtvolte aus ...

Die Hinterhand sollte aktiv mit treten und die Vorhand sich heben. Trainieren Sie Travers zunächst auf einem Zirkel und verkleinern Sie diesen allmählich. Es kann einige Wochen dauern, bis die Muskulatur gestärkt ist. Reiten Sie dann die Übung erneut.

8.5 Die Schulter führt

Was brauche ich?
1 Pylone

Aufbau
Stellen Sie die Pylone in die Mitte des Zirkels (s. Skizze).

Was lernt das Pferd?
Das Pferd beginnt bei dieser Übung, die innere Schulter freier nach vorne-oben zu führen. Es bekommt dadurch eine schönere Galoppade und richtet sich mehr auf.

Was lernt der Reiter?
Der Reiter lernt, dass der innere Zügel leicht zu führen ist und das Pferd auf der Geraden keine Stellung benötigt. Ihm wird außerdem klar, wie sich ein ausbalanciertes Pferd anfühlt und sich Traglast und Raumgriff verbessern.

Gerade im Galopp sieht man häufig überstellte Pferde, die sich in der Schulter festmachen. Eine raumgreifende Galoppade ist so nicht möglich. Durch diese Übung lernen Pferd und Reiter, wie sich eine gute raumgreifende Galoppade anfühlt, bei der die Schulter führt.

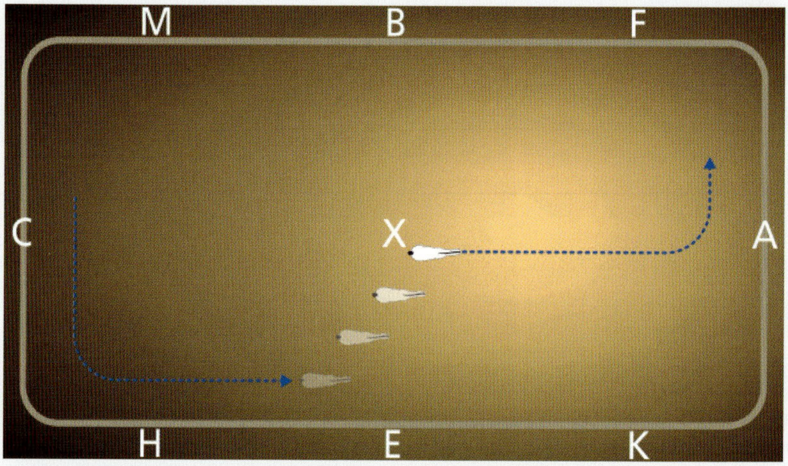

Wie reite ich diese Übung?

Diese Übung kann im Trab oder Galopp geritten werden, wobei wir uns hier mit dem Galopp beschäftigen. Reiten Sie im Galopp auf der ganzen Bahn (wahlweise auf dem 2. Hufschlag). Beginnen Sie spätestens am ersten Zirkelpunkt der langen Seite, Ihr Pferd nach innen zu verschieben. Das Pferd sollte keinerlei Stellung oder Biegung haben, sondern parallel zur Bande gerade sein. Angekommen auf dem 5. Hufschlag reiten Sie gerade bis zur kurzen Seite und beginnen die Übung an der nächsten langen Seite von Neuem. Denken Sie auch an Handwechsel.
Während Sie Ihr Pferd nach innen verschieben, sollten Sie es mit den äußeren Hilfen begrenzen und aktiv mit dem äußeren Schenkel nach innen weichen lassen. Die inneren Hilfen geben dem Pferd Freiraum. Das bedeutet, dass der innere Zügel etwas nachgibt und der innere Schenkel nur zum aktiven Durchspringen der Hinterhand genutzt wird.

Tipp ▸

Reiten Sie diese Übung zunächst im Trab, bevor Sie sich an den Galopp heranwagen.

Mein Pferd macht aber ...

Ich habe Angst, dass mein Pferd losstürmt und sich im Hals festmacht ...

Diese Angst ist unbegründet, wenn Sie diese Aufgabe nicht als Einstiegsübung zum Gymnastizieren Ihres Pferdes nutzen. Durch das leichte Übertreten des Pferdes lockert sich die Lendenmuskulatur und das Pferd muss auf dem äußeren Hinterbein mehr Last aufnehmen. Dies sind zwei wichtige Voraussetzungen für einen losgelassenen Galopp, da sich nun die Vorhand anheben und die innere Schulter des Pferdes raumgreifend und frei galoppieren kann. Oft werden hitzige Pferde stark nach innen gestellt, damit der Reiter nicht die Kontrolle verliert. Doch dadurch verliert das Pferd die Balance und wird statt auf das äußere Hinterbein auf das innere Vorderbein gezogen. Somit verspannt sich zudem noch die Lendenmuskulatur. Diese fehlende Balance führt dazu, dass das Pferd – sobald es vorne lockerer gelassen wird – schneller wird, um die Lendenmuskulatur zu lockern und die Balance wiederzufinden. Diese scheinbare Kontrolle über das Pferd mithilfe des inneren Zügels ist demnach keine gute Möglichkeit, es gesund zu reiten.

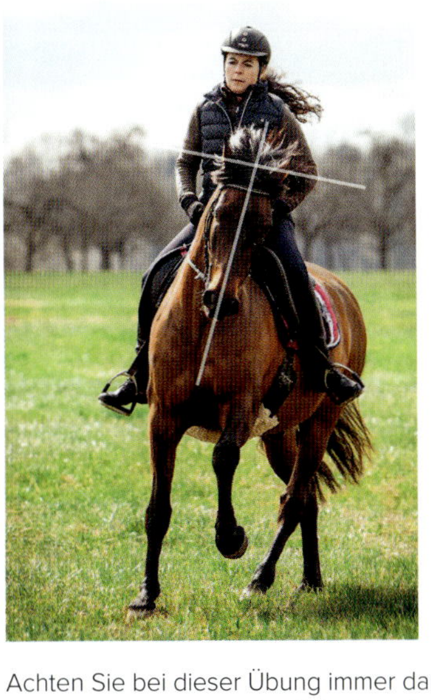
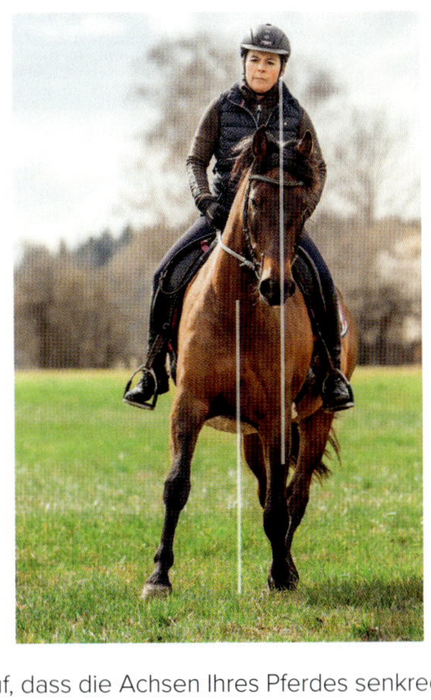
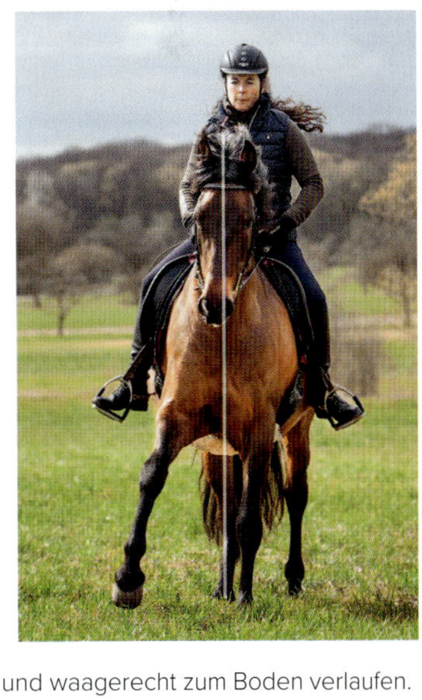

Achten Sie bei dieser Übung immer darauf, dass die Achsen Ihres Pferdes senkrecht und waagerecht zum Boden verlaufen. Im 1. Bild erkennt man deutlich, dass das Pferd zu stark über den inneren Zügel gestellt wird. Die Abstellung im 2. Bild ist korrekt für das Schenkelweichen. Das 3. Bild zeigt die korrekte Verschiebung, wie sie hier in dieser Übung gewünscht ist.

8.6 Außengalopp

Diese Übung dient dazu, den Handgalopp zu verbessern oder den Außengalopp zu fördern. Zunächst trainiert man mit jungen oder nicht ausbalancierten Pferden den Handgalopp und vermeidet jeden Außengaloppsprung. Später sollte kein Unterschied zwischen Hand- und Außengalopp erkennbar sein. Im Handgalopp beginnt das Pferd mit dem äußeren Hinterbein, danach folgt das diagonale Beinpaar vorne außen und hinten innen, dann das innere Vorderbein und kurz darauf die Schwebephase. Beim Außengalopp ist dies umgedreht. Das heißt, sobald wir auf der rechten Hand einen Linksgalopp reiten (oder andersherum), befinden wir uns im Außengalopp.

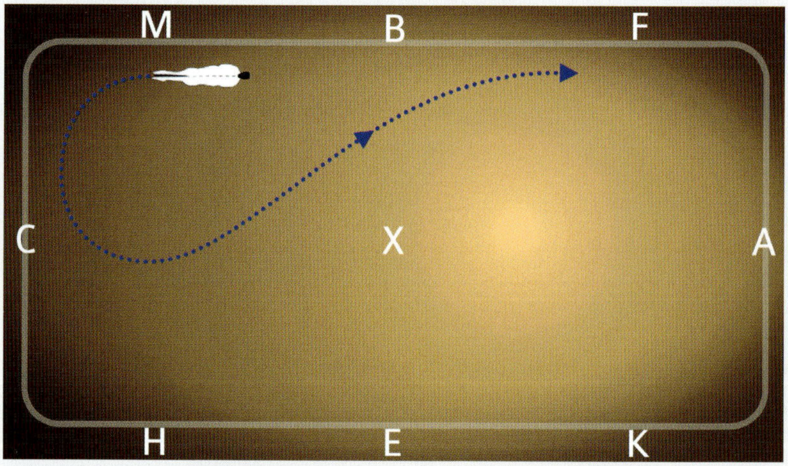

Tipp ▸

Rahmen Sie Ihr Pferd mit den Hilfen so ein, als würden Sie bei jedem Galoppsprung neu angaloppieren wollen.

Wie reite ich diese Übung?

Beginnen Sie im Linksgalopp auf der linken Hand. Reiten Sie ganze Bahn weiter und dann aus der Ecke kehrt. Bleiben Sie im Linksgalopp bis E bzw. B. Loben Sie Ihr Pferd, wenn es in diesem Galopp bleibt. Zunächst kann eine Außenstellung = Konterstellung hilfreich sein, später sollte das Pferd auch hier gerade sein.

Mein Pferd macht aber ...

Mein Pferd springt um ...

Parieren Sie Ihr Pferd zum Schritt durch und galoppieren Sie erneut im gewünschten Galopp an.

8.7 Gymnastik im Außengalopp

Was lernt das Pferd?
Durch die Renver-artige Verschiebung im Außengalopp bekommt das Pferd mehr Traglast auf dem äußeren Hinterbein und das Brustbein hebt sich. Die Bewegungszentren werden synchronisiert – das verbessert Handgalopp oder bereitet das Pferd gut auf einen Fliegenden Wechsel vor.

Was lernt der Reiter?
Der Reiter beginnt zu spüren, wann das Pferd in Balance ist und die Bewegungszentren aufeinander abgestimmt sind. Er lernt Renver im Außengalopp auf dem Zirkel zu reiten.

Viele Reiter nutzen den Außengalopp, um den Handgalopp zu verbessern, doch diese Wirkung kommt erst dann zustande, wenn die Vorhand angehoben und die Hinterhand aktiviert wird und Last aufnimmt. Oft sieht man sehr eilige Pferde im Außengalopp, die geradeso um die Kurve kommen. Dies fördert weder das Gleichgewicht, noch den Handgalopp des Pferdes. Deshalb sollte auch im Außengalopp gymnastiziert werden.

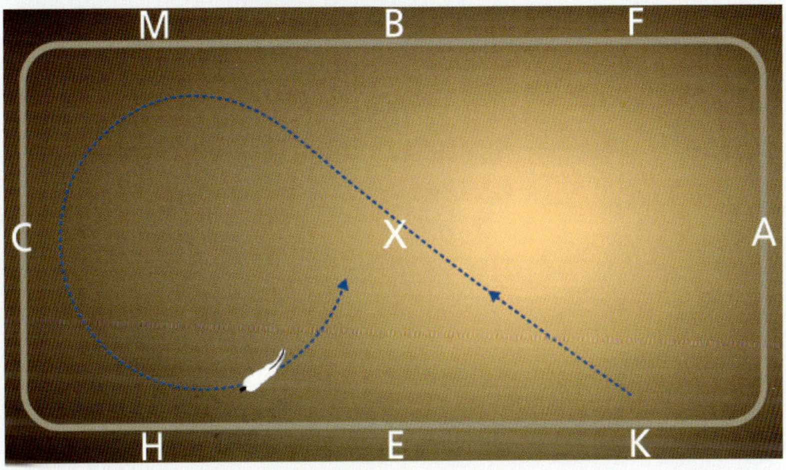

Wie reite ich diese Übung?

Reiten Sie eine Volte um die Pylone (wie in 2.6). Verschieben Sie nun die Hüfte mit Hilfe ihres äußeren Schenkels nach innen, ähnlich wie beim Traver. Reiten Sie nun weiter auf der Volte. Die Hinterhand befindet sich immer etwas weiter innen als die Vorhand. Die Stellung des Pferdes sollte weiterhin innen sein.

Mein Pferd macht aber ...

Mein Pferd reagiert zwar auf meine Hilfen, fällt aber auf die Schulter und der Zirkel wird immer kleiner ...

Denken Sie an den begrenzenden äußeren Zügel (außen ist in diesem Fall die Zirkelmitte), um den Schultergürtel Ihres Pferdes zu stabilisieren. Beginnen Sie Schritt für Schritt. Machen Sie eine Pause, wenn das Pferd ein paar Galoppsprünge gut gemacht hat. Wenn Sie es mit der Vorhand zur Zirkelmitte verschieben, sollte es mit dem äußeren Zügel begrenzt werden, damit Sie es nicht von einer Schulter auf die andere treiben.

Mein Pferd behält die Stellung nicht bei, sondern stellt sich Richtung Zirkelmitte ...

Die Stellung ist immer das Resultat einer Biegung im Pferd. Das bedeutet, dass wenn Sie Ihr Pferd nicht korrekt stellen, es auch nicht gebogen ist. Überprüfen Sie daher Ihren Sitz. Welcher Sitzbeinhöcker wird gerade belastet? Es sollte der innere sein (der innere ist im Außengalopp der Sitzbeinhöcker, der zur Bande zeigt). Für das Pferd ist es unter Umständen – je nach Art der Schiefe – leichter, in dieser Haltung zu galoppieren. Nur verliert diese Übung damit ihren Effekt. Wir möchten die Schulter anheben und den gegenüberliegenden Schultergürtel stärken. Stellt sich das Pferd um und fällt auf die Schulter, sollten Sie die Biegung im Pferd auch mit Hilfe des Schenkels wieder herstellen.

Mein Pferd fällt aus (in den Trab) ...

Erhalten Sie die positive Spannung und reiten Sie den Galopp durch. Ihrem Pferd fehlt es höchstwahrscheinlich an Muskulatur. Reiten Sie nur kleine Einheiten im Außengalopp und steigern dies über mehrere Tage/Wochen.

Sobald ich mein Pferd gerade stelle, springt es um ...

Stellen Sie Ihr Pferd behutsam um und achten Sie darauf, dass es auf Gewichts- und Schenkelhilfen bereits im Handgalopp reagiert. Oft verbinden die Pferde das Umstellen als Aufforderung zum fliegenden Galoppwechsel, wenn der Handgalopp mit viel Stellung und Zügelhilfen geritten wird.

Mein Pferd rennt im Außengalopp ...

Ihrem Pferd fehlt noch die nötige Balance, überfordern Sie es nicht mit zu vielen Wendungen. Helfen Sie ihm mit einem deutlichen Heransitzen an den äußeren Zügel, länger auf dem äußeren Hinterbein zu verweilen, um die Balance wieder zu finden.

8.8 Die Galopp-Traversale

Was brauche ich?
1 Pylone

Aufbau
Stellen Sie die Pylone in die Mitte des Zirkels (s. Skizze).

Was lernt das Pferd?
Die Traversale unterstützt die Balance und fördert die Schulterkontrolle. Sie hilft somit Schiefen auszugleichen. Sie unterstützt das Pferd beim Entwickeln der Traglast und verbessert die Versammlung. Schulter- und Beckengürtel werden gestärkt und so die seitlichen Muskelketten stabilisiert.

Was lernt der Reiter?
Variation der Galoppsprünge über den Sitz. Verfeinerung der Hilfengebung. Reiten von engen Wendungen im Galopp. Orientierung in der Reitbahn. Trainieren von Galopp-Traversalen als Vorbereitung für den fliegenden Wechsel oder die Galopp-Pirouette.

Die Galopp-Traversale ist für die darauffolgenden Übungen 8.9 und 8.10 sehr wichtig. Deshalb werden wir zunächst die Galopp-Traversale einzeln üben. Um diese Übung zu reiten, sollte Ihr Pferd gut an den Hilfen stehen und seine Galoppsprünge verkürzen und erweitern können. Zudem sollte die Traversale im Trab schon entsprechend funktionieren. Außerdem sind ein korrekter Spannungsbogen und eine positive Spannung des Pferdes Grundvoraussetzung.

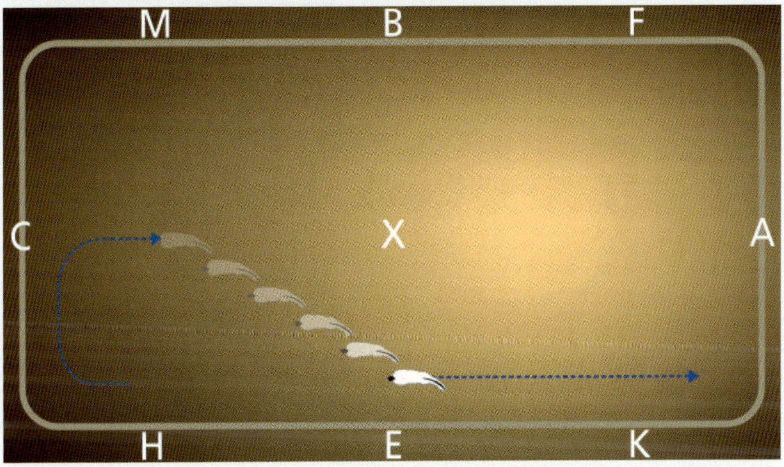

Wie reite ich diese Übung?

Reiten Sie im Rechtsgalopp bei A auf die Mittellinie. Verkürzen Sie den Galopp durch Ihren Sitz und lassen Sie Ihr Pferd nach rechts traversieren. Bestimmen Sie selbst, wie steil oder flach Sie die Traversale ansetzen möchten. Ihr Ziel sollte kurz vor M liegen. Bauen Sie hier oder etwas später einen einfachen Galoppwechsel ein. Reiten Sie nun auf der linken Hand von H nach K und wenden Sie bei A erneut auf die Mittellinie ab, um dann nach links zu traversieren. Bauen Sie immer wieder Pausen ein. Alternativ können Sie auch nach der Traversale im Außengalopp weiterreiten.
Es ist wichtig, dass Sie das Pferd vor den Traversalen am Sitz und Schenkel haben. Holen Sie es Stück für Stück über halbe Paraden zurück.

8.9 Der Weg zum geraden Galopp

Was lernt das Pferd?
Das Pferd lernt, deutlich mehr Last auf dem äußeren Hinterbein aufzunehmen und die Vorhand deutlich zu heben. Die Schenkelakzeptanz verbessert sich und auch der Galopp wird ausbalancierter. Das Pferd kann mit dieser Übung gerade gerichtet werden.

Was lernt der Reiter?
Der Reiter lernt nicht nur, die Koordination seiner Hilfen zu verbessern, sondern spürt auch deutlich, an welcher Stelle dem Pferd noch Muskulatur fehlt.

Mit dieser Übung verbessern Sie nicht nur die Balance, den Galopp und die Schenkelakzeptanz, sondern richten Ihr Pferd auch im Galopp gerade. Voraussetzung für diese Übung ist die Galopp-Traversale (8.8) und das Renver im Galopp (8.7). Beginnen Sie mit dieser Übung erst, wenn die beiden Seitengänge gut im Galopp funktionieren.

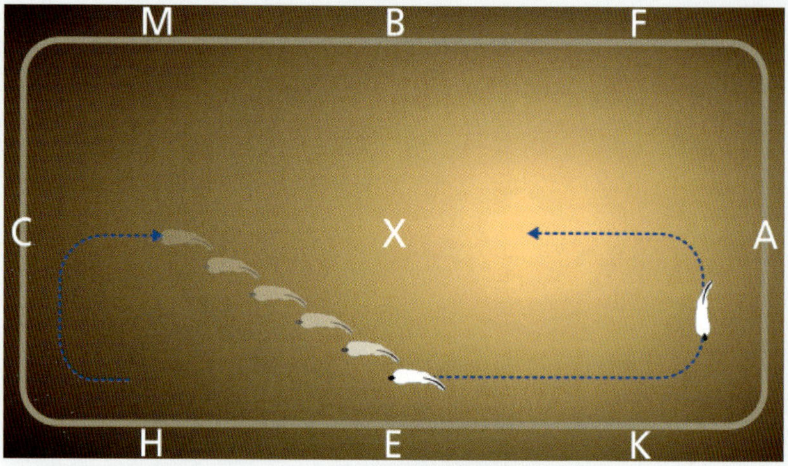

Tipp ▶

Begrenzen Sie Ihr Pferd deutlich mit den äußeren Hilfen. So helfen Sie ihm in der Traversale und dem Renver, die Balance zu halten.

Wie reite ich diese Übung?

Galoppieren Sie auf der ganzen Bahn und wenden auf die Mittellinie ab. Nun treiben Sie Ihr Pferd in die Traversale hinein. Gehen wir davon aus, Sie sind im Linksgalopp lassen Sie nun Ihr Pferd nach links gebogen weichen. Angekommen am Hufschlag (zwischen B/E und dem Zirkelpunkt) reiten Sie weiter im Linksgalopp, wobei Sie eine deutliche Biegung – somit Renvers – fordern. Wenden Sie nun im Renvers wieder auf die Mittellinie ab und beginnen mit der Übung von Neuem. Denken Sie bei dieser Aufgabe an den Handwechsel, da Sie sich immer in einem Handgalopp befinden.

Mein Pferd macht aber ...

Wir kommen nicht um die Kurve, die Wendung auf die Mittellinie ist zu klein ...

Wechseln Sie nochmal zurück zur Übung 8.8 und trainieren diese auf einem kleineren Zirkel. Wiederholen Sie die Übung mehrmals.

Oft finden Pferd und Reiter gemeinsam eine gute Strategie. Das Pferd findet heraus, dass es durch mehr Traglast und deutlicheres Anheben des Brustbeins, die Übung gut bewältigen kann und der Reiter merkt, mit welchen Hilfen er das Pferd unterstützen kann, die Balance und die Linienführung zu halten. Beide Strategien führen zum gewünschten Ziel.

Die Übung ist so schwierig, ich habe das Gefühl, dass ich schneller als gewünscht um die Kurve sause ...
Üben Sie erst einmal die Übung im Trab. Gehen Sie sie im Vorfeld mental durch. Wann müssen Sie welche Hilfe geben? Wo schauen Sie hin? Wo möchten Sie ankommen? Je sicherer Sie sich in der Hilfengebung sind, desto besser können Sie auf die Reaktionen des Pferdes eingehen. Schnelligkeit entsteht immer durch fehlende Balance. Helfen Sie Ihrem Pferd, die Balance wieder herzustellen. Reiten Sie jeden Galoppsprung so, als wäre er der erste oder einzige. Sie werden merken: Auf einmal dauert es ewig, bis Sie am gewünschten Punkt ankommen.

Mein Pferd verkürzt seine Galoppsprünge nicht. Mit viel Getöse donnern wir Richtung Hufschlag. Eine Traversale ist das nicht ...
Das fehlende Verkürzen resultiert meist aus einem fehlenden Spannungsbogen zwischen den Bewegungszentren. Stellen Sie zunächst sicher, dass Ihr Pferd in einer positiven Spannung läuft und entsprechend alle Muskelketten miteinander arbeiten. Bevor Sie mit dieser Übung beginnen, reiten Sie die Übungen 7.10 und 8.1 im Galopp.

Mein Pferd lässt sich auf der Traversale nicht richtig stabilisieren ...
Bauen Sie immer wieder ein Schulterherein mit ein oder wie in der Übung 9.3 »Volten«. Überfordern Sie Ihr Pferd nicht und bitten Sie einen Fachmann in die Bahn, um Ihren Sitz zu überprüfen.

8.10 Fliegender Wechsel

Was lernt das Pferd?
Sie machen mit dieser Übung die Schulter frei, um ein Umspringen zu ermöglichen. Wichtig dabei ist, dass das Pferd nicht auf die Schulter geschoben wird, sondern der äußere Schultergürtel stabilisiert wird. Nur wenn das geschehen ist, ist ein fliegender Wechsel im Schulter- und Beckengürtel möglich. Andernfalls rennt das Pferd im Außengalopp weiter oder springt um in den Kreuzgalopp.

Was lernt der Reiter?
Der Reiter lernt, genau auf seine Hilfen zu achten und diese zeitgleich umzustellen.

Der fliegende Galoppwechsel ist eine sehr elegante Art von einem Handgalopp in den anderen zu wechseln. Der fliegende Wechsel wird gerne von Pferden auf der Koppel gezeigt. Allerdings ist es für das Pferd nicht leicht, den Wechsel unter dem Reiter zu springen, da von ihm Gleichgewicht und Koordination verlangt werden. Der Reiter darf ebenfalls kein Problem mit dem Gleichgewicht haben, er braucht außerdem ein Gefühl fürs richtige Timing.

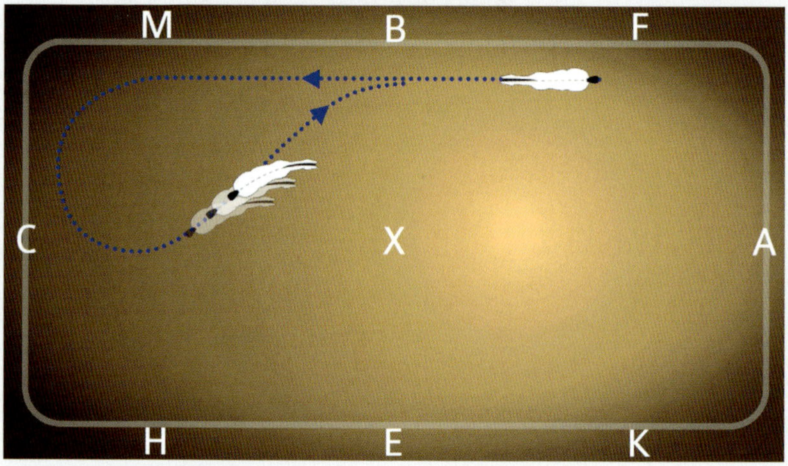

Wie reite ich diese Übung?

Reiten Sie im Linksgalopp aus der Ecke kehrt und verschieben Sie Ihr Pferd ab der Mittellinie nach außen bis E bzw. B. Das Pferd darf zur Hallenmitte hin gestellt sein. Sobald Sie den Umstellpunkt erreicht haben, verlagern Sie Ihr Gewicht nach innen (schieben Sie die innere Hüfte vor), und legen Sie Ihre Schenkel um. Die Stellung des Pferdes bleibt die gleiche. Reiten Sie dann im Rechtsgalopp weiter. Die Hilfengebung erfolgt zeitgleich.

Hilfengebung in Konterstellung

Beginnend im Linksgalopp ist unser Gewicht links, der linke Schenkel treibt am Gurt (eine Handbreit hinter dem Gurt) und der äußere liegt verwahrend etwas weiter hinter dem Gurt. Die Stellung ist zunächst nach links, dann bei der Verschiebung nach rechts. Somit stellt der rechte Zügel und der linke ist verwahrend. Angekommen

Tipp ▶

Bleiben Sie ruhig und üben Sie den Wechsel mit viel Geduld. Loben Sie Ihr Pferd, sobald es umgesprungen ist. Zählen Sie die Galoppsprünge mit, jedes Mal, wenn Ihre Hüfte nach vorne schwingt. Beginnen Sie 4 Galoppsprünge vor der Bande. 3, 2, 1, Hopp. Bei Hopp verlagern Sie Ihre Hilfen und lassen das Pferd wechseln.

an der Bande verlagert sich der rechte Schenkel nach vorne, der linke nach hinten und das Gewicht nach rechts.

Hilfengebung für den fliegenden Galoppwechsel mit Traversalverschiebung

Während der Traversale achten Sie vermehrt auf Ihre Hüfte. Die rechte Hüfte schwingt nach vorne (Schwebephase). Zählen Sie kurz vor der Bande »3, 2, 1, hopp« und verlagern bei »Hopp« Ihre Hüfte so, dass die linke Hüfte nach vorne schwingt. Legen Sie Ihre Schenkel um und drehen Ihre innere Schulter etwas nach vorne. Dies sollte alles gleichzeitig passieren (während der Schwebephase), sodass das Pferd mühelos umspringen kann.

Merke ▶

Sie können »aus der Ecke kehrt« auch in einer Traversalverschiebung reiten. Dabei müssen Sie jedoch beim Ankommen am Hufschlag nicht nur Ihr Gewicht und Ihre Schenkellage verändern, sondern auch die Stellung des Pferdes in die neue Bewegungsrichtung.

Mein Pferd macht aber ...

Mein Pferd rennt im Außengalopp weiter ...

Beruhigen Sie Ihr Pferd, parieren Sie es durch und galoppieren im neuen Handgalopp wieder an. Nach ein paar Sprüngen parieren Sie erneut durch, wechseln die Hand und versuchen die Übung noch einmal. Als Alternative können Sie eine Stange am Ende der langen Seite vor der Ecke platzieren. Pferde können durch die verlängerte Schwebephase leichter umspringen. Denken Sie bei der Übung daran, Ihr Pferd korrekt zu stabilisieren.

Mein Pferd springt zwar um, zieht aber die Hinterhand nach oder springt in den Kreuzgalopp ...

Eine fehlerhafte oder gar ganz fehlende Stabilisierung im Beckengürtel verhindert einen von hinten nach vorne gesprungenen Galopp. Zunächst müssen Sie die Schulter- und Beckengürtel stabilisieren. Wechseln Sie dazu zum Beispiel nochmal zur Übung 8.7 oder 8.9. Im Kapitel 9 finden Sie weitere Übungen, um dem Pferd einen korrekten, von hinten nach vorne gesprungenen Wechsel beizubringen (s. Übung 9.8).

Mein Pferd pariert für eine Sekunde durch zum Trab und galoppiert dann wieder an ...

Ihr Pferd hat eine sehr lustige Strategie gewählt, um dem fliegenden Wechsel zu entgehen. Wechseln Sie zunächst zu den Übungen

8.7 und 8.9 und wiederholen Sie dann diese Übung. Eine Stange am Wechselpunkt oder auch ein kleiner Gertenklapps können helfen, die alte Strategie aufzulösen und den neuen Galoppwechsel durch Lob motiviert anzugehen. Oft trifft diese Strategie auf sehr schlaue Pferde zu, die den fliegenden Galoppwechsel als mühevoll definieren und gelernt haben, dass der einfache Wechsel vom Reiter oft gewollt und mit Lob quittiert wird. Viele dieser Pferde haben erst sehr spät den fliegenden Wechsel gelernt oder das Training dorthin wurde erst spät begonnen. Warum sich dann die Mühe mit dem anstrengenden fliegenden Wechsel machen, wenn es auch einfach geht?

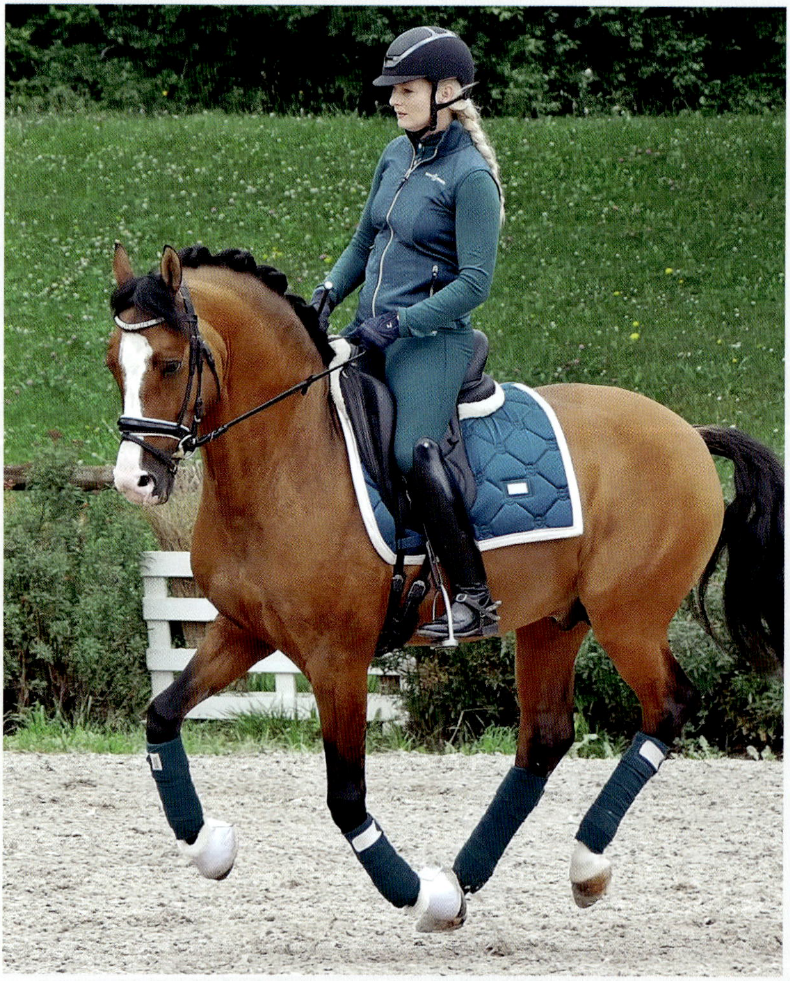

Vor dem fliegenden Wechsel sollte das Pferd eine große Schwebephase haben und positiv stabilisiert sein. Dann kann der Reiter sein Gewicht verlagern und den Wechsel einleiten. Hier konnte die Phase kurz vor dem Wechsel gut eingefangen werden.

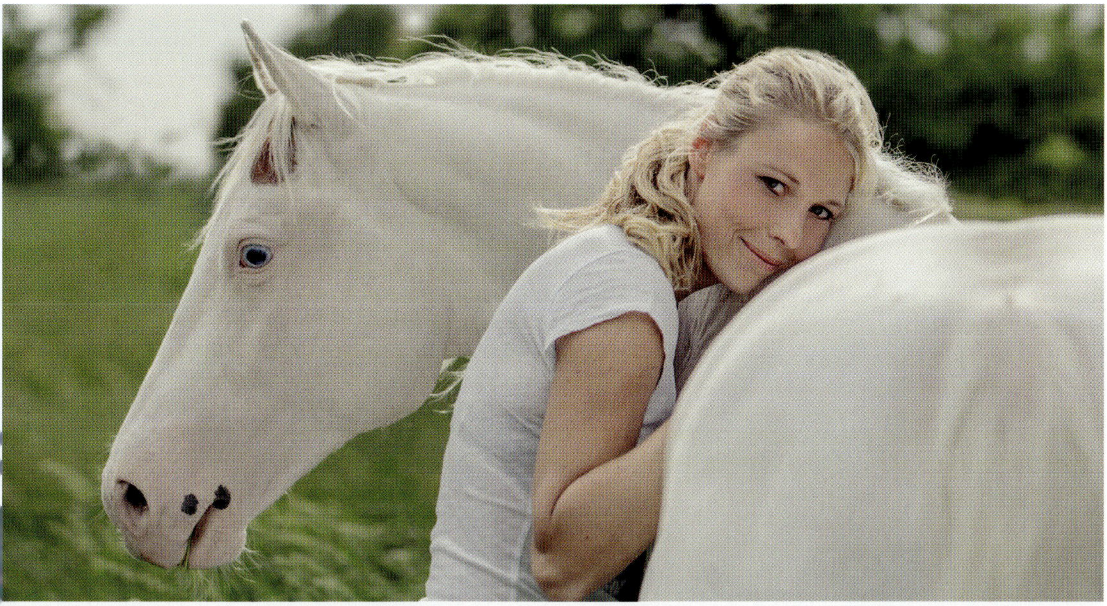

9. Versammlung oder absolute Durchlässigkeit

Von Versammlung spricht man, wenn das Pferd vermehrt Last auf der Hinterhand aufnimmt, sich die Hanken deutlich beugen und das Pferd gerade gerichtet und schwungvoll tritt und springt. Die Vorhand hebt sich und eine deutliche Bergauf-Tendenz wird erkennbar. Die Bewegungen des Pferdes erscheinen leichter und müheloser, es wird durchlässiger. Die Versammlung dient dazu, das Gleichgewicht des Pferdes zu entwickeln und zu verbessern sowie seine Selbsthaltung zu fördern. Jedes Pferd, egal bei welcher Reitweise, braucht die Tragkraft der Hinterhand und einen elastischen, aufgewölbten und locker schwingenden Rücken.

Warum spricht man im Westernsport von absoluter Durchlässigkeit und nicht von Versammlung?

Im Westernreiten werden die Pferde auch versammelt, jedoch nicht wie im klassischen Stil. Da im Westernreiten das Ziel ein durchlässiges und gehorsames Pferd ist und nicht die Levade, Galopp-Pirouette oder die Passage, sprechen wir in diesem Bereich von »absoluter Durchlässigkeit«.

Was bedeutet Versammlung?

In der klassischen Reitlehre wird die Versammlung durch den Spannungsbogen zwischen treibenden Hilfen und der Anlehnung an das Gebiss hergestellt. Das Pferd bekommt mehr

Aufrichtung und das Genick (zwischen dem 1. und 2. Halswirbel) ist der höchste Punkt, die Hinterhand senkt sich und das Becken kippt aufgrund der Hankenbeugung ab. Der Nasenrücken des Pferdes bleibt weiterhin leicht vor der Senkrechten. Die Halsunterseite und das Genick bleiben entspannt. Damit die Hinterbeine weit untertreten können, muss die Vorhand Platz schaffen. Die Vorhand dreht sich nicht nur vorwärts, sondern auch vorwärts-aufwärts. Somit ist die Vorhand für die Kadenz verantwortlich.
Kadenz bedeutet eine Verlangsamung der Stützbeinphase bei gleichzeitiger Vergrößerung des Raumgriffs in der Hangbeinphase. Dies ist nur erreichbar, wenn das Pferd so viel Kraft hat, während der Stützbeinphase nicht abzusinken. Sinkt die Position der Hinterhand und der Vorhand ab, kommt es zu »gespannten Tritten«, die sich in der Brechung der Parallelität zwischen Unterarm und Röhrbein der Hinterhand widerspiegeln.

Achtung: Die Aufrichtung ist das Ergebnis der Hankenbeugung. Je deutlicher das Pferd die Kruppe absenkt, desto höher wird der Hals getragen. Das Pferd richtet sich in der Versammlung selbst auf. Die Aufrichtung darf nicht über die Reiterhand erzwungen werden.
Durch die Hankenbeugung verlagert sich der Schwerpunkt des Pferdes und die Vorhand wird frei. Die Tritte des Pferdes werden erhabener. Das Pferd zeigt eine Bergauf-Tendenz.

Ein korrekt gerittenes Pferd erhält eine relative Aufrichtung, das bedeutet, dass es durch eine konsequente Vollendung der Entwicklung der positiven Spannung seine Versammlung entwickeln kann. Je weiter entwickelt die Versammlung ist, desto mehr verändert sich der Beckenwinkel und die Schubkraft wird in Tragkraft umgelenkt. Aus der Umlenkung der Bewegungsenergie in Tragkraft und der Beckenwinkelung entsteht die relative Aufrichtung. Relativ, da sich die Aufrichtung an der Beckenwinkelung orientiert.

Die falsche Aufrichtung (absolute Aufrichtung) ist mit der Reiterhand erzwungen. Die Hüfte des Pferdes senkt sich nicht ab, da die Bewegungszentren nicht korrekt gedreht und das Pferd nicht aktiv stabilisiert wurde. Dies sollte aber schon bei der Entwicklung der Anlehnung berücksichtigt werden. Hier gilt es nochmals die Ausbildungsskala neu zu durchlaufen, um die falschen Bewegungsabläufe zu korrigieren. Hier spricht man auch gerne von Schenkelgängern, die es leider viel zu häufig gibt und auch auf großen Turnieren zu oft vertreten sind.

Wichtig bei der Ausbildung von Pferden ist es, die Versammlung und auch die Erweiterung der Schritte, Tritte und Sprünge spielerisch in die Trainingseinheiten einzubauen. Verwenden Sie die folgenden Übungen nicht dauerhaft, sondern bauen Sie sie immer wieder zwanglos ins Training mit ein.

9.1 Ecken reiten

Was brauche ich?
1–4 Pylonen und/oder 2–8 Stangen.

Aufbau
Stellen Sie die einzelnen Pylonen in die Ecken.

Was lernt das Pferd?
Das Pferd lernt, mehr Tragkraft zu entwickeln und die Bewegungszentren zu synchronisieren.

Was lernt der Reiter?
Der Reiter lernt, das Pferd mit der diagonalen Hilfengebung zu unterstützen und wie es sich anfühlt, wenn Schulter- und Beckengürtel korrekt arbeiten. Wichtig hierbei ist der korrekte Sitz in der Wendung (s. Übung 1.10).

Tipp ▶
Schauen Sie deutlich in die Ecke. Damit das Pferd nicht abkürz. Denken Sie an eine aktive Hinterhand.

Ecken reiten ist nicht nur in einer Dressuraufgabe wichtig. Es hilft Ihrem Pferd auch, deutlich unter den Schwerpunkt zu treten und somit die Lastverteilung auf die Hinterhand zu verschieben. Das innere Hinterbein wird aktiviert und die Vorhand hebt sich.

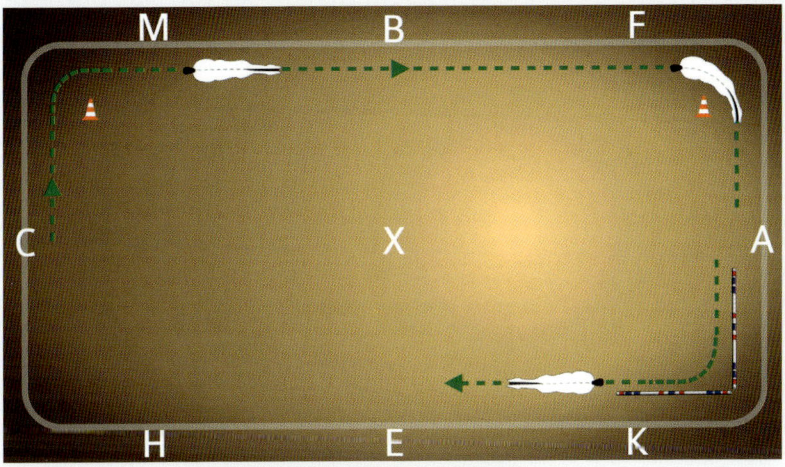

Wie reite ich diese Übung?

Reiten Sie im Trab auf dem ersten Hufschlag tief in die Ecken hinein. Rahmen Sie Ihr Pferd mit Ihren Hilfen ein. Treiben Sie deutlich in der Ecke/Wendung mit dem inneren Schenkel mit, damit der innere Hinterfuß unter den Schwerpunkt tritt. Rahmen Sie Ihr Pferd mit den äußeren Hilfen ein, um ein Ausweichen zu verhindern. Nach der Ecke gehen Sie in einen fleißigen Trab und beginnen bei der nächsten Ecke wieder neu. Wenn dies gut funktioniert, können Sie auf den zweiten Hufschlag wechseln und sich dort zwei Stangen als L-Form legen, um die Bande darzustellen. Wichtig ist der fleißige Trab nach der Wendung, damit das Pferd auf der Geraden deutlich unter den Schwerpunkt fußt.

9.2 Halbe Volten

Diese Aufgabe ist eine versammelnde Übung im Trab. Sie ist für den Dressurreiter wichtig: versammelter Trab. Und für den Westernreiter: Jog. Durch die ständigen Handwechsel kann man überprüfen, ob das Pferd gerade gerichtet ist. Zudem senkt sich die Hüfte ab und eine vermehrte Hankenbeugung und Lastaufnahme führen zu einem Leicht-Werden der Vorhand. Die halben Volten helfen dem Pferd, im Wechsel mit beiden Hinterbeinen aktiv Last aufzunehmen.

Variante 1

Reiten Sie um die erste Pylone eine halbe Volte auf der linken Hand, dann sofort eine halbe Volte um die nächste Pylone auf der rechten

Variante 1

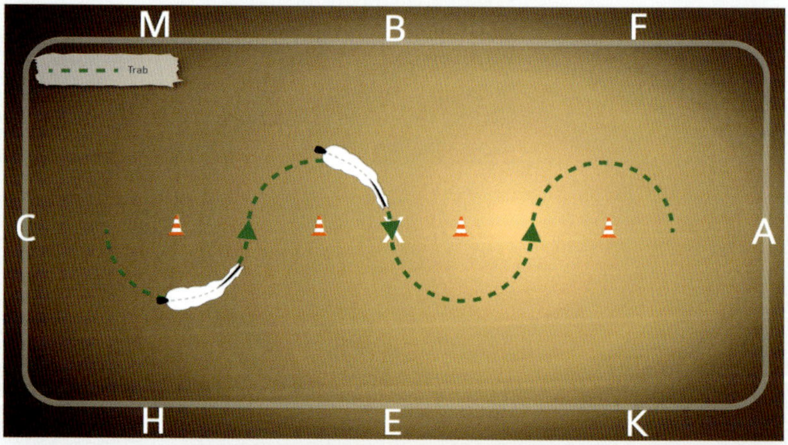

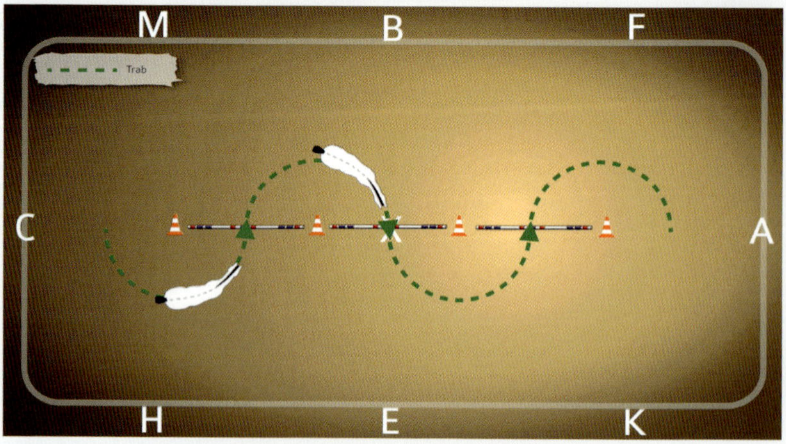

Variante 2

Was brauche ich?
Variante 1: 4 Pylonen, Variante 2: 4 Pylonen, 3 Stangen

Aufbau
Variante 1: Stellen Sie alle Pylonen entlang der Mittellinie auf. Die Pylonen sollten einen Abstand von 8 m haben.
Variante 2: Stellen Sie die Pylonen wie oben an einer langen Seite auf (siehe Skizze 2). Legen Sie jeweils eine Stange zwischen die Pylonen.

Was lernt das Pferd?
Ist das hintere Bewegungszentrum korrekt abgekippt, lernt das Pferd die vermehrte Lastaufnahme auf der Hinterhand. Durch die engen Wendungen im Trab wird es flexibler, durchlässiger und das vordere Bewegungszentrum hebt sich an. Der Trapezmuskel bildet sich deutlicher aus und die Tragkraft an der Hinterhand wird gefördert.

Was lernt der Reiter?
Reiten von engen Wendungen im Trab. Stellen und Biegen. Geradereiten zwischen den Wendungen. Versammeln des Pferdes auf der Hinterhand. Versammelter Trab/Jog.

Tipp ▶

Schauen Sie immer voraus, richten Sie Ihren Blick zur Hallenbande oder dem Reitplatzzaun. Schauen Sie nicht in Richtung Pylone oder Boden. Reiten Sie das Pferd am Wechselpunkt zunächst ein paar Tritte geradeaus und stellen Sie es dann vorsichtig um. Überprüfen Sie Ihre Ergebnisse, indem Sie an der langen Seite Trab reiten und der gesetzte Trab erhalten bleibt.

Achtung!

Der versammelte Trab ist erst möglich, wenn die dafür notwendigen Muskeln aufgebaut sind. Dies kann evtl. mehrere Wochen dauern.

Hand usw. Reiten Sie diese Übung im Trab. Je nach Ausbildungsstand des Pferdes kann diese Aufgabe am Anfang schwerfallen, da das Pferd erst lernt, sich auf die Hinterhand zu setzen, bevor Sie schöne Wendungen um die Pylonen reiten können.

Variante 2

Reiten Sie diese Übung wie Variante 1: Überwindet das Pferd die Stangen ohne Probleme, dann arbeitet seine Hinterhand gut mit. Das Training war erfolgreich.

Mein Pferd macht aber ...

Mein Pferd läuft nicht rund ...

Legen Sie Ihren Fokus auf die Wegeinteilung und nicht auf das ganz korrekte Biegen und Stellen des Pferdes. Machen Sie die Übung einige Male, dann legen sich oft auch die Probleme beim Stellen und Biegen.

Mein Pferd wird schneller und tritt unregelmäßig ...

Ihrem Pferd fehlt noch die Balance in den engen Wendungen. Verlassen Sie die Übung und reiten Sie ganze Bahn. Traben Sie zügig vorwärts (evtl. im Leichttraben), bis es wieder im Takt läuft. Vergrößern Sie zunächst den Radius Ihrer Volten, indem Sie die Pylonen weiter auseinanderstellen.

Mein Pferd wird mit der Zeit langsamer ...

Oft liegt es daran, dass das Pferd sich nicht mehr versammelt, sondern fauler wird. Anstatt mehr Last auf die Hinterhand aufzunehmen, vernachlässigt das Pferd seine Hinterbeine. Sie reiten mehr mit dem Zügel als über den Schenkel. Versuchen Sie die Variante, siehe unten.

Alles funktioniert, aber ich spüre kein »Tänzeln« ...

Das »Tänzeln« entsteht, wenn sich die Schwebephase verlängert. Dies gelingt nur, wenn zuvor alle Ausbildungsschritte erfolgreich waren. Überprüfen Sie nochmals den Ausbildungsstand Ihres Pferdes. Meist liegt es an einer fehlenden positiven Spannung. Ist das Pferd verkrampft, sollte nochmals die Losgelassenheit im Vordergrund stehen. Fehlt dem Pferd Spannung, sollte Ihr Augenmerk auf dem Schwung bzw. einer aktiven Hinterhand liegen. Gibt es Unterschiede zwischen links und rechts, sollten Sie das Geraderichten angehen. Oft fehlt es aber auch schlicht an der Kraft der Hinterbeine. In diesem Fall sollten Sie die Traglast stärken. Variante 2 oder auch systematisch gezielte Stangenarbeit können dabei helfen (s. Stangen-Workout für Dressurreiter).

Mein Pferd berührt fast immer mit den Vorderbeinen die Stange ...
Das Pferd läuft zu sehr auf der Vorhand. Gehen Sie zurück zu Kapitel 6. Überprüfen Sie den Ausbildungsstand Ihres Pferdes. Üben Sie Geraderichten und aktives Mittreten der Hinterhand auf großen Wendungen.

Mein Pferd berührt mit den Hinterbeinen die Stange ...
Das Pferd tritt nicht ausreichend mit der Hinterhand unter den Schwerpunkt. Gehen Sie zu Kapitel 6 und 7 zurück, um das aktive Unterfußen zu trainieren.

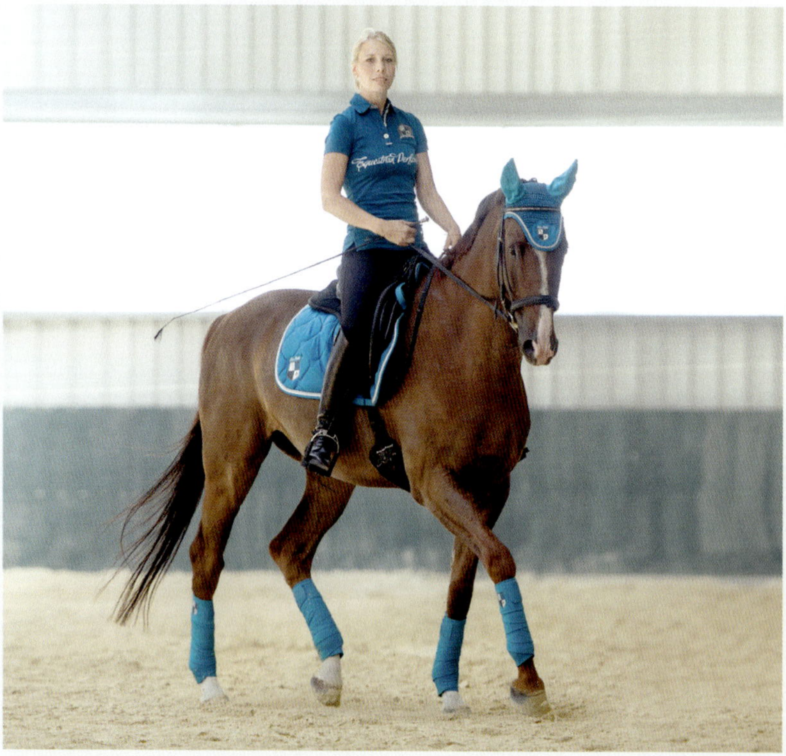

Fühlt sich das Pferd »tänzelnd« an, während Sie sich tief im Sattel befinden und mit der Bewegung des Pferdes eins werden, dann haben Sie diese Übung erfolgreich gemeistert!

9.3 Hütchenspiel 2 (mit Traversalen)

Was brauche ich?
3–9 Pylonen

Aufbau
Siehe Skizze oder auch »Hütchenspiel 1« Übung 6.2 auf Seite 130.

Mit den Traversalen und Volten können Sie in dieser Übung die vermehrte Lastaufnahme und das Aktivieren der Hinterhand trainieren. Diese Aufgabe ist eine Vorbereitung für versammelnde Lektionen und lässt das Pferd besser an den Hilfen stehen. Die Traversalen unterstützen die Balance, fördern die Schulterkontrolle und helfen somit Schiefen auszugleichen. Entwicklung von Traglast und Verbesserung der Versammlung stehen hier im Fokus. Traversalen sind gut zur Stärkung von Schulter- und Beckengürtel und zur Stabilisierung der seitlichen Muskelketten. Die kleinen Traversal-Abschnitte mit einer Unterbrechung auf der Volte helfen dem Pferd, stabil zu bleiben und die Beinachsen immer wieder zu kontrollieren.

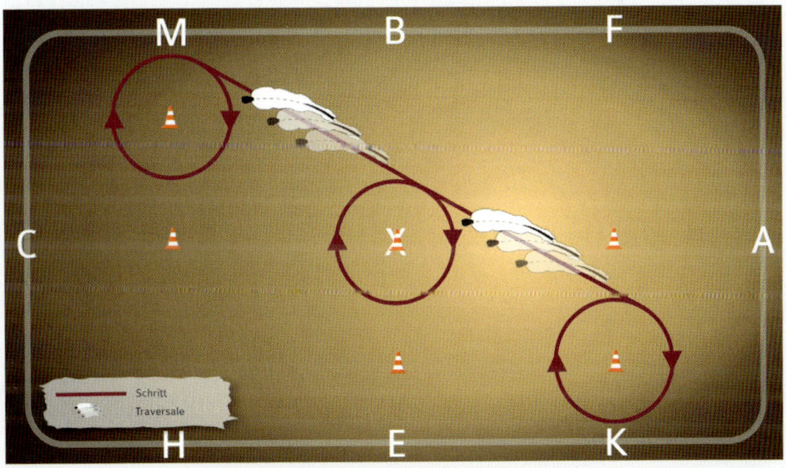

Tipp ▸
Schauen Sie voraus und planen Sie Ihren Weg im Voraus.

Wie reite ich diese Übung?

Diese Übung ist in verschiedene Schwierigkeitsstufen unterteilt. Für alle Schritte gilt: Das Pferd bleibt immer in eine Richtung gebogen! Reiten Sie z. B. eine Links-Volte um eine Pylone. Verschieben Sie das Pferd mithilfe der Traversale nach links zur nächsten Pylone und reiten Sie erneut eine Volte nach links um die Pylone.

Vier Pylonen: Reiten Sie eine Rechts-Volte um die Pylone bei K. Traversieren Sie nach rechts zur Pylone bei X. Machen Sie hier wieder eine Rechts-Volte. Dann reiten Sie geradeaus weiter zur nächsten Pylone bei G. Reiten Sie anderthalb Volten um diese Pylone.

Was lernt der Reiter?
Neben dem benötigten räumlichen Vorstellungsvermögen und der Linienplanung stehen hier die Prüfung und Korrektur der Beinachsen durch eine korrekte Stabilisation der Schulter- und Beckengürtel im Fokus. Im letzten Kapitel haben Sie bereits den schwachen Schulter- und Beckengürtel gestärkt und eine aktive Stabilisation gefördert. Nun gilt es, diese zu Überprüfen und wenn nötig zu korrigieren. Die Volten und kleinen Traversal-Abschnitte helfen Ihnen dabei.

Wichtig ▸

In der Traversale gilt: Reiterschultern parallel zu Pferdeschultern, Reiterhüfte parallel zu Pferdehüfte.

Traversieren Sie danach zur Pylone bei E. Dort reiten Sie eine Volte und gerade zurück zur Pylone bei K. Von hier aus können Sie mit der Übung erneut beginnen.

Drei Pylonen: Reiten Sie eine Rechts-Volte um die Pylone bei M. Traversieren Sie zur Pylone bei X. Machen Sie um diese Pylone wieder eine Rechts-Volte (siehe Skizze) und bewegen Sie das Pferd wieder mit einer Traversale nach rechts zur Pylone bei K. Hier reiten Sie anderthalb Volten und verschieben das Pferd mit einer Rechts-Traversale zurück zur Pylone bei X. Reiten Sie eine Volte um die Pylone bei X und traversieren Sie wieder zur Pylone bei M, mit der Sie begonnen haben. Entsprechend mit Linksbiegung in die andere Richtung: H – X – F – X – H. Nun können Sie selbst kreativ werden und Ihren eigenen Weg im Pylonen-Wald finden. Doch denken Sie daran: Das Pferd bleibt immer in eine Richtung gebogen!

Für Profis: Der fliegende Wechsel sitzt schon und die Traversalen auch? Dann können Sie diese Übung mit Handwechseln reiten. Traversale im Galopp nach links – Wechsel – Volte im Rechtsgalopp usw. Diese Übung verbessert den Galopp und den fliegenden Wechsel.

Mein Pferd macht aber ...

Mein Pferd fällt nach der Traversale auf die innere Schulter bei der Volte ...

Behalten Sie die Spannung der Traversalen in der Volte bei und treiben Sie Ihr Pferd mehr vorwärts, um das innere Hinterbein zu aktivieren. Achten Sie darauf, dass die Schulter in der Traversale führt und Sie Ihr Pferd am inneren Zügel nur stellen und nicht daran ziehen. Sie können auch zwischen Schulterherein und Traversale variieren, um das Heben der Schulter zu gewährleisten. Auch eine anschließende Kontervolte kann im Westernsport die Schulter heben. Beginnen Sie dafür nach der Traversale z. B. nach rechts die Volte um die Pylone. Sobald das Pferd nun auf die innere Schulter fällt, biegen Sie nach links ab in eine Kontervolte. Reiten Sie danach den vorherigen Weg weiter.

Merke ▶

Um die Gelenke des Pferdes lange gesund zu erhalten, benötigt das Pferd eine gute Muskulatur, um Stöße abzufedern.

Mein Pferd wird so spannig. Sind das »gespannte Tritte«?

Kommen während der Übungen immer wieder »gespannte Tritte« zum Vorschein, ist die Position der Hinterhand und Vorhand nicht mehr korrekt. Die Hinterhand kippt nicht mehr ab und die Vorhand ist nicht mehr vorwärts-aufwärts angehoben. Nun gilt es zunächst, das Bewegungsmuster wieder zu korrigieren. Um ein Abkippen der Hinterhand zu erzielen, können bei kleinen Auffälligkeiten halbe Paraden helfen, das Bewegungsmuster aufzulösen. Bei größeren Fehlern können Übungen wie Schenkelweichen, Schulterherein, Anhalten und daraus antraben oder aus einem Rückwärts antraben unterstützen, wieder in das gesunde Bewegungsmuster zu finden. Das ist wichtig: Sobald das Bewegungsmuster wieder korrekt ist und Sie die Versammlung erneut von Ihrem Pferd fordern, sollten Sie es mit halben Paraden vorbereiten, langsam den Versammlungsgrad steigern und die Hinterhand aktiv halten. »Gespannte Tritte« werden meistens durch einen zu festen rückwärtswirkenden Zügel und nicht genügend Hinterhandaktivität ausgelöst: Die Versammlung wird nur durch die Zügelhand – also ein Verlangsamen der Gangart über den Zügel – herbeigeführt. Dies gilt es unbedingt zu vermeiden, da es gesundheitsschädlich für das Pferd ist. Da die Muskeln ihre Aufgabe nicht korrekt ausführen können, kommt es zu heftigen Überlastungen der Gelenke. Es gibt keine Federung mehr. Ähnlich einem Auto, was ohne Federung über das Kopfsteinpflaster poltert.

Ein »tänzelndes Pferd« hat eine sehr gute Federung. Spielend leicht kann es die Versammlung über einen langen Zeitraum aufrechterhalten – die Stoßdämpfer (die Muskelketten und das Zwerchfell) funktionieren gut. Ähnlich einem Trampolin.

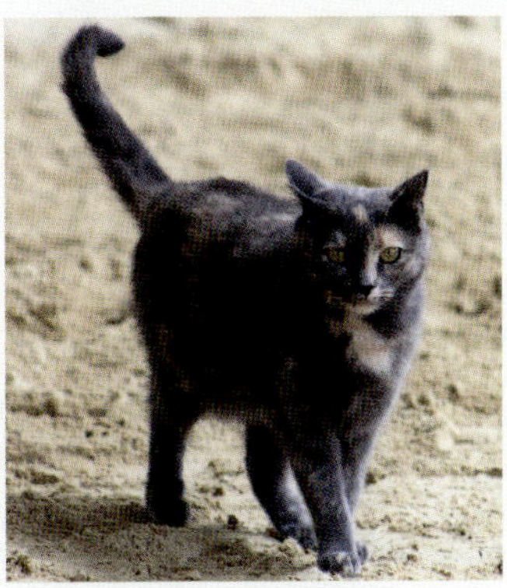

Katzen können mithilfe ihrer Muskulatur auch aus großen Höhen springen. Diese ausgeprägte Muskulatur verleiht ihnen große Sprungkraft und dient beim Aufprall als eine Art Federung.

9.4 Versammelt und Gerade

Was brauche ich?
4–8 Pylonen

Aufbau
Stellen Sie Pylonen-Tore auf die Mittellinie. Je mehr Tore Sie aufstellen, desto mehr Übergänge werden geritten. Beachten Sie das bei Ihrem Aufbau. Es sollten jedoch mind. 2 Pylonen-Tore sein.

Was lernt das Pferd?
Das Pferd lernt, sich zu versammeln und unabhängig von der Bande den Hilfen des Reiters zu folgen. Es entwickelt mehr Tragkraft und der Spannungsbogen wird gefestigt.

Was lernt der Reiter?
Der Reiter lernt, sein Pferd korrekt einzurahmen und an die Hilfen zu stellen.

Tipp ▶

Bereiten Sie Ihr Pferd mit halben Paraden auf den Übergang vor. Lesen Sie dazu den Exkurs »Halbe und ganze Paraden« auf Seite 39f.

Der versammelte Galopp lässt sich über Schritt-Galopp-Übergänge gut erarbeiten, da das Pferd bei diesen Übergängen mehr Tragkraft entwickelt. Auch das Angaloppieren im gewählten Galopp kann auf der Mittellinie prima überprüft werden und verrät Unstimmigkeiten in der Hilfengebung, da die Begrenzung der Bande fehlt.

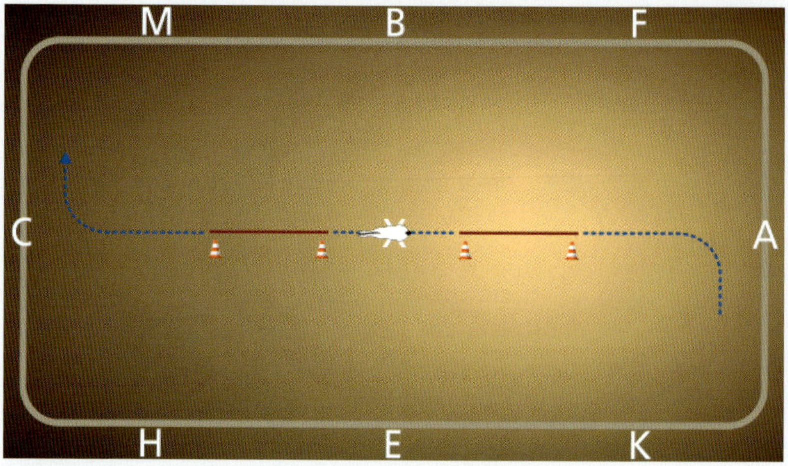

Wie reite ich diese Übung?

Reiten Sie im Links-Galopp auf die Mittellinie. Bereiten Sie den Übergang am ersten Pylonen-Tor zum Schritt vor. Lassen Sie Ihr Pferd im Schritt schreiten und galoppieren Sie es zwischen den nächsten Pylonen im Rechts-Galopp an. Wiederholen Sie die Übergänge auf der Mittellinie. Haben Sie 4 Pylonen-Tore auf der Mittellinie stehen, werden auch 4 Übergänge geritten. Bereiten Sie den Übergang zum Schritt gut vor. Zählen Sie die Galoppsprünge. Ist der Abstand zwischen den Pylonen z.B. mit 4 Galoppsprüngen gewählt, zählen Sie 4, 3, 2, 1 herunter. Bereiten Sie Ihr Pferd mithilfe von halben Paraden auf den Übergang vor.

Mein Pferd macht aber ...

Mein Pferd lässt sich beim Übergang zum Schritt nicht setzen ...

Wie schon öfters beschrieben, nimmt das Pferd die Hilfen nur dann nicht an, wenn die Bewegungszentren nicht korrekt gedreht sind. Deshalb gilt auch hier: Stellen Sie den Spannungsbogen wieder her.

9.5 Tragkraft im Galopp entwickeln

Was brauche ich?
1 Pylone

Aufbau
Stellen Sie die Pylone in die Mitte des Zirkels (s. Skizze).

Was lernt das Pferd?
Die Übergänge unterstützen die Versammlung. Das Pferd lernt mehr Tragkraft zu entwickeln und korrekt auf die Hilfen des Reiters zu reagieren. Mögliche Ausweichmechanismen können durch die Stabilisierung des Schulter- und Beckengürtels behoben werden.

Was lernt der Reiter?
Hoch konzentriert übernimmt er eine deutliche Führung in dieser Übung und lernt, dem Pferd in den verschiedenen Situationen zu helfen, die Balance und Stabilität zu behalten.

Um die Tragkraft des Pferdes zu fördern, helfen versammelnde Übergänge. Dazu zählen zum Beispiel Trab-Halten-Trab-Übergänge, aber auch Galopp-Halten-Galopp-Übergänge. Wichtig ist, dass bei dieser Übung die Galopp-Schritt-Übergänge sehr gut funktionieren sollten und das Pferd schon korrekt aus dem Galopp anhalten kann, ohne seine Gelenke zu schädigen. Eine positive Spannung im Pferd ist für diese Aufgabe enorm wichtig. Westernpferde lernen schon in jungen Jahren das korrekte Anhalten, deshalb ist diese Übung für sie nicht sonderlich schwer. Das gerade Angaloppieren kann für den ein oder anderen schon schwieriger werden. Egal in welcher Reitweise Sie zu Hause sind. Achten Sie bitte darauf, dass das Pferd korrekte Bewegungsmuster im Galopp und auch beim Anhalten zeigt, bevor Sie diese Übung beginnen.

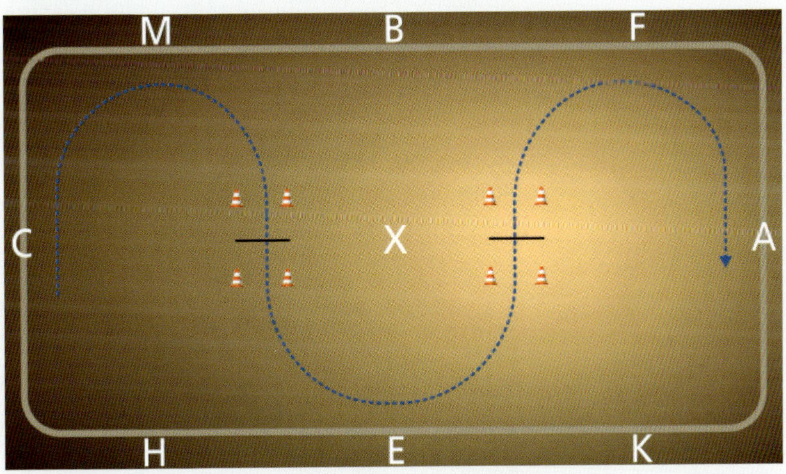

Wie reite ich diese Übung?

Galoppieren Sie auf der ganzen Bahn. Beginnen Sie bei A oder C mit einer Schlangenlinie in 3 Bögen durch die Bahn. Bereiten Sie Ihr Pferd kurz vor der Mittellinie auf den Übergang zum Halten vor. Halten Sie Ihr Pferd aus dem Galopp auf der Mittellinie an. Nach einer kurzen Stehphase galoppieren Sie es erneut, diesmal im neuen Handgalopp an. Achten Sie darauf, dass es gerade angaloppiert. Klappt die Übung im Handgalopp, dürfen Sie nun die Übung im Außengalopp auch mit Übergängen auf der Mittellinie reiten.

Wechseln Sie in der 3. Variante den Galopp nicht. Bleiben Sie zum Beispiel immer im Linksgalopp, somit haben Sie 1–2 Bögen im Außengalopp.

Mein Pferd macht aber ...

Mein Pferd wendet schon früher ab ...

Verweilen Sie nicht in der Schlangenlinie. Brechen Sie sie ab, indem Sie einfach in die andere Richtung reiten. Wäre der Bogen nach rechts gegangen und das Pferd drängt schon über die rechte Schulter, sollten Sie einen Bogen nach links reiten. Genauso schön und konzentriert, auch wenn dadurch ein Bogen im Außengalopp geritten wird.

Mein Pferd schließt sich nicht korrekt beim Anhalten ...

Stellen Sie sicher, dass Ihr Pferd einen korrekten Bewegungsablauf im Galopp zeigt. Ist die Hinterhand abgekippt? Oder steht der Schweif nach hinten-oben? Sind die Vorhand und somit das Brustbein angehoben? Oder schwingt die Hüfte des Reiters nicht nach vorne-oben? Bevor Sie den Übergang reiten, sollten Sie immer ein korrektes Bewegungsmuster im Pferd haben. Lesen Sie am besten nochmal den Exkurs »Halbe und ganze Parade« auf Seite 39f.

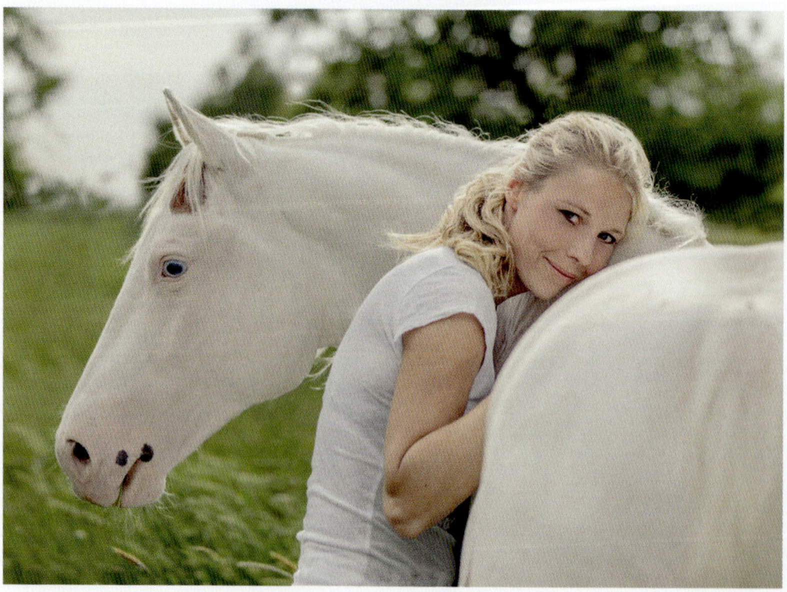

9.6 Standfest mit hoher Schulter

Was lernt das Pferd?
Das Pferd lernt, seine äußeren Muskelketten zu mobilisieren und zu stärken. Die Übung fördert die aktive Stabilisation und wirkt passiver Stabilität entgegen. Schulter- und Beckengürtel werden gestärkt.

Was lernt der Reiter?
Der Reiter sollte ein spezielles Augenmerk auf die äußeren Muskelketten und deren schrägen Gegenspieler der Bauchmuskulatur legen. Möchte der Reiter Ausweichmechanismen verhindern, sollte er die Muskulatur der Hinterhand kräftigen und mobilisieren.

Diese Übung dient zur Vorbereitung für die Übung 2.10. »Tanzen um die Pylone« und überprüft die Biegung und Mobilität in der Hinterhand.

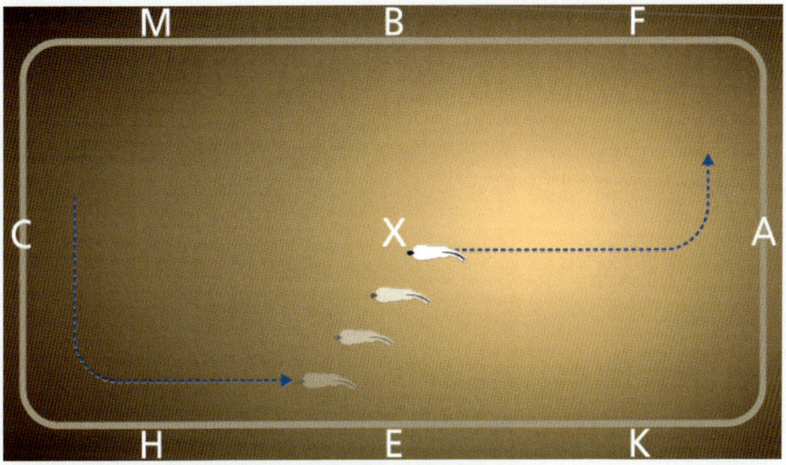

Wie reite ich diese Übung?

Reiten Sie im Außengalopp auf der ganzen Bahn. Anfang der langen Seite gehen Sie in ein Schenkelweichen (Viereck verkleinern) und beenden es spätestens auf der Mittellinie. Reiten Sie nun gerade bis zur kurzen Seite und beginnen die Übung an der nächste langen Seite neu. Sie kennen diese Übung schon (8.5). Nun wird sie jedoch statt im Handgalopp im Außengalopp geritten.

Mein Pferd macht aber ...

Mein Pferd rennt regelrecht in die Mitte ...

Begrenzen bzw. stabilisieren Sie die Schulter mit dem äußeren Zügel (der Zügel, der zur Hallenmitte zeigt). Ein Hineinrennen bei dieser Übung zeigt, dass der Schultergürtel noch nicht genügend stabilisiert ist und der diagonale Beckengürtel auch mehr aktive Stabilität benötigt.

Mein Pferd lässt sich nicht nach innen verschieben ...

Beginnen Sie zunächst mit der Mobilisierung im Außengalopp. Nutzen Sie dafür die Übung 8.7 »Gymnastik im Außengalopp« auf Seite 187.

9.7 Viereck im Außengalopp

Was brauche ich?
4 Pylonen

Aufbau
Stellen Sie 4 Pylonen in einem Quadrat auf.

Was lernt das Pferd?
Das Pferd bekommt in den Ecken deutlich mehr Traglast und eine hoch getragene freie Vorhand. Nur wenn die Bewegungszentren synchronisiert sind und korrekt arbeiten, kann das Pferd diese Übung richtig ausführen.

Was lernt der Reiter?
Der Reiter lernt, seine Hilfen korrekt einzusetzen und sein Wissen und Können bei den weiteren Übungen (fliegender Wechsel oder die Galopp-Pirouette) anzuwenden.

Die Übung kann als gymnastizierende Aufgabe oder auch als Vorbereitung auf die Galopp-Pirouette genutzt werden. Der Handgalopp, die Traglast und die Versammlung verbessern sich. Bevor Sie mit dieser sehr schwierigen Übung starten, sollten Sie sie zunächst im Handgalopp beherrschen. Zudem sind alle vorangegangenen Übungen im Außengalopp zwingend Voraussetzung.

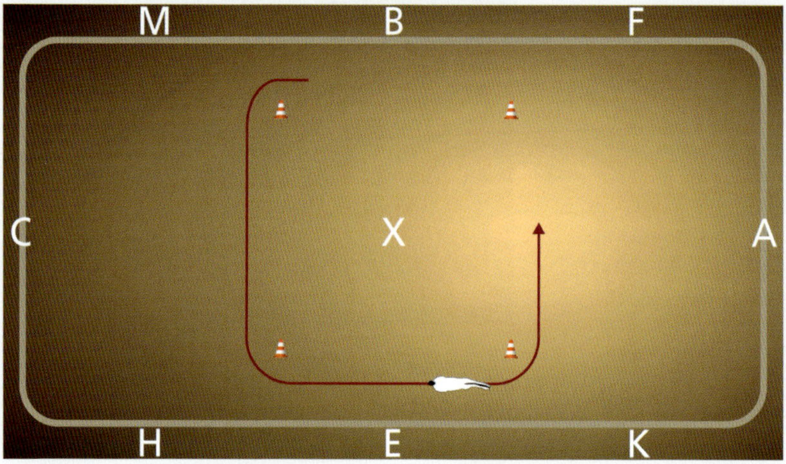

Wie reite ich diese Übung?

Sie beginnen im Außengalopp auf dem Zirkel um die Pylonen herum. Aus dem Zirkel wird nun schrittweise ein Viereck, indem Sie die Vorhand des Pferdes auf Höhe der Pylone Richtung Zirkelmittelpunkt verschieben und danach eine kleine Gerade mit einbauen. Sie kommen den Pylonen schrittweise immer näher und das Viereck wird kleiner. Die äußeren Hilfen begrenzen das Pferd und lassen es lange auf dem äußeren Hinterbein verweilen. Die inneren Hilfen aktivieren das innere Hinterbein und heben das Brustbein. Der innere Zügel sollte so weich wie möglich geführt werden.

Schwierigkeitsgrad erhöhen:

Für die Profis kann die Verkleinerung des Vierecks so weit gehen, dass es nicht außerhalb der Pylonen geritten wird, sondern innerhalb und um die Pylonen jeweils eine Volte im Handgalopp angeschlossen wird.

Wichtig ▶

Sehr wichtig bei dieser Übung ist das Einrahmen und die vorher gefestigte Stabilität im Schulter- und Beckengürtel. Ist das Pferd nicht korrekt aufgespannt (positive Spannung), hat diese Übung keinen gymnastizierenden Effekt.

Mein Pferd macht aber ...

Mein Pferd lehnt sich in der Ecke zu den Pylonen und schmeißt diese fast um ...

Das ist ein sehr deutliches Signal dafür, dass bei Ihrem Pferd zunächst Schulter- und Beckengürtel gestärkt werden sollte. Bitte holen Sie sich den Rat eines Fachmanns ein, er sollte Sie dabei unterstützen, die Muskulatur nochmals korrekt aufzubauen. Gehen Sie ein Kapitel zurück, Ihr Pferd ist noch nicht so weit für diese schwere Übung.

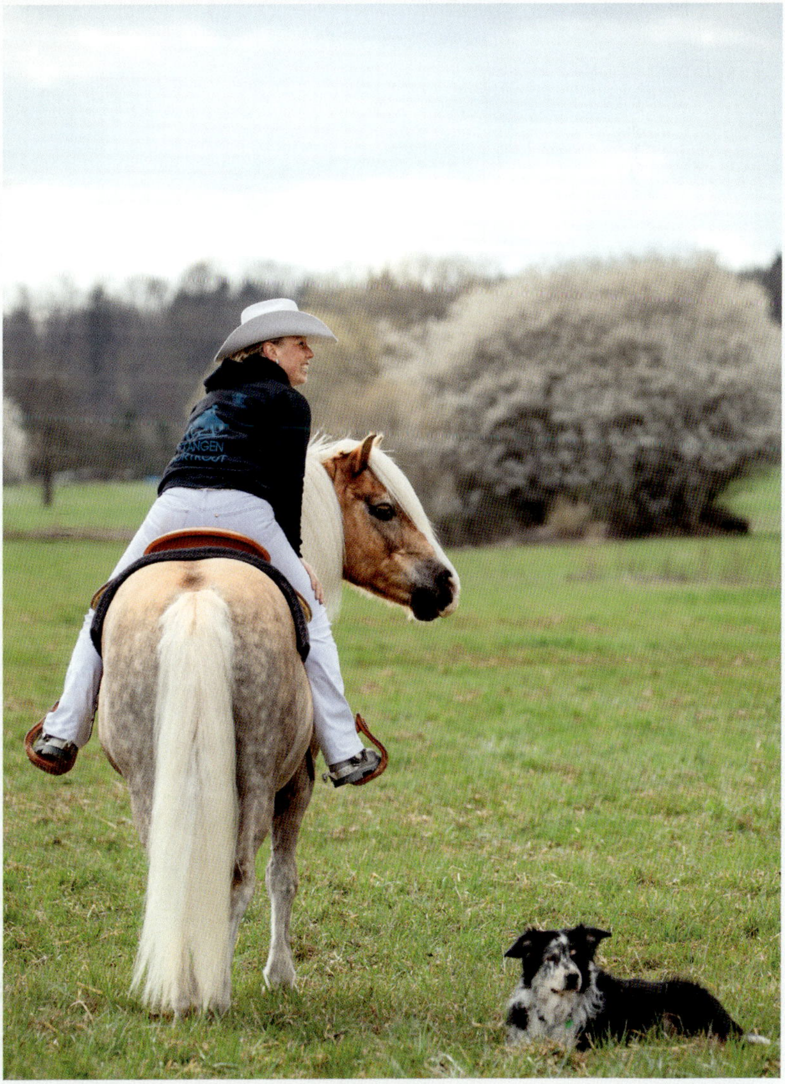

Egal wie weit Sie mit Ihrem Pferd in der Ausbildungsskala gekommen sind, ein partnerschaftliches Verhältnis ist immer die Basis für die weitere Zukunft und eine feine Kommunikation.

9.8 Kontervolte im Galopp

Was brauche ich?
2 Pylonen

Aufbau
Die Pylonen stehen im Abstand von mindestens 10 m und ca. 5 m von der Bande entfernt.

Was lernt das Pferd?
Das Pferd lernt, korrekt und gerade von hinten nach vorne umzuspringen. Es lässt sich durch die Übung »begradigen« und seine natürliche Schiefe wird weniger. Es entwickelt mehr Tragkraft und das vordere Bewegungszentrum wird angehoben.

Was lernt der Reiter?
Der Reiter lernt, das Pferd auf den fliegenden Wechsel gut vorzubereiten und ein seitliches Schwanken zu verhindern. Er lernt außerdem, das Pferd positiv zu stabilisieren, dies bei jedem Galoppsprung zu überprüfen und wenn nötig zu korrigieren.

Diese Übung dient der Verbesserung des Galopps und ist Vorbereitung für einen korrekten, von hinten nach vorne durchgesprungenen fliegenden Wechsel. Ein korrekt gesprungener Wechsel auf beiden Händen ist nur dann möglich, wenn Schulter- und Beckengürtel gleichmäßig beidseitig gestärkt und positiv stabilisiert wurden. Mit dieser Übung können Sie dies überprüfen und wenn nötig korrigieren.

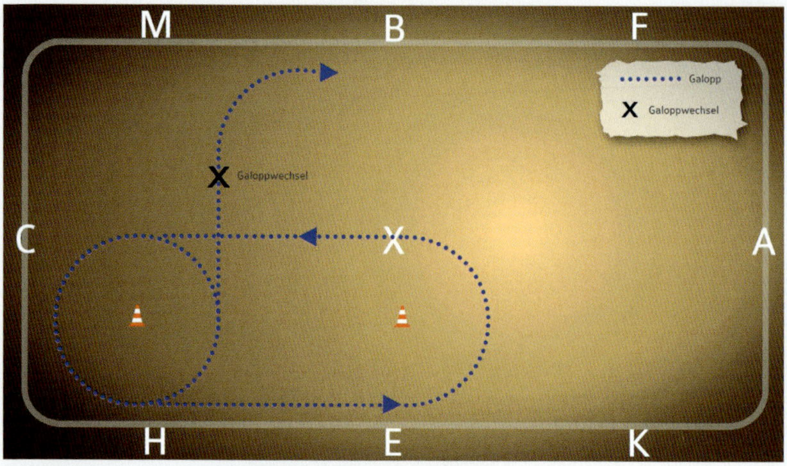

Wie reite ich diese Übung?

Reiten Sie im Handgalopp um die beiden Pylonen ein Oval. Überprüfen Sie auf beiden Händen, ob das Pferd zwischen Ihren Hilfen steht und ob es gerade gerichtet ist. Drängt das Pferd nach außen, beginnen Sie eine Volte in Konterstellung um die nächst liegende Pylone. Sobald sich die Vorhand hebt und das Pferd wieder zwischen Ihren Hilfen steht, reiten Sie weiter auf dem Oval. Bei der Konterstellung treibt der nun innere Schenkel (vorher äußere Schenkel) am Gurt mit, um die Schulter des Pferdes zu heben. Aus dieser Konterstellung im Galopp können Sie eine Gerade aus dem Oval herausreiten und Ihr Pferd auf der Geraden umspringen lassen.

Mein Pferd macht aber ...

Mein Pferd fällt auf einer Hand nach innen und nicht nach außen ...

Reiten Sie die Übung nur auf der Hand, auf der das Pferd nach

Tipp ▶

Denken Sie an die korrekten Gewichtshilfen! Stabilisieren Sie Ihr Pferd bei jedem Galoppsprung neu.

außen fällt und der fliegende Galoppwechsel deshalb auch schlechter ist.

Mein Pferd fällt aus ...

Diese Übung braucht sehr viel Muskeltraining. Geben Sie Ihrem Pferd Zeit und reiten Sie sie nicht zu lange. Auch hier gilt es, lieber kleine Trainingseinheiten zu absolvieren.

Mein Pferd macht sich fest, sobald ich es in Konterstellung reite ...

Achten Sie darauf, dass diese Übung vor allem über den Sitz und mit dem Schenkel geritten wird. Ein Festwerden entsteht meist durch einen zu stark rückwärts wirkenden Zügel und eine zu wenig aktive Hinterhand. Der Spannungsbogen muss unbedingt erhalten werden!

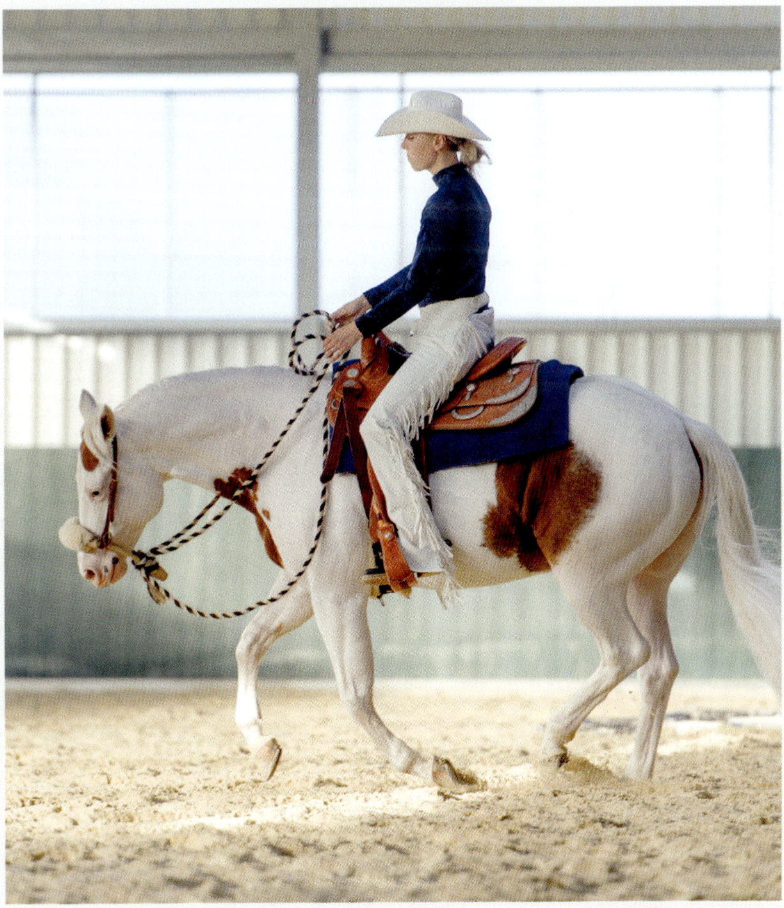

Ghost hat gelernt, seine Bewegungszentren im Galopp korrekt zu drehen und kann somit gut Last auf der Hinterhand aufnehmen. Für einen gerade gesprungenen Galoppwechsel müsste jedoch die Schulter noch etwas angehoben und der Schultergürtel aktiver stabilisiert werden. Dies erkennt man an einer leichten Drehung des Brustbeins – auch an den Ohren sichtbar. Für ihn ist diese Übung genau richtig.

9.9 Schulterkontrolle

Was brauche ich?
4 Pylonen

Aufbau
Stellen Sie mehrere Pylonen (z. B. 4 Stück) mit mind. 15 m Abstand in einer Reihe auf.

Was lernt das Pferd?
Das Pferd lernt, mehrere fliegende Wechsel hintereinander zu springen. Es lernt außerdem, sich gut vorbereiten zu lassen und fein auf die Hilfen zu reagieren.

Was lernt der Reiter?
Der Reiter lernt, sein Pferd korrekt auf den fliegenden Wechsel vorzubereiten. Er bekommt ein Gespür für feinere Hilfen und das korrekte Timing.

Tipp ▸

Reiten Sie diese Übung auch einmal nur im Handgalopp, ohne dass Ihr Pferd einen fliegenden Galoppwechsel springt.

Bei dieser Übung heben Sie die Schulter Ihres Pferdes, richten es gerade und verbessern die Durchlässigkeit. Der korrekte fliegende Wechsel wird mit dieser Aufgabe leichter und harmonischer. Voraussetzung sind der fliegende Wechsel, der Außengalopp und ein durchlässiger Handgalopp.

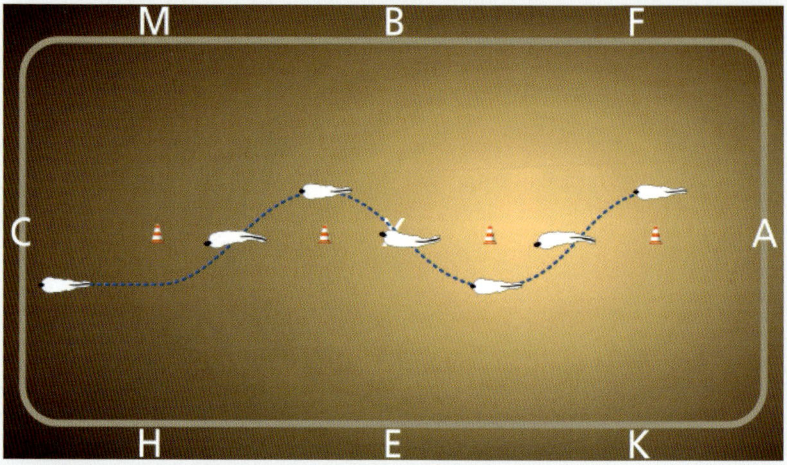

Wie reite ich diese Übung?

1. Reiten Sie zunächst gerade und sehr nahe an der Pylonen-Reihe außen entlang.
2. Stellen Sie Ihr Pferd an der zweiten Pylone nach außen (in Konterstellung) und verschieben seine Schulter nach innen (siehe Übung 2.1). Reiten Sie nun innerhalb der Pylonen-Reihe weiter.
3. Reiten Sie außen an den Pylonen entlang, stellen Sie an der zweiten Pylone Ihr Pferd nach außen und verschieben es nach innen. Auf der Linie der Pylonen reiten Sie nun einen fliegenden Wechsel und innen im Außengalopp an der Pylonen-Reihe entlang.
4. Reiten Sie außen an den Pylonen vorbei, stellen Sie Ihr Pferd an der zweiten Pylone nach außen und verschieben es nach innen. Auf der Linie der Pylonen reiten Sie nun einen fliegenden Wechsel und gehen innen im Außengalopp an der Pylonen-Reihe weiter bis zur übernächsten Pylone. Dort verschieben Sie Ihr Pferd mit einer Innenstellung nach außen. Auf der Linie der

Achtung!

Lassen Sie Ihr Pferd nicht von der einen Schulter auf die andere fallen, sondern stellen Sie sich vor, sie würden die Vorhand anheben und im angehobenen Zustand versetzen.

Pylonen-Reihe angekommen, wechseln Sie nun wieder in den Handgalopp und galoppieren an der letzten Pylone außen entlang.

5. Nun können Sie langsam den Schwierigkeitsgrad steigern und bei jeder Pylone Ihr Pferd verschieben und dann umspringen lassen.
6. Stellen Sie die Pylonen leicht versetzt im Wechsel neben die Mittellinie, sodass diese frei bleibt. Beginnen Sie nun auf der Mittellinie Ihr Pferd nur um ein paar Zentimeter von der jeweiligen Pylone weg zu verschieben, um dann den fliegenden Wechsel einzuleiten. Das Ziel ist nun, das Pferd auf der Geraden korrekte fliegende Wechsel springen zu lassen. Die Pylonen können auch auf der Diagonalen angeordnet werden.

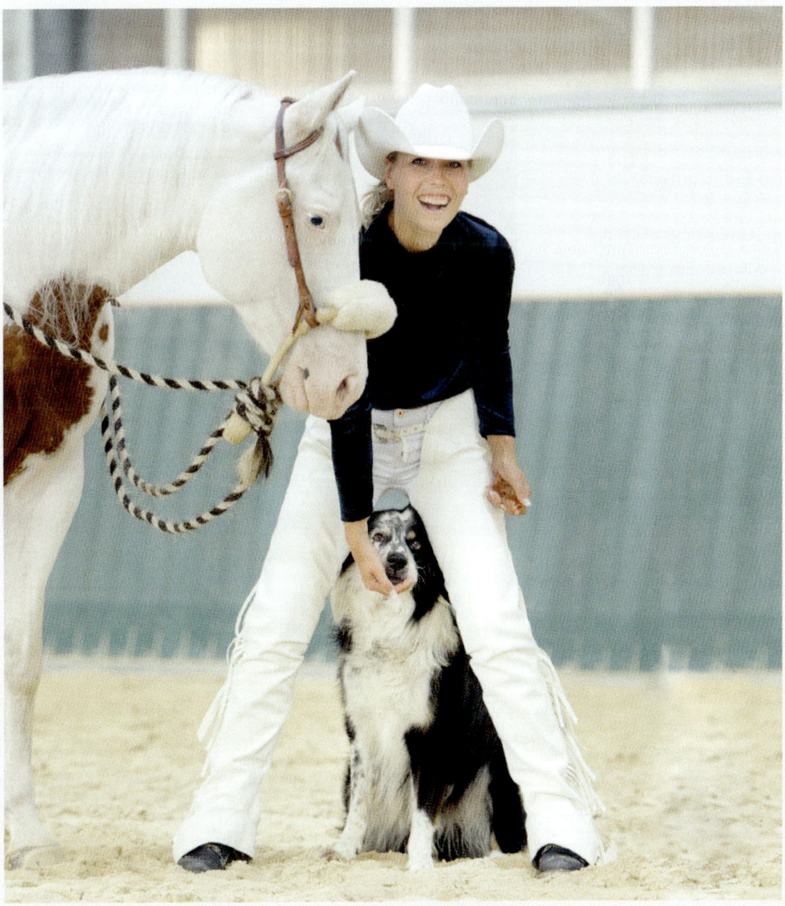

9.10 Galopp-Pirouette

Was brauche ich?
4 Pylonen

Aufbau
Für diese Übung werden die Pylonen jeweils im Abstand von mindestens 10 m aufgebaut.

Was lernt das Pferd?
Das Pferd lernt eine vermehrte Lastaufnahme auf der Hinterhand/Einbeinstütze und verbessert damit auch seine Galoppade. Die Übung steigert die Durchlässigkeit und fördert die Versammlung.

Was lernt der Reiter?
Der Reiter schult seine Gewichtshilfe, das Timing für die begrenzenden Hilfen, das Gefühl für eine deutliche Versammlung des Pferdes und verfeinert seine Hilfengebung insgesamt. Er lernt mit der Zeit, welche Hilfe er dem Pferd geben muss, damit es die nötige Kraft für die Abfederung und Lastaufnahme bekommt.

Durch diese Übung verbessern sich Traglast und Hankenbeugung, das Pferd versammelt sich im Galopp und bekommt Kraft in der Hinterhand. Die Einbeinstütze wird geschult und der Galopp bekommt deutlich mehr Bergauf-Tendenz. Das Pferd entwickelt auf dem Weg zur Galopp-Pirouette seine maximale Versammlungsfähigkeit. Die Entwicklung der Bergauf-Bewegung durch die Vorhand und die Erhaltung durch die Hinterhand werden maximal gefordert. Dadurch ergibt sich eine athletische Meisterleistung, da das Pferd aus eigener Kraft die Vorhand nach oben federn muss, ohne den Schwung aus der Vorwärtsbewegung zu bekommen. Danach kann die Hinterhand unter den Schwerpunkt springen. Damit diese Abfederung der Vorhand erlernt wird, dabei das Pferd aber nicht seine Hinterhandaktivität einbüßt, wird in dieser Übung der Wechsel zwischen einem versammelten Galopp und einer beginnenden Galopp-Pirouette geritten.

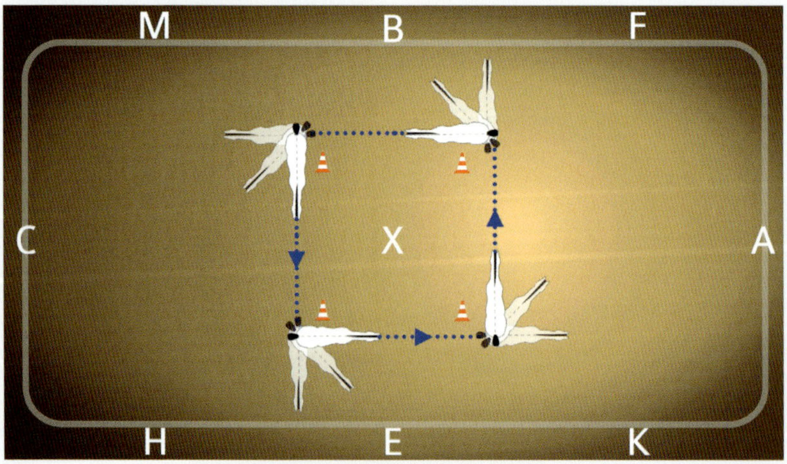

Wie reite ich diese Übung?

Sie üben mit Ihrem Pferd 90-Grad-Wendungen im Galopp: Reiten Sie außerhalb der Pylonen ein Viereck im versammelten Galopp. Achten Sie darauf, dass das Pferd nicht über den Zügel gebremst wird, sondern die Versammlung. Das Pferd muss im Vorfeld die dafür notwendige Tragkraft entwickelt haben. An den Pylonen wenden Sie Ihr Pferd in einer leichten Traversalverschiebung um 90 Grad, dafür werden zwei bis drei Galoppsprünge benötigt. Halten Sie die Hinterhand aktiv.

Tipp ▶

Zählen Sie in Gedanken die Galoppsprünge mit und denken Sie an das Lob für Ihr Pferd!

Achtung!

Bitte verwechseln Sie die Pirouette nicht mit einem Herumwerfen im Galopp. Lassen Sie diese Übung weg, wenn Ihr Pferd noch nicht die nötige Kraft für diese Übung hat.

Hilfengebung

Auf der Geraden reiten Sie Ihr Pferd im versammelten Galopp, an der Pylone angekommen, sitzen Sie innen, der innere Schenkel treibt das Pferd in eine Biegung, der äußere liegt verwahrend und hat die Aufgabe, das äußere Hinterbein des Pferdes zu unterstützen. Der innere Zügel stellt das Pferd und der äußere Zügel begrenzt die Schulter. Bauen Sie auch in Ihrem Körper Spannung auf.

Mein Pferd macht aber ...

Mein Pferd fällt aus. Wenn es anstrengend wird, springt es nicht richtig durch ...

Lassen Sie Ihrem Pferd Zeit, die Muskulatur auszubilden. Diese Übung ist sehr anstrengend. Bauen Sie diese Übung immer mal wieder spielerisch mit ein.

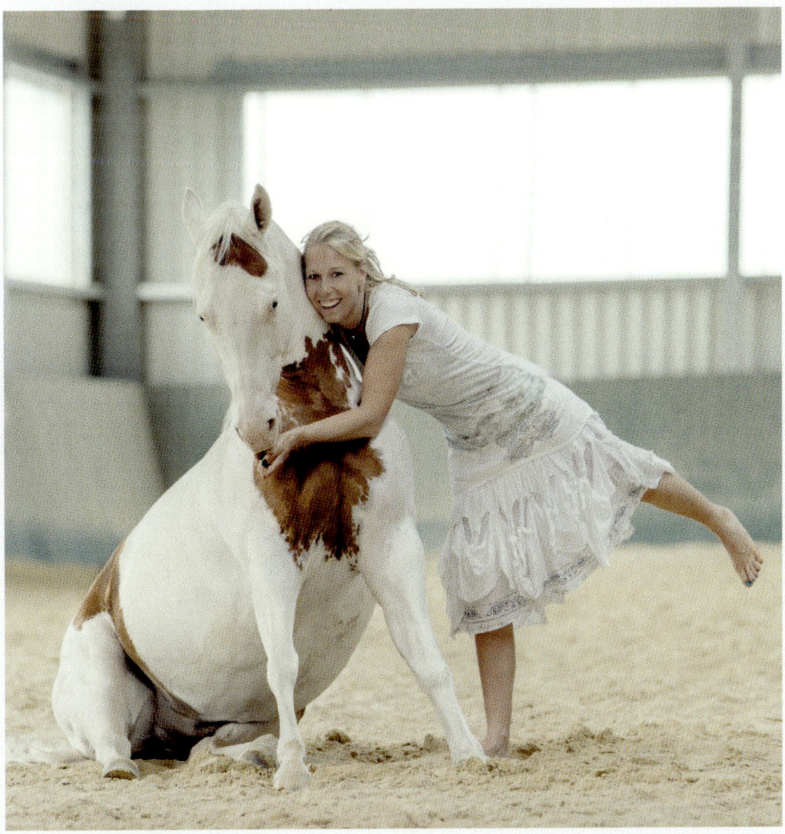

10. Spezielle Übungen

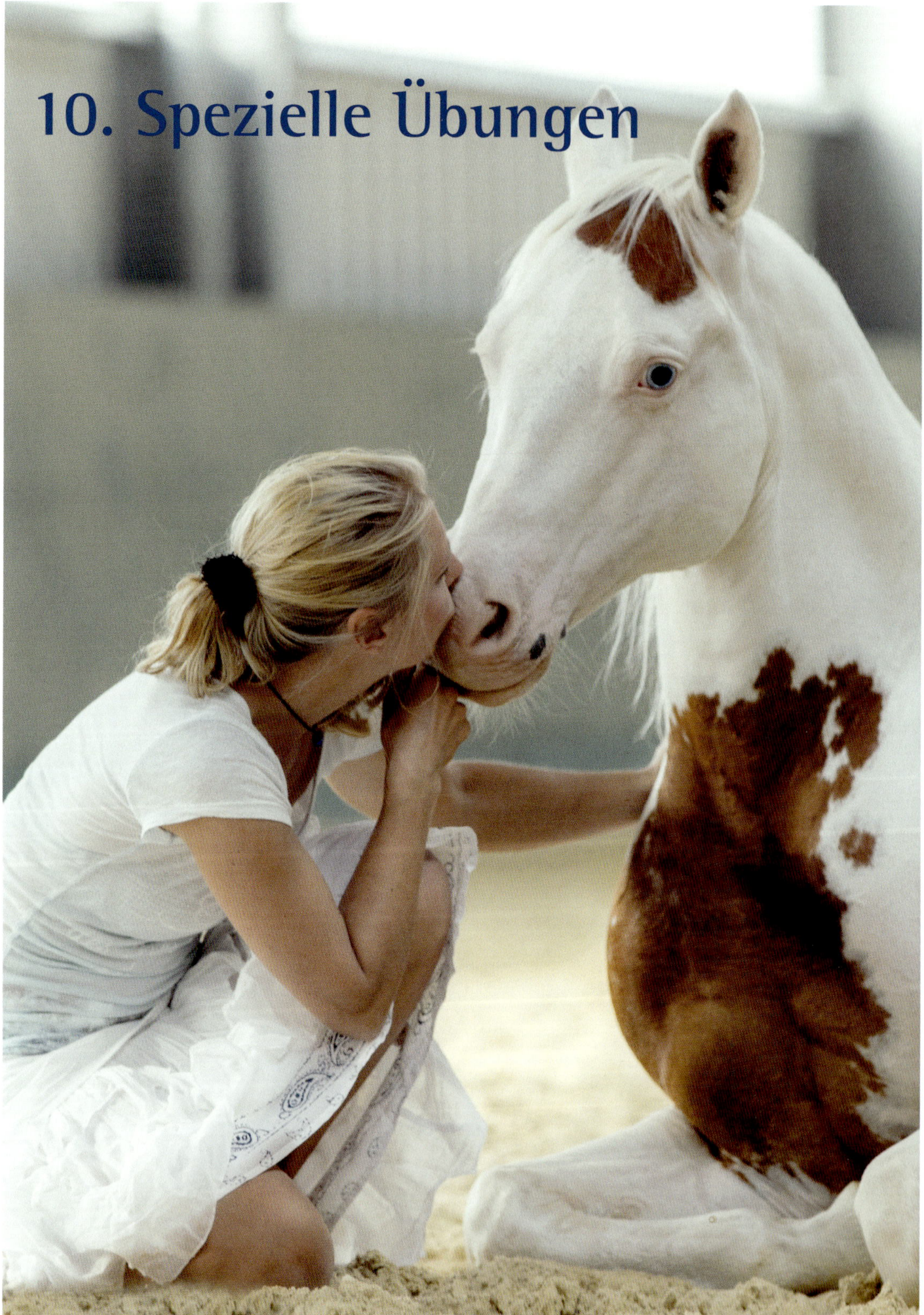

10.1 Vorbereitungen für die Box

Was brauche ich?
1 große Pylone und eine Peitsche oder Fahne

Aufbau
Stellen Sie eine Pylone auf den Reitplatz. Stecken Sie eine Fahne in die Pylone oder eine Longierpeitsche.

Was lernt das Pferd?
Das Pferd lernt, auf einem kleinen Radius zu gehen, ohne sich wie bei einer Mittelhandwendung um die eigene Achse zu drehen.

Was lernt der Reiter?
Der Reiter lernt, das Pferd mit Hilfe seiner Schenkel auf einem gleichmäßig kleinen Radius zu reiten.

Tipp ▶

Je geübter Sie sind, können Sie diese Übung auch im Trab oder Galopp reiten.

Bei der Box muss das Pferd eine sehr kleine Volte gehen, ohne an den Stangen anzustoßen. Diese Übung ist dafür gedacht, dies spielerisch zu erlernen.

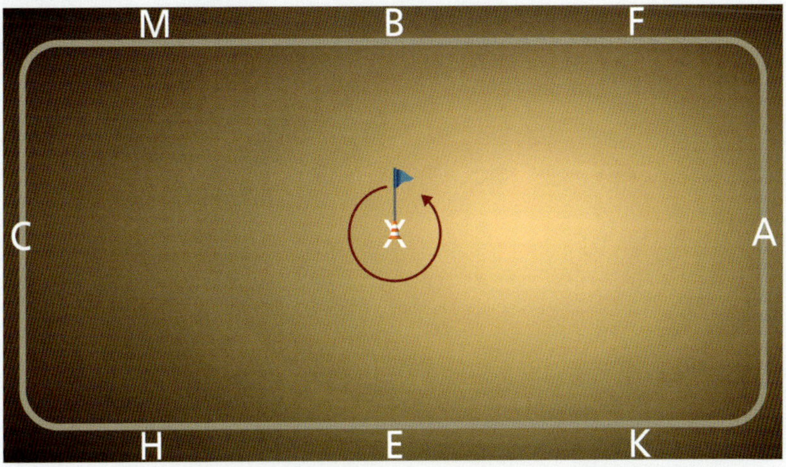

Wie reite ich diese Übung?

Nehmen Sie zunächst das Ende des Peitschenschlages in die innere Hand. Umrunden Sie nun im Schritt die Pylone auf einem gleichmäßigen Radius, ohne dass der Peitschenschlag durchhängt oder so viel Zug auf der Peitsche ist, dass sie sich biegt. Verkleinern Sie jetzt den Radius Ihrer Volte und fassen den Peitschenschlag kürzer. Gehen Sie dabei nicht zu schnell vor. Angekommen an der Pylone, verlängern Sie Ihren inneren Zügel, bis Sie die Peitsche oder die Fahne am Stiel zu fassen bekommen. Reiten Sie nun auf der kleinen Volte, bis Ihr Pferd locker und zufrieden auf dem kleinen Radius gehen kann. Es kann helfen, wenn Ihr äußerer Schenkel etwas weiter vorne treibt. Denken Sie auch an den äußeren Zügel, er sollte auf keinen Fall lockerer sein als der innere. Treiben Sie mit Ihrem inneren Schenkel weiter, damit das innere Hinterbein aktiv bleibt.

Mein Pferd macht aber ...

Mein Pferd hat Angst vor der Peitsche ...

Üben Sie zunächst vom Boden aus. Zeigen Sie Ihrem Pferd, dass es keine Angst zu haben braucht. Zur Not helfen dabei auch Leckerlis. Hat es Angst vor der Peitsche, benutzen Sie etwas anderes und basteln eine Schnur daran. Fürchtet es sich vor dem

Mithilfe des Einrollens des Peitschenschlages verkleinert sich die Volte Runde um Runde.

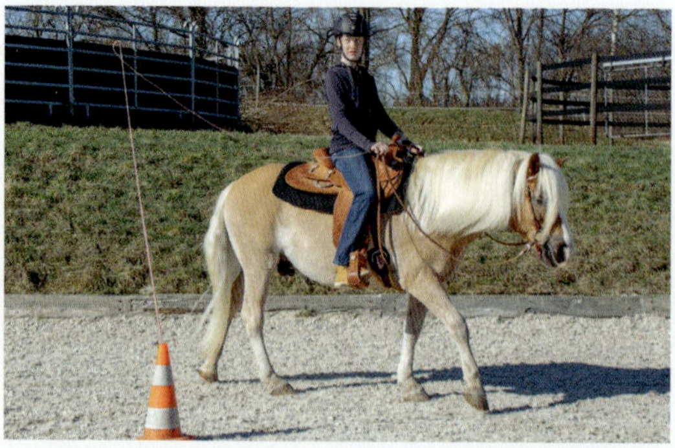

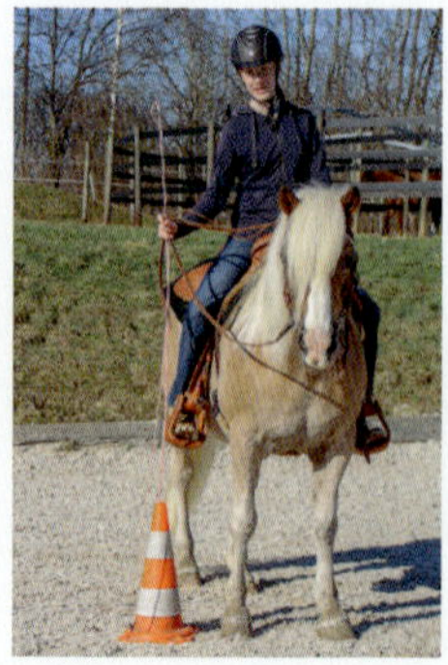

Peitschenschlag oder einer Leine/Longe, fangen Sie gleich mit dem letzten Teilschritt an.

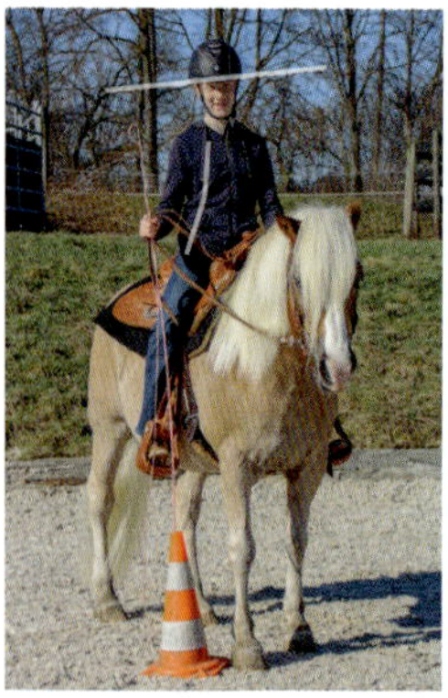

Auf diesen beiden Bildern erkennen Sie deutlich das Einknicken in der Hüfte (oben) und den korrekten Sitz (unten).

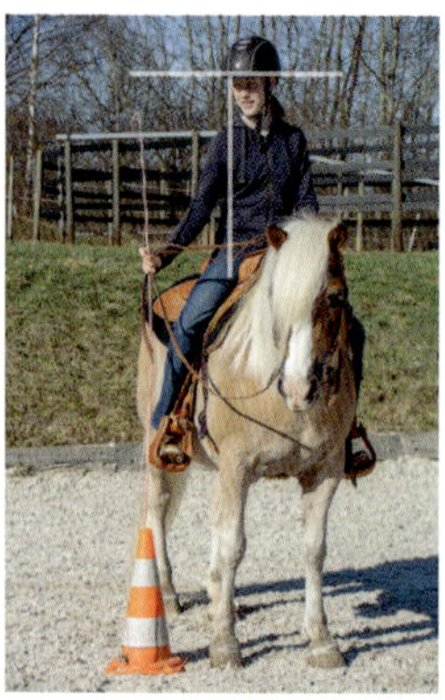

Mein Pferd zieht nach innen oder außen ...

Üben Sie zunächst mit der Übung 2.6 die korrekte Volte ohne Peitsche oder Fahne. Achten Sie vor allem auf Ihren äußeren Zügel, wenn Ihr Pferd nach außen weicht. Fällt es nach innen, treiben Sie vermehrt mit dem inneren Schenkel. Denken Sie auch an Ihren korrekten Sitz. Knicken Sie nicht in der Hüfte ein.

Mein Pferd bleibt bei dem kleinen Radius immer wieder stehen und verschiebt die Hinterhand nach außen ...

Achten Sie darauf, dass Ihr innerer Schenkel nicht zu weit hinten treibt. Bleiben Sie im Fluss und vergrößern falls nötig den Radius nochmal.

Mein Pferd schmeißt die Pylone fast um ...

Auch hier fehlt der Fleiß, wenn das Pferd mit der Vorhand dreht und fast auf der Pylone landet.

Wenn ich den Peitschenstiel in der Hand habe, zieht mein Pferd immer wieder nach außen ...

Dies hängt oft mit einem Einknicken in der Hüfte zusammen. Dadurch verschiebt sich das Gewicht des Reiters und das Pferd wird regelrecht weiter nach außen geschoben. Achten Sie darauf, dass Ihr Gewicht auf dem inneren Sitzbeinhöcker liegt und Ihre innere Schulter oben bleibt. Lenken Sie Ihr Pferd ausschließlich mit Ihren Schenkeln.

10.2 Box

Was brauche ich?
2–4 Stangen (ca. 2 m lang), 1 Pylone

Aufbau
1. Legen Sie die beiden Stangen im rechten Winkel zueinander. Sie sollen sich berühren, sodass keine Lücke entsteht. Stellen Sie die Pylone in die Mitte der Diagonalen zwischen den offenen Stangenenden.
2. Legen Sie eine dritte Stange dazu, so dass ein offenes Viereck entsteht. Die Pylone entfällt (s. Skizze 1).
3. Schließen Sie das Stangenviereck mit einer vierten Stange.

Was lernt das Pferd?
Das Pferd lernt, auf einem kleinen Radius zu gehen, ohne sich wie bei einer Mittelhandwendung um die eigene Achse zu drehen.

Was lernt der Reiter?
Der Reiter lernt mit Hilfe der Schenkel, das Pferd auf einem gleichmäßig kleinen Radius zu reiten.

Achtung!

Der Bogen in der zweiten Hälfte der Volte sollte genauso groß sein, wie der Bogen zu Beginn der Volte.

Sie können mit dieser Übung enge Wendungen trainieren. Ziel ist es, eine kleine Volte innerhalb eines Quadrates zu reiten. Das Pferd lernt, in engen Wendungen fleißig vorwärtszugehen und mit der Hinterhand mitzutreten. Für Westernreiter ist diese Übung ein Bestandteil von vielen Trail-Prüfungen.
Ein gutes Trail-Pferd sollte sich beim Überwinden eines Hindernisses ruhig, überlegt und unerschrocken verhalten. Hierbei ist es wichtig, dass sich das Pferd ohne große Einwirkungen des Reiters durch die Hindernisse bewegt, sich aber trotzdem jederzeit zentimetergenau dirigieren lässt. Bevor Sie mit dieser Übung beginnen, sollten Sie das 2. Kapitel gelesen haben und die Übung 10.1 gut beherrschen.

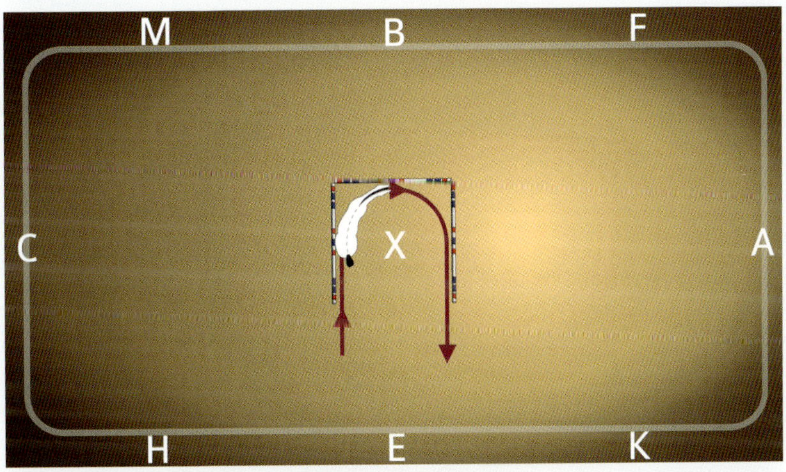

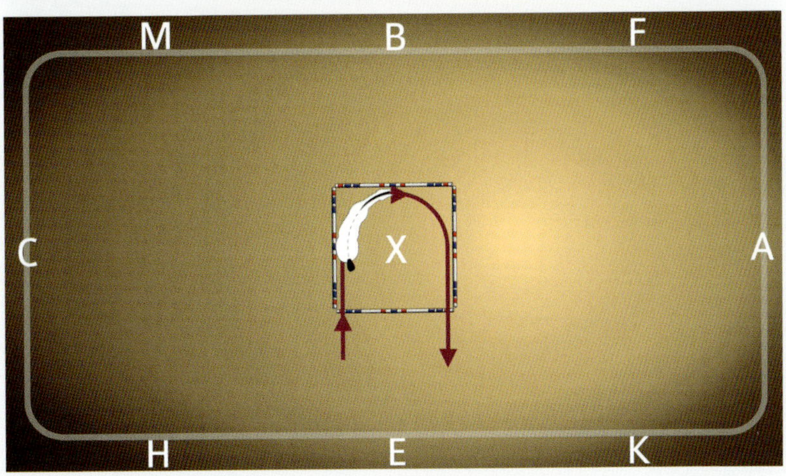

Tipp ▶

Drehen Sie den Oberkörper immer mit. Zu Beginn hilft es den Pferden, wenn Sie die Wendung wie in einem Schulterherein reiten. Auf diese Weise haben Sie die Vorhand unter Kontrolle und das Pferd kann nicht über die Stangen nach außen weglaufen. Knicken Sie nicht in der Hüfte ein. Versuchen Sie Ihr Brustbein hochzuziehen. Ein seitwärtsweisender innere Zügel hilft dem Pferd, die enge Wendung in der Box durchzuführen.

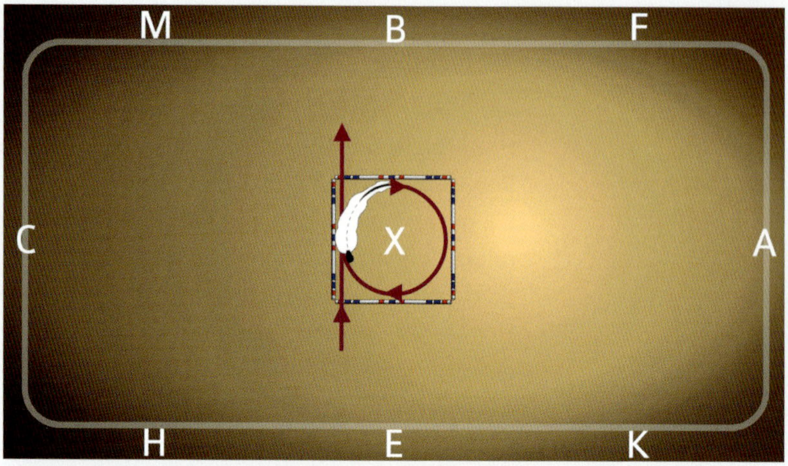

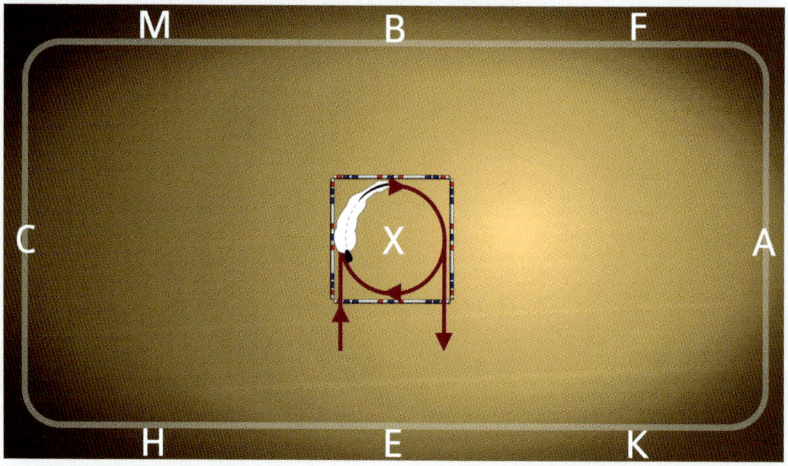

Achtung!

Reiten Sie gerade in das offene Stangenviereck hinein. Erst mit der Wendung beginnen Sie, das Pferd nach rechts zu stellen. Verlassen Sie das offene Stangenviereck gerade!

Wie reite ich diese Übung?

1. Reiten Sie im Schritt in den Stangenwinkel hinein und versuchen Sie, um die Pylone eine Volte zu reiten. Begeben Sie sich nach der Volte wieder aus dem Stangenwinkel heraus. Hierbei kann Ihnen die Vorübung 10.1 helfen. Stellen Sie sich vor, die Pylone hätte auch hier eine Verlängerung nach oben.
2. Reiten Sie im Schritt gerade in das offene Stangenviereck hinein. Wenden Sie, sobald der letzte Hinterfuß das Ende der offenen Stange erreicht hat. Erst mit der Wendung beginnen Sie, das Pferd nach rechts zu stellen. Reiten Sie einen kleinen Bogen und verlassen Sie das offene Stangenviereck gerade (Skizze 1).

Achtung!

Achten Sie darauf, dass Ihr Pferd nicht aufhört, vorwärtszugehen.

Tipp ▶

Überqueren Sie die erste Stange weiter rechts, um später in der Box nach links zu drehen.

3. Reiten Sie gerade über eine Stange in das Viereck hinein. Wenden Sie und reiten Sie auch gerade über die Stange wieder hinaus (Skizze 2).
4. Reiten Sie auf der rechten Hand gerade in das Stangenviereck hinein. Wenden Sie wie in Skizze 3. Begeben Sie sich nach der Volte an der gegenüberliegenden Seite oder nach anderthalb-Volten an der gleichen Seite (Skizze 4) wieder hinaus.

Mein Pferd macht aber ...

Mein Pferd berührt die Stangen ...

Achten Sie darauf, dass Ihre Hände beim Überqueren der Stangen fast auf dem Widerrist liegen. Die Zügel bleiben lang, damit Sie das Pferd nicht mit dem Zügel stören. Heben Sie Ihr Brustbein und schwingen Sie mit der Hüfte mit, damit Sie Ihr Pferd nicht blockieren. Treiben Sie es in ruhigem Schritt über die Stangen. Stößt es trotzdem an, üben Sie das Übertreten von Stangen separat. Loben Sie Ihr Pferd, wenn es nicht anstößt! Bleibt es mit dem letzten Hinterfuß an der Stange hängen, zählen Sie die Schritte mit und leiten die Wendung erst ein, wenn alle vier Füße im Stangenviereck sind.

Mein Pferd wird während der Wendung langsam oder bleibt sogar stehen ...

Treiben Sie mehr mit dem Schenkel. Sollte es nicht besser werden, gehen Sie zurück zur Übung 10.1. Beginnen Sie mit einer größeren Volte und verkleinern die Wendung nach und nach.

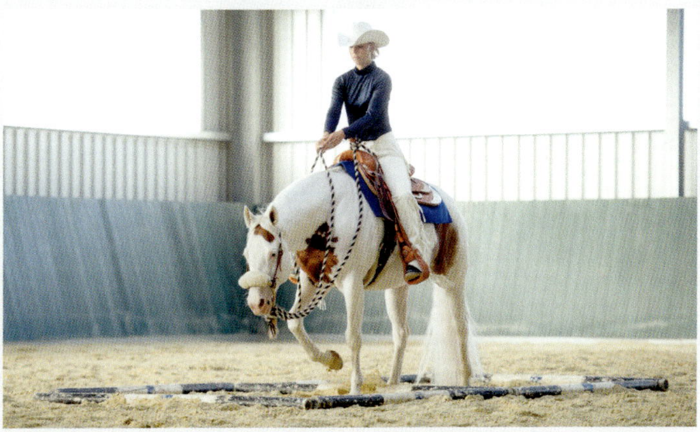

Die doppelte Box als nächste Variante. Wechseln Sie zwischen Rechts- und Linkswendungen. Auch einfaches Darüberreiten und das Abwenden über Eck können das Training abwechslungsreich gestalten.

10.3 Side Pass

Was brauche ich?
1–2 Stangen

Aufbau
Legen Sie die Stangen auf den dritten oder vierten Hufschlag entlang der langen Seite.

Tipp ▶

Beginnen Sie in kleinen Schritten. Das Pferd muss nicht von Anfang an korrekt gebogen sein.

Was lernt das Pferd?
Trittsicherheit und Koordination der Beine. Geschicklichkeit und Balance in der Seitwärtsbewegung. Konzentration und Motivation werden gefördert.

Was lernt der Reiter?
Verfeinerung der reiterlichen Hilfen. Seitengänge. Der Reiter lernt das Gefühl dafür zu entwickeln, wo das Pferd seine Füße platziert.

Diese Übung wird in einer Traversalverschiebung geritten. Das Pferd lernt, sich auszubalancieren und seine Schritte zu koordinieren. Durch diese Aufgabe werden Motivation und Konzentration bei Pferd und Reiter gefördert.

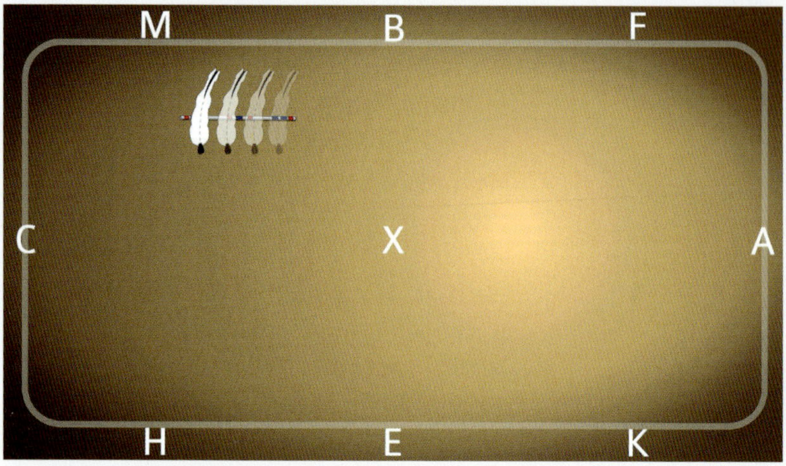

Wie reite ich diese Übung?

Basis dieser Übung ist die Traversalverschiebung. Ziel ist es, dass Sie die Stangen seitwärts im 90-Grad-Winkel zur Stange überwinden. Die Stange liegt unter dem Pferdebauch. Das Pferd tritt seitwärts, es findet keine Vorwärtsbewegung statt.

1. Reiten Sie Schenkelweichen wie gewohnt an der Bande. Sensibilisieren Sie das Pferd für Ihre Hilfen und achten Sie darauf, dass es Schritt für Schritt in gerader Linie seitwärtstritt. Stellen Sie Ihr Pferd in Bewegungsrichtung und lassen eine Längsbiegung zu.
2. Reiten Sie nun ebenso entlang der Stange. Die Stange liegt vor Ihnen und dient als optische Begrenzung.
3. Reiten Sie im 90-Grad-Winkel auf ein Ende der Stange zu. Halten Sie über der Stange an. Geben Sie nun die Hilfen für Schenkelweichen und lassen Sie das Pferd bis zum anderen Stangenende seitwärtstreten.
4. Stellen Sie Ihr Pferd neben die Stange im 90-Grad-Winkel. Fädeln Sie nun in der Traversalverschiebung ein und treten Sie seitwärts bis zum Stangenende.

10.4 Tor

Was brauche ich?
1 Tor. Alternativ können Sie 1 Seil an 2 Hindernisständern befestigen. Für Profis kann eine zusätzliche Stange unter dem Tor den Schwierigkeitsgrad erhöhen. Auch kann eine Kombination aus dem Rückwärts-L und dem Tor aufgebaut werden.

Aufbau
Stellen Sie das Tor mit genügend Platz zu allen Seiten in der Reithalle oder auf dem Reitplatz auf.

Was lernt das Pferd?
Das Pferd lernt, auf die reiterlichen Hilfen zu achten.
Durch die verschiedenen Wendungen wird es gut gymnastiziert.

Was lernt der Reiter?
Vorausschauendes Reiten und Verfeinerung der Hilfen. Konzentration und Gelassenheit.

Das Tor ist Bestandteil einer Trail-Prüfung beim Westernreiten. Trainiert wird dabei: Konzentration, schrittweise Bewältigung einer Aufgabe, achtsame Umsetzung der Hilfen. Rückwärtsrichten, Vorhandwendung, Side Pass oder Schenkelweichen sind in dieser Übung enthalten. In Trail-Prüfungen müssen Sie das Tor ohne Pause durchreiten.
Der Reiter muss zum Beispiel ohne Absitzen ein Tor öffnen und es so durchreiten, dass eine Herde imaginärer Rinder keine Gelegenheit hätte, ebenfalls das offene Tor zu passieren. Doch auch für Reiter in anderen Sätteln kann diese Übung eine großartige Abwechslung sein, da das Pferd sehr gut auf die Hilfen des Reiters reagieren muss und sich fein und in einhändiger Zügelhaltung dirigieren lassen sollte.

Wie reite ich diese Übung?

Ziel ist es, das Tor flüssig zu durchreiten sowie es mit einer Hinterhandwendung zu schließen. Beginnen Sie so: Reiten Sie im Schritt an das Tor heran. Die Schulter des Pferdes soll etwa auf Höhe des Toröffners sein. Halten Sie das Pferd an und legen Sie die Hand auf den Torflügel, der auf der Tor-Seite ist. Lassen Sie das Pferd eine Denkpause machen.
Wichtig ist, dass Ihre Hand während der gesamten Übung auf dem Torflügel oder am Seil bleibt. Ab jetzt reiten Sie einhändig! Das Pferd darf das Tor während der gesamten Lektion nicht berühren. Richten Sie das Pferd zwei bis drei Tritte rückwärts, bis sein Kopf auf Höhe der Toröffnung ist. Die Hand geht auf dem Torflügel mit zurück. Halten Sie an und machen Sie eine Pause. Beginnen Sie nun, den Torflügel mit der Hand aufzudrücken. Wenn das Tor etwas geöffnet ist, lenken Sie das Pferd durch das Tor. Halten Sie an und machen Sie eine kurze Pause, sobald die Kruppe des Pferdes etwa auf der Höhe des Tores ist.
Die Vorhand des Pferdes hat das Tor bereits passiert. Lassen Sie es nun mit der Hinterhand zwei bis drei Tritte um die Vorhand treten (wie bei einer Vorhandwendung). Das Hinterteil des Pferdes passiert ebenfalls das Tor. Der Reiter muss das Tor nun wieder schließen. Lassen Sie Ihr Pferd seitwärts an das Tor herantreten (Side Pass oder Schenkelweichen). Schließen Sie den Riegel und verlassen Sie das Tor. Machen Sie einen Schritt nach dem anderen. Das Pferd darf sich nicht angewöhnen, durch das Tor zu stürmen.

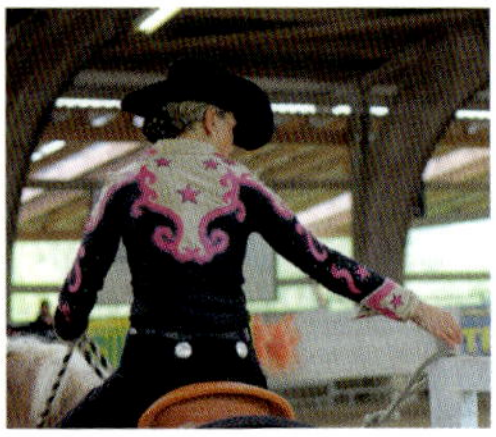

Ruhe und Disziplin führen am Tor zum Erfolg.

Tipp ▶

Wenn Sie das Pferd in einer Pause loben wollen, können Sie die Hand herunternehmen und es am Hals berühren. In einer Trail-Prüfung dürfen Sie das Pferd nicht offensichtlich loben. Mit dem Senken der Hand (ohne Berührung) signalisieren Sie ihm dann, dass es alles richtig gemacht hat.

Legen Sie an den richtigen Stellen Pausen ein. Sobald Sie und Ihr Pferd den Ablauf verinnerlicht haben, können Sie auf die Pausen verzichten.

Mein Pferd macht aber …

Mein Pferd hat Angst vor dem Tor …

Machen Sie das Pferd erst vom Boden aus mit dem Tor vertraut. Auch im nächsten Schritt vom Sattel aus gehen Sie langsam und behutsam vor. Loben Sie das Pferd für jeden Schritt, den es in die richtige Richtung macht. Legen Sie immer wieder eine Pause ein. Bei Bedarf kann auch ein Helfer unterstützen, das Tor zu öffnen und zu schließen, sodass Sie sich auf Ihr Pferd konzentrieren können.

Mein Pferd stürmt durch das Tor hindurch …

Überprüfen Sie, ob Angst oder Respektlosigkeit vorliegen. Bei Respektlosigkeit bestehen Sie auf die Pausen. Nimmt das Pferd den Schritt voraus, nehmen Sie es einen Schritt zurück.

Mein Pferd dreht sich zu weit vom Tor weg, ich muss den Torflügel loslassen …

Überprüfen Sie Ihren Sitz. Sie müssen immer nah genug am Tor sein, damit Sie den Flügel mit locker aufgelegtem Arm öffnen und schließen können. Wenn Sie sich zu sehr aus dem Sattel lehnen müssen, können Sie nicht die richtigen Gewichts- und Schenkelhilfen geben. Bei falscher Gewichtshilfe weicht das Pferd vom Tor weg.

Der Side Pass funktioniert nicht …

Nehmen Sie sich Zeit für den Side Pass. Achten Sie darauf, dass Sie nicht in der Hüfte einknicken und sich nicht zu weit aus dem Sattel lehnen. Das Pferd nimmt sonst Gewichtshilfen wahr, die Sie gar nicht geben wollen. Begrenzen Sie es mit dem äußeren Schenkel und dem äußeren Zügel. Üben Sie das Seitwärts-an-das-Tor-Herantreten immer wieder, ohne das Tor zu öffnen oder zu schließen. Machen Sie stets am Tor Ihre Pause, sodass sich das Pferd am Tor wohlfühlt. Stellen Sie verschiedene Sachen (z.B. Blumentöpfe) mit dazu. Das Pferd soll so viel Vertrauen zu Ihnen aufbauen, dass es sich an jedes beliebige Tor heranreiten lässt.

10.5 Brücke

Was brauche ich?
Eine Brücke oder ein sehr stabiles schweres Holzbrett (250 x 90 cm), eventuell eine Stange.

Aufbau
(1) Stellen Sie die Brücke zu Anfang auf den ersten Hufschlag. Später können Sie sie an jeder beliebige Stelle platzieren.
(2) Für geübte Reiter: Legen Sie die Stange im Abstand von 40–60 cm dahinter.

Was lernt das Pferd?
Das Gehen auf unterschiedlichen Bodenbelägen. Gelassenheit. Aufmerksamkeit und Vertrauen.

Was lernt der Reiter?
Konzentration und Ruhe. Präzises Reiten. Vertrauen.

Ein weiteres Hindernis ist die Brücke, die vom Pferd gelassen und bereitwillig überquert werden soll. Eine direkt davor oder dahinter ausgelegt Bodenstange kann das korrekte Überqueren der Brücke erschweren. Das Überwinden einer Brücke – also einer Strecke mit unbekanntem Bodenbelag – können Sie mit dieser Übung trainieren. Zusätzlich trainieren Sie Schritt für Schritt das zielorientierte Reiten. Die Brücke ist ein Element aus dem Trail für Westernreiter.

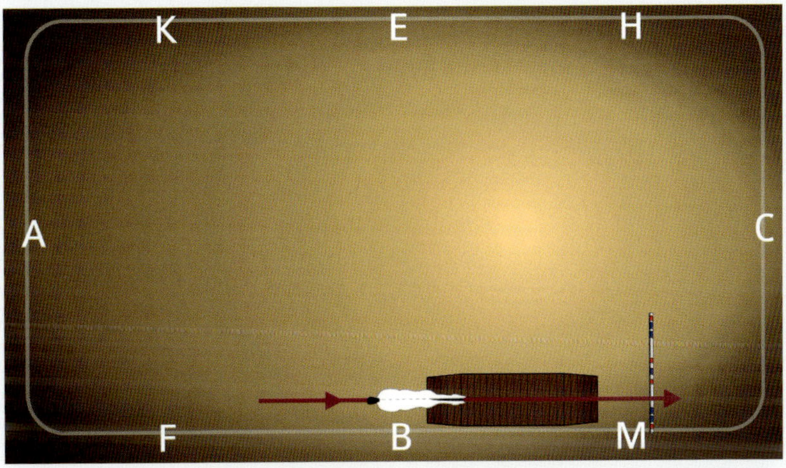

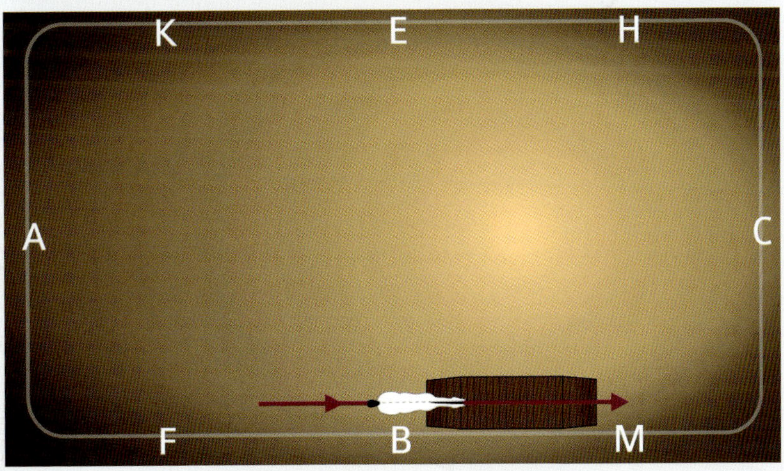

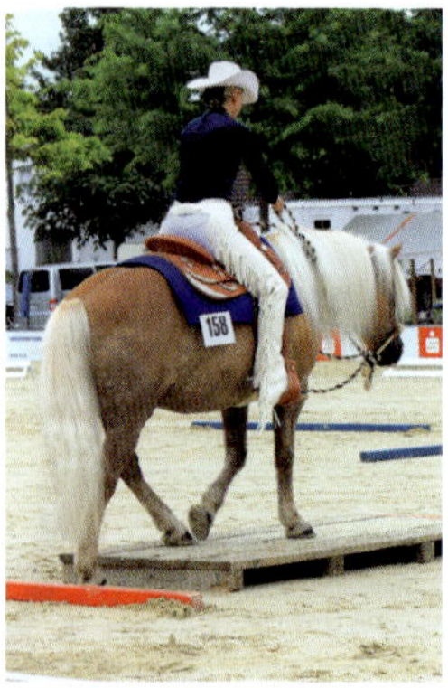

Bei der Trail-Prüfung im Westernreiten gibt es u. a. Punktabzug für Verzögerung beim Anreiten und Bewältigen des Hindernisses.

Wie reite ich diese Übung?

Ziel ist, dass das Pferd ohne zu zögern über die Brücke geht (1) und danach eventuell noch eine Stange (2) überwindet. Führen Sie das Pferd zunächst an die Brücke heran. Wenn es keine Angst zeigt, können Sie es zur Brücke hin reiten und die Brücke im Schritt überwinden lassen. Loben Sie jeden Schritt und bauen Sie Pausen ein, damit das Pferd verarbeiten kann, was es gerade gelernt hat. Nehmen Sie erst dann die Stange mit dazu (2).

Mein Pferd macht aber ...

Mein Pferd hat große Angst vor der Brücke ...

Gehen Sie langsam vor. Nehmen Sie dem Pferd die Angst, indem Sie es vom Boden aus an die Brücke heranführen. Lassen Sie das Pferd ausgiebig schauen und schnuppern. Loben Sie jeden Schritt. Führen Sie das Pferd über die Brücke und loben Sie es. Trainieren Sie mit ihm, über verschiedene Beläge zu gehen: Holzplatte, Plane etc.

Mein Pferd stürzt (fast) seitlich von der Brücke ...

Ein fehlerhaftes Einrahmen des Pferdes kann dazu führen, dass Ihr Pferd einen eigenen Weg wählt. Stellen Sie Pylonen an die Seiten der Brücke, um dem Pferd eine visuelle Begrenzung zu geben. Lesen Sie nochmal die Übung »Wie auf Schienen« durch und beherzigen Sie dies vor, über und nach der Brücke. Rahmen Sie Ihr Pferd ein und korrigieren es schon beim kleinsten Schwanken.

Mein Pferd rennt über die Brücke ...

Bauen Sie nach jedem Schritt eine Pause ein. Warten Sie mit dem Weiterreiten bis das Pferd die Pause akzeptiert. Auch ein ungewollter Schritt kann durch einen Schritt nach hinten korrigiert werden. Seien Sie aber vorsichtig und beachten Sie dabei immer, dass das Pferd nicht rückwärts von der Brücke tritt.

10.6 Stangenmikado

Aufbau
Legen Sie mehrere Stangen kreuz und quer auf einen Bereich in der Reitbahn aus. Denken Sie an das Spiel »Mikado«. Die Stangen sollten nicht sortiert sein und auch keine abgemessenen Abstände haben. Falls die Stangen wegrollen, können Sie diese mit kleinen Erhöhungen fixieren.

Tipp ▶
Diese Übung kann auch im Gelände mit kleinen Baumstämmen oder Ästen trainiert werden. Auch an der Hand oder an der Longe bietet diese Übung Abwechslung.

Was lernt das Pferd?
Das Pferd lernt, Vertrauen zu sich selbst, seinem Körper und zum Reiter aufzubauen. Sein Selbstbewusstsein und seine Trittsicherheit werden verbessert. Es wird motiviert, neuen Aufgaben gegenüber stets aufgeschlossen zu sein.

Was lernt der Reiter?
Der Reiter lernt, Vertrauen zum Pferd zu bekommen und die Pferdebeine von oben zu dirigieren und zu koordinieren. Auch lernt er Wege zu planen.

Diese Übung fördert nicht nur die Konzentration und Koordination von Pferd und Reiter, sondern auch die feine Kommunikation. Ihr Pferd sollte Schrittstangen bereits mit Erhöhungen schon routiniert beherrschen. Bestrafen Sie Ihr Pferd bei dieser Übung auf keinen Fall! Ignorieren Sie es, wenn was nicht richtig läuft, oder loben Sie es. Nur so lernt es selbstständig und motiviert!

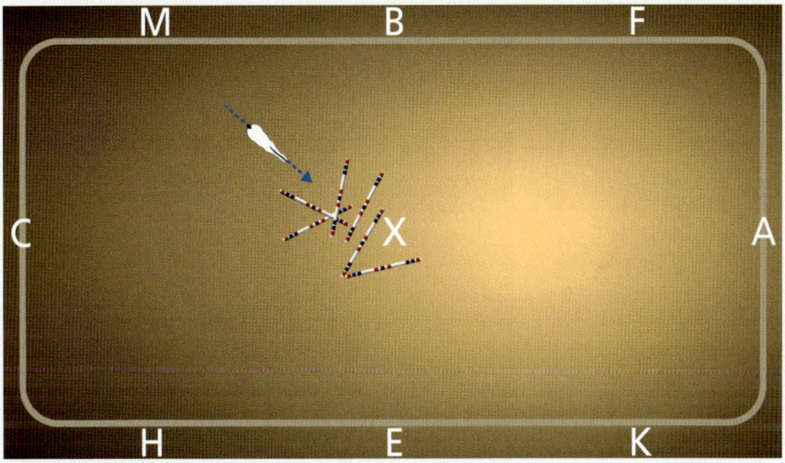

Wie reite ich diese Übung?

Reiten Sie in einem ruhigen Schritt an das Stangenchaos heran. Lassen Sie die Zügel so locker, dass das Pferd den Hals stecken kann, um sich die Stangen anzuschauen. Lassen Sie Ihr Pferd selbst eine Strategie entwickeln. Ermutigen Sie es, den ersten Schritt zu machen und rahmen Sie es ein, wenn es ausweichen möchte. Hat es sich einen Weg ausgesucht, loben Sie es. Unterstützen Sie es auch dann, wenn die erste Strategie vielleicht nicht die ist, die Sie sich überlegt hatten. Nach und nach bekommt das Pferd immer mehr Vertrauen zu sich selbst und lässt nun Sie als Reiter auch den Weg bestimmen. Nun können Sie die Beine des Pferdes koordinieren, den Weg planen und ihn dann auch reiten.

Läuft Ihr Pferd einfach drüber und passt nicht auf, sollten Sie den Schwierigkeitsgrad erhöhen. Loben Sie es nur, wenn es fehlerfrei über die Stangen gegangen ist.

10.7 Der Stangenslalom

Aufbau
Legen Sie 3 oder mehr Stangen auf eine gerade Linie. Stellen Sie an den Rand und zwischen die Stangen eine Pylone. Zwischen Pylone und Stange sollte mind. 1 m Abstand sein. Verkleinern Sie den Abstand, steigt der Schwierigkeitsgrad entsprechend.

Was lernt das Pferd?
Das Pferd übt sich in Koordination und Konzentration. Die Innenseite der Vorderbeine wird gedehnt und gibt dem Pferd einen breiteren Stand. Bodeneng stehende Pferde tun sich mit dieser Übung schwerer. Doch gerade hier sollte diese Übung in kleinen Schritten geritten werden.

Was lernt der Reiter?
Der Reiter lernt Timing und Koordination der Hilfen. Er lernt, Abstände einzuschätzen und jedes einzelne Pferdebein zu bewegen.

Tipp ▸

Ein kleiner Zwischenschritt vor der Stange hilft, dass das innere Vorderbein zuerst die Stange überquert.

Diese Übung stammt aus der Trail-Arbeit von Westernpferden. Pferde sollen dabei koordinierter und mobiler werden. Mit taktischem Anreiten an die Stangen kann ein Anstoßen verhindert werden. Auch ist hier die korrekte Biegung wichtig. Je schräger die Stangen angeritten werden, desto schwieriger ist diese Übung. Der Schwierigkeitsgrad kann zudem durch Verändern der Abstände zwischen Stangen und Pylonen erhöht werden.

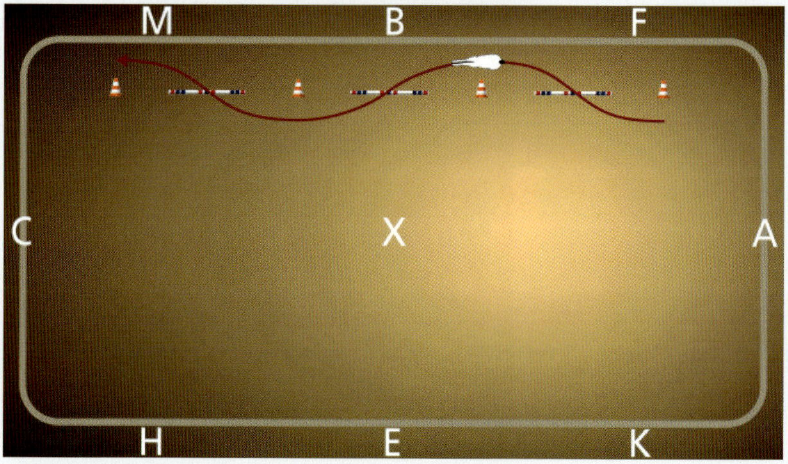

Wie reite ich diese Übung?

Reiten Sie nun im Schritt innen an der ersten Pylone mit ca. 1 m Abstand vorbei. Reiten Sie schräg an die erste Stange heran. Nun ist es wichtig, dass das innere Vorderbein des Pferdes (das zur Stange zeigt) als erstes die Stange überquert. Zählen Sie mit, bis das Pferd die Stange mit allen 4 Beinen überwunden hat. Beginnen Sie anschließend mit dem Anreiten der nächsten Stange.

Mein Pferd macht aber ...

Mein Pferd macht immer große, statt kleine Schritte ...

Üben Sie ohne Stangen das Verkürzen der Schritte. Beginnen Sie erst danach wieder mit dieser Übung.

Mein Pferd will an der Stange vorbei laufen ...

Rahmen Sie Ihr Pferd gut ein und reiten Sie nicht zu flach an die

Stangen heran. Reiten Sie zu Beginn fast gerade auf die Stangen zu. Nach und nach können Sie die Linie des Anreitens flacher gestalten.

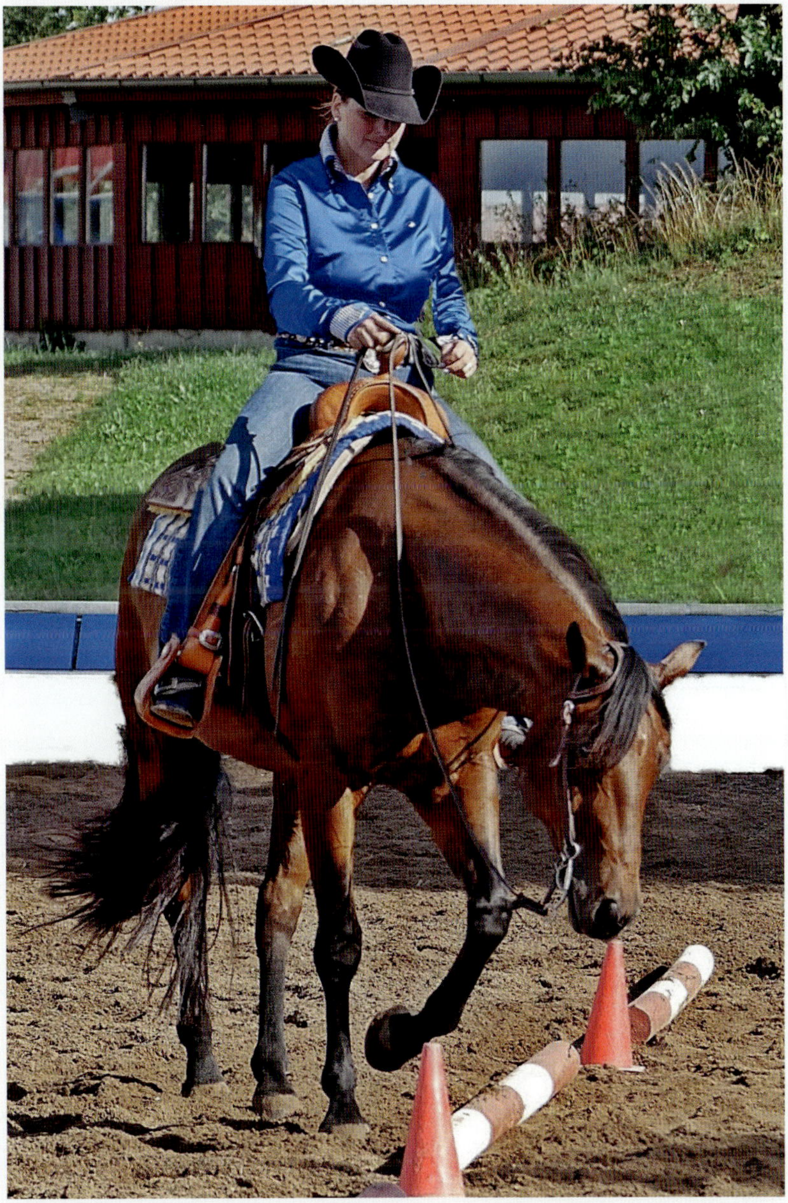

Biegung und das richtige Timing der Hilfen lassen das Pferd mit dem inneren Vorderbein zuerst über die Stange treten.

10.8 Über Eck

Fördern Sie mit dieser Übung die Koordination Ihres Pferdes und verfeinern Sie dabei Ihre Hilfen. In sehr vielen kreativen Stangenreihen müssen Pferde auch über Eck gehen. Bevor es an die richtig schwierigen Stangen-Workout-Übungen geht, sollten über Eck liegende Stangen korrekt angeritten werden können.

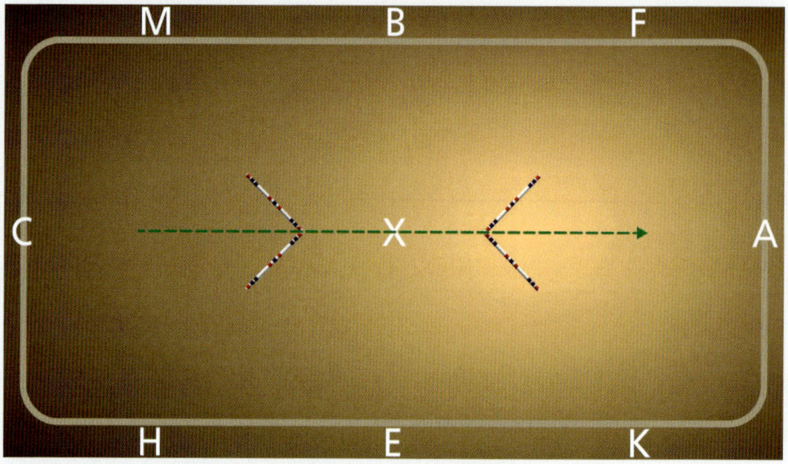

Aufbau
Bauen Sie die Stangen wie in der Skizze eingezeichnet in einem 60- bis 90-Grad-Winkel auf. Sie können zunächst mit 2 Stangen beginnen oder gleich 4 oder auch mehrere Stangen verwenden.

Was lernt das Pferd?
Mit dieser Übung lernt das Pferd, eingerahmt seine Beine zu koordinieren.

Was lernt der Reiter?
Der Reiter lernt bei dieser Übung punktgenaues Anreiten und die Beine des Pferdes zu koordinieren.

Wichtig ▸

Wenn über Eck liegende Stangen angeritten werden, benötigt Ihr Pferd eine gute Koordination und sollte sich problemlos einrahmen lassen. Legen Sie Über-Eck-Stangen nicht erhöht!

Tipp ▸

Tolle systematisch aufgebaute Kombinationshindernisse finden Sie in dem Buch Stangen-Workout für Dressurreiter.

Wie reite ich diese Übung?

Reiten Sie zunächst das Stangeneck von der spitzwinkligen Seite an. Funktioniert dies gut, können Sie das Eck von der spitzen Seite aus anreiten. Rahmen Sie Ihr Pferd gut mit Ihren Hilfen ein. Bestimmen Sie, welches der Vorderbeine zuerst über das Eck tritt. Nehmen Sie als Vorübung 1.5 auf Seite 23. Indem Sie weitere Stangen dazulegen, können Sie nun verschiedene Kombinationshindernisse erarbeiten.

Mein Pferd macht aber …

Mein Pferd weicht zur Seite aus …

Weicht das Pferd trotz einrahmenden Schenkeln aus, kann es sein, dass es sich noch nicht traut, über das Eck zu gehen. Legen Sie die Stangen zunächst mit einem halben Meter Abstand zueinander hin und reiten Ihr Pferd durch den Zwischenraum. Schieben Sie nun die Stangen Stück für Stück wieder zusammen. Loben Sie Ihr Pferd, sobald es sich einrahmen lässt.

10.9 Gymnastikreihe

Was brauche ich?
Springständer und Stangen

Aufbau
Stellen Sie 3 bis 5 Kreuze hintereinander auf. Um den Rhythmus zu verbessern, empfehle ich Ihnen, die Sprünge von klein nach groß aufzubauen z. B.: Bodenstange 3 m, Cavaletti-Kreuz 3,2 m, Kreuz 3,5 m (alles als In-Out) und mit einem Galoppsprung Abstand 7 m–7,5 m ein Steilsprung.

Für die Gymnastizierung des Rückens rate ich zu folgendem Aufbau: Im Trab zwei bis drei Bodenstangen (1,2 m), Vorlegestange (Galopp) 2,2 m, Kreuz 3 m–3,5 m, Cavaletti 6 m–6,5 m, Steilsprung, Oxer 6,2 m–6,8 m.

Für fortgeschrittene Pferde und Reiter: Um die Aufmerksamkeit zu schulen, können Sie kleine und große sowie Steilsprünge und Oxer in der Reihe mischen. Wählen Sie dabei 1–2 Galoppsprünge zwischen den Hindernissen.

Reiter und Pferd werden hier an das Springen herangeführt. Beide lernen, Distanzen abzuschätzen, Hindernisse zu taxieren und in einem angepassten und gleichmäßigen Rhythmus zu reiten. Sitzschulung und Balance sind zunächst die wichtigsten Grundlagen. Reiter und Pferd bauen Vertrauen auf. Der Reiter lernt das mittige Anreiten von Sprüngen und Hindernissen. Für Pferd und Reiter sind diese Springübungen eine gute Abwechslung im Springtraining sowie im Dressur- und freizeitmäßigen Reiten. Das Pferd wird mit diesen Übungen zunächst gelöst. Die Rückentätigkeit (Bascule) wird gestärkt und die allgemeine Beintechnik gefördert. Kraft- und Muskelaufbau von Vor-, Hinterhand und Rücken werden erarbeitet. Für den Sprung wird die Schnellkraft trainiert. Junge Pferde werden in kleinen Schritten ans Springen herangeführt. Pferde, die schlechte Erfahrungen gemacht haben, können mit diesen Übungen wieder Vertrauen aufbauen.

Die Maße der Distanzen betragen:
Bei 3 Galoppsprüngen: 14,30 m 15,00 m
Bei 4 Galoppsprüngen: 17,90 m–18,60 m
Bei 5 Galoppsprüngen: 21,50 m–22,50 m
Bei 6 Galoppsprüngen: 25,00 m–29,50 m
Bei 7 Galoppsprüngen: 28,50 m–29,50 m

Für Kombinationen:
Bei 1 Galoppsprung: 7,10 m–8,00 m
Bei 2 Galoppsprüngen: 10,40 m–11,00 m

Zugrunde liegt ein durchschnittlicher Galoppsprung mit 3,60 m. Bei Hindernissen der Klasse L wird ein Galoppsprung für Absprung und Landung berechnet. Bei Distanzen spielen auch Art und Bauweise der Hindernisse, die Beschaffenheit des Reitbodens oder die Größe des Reitplatzes eine Rolle.

**Gymnastikreihen eignen sich zur Verbesserung des Konzentrations- und Reaktionsvermögens. Koordination zwischen Vor- und Hinterhand werden gefördert und der Rückenmuskel trainiert. Springgymnastik eignet sich hervorragend als Vorbereitung zum Springen und der Vertrauensbildung von Pferd und Reiter.
Der Reiter lernt in einer Gymnastikreihe, sich geschmeidig den**

Achtung!

Die Abstände müssen passen. Bauen Sie daher die Übungen mit Maßband auf. Bauen Sie fair auf, stellen Sie zur Sicherheit evtl. Fänge auf. Bei allen Springübungen gilt: Bitte nur mit Sicherheitshelm/-Weste und Helfer am Boden üben. Falls es Fragen zu den passenden Abständen Ihres Pferdes gibt, besprechen Sie die Übung bitte mit Ihrem Springreitlehrer.

Was lernt das Pferd?
Diese Übung fördert den Rhythmus und dient der Verbesserung von Konzentration und Reaktionsvermögen. Außerdem fördert die Übung die Rückentätigkeit des Pferdes.

Was lernt der Reiter?
Diese Übung schult den leichten Sitz. Der Reiter lernt in einer Gymnastikreihe, sich geschmeidig den Springbewegungen des Pferdes anzupassen, sein Rhythmusgefühl zu verbessern und sein Auge für die Abstände zwischen den Hindernissen zu schulen.

Springbewegungen des Pferdes anzupassen, sein Rhythmusgefühl zu verbessern und sein Auge für die Abstände zwischen den Hindernissen zu schulen.

Wie reite ich diese Übung?

Beginnen Sie mit Bodenstangen und Kreuzen, damit die Mitte besser anvisiert werden kann. Später können die Stangen zu Steilsprüngen umgebaut werden.

Mein Pferd macht aber ...

Mein Pferd wird langsamer zwischen den Sprüngen ...

Wählen Sie weniger Sprünge nacheinander und üben Sie zunächst mit Kreuzen, um beim Pferd die richtigen Muskeln aufzutrainieren, damit es überhaupt mehrere Hindernisse nacheinander bewältigen kann.

Mein Pferd bricht in der Reihe aus ...

Hier könnte derselbe Grund wie oben vorliegen. Das Pferd hat noch nicht genügend Kraft, um die vielen Hindernisse zu bewältigen. Begrenzen Sie die Reihe mit Bodenstangen oder Ihrer Hilfsperson und bauen Sie niedrigere Sprünge.

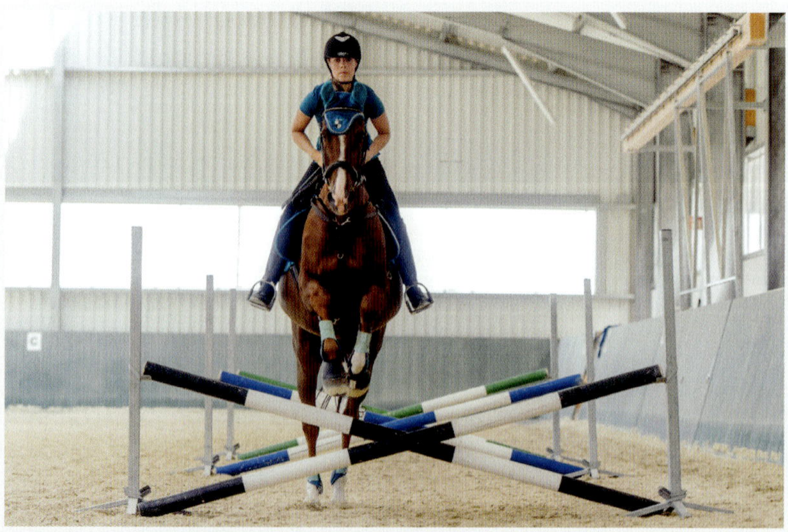

Eine Gymnastikreihe mit Kreuzen hilft Pferd und Reiter, mittig über die Hindernisse zu springen.

10.10 Hindernisfolgen

Was brauche ich?
Bodenricks, Cavalettis und/oder Sprünge

Aufbau
Stellen Sie verschiedene Sprünge/ Cavalettis auf unterschiedlichen Linien wie z. B. Hufschlagfiguren oder freien Linien in verschiedenen Abständen auf. Halten Sie sich an die Maße für Distanzen und Kombinationen. Falls Sie ein Pony reiten, verkleinern Sie den Abstand passend.

Was lernt das Pferd?
Steigerung der Rittigkeit. Galoppsprünge vergrößern und verkleinern. Springen auf Wendungen und Geraden. Balance und Gleichgewicht. Gehorsames Reagieren auf Sitz und Einwirkung.

Was lernt der Reiter?
Verbesserung der Springtechnik, des Timings und des Gefühls für den Absprung bei Distanzen und Kombinationen. Kontrolle über Tempo und Rhythmus. Taxieren von Abständen.

Das Springreiten in höheren Klassen fordert Pferd und Reiter Timing, Geschick und Können ab. Mit verschiedenen Variationen von Hindernisfolgen können Sie dies spielerisch lernen. Jetzt dürfen Sie kreativ werden und mithilfe frei erfundener Linien oder den Linien der Hufschlagfiguren die Bodenricks oder Sprünge aufstellen.

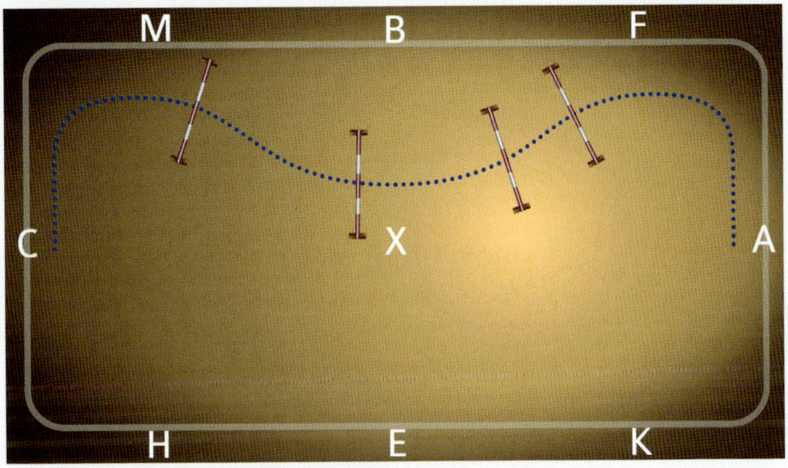

Die Maße der Distanzen betragen:
Bei 3 Galoppsprüngen: 14,30 m–15,00 m
Bei 4 Galoppsprüngen: 17,90 m–18,60 m
Bei 5 Galoppsprüngen: 21,50 m–22,50 m
Bei 6 Galoppsprüngen: 25,00 m–29,50 m
Bei 7 Galoppsprüngen: 28,50 m–29,50 m

Für Kombinationen:
Bei 1 Galoppsprung: 7,10 m–8,00 m
Bei 2 Galoppsprüngen: 10,40 m–11,00 m

Zugrunde liegt ein durchschnittlicher Galoppsprung mit 3,60 m. Bei Hindernissen der Klasse L wird ein Galoppsprung für Absprung und Landung berechnet. Bei Distanzen spielen auch Art und Bauweise der Hindernisse, die Beschaffenheit des Reitbodens oder die Größe des Reitplatzes eine Rolle.

Tipp ▶

Beginnen Sie das Springen immer mit einem Fachmann, der Sie sofort korrigiert. Um das Springen zu erlernen ist es sinnvoll, mit einem schon geübten ruhigen Pferd zu trainieren, das Ihnen Sicherheit gibt. Somit können Sie sich auf sich konzentrieren und müssen nicht noch das Pferd korrigieren. Trainieren Sie in der Gruppe. Das gibt nicht nur mehr Sicherheit, sondern bringt auch eine Menge Spaß. Junge Pferde können sich von den Profis was abschauen und bekommen dadurch mehr Sicherheit.

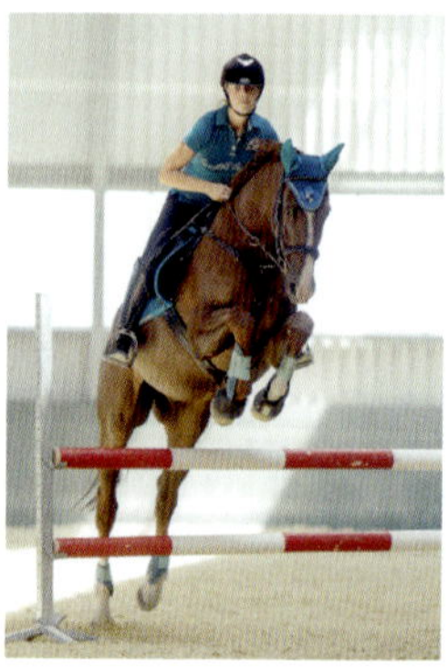

Auf gebogenen Linien geht der Reiterblick in die Wendung zum nächsten Hindernis.

Wie reite ich diese Übung?

Wählen Sie für das Überwinden von Hindernisfolgen ein geeignetes Grundtempo und behalten Sie dies bei. Es ist wichtig, dass trotz mehrerer aufeinanderfolgender Sprünge der Schwung des Galopps und die Elastizität des Pferdes erhalten bleiben.
Beginnen Sie das Training zunächst mit niedrigen Höhen und suchen Sie sich die Absprungpunkte genau aus, dies können Sie auch mit an der Seite stehenden Pylonen festlegen. Springen Sie dicht am Hindernis ab. Somit erhalten Sie eine steile Flugkurve, was eine bremsende Wirkung hat. Eine weite Absprungdistanz führt dazu, dass das Pferd knapper hinter dem Sprung landet und der Abstand zum Folgesprung dadurch erweitert wird.

Mein Pferd macht aber ...

Mein Pferd wird langsamer zwischen den Distanzen ...

Das richtige Tempo und den passenden Rhythmus für eine Distanz zu finden, ist elementar. Treiben Sie mit dem Schenkel nach und versuchen Sie, das Pferd im Fluss zu halten. Auch ein verzögertes oder übertriebenes Abspringen kann das Tempo verändern und den Fluss stören. Bauen Sie die Höhe etwas ab und geben Sie dem Pferd Sicherheit. Versuchen Sie, das Pferd nicht durch zusätzlichen Druck am Zügel in seiner Bewegung zu hindern und gehen Sie passend im leichten Sitz mit. Überlegen Sie sich vor dem Bewältigen der Distanz genau, wie viele Galoppsprünge Sie reiten und halten Sie dies ein. Sollte Ihnen das schwerfallen, können Sie sich zusätzlich Bodenstangen oder Hütchen zur Orientierung aufstellen.

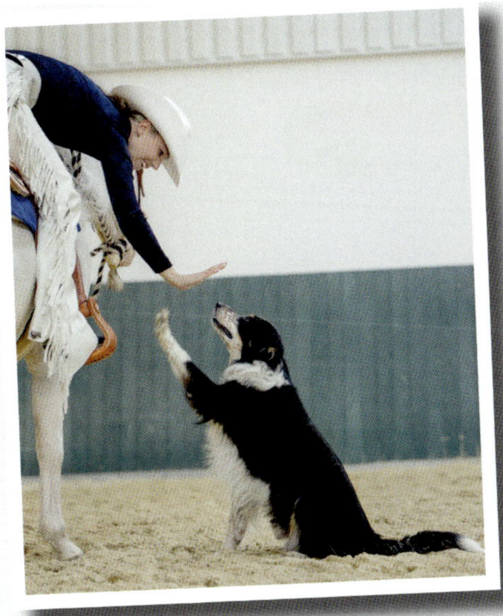

Geschafft!

Sie haben alle 100 Reitübungen geschafft?

Klasse!

Ich freue mich sehr für Sie und Ihr Pferd. Ich hoffe, Sie konnten aus diesem Buch viel für sich mitnehmen und können motiviert neue Ziele angehen.

Wie wäre es mit einem Reitkurs zum Thema »Pferde gesund gymnastizieren« bei Ihnen auf der Reitanlage! Weitere Informationen zu Reitkursen und Seminaren finden Sie unter:
www.horse-training-and-more.de

Auch kann ich Ihnen das Buch »Stangen-Workout für Dressurreiter« wärmstens empfehlen!

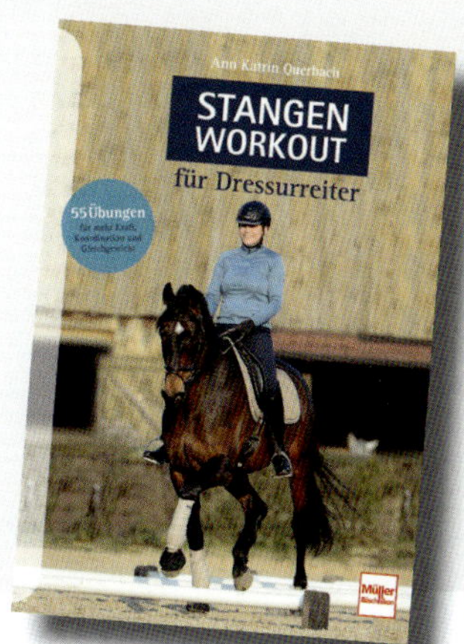

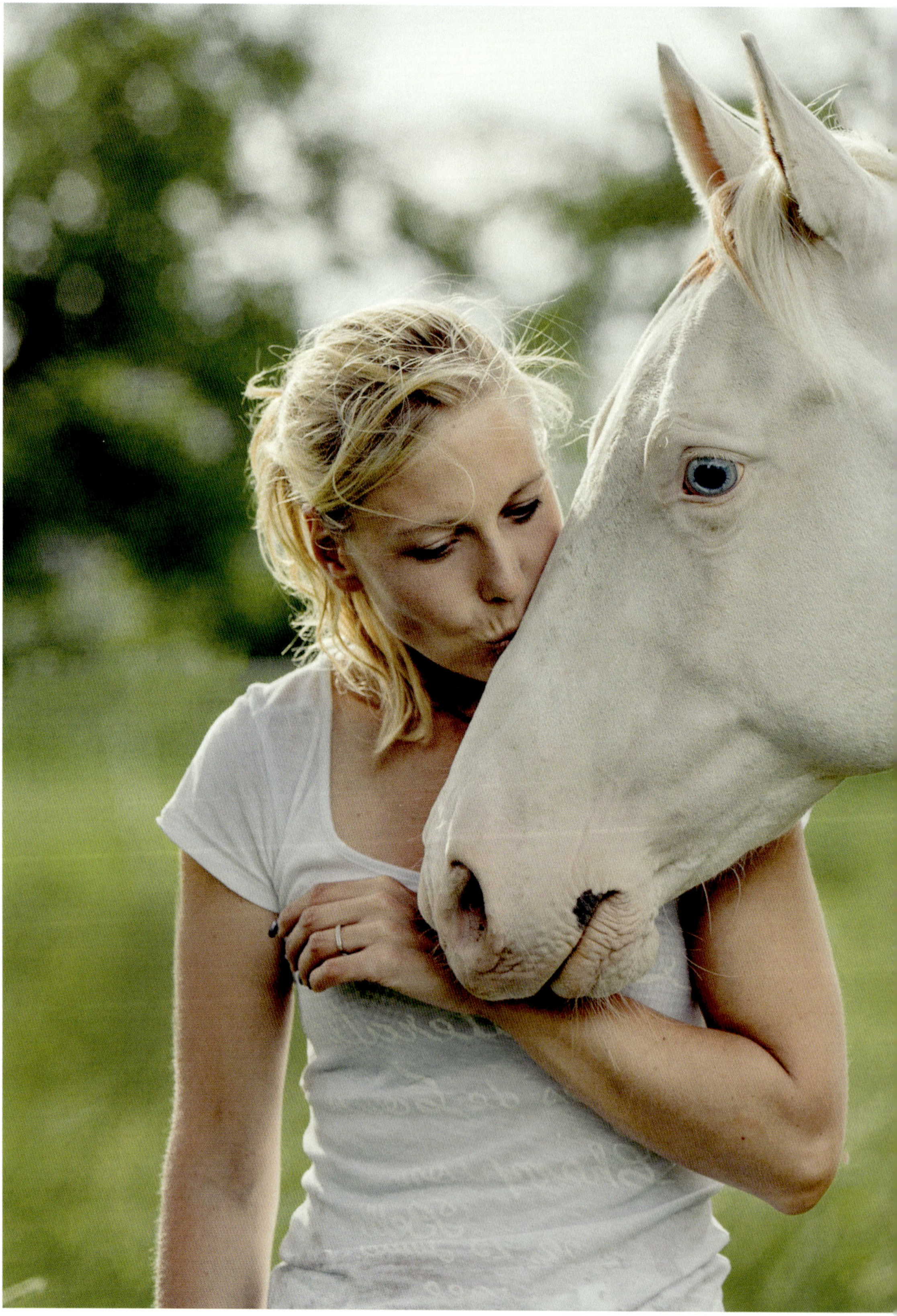

Danke schön!

... an alle, die mich während der Entstehung und Aufarbeitung dieses Buches begleitet, unterstützt und motiviert haben.

... an alle Physiotherapeuten, Osteopathen und Tierärzte sowie meinen Schmied, die mich seit Jahren mit ihren speziellen Kompetenzen dabei unterstützen, die mir anvertrauten Pferde gesund zu erhalten. Sie alle haben mir gezeigt, dass die Biomechanik die Grundlage des korrekten Reitens ist und welchen Beitrag ich als Trainer und Reiter für die Gesunderhaltung der Pferde leisten kann.

... an alle, die in den vergangenen Jahren bereit waren, mich bei der praktischen Umsetzung meiner Übungen geduldig und konstruktiv zu unterstützen.

... an meinen Freund. Danke, dass Du immer für mich da bist und mich in jeder Form unterstützt!

... Monika Agler, Geschäftsführerin von Team-Werk (Pferdemagazin.info), die mich auf die Idee brachte, die Übungen in einem Buch zusammenzufassen, und deren Team mir auch viele Skizzen zur Verfügung gestellt hat.

... an Dorothee Dumm für die hervorragende Gestaltung der neuen Graphiken. Danke für Deine Geduld und Dein Engagement. Ich freue mich schon, mit Dir das nächste Buch zu gestalten.

... an alle Reiter und Pferde, die sich für die Fotoshootings zur Verfügung gestellt haben und für die Ausdauer beim Fotoshooting. Mit Eurer Hilfe konnten die Skizzen zum Leben erweckt und Probleme und deren Lösungen gezeigt werden.

... ein ganz besonderer Dank geht nach Bayern zu meiner langjährigen Freundin, Kollegin und Mentorin Anna Gürlich. Vielen Dank! Es ist mir eine Ehre, Fotos von Dir hier in diesem Buch verewigen zu dürfen. Danke für alles!

... an Berit Wolf, Sabine Kielmann, Annegret Hübner, Janna Million und Franziska Weber sowie Jasmin Ziegler für die gelungenen Fotos und an Claudia König für die konstruktiven Gespräche zur Realisierung des Buches.

... und ein ganz dickes Dankeschön an Mara Di Girolamo, die mich täglich im Stall unterstützt und all die anderen Mädels vom Hof, die mir jeden Tag mit Rat und Tat zur Seite stehen.

Und natürlich danke ich meinen Vierbeinern, die mir so vieles beibrachten und mich zu dem Menschen machten, der ich heute bin.

Ann Katrin Querbach

Bildnachweis

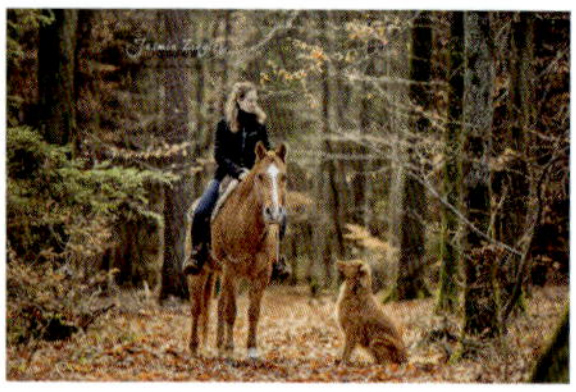

Jasmin Ziegler:
S. 1, 6, 9, 10, 36, 40, 41, 51, 61, 64, 94, 102a, 106, 109, 122, 125, 143, 147, 148, 152, 158, 195, 200, 206, 211, 213, 215, 216, 221, 232, 234, 235, 237, 239

Annegret Hübner:
S. 3, 58, 78, 100, 105, 170, 177, 185, 209

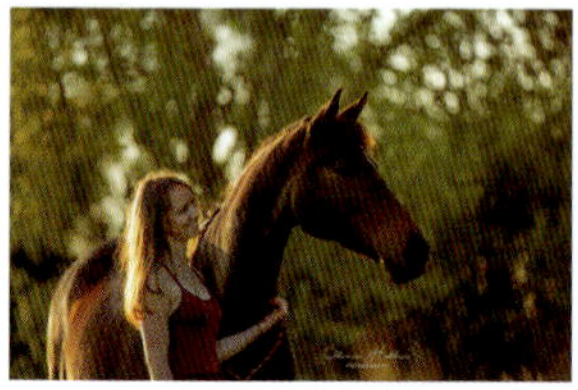

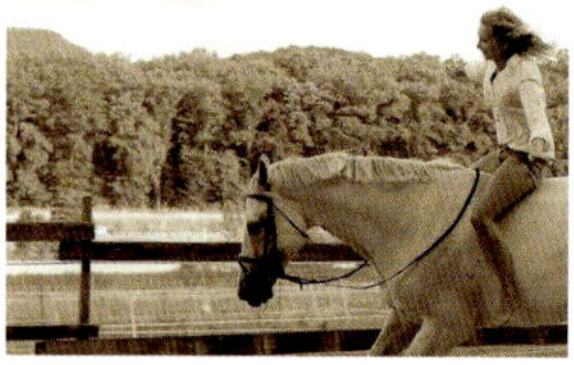

Berit Wolf:
S. 22, 84, 113, 127a, 138

Janna Million:
S. 11, 13, 14, 17, 21, 24, 27, 28, 43b, 48, 74, 80, 218

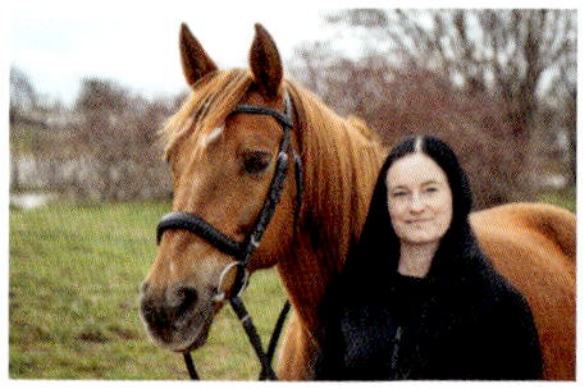

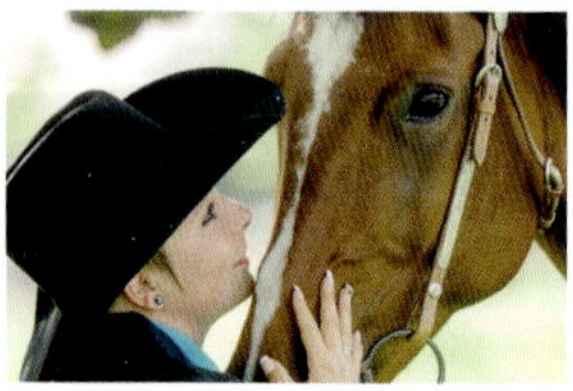

Franziska Weber:
S. 24a, 26, 43a, 47, 72, 77, 83, 98, 133, 203, 224, 226

Sabine Kielmann:
S. 18, 29, 31, 32, 34, 85, 90, 96, 99, 100b, 127b, 129, 131, 140, 141, 145, 146, 156, 161, 162, 164, 166, 169, 181, 194, 229

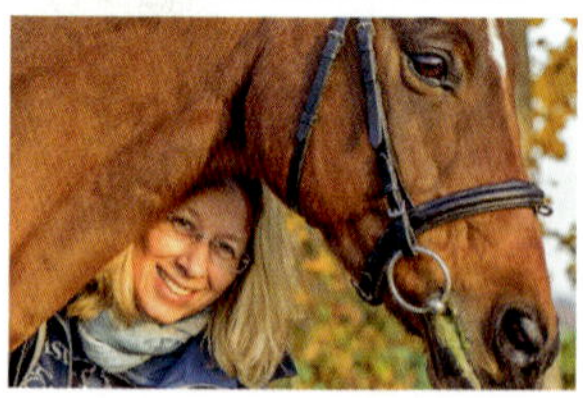

Figure eight: S. 33 | **Ann Katrin Querbach:** S. 88 | **Silke Knödler:** S. 92
Skizzen Team werk S. 42, 44, 45, 46, 49, 53, 60, 62, 69, 71, 75, 77, 93, 95, 97, 107, 110, 112, 114, 116, 118, 119, 128, 130, 132, 136, 137, 138, 149, 150, 153, 155, 157, 179, 182, 183, 186, 192, 197, 198, 201, 210, 214, 219, 220, 222, 225, 233
Skizzen Dorothee Dumm: S. 25, 50, 52, 55, 56, 57, 59, 65, 66, 73, 84, 86, 89, 91, 99, 113, 121, 123, 134, 139, 142, 160, 161, 163, 165, 167, 168, 184, 187, 189, 190, 204, 205, 207, 208, 212, 217, 227, 228, 230

Literatur

Gillian Higgins:
Anatomie verstehen – besser reiten: Bewegungsabläufe und Biomechanik sichtbar gemacht,
Kosmos Verlag, Stuttgart 2019

Eckart Meyners:
Bewegungsgefühl und Reitersitz: Reitfehler vermeiden – Sitzprobleme lösen,
Kosmos Verlag, Stuttgart 2012

Ann Katrin Querbach:
Pferde gymnastizieren: 65 Übungen für das tägliche Training,
Verlag Müller Rüschlikon, Stuttgart 2015

Ann Katrin Querbach:
Stangen-Workout für Dressurreiter
Verlag Müller Rüschlikon, Stuttgart 2020

Stefan Stammer:
Das Pferd in positiver Spannung: Biomechanik und Reitlehre in Bewegung,
FN-Verlag, Warendorf 2016

Petra Roth-Leckebusch:
Die Westernreitlehre – Grundlagen für die pferdegerechte Ausbildung im Westernsattel,
FN Verlag, Warendorf 2021

Deutsche Reiterliche Vereinigung:
Grundausbildung für Reiter und Pferd: Richtlinien für Reiten und Fahren, Band 1,
FN Verlag, Warendorf 2014

Deutsche Reiterliche Vereinigung:
Richtlinien für Reiten und Fahren, Band 2,
FN Verlag, Warendorf 2020

Regelbuch:
Regelwerk für den Westernreitsport
Bearbeitet und herausgegeben von der Ersten Westernreiter Union Deutschland e. V. EWU-Bundesgeschäftsstelle

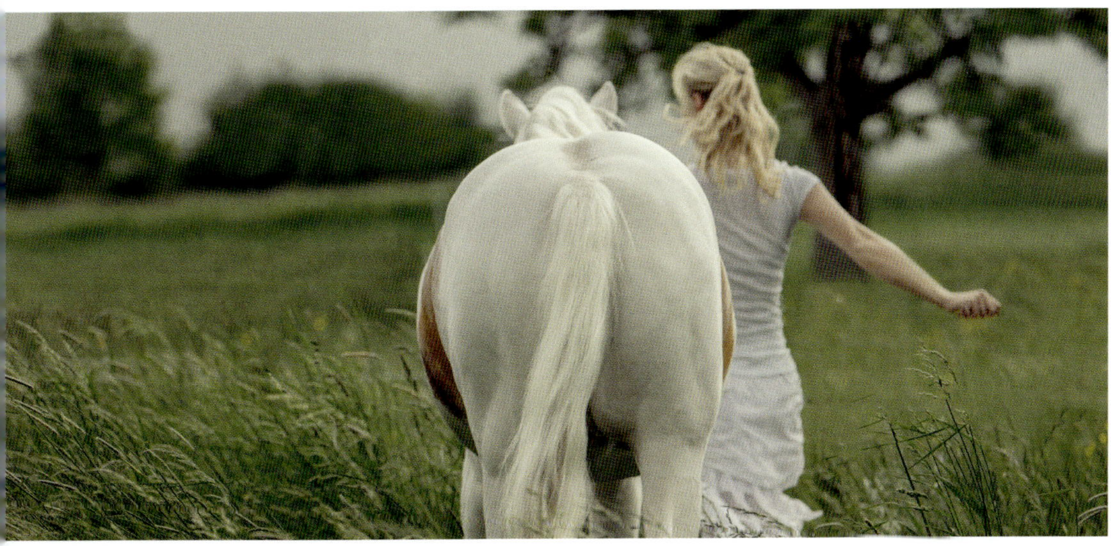

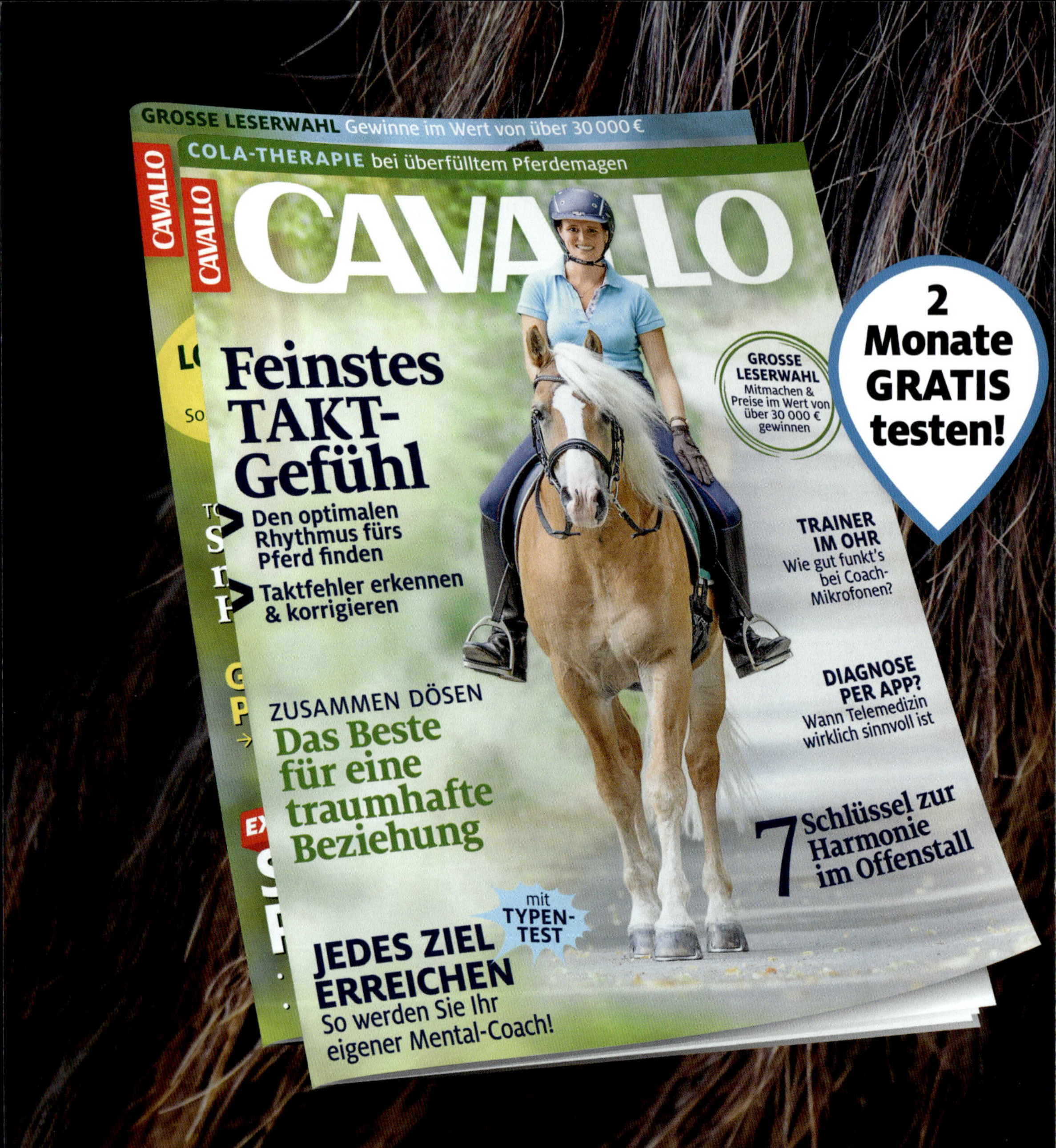
GROSSE LESERWAHL Gewinne im Wert von über 30 000 €
COLA-THERAPIE bei überfülltem Pferdemagen
CAVALLO
Feinstes TAKT-Gefühl
Den optimalen Rhythmus fürs Pferd finden
Taktfehler erkennen & korrigieren
GROSSE LESERWAHL
Mitmachen & Preise im Wert von über 30 000 € gewinnen
2 Monate GRATIS testen!
TRAINER IM OHR
Wie gut funkt's bei Coach-Mikrofonen?
DIAGNOSE PER APP?
Wann Telemedizin wirklich sinnvoll ist
ZUSAMMEN DÖSEN
Das Beste für eine traumhafte Beziehung
7 Schlüssel zur Harmonie im Offenstall
mit TYPEN-TEST
JEDES ZIEL ERREICHEN
So werden Sie Ihr eigener Mental-Coach!